U0120512

■国家社会科学基金一般项目"政策工具视角下的古代政府治理思想及其当代价值研究"（批准号：17BGL223）阶段性成果之一

■国家社会科学基金重大项目"中国古代管理思想通史"（批准号：13&ZD081）阶段性成果之一

中国管理思想史

先秦
管理思想史

方宝璋 ◇ 著

海峡出版发行集团 | 鹭江出版社
THE STRAITS PUBLISHING & DISTRIBUTING GROUP

2021年 · 厦门

总　论

第一节　理论价值和现实意义

"中国管理思想史"系列专著包括《先秦管理思想史》《秦汉魏晋南北朝管理思想史》《隋唐五代管理思想史》《宋代管理思想史》《元代管理思想史》《明代管理思想史》《清代管理思想史》，共 7 卷，为国家社会科学基金重大项目"中国古代管理思想通史"（批准号：13&ZD081）阶段性成果。该系列专著以中国古代传统儒家修身齐家治国平天下为主线，分别阐述了先秦、秦汉魏晋南北朝、隋唐五代、宋、元、明、清历朝自我管理思想、家族管理思想、经营管理思想、国家管理思想、军事管理思想等五大方面的内容，比较全面系统地勾画了该时期管理思想的历史面貌。该系列专著侧重发掘对当代有借鉴意义的古代管理思想，为构建中国特色社会主义的管理思想和制度提供历史借鉴。

该系列专著按自我管理思想、家族管理思想、经营管理思想、国家管理思想、军事管理思想分类论述的依据来自先秦儒家的修身齐家治国平天下思想。修身齐家治国平天下思想是中国古代的主流管理思想，具有普遍性，比较客观全面地反映了中国古代管理思想的历史面貌和本质特征。

　　该系列专著中的自我管理思想是中国传统管理思想与西方管理思想的重要区别。西方管理思想强调管理本质是通过其他人来完成工作，如福莱特（Follett）曾给管理下的经典定义是"通过其他人来完成工作的艺术"。罗宾斯（Robbins）和库尔塔（Coultar）也认为，"管理这一术语是指和其他人一起并且通过其他人来有效地完成工作的过程"①。似乎管理是针对其他人，而不是针对本人。与此相反，中国传统管理思想则强调修身、自律，即自我管理，而且将此作为管理的根本和逻辑起点，即首先要管好自己，然后才能管好家庭、国家乃至全天下。中国民间至今流行一句俗话：先管好自己才能管好别人。这里强调的就是自我管理。

　　该系列专著以先秦儒家的修身齐家治国平天下思想为基础，再派生出经营管理思想、军事管理思想。所谓经营管理思想，因私人经营农、工、商，或多或少带有市场经济的性质，从本质上有别于国家垄断经营的农、工、商，因此另立一类论述。军事管理思想，广义上属于国家管理思想范畴，但由于其具有特殊性，而且古代文献中这方面的资料较多，故也另立一类论述。

　　当前，世界管理学界十分重视对东方管理思想的研究，我国学界对管理思想史的研究方兴未艾。但从总体上看，有关管理思想史的研究主要侧重于经济管理思想史，而少有涉及政治、军事、文化、社会等管理思想；多侧重于国家管理思想，而少有涉及自我管理思想、家族管理思想、经营管理思想、军事管理思想。以往的研究绝大多数以某些代表人物为中心，采取传统的通史写作方法。该系列专著从自我管理、家族管理、经营管理、国家管理、军事管理的视角，以现代管理理论为指导，在尽可能多地收集资料的基础上，对古代管理思想进行比较全面、系统、深入的分专题研究。这将丰富中国古代管理思想史的研究，填补古代自我管理思想、家族管理思想、经营管理思想、国家管理思想、军事管理思想等方面研究的某些空白，如社会治理思想、古代公共事业思想、古

---

① 周三多、陈传明：《管理学》，高等教育出版社，2014年，第3页。

代买扑思想、入中（开中）思想、经商思想等。从新的视角用新的方法深化对某些专题的探讨，提出一些新的观点，为今后的进一步研究提供更多的参考资料。

党的十八届三中全会《中共中央关于全面深化改革若干重大问题的决定》提出了"国家治理""政府治理""社会治理"等新概念（全文23次出现"治理"一词），在全面深化改革的总目标中提出"推进国家治理体系和治理能力现代化"，还有专门章节论述"创新社会治理体制"。党的十九大报告中将"推进国家治理体系和治理能力现代化"明确为全面深化改革的总目标之一。党的十九届四中全会审议通过了《中共中央关于坚持和完善中国特色社会主义制度、推进国家治理体系和治理能力现代化若干重大问题的决定》。

从广义上说，管理可涵盖治理；从狭义上说，治理是管理的更高一个层次。从狭义上的管理到治理，虽一字之差，却体现了治国理念的新变化、新要求、新跨越。狭义上的管理，简而言之，就是依赖传统公共管理的垄断和强制性质，把属下地区和人民管住、管好，全能政府色彩浓重，较少采取协作、互动的方式。而治理有整治、调理、改造的意思，更强调指导性、协调性、沟通性、互动性，彰显了社会建设的公平、正义、和谐、有序。狭义上的管理，其主体是一元的，而治理，其主体则是多元的。狭义上的管理是垂直的，治理则是扁平化的。目前，我国必须充分发挥政策工具的效用，从较单一的以管制为主的政府逐渐过渡到协调、服务、管制三者兼有的政府，从无限管理型政府逐步转变为有限服务型政府。我国现行的管理体制，是新中国成立后根据我国的政治体制、经济社会发展状况和历史文化传统等基本国情确定的。我们研究古代管理思想，就是要达到古为今用的目的，为建设中国特色社会主义管理理论和管理制度提供历史借鉴。如研究古代的民本思想，政策工具中协调、服务、管制思想就能为当前我国社会主义民主、政策工具的最有效使用提供重要的启迪。同时，研究古代管理思想，能更好地让中国传统管理思想走向世界，增强我国在国际竞争中的软实力。

第二节　国内外研究现状及发展动态分析

有关从自我管理思想、家族管理思想、经营管理思想、国家管理思想、军事管理思想五位一体的视角研究古代管理思想的专门论著，笔者至今尚未见到。但是，一些已出版或发表的论著，却不同程度地涉及这方面的问题。就整体上来说，大致可分为两种类型。

一是一些管理思想史、经济思想史或政治思想史的论著。其中，国内有关管理思想史的著作主要有：苏东水《东方管理学》，何奇《中国古代管理思想》，潘承烈《中国古代管理思想之今用》，姜杰《中国管理思想史》，吴照云《中国管理思想史》，刘云柏《中国管理思想通史》，王忠伟等《中国远古管理思想史》《中国中古管理思想史》《中国近古管理思想史》，刘筱红《管理思想史》，方宝璋《宋代管理思想》《先秦管理思想》。有关经济管理思想史的著作主要有：赵靖《中国经济管理思想史教程》、何炼成《中国经济管理思想史》、叶世昌《中国古代经济管理思想》、滕显间《中国历代经济管理反思》、方宝璋《宋代经济管理思想与当代经济管理》。有关经济思想史的著作主要有：唐庆增《中国经济思想史》、胡寄窗《中国经济思想史》、赵靖《中国经济思想通史》、侯家驹《中国经济思想史》、叶坦《富国富民论——立足于宋代的考察》。有关政治思想史的著作主要有：萧公权《中国政治思想史》、刘泽华《中国政治思想史集》、曹德本《中国政治思想史》、纪宝成《中国古代治国要论》以及数种论文集和资料选辑等。国外的主要有桑田幸三《中国经济思想史论》、上野直明《中国经济思想史》等。这些论著在某些章节或以管理理念的视角，或以管理主体、管理权力、管理组织、管理文化和管理心理的视角，或以古代儒家、法家、道家、墨家、兵家等思想流派的视角，或以政治、经济、军事、文化、社会的视角，对古代管理思想做出精辟、

独到的概括和总结，并上升到管理理论的高度加以阐述。如苏东水在《东方管理学·导论篇》中开创性地提出了概括东方管理文化本质特征的"以人为本、以德为先、人为为人"的"三为"原理，在中国管理、西方管理和华商管理的基础上形成了治国、治生、治家和治身的"四治"体系，以人本论、人德论、人为论为核心，包括人道、人心、人缘、人谋、人才"五行"管理的东方管理理论体系，并提出东方管理学的管理目标是构建和谐社会的和贵、和合、和谐。苏东水东方管理理论体系的创建，主要就是从中国古代管理思想中汲取精华。又如赵靖的《中国古代经济管理思想概论》，以"富国之学"和"治生之学"的发展为线索，为中国古代经济管理思想史这门学科建立了一种理论模式。何炼成总结的中国传统经济管理思想的基本特点是：以宏观目标的"富国之学"为基本线索，宏观经济管理的基本指导思想主要表现为义利之争、本末之争、俭奢之争。宏观经济管理方针主要有两条，一是"无为而治"，即自由放任的方针，二是"通轻重之权"，即实行国家控制的方针。潘承烈等主编的《中国古代管理思想之今用》，以先秦老子、孔子、墨子、商鞅、孟子、孙子、鬼谷子、管子、荀子和韩非子为研究对象，从他们的学说与留给后人的著作中去研究这些先人的思想，包括涉及管理方面的可资借鉴和有启迪作用的思路、哲理、观点、规律与理论等等。刘云柏在《中国管理思想通史》中将中国管理思想分为儒家、道家、法家、佛家、兵家、墨家、农家、阴阳家、杂家、名家、基督教、伊斯兰教、少数民族、纵横家、医家等派别，并分别加以历史性考察。姜以读等编著的《中国古代政府管理思想精粹》，从民为邦本、治国之道、君臣之道、行政方略、因时而立政令、礼义法度应时而变、法令者为治之本，事在四方要在中央、统华夏为一家、兵为国家大事、食货为生民之本、财赋为邦国之大本、四民之业钱货为本、教化治天下、建国教学为先、礼贤举士、用人行政并重、严吏治及交邻有道等方面，总结了古代国家管理思想精粹。

二是一些经济史、政治史、法制史等专题性的论著。其中比较有代表性的有：九卷本各卷分设主编的《中国经济通史》、白钢《中国政治制

度通史》、张晋藩《中国法制通史》、方宝璋《中国审计史稿》，以及大量专题性的断代研究专著，如张亚初、刘雨《西周金文官制研究》，安作璋、熊铁基《秦汉官制史稿》，杨鸿年《汉魏制度丛考》，王永兴《唐勾检制研究》，汪圣铎《两宋财政史》，李晓《宋代工商业经济与政府干预研究》，张文《宋代社会救济研究》，边俊杰《明代的财政制度变迁》，张显清《明代政治史》，田培栋《明代社会经济史研究》等。这些论著在宏观考察中国古代各种制度时，提出了一些对管理思想史有重要参考价值的精辟论断。如白钢在《中国政治制度通史·总论》中提出，中国从战国至清朝封建地主阶级专政的国家是以中央集权和官僚政治的形式出现，实行专制君主制，其政体运行机制，以皇帝"独制于天下而无所制"为转移，其特点主要有3个方面，即行政、军事、监察三大系统鼎立，近侍逐步政务官化，中央派出机构逐步地方政权化。

以上两类论著在其研究的主要领域，均做了全面、系统、深入的研究，做出了令人瞩目的贡献，处于领先水平。这些论著在不同程度上涉及古代管理思想，如对社会犯罪的禁戒与镇压、政府财政税收管理、盐铁茶酒专卖、对户口土地的管制、垄断货币发行、对社会的救助等思想的论述，对进一步研究管理思想有参考启示作用。但是，这些论著均只是在从事本领域研究需要时论及管理思想的某一方面，因此难免有所不足。总的说来，其不足大致有以下5个方面。

其一，以往的研究成果虽然涉及古代管理思想各方面，但都未能有意识地从自我管理思想、家族管理思想、经营管理思想、国家管理思想、军事管理思想五位一体的视角进行探讨论述。其二，绝大多数研究成果仍停留于采用传统的、以某些代表人物为中心的通史叙述方法，而鲜有以现代先进的管理理论为指导。其三，鉴于以往研究中视角与方法的局限，对古代一些管理思想的分析与看法，有待于重新认识与评价。其四，古代史料浩繁分散，尤其是一些低层次人物有价值的管理思想非常零散，以往的研究对此关注不够、收集较少。除此之外，古代管理行为、政策、制度中所反映的管理思想也发掘不够。有关古代管理思想的史料发掘整

理之不足，是限制研究工作深入的另一个重要原因。

第三节　特色和创新

（一）　学术视角较新

以自我管理思想、家族管理思想、经营管理思想、国家管理思想、军事管理思想五位一体的视角，能比较深层次、客观、系统、全面地勾画先秦、秦汉魏晋南北朝、隋唐五代、宋、元、明、清时期管理思想的历史面貌，动态综合地考察历代政府管理思想得失与王朝兴衰的必然联系。

（二）　史料的完整性

该系列专著在史料收集上的明显特点是：不仅收集高层人物的主流管理思想，而且重视收集一些虽是低层人物但有价值的管理思想，并注意从管理行为、政策、制度中发掘其体现的管理思想。该系列专著所引用的材料有50％以上是该研究领域首次使用的。

（三）　研究领域创新

该系列专著所涉及的一些专题，如古代经营管理思想、古代社会管理思想、古代公共事业思想等是以往很少有人研究的，该系列专著弥补了管理思想史研究的一些空白。

（四）　学术观点创新

对于古代的一些管理思想，学术界历来看法不一。该系列专著从自我管理思想、家族管理思想、经营管理思想、国家管理思想、军事管理思想五位一体的视角，对其进行重新评价，提出独立见解。例如：提出修齐治平是中国古代主流的管理思想，反映了东西方的不同管理逻辑起点；提出中国古代管理思想史大致可分为三个阶段：第一阶段夏商、西周、春秋、战国是古代管理思想的产生及其初成体系时期，第二阶段秦

汉、魏晋南北朝、隋唐前期是古代管理思想缓慢发展时期，第三阶段唐中叶五代、宋、元、明、清是古代管理思想成熟及变革时期；提出古代较先进的政府管理思想是在适度的管制下充分发挥协调、服务政策性工具的作用，这对当代处理好政府与市场的关系、创新行政管理方式、建设服务型政府，具有借鉴意义。这些都是以往研究者所未提到的。

（五）对当代的启示

该系列专著着重发掘对当代有启示意义的古代管理思想，为党的十八届三中全会和十九届四中全会提出的完善和发展中国特色社会主义制度，推进国家治理体系和治理能力现代化提供历史的借鉴。例如：提出民本思想是古代政府管理的指导思想，在历代具有很强的路径依赖，至今对我国目前"全面深化改革，以增进人民福祉为出发点和落脚点"的改革目标有深刻的影响；提出军事力量是国家管理的基石等管理思想，对现代国家管理都具有积极的借鉴作用。

第四节　修齐治平：历史与逻辑的分析框架

（一）自我管理思想

汉代《大学》中提出的修身、齐家、治国、平天下，是先秦儒家管理思想的总结。儒家所说的修身，内容相当丰富，其中主要有孔子提出的仁、义、礼、智、信，孟子提出的仁、义、诚等。孟子还将以孔子为代表的儒家修身思想概括为"四端"，即仁、义、礼、智。后人在此基础上又增加了"信"，成为所谓的"五常"。尔后，历代儒家学者在对前代儒家著述和思想的注释和阐发中不断发展完善丰富儒家思想，如汉代的《大学》《中庸》的作者在孔孟"诚"的基础上提出了慎独、正心、明德、格物、致知等，唐代的韩愈提出了性三品论，并将《礼记》中的《大学》篇挑选出来，列为《四书》之首。韩愈因此成为宋代理学的先驱者。宋明理学大大发展了先秦儒家思想，成为儒学发展史上的第二个高峰，其中南宋的朱熹为集大成者，被称为儒学发展史上"矗立中道"的继往开来的人物。宋明理学援佛入儒，提出了理气、性命等新命题。

就儒家修身学说来说，经过历代发展和丰富，内容可谓洋洋大观，在此，短短的篇幅难以列举。如果要说其中最为核心的思想是什么，据笔者理解，那就是"五常"，而且"五常"之中，又以"仁"为首。孔子首先提出的"仁"，有多种含义，其中最核心的就是"仁者爱人"。按照孔子的逻辑，一个人如有"推己及人"之心，即"己所不欲，勿施于人"，即自己不想做的事，也不要强加别人做。如能做到这一点，就是起码的仁爱，其余的义、礼、智、信也就容易做到了。因此，古今中外都不例外。要建立一个美好的人类社会，其逻辑起点应是每一个人必须具有爱心，其他好的品质就容易培养了。正由于古代先哲认识到了这一点，所以都重视爱，如基督教主张博爱，佛教主张慈悲为怀、众生平等。

（二）家族管理思想

儒家所谓的齐家，总的说来，是要使家庭、家族和睦，父慈子孝，兄友弟悌，夫主妇从，上下尊卑有序。儒家齐家重视同宗同族之人通过建宗祠、编族谱、建祖坟、定期祭祀会食等以达到追根溯源，尊祖敬宗，慎终追远，从而使同宗同族之人团结在一起，互相扶持，守望相助。所以，俗话所说的"家和万事兴"是中国人齐家的共同追求。儒家也强调通过勤劳节俭而发家致富，使子孙衣食无忧，通过兴办私塾，督促鼓励子弟努力读书学习，科举致仕，进而光宗耀祖，提高本宗族的社会地位和影响力。古人在齐家中认为身教重于言教，一家人朝夕相处，父母家长应重视自己的修身，各方面做出表率，才能教育好子孙。

中国自古以来家国一体，家是小的国，国是大的家。自先秦以来，古人就主张孝治天下。古人认为：在家孝顺父母的人，在外做事当官就会忠于君主和上级领导；在家敬爱兄长爱护弟弟的人，在外处世就会和同事朋友之间相处和谐。这就是古人常说的孝子忠臣、移孝作忠。孔子以"推己及人"的逻辑思维推导，要建立起理想的大同社会，首先必须

从"老吾老以及人之老，幼吾幼以及人之幼"做起。这就是从修身、齐家而扩充至治国的实现平天下的路径。古人基于这种认识，在选拔治国人才时，非常重视将孝道作为一条重要的标准。如汉朝有"举孝廉"的制度，就是选拔有孝道、清廉品德的人担任各级官吏。

（三）经营管理思想

先秦时期，在经营管理上出现了"计然之策"和"治生之道"、君主利民、轻徭薄赋等思想。汉代，司马迁的善因论思想则提倡国家要善于利用人求利的本性引导工商业的发展。唐代，刘晏兼任盐铁使后，改革榷盐为民产、官收（官督）、商运、商销，改革漕运为官督雇佣制等，都注意通过发挥私商经营的积极性来克服官营的高成本、低效率，促进社会经济的发展，同时提高政府的财政收入。

宋代政府尝试在不同制度关系中运用协调（约定、协商、引导、劝勉、调解）的方式去控制和规范组织与个人的活动，如入中、买扑承包、雇募制思想等，出现管理思想的重心从统治到治理的转化。所谓入中（明称"开中"），就是宋、明朝廷利用茶盐等榷货换取民间商人运送军用粮草到沿边，以保障军队后勤供给。所谓买扑，就是宋代私人通过向官府交纳课利，承包经营官府的酒坊、河渡、盐井、田地等。宋代，有识之士已认识到：只有工商业私营，才能提高生产者的积极性和生产效率，促进社会经济的恢复和发展；私营工商业自由竞争能使吏治廉洁、稳定社会，能在某些方面发挥政府不可替代的作用；对私营工商业应因势利导，能达到官民共利。私商经营和买扑思想是古代经营管理思想的一个重要发展，标志着我国中古管理思想开始向近古管理思想的转变。

（四）国家管理思想

中国古代在国家管理中的指导思想是以民为本，即民本思想。最高统治者在意识到"治天下者，以人为本"的前提下，在管理国家、制定政策中必须考虑保民、养民、教民、抚民、利民、爱民、得民等。民本思想渊源甚早，并对后世产生深远的影响。中国古代从先秦开始，就出现了《尚书》中的重民、"民惟邦本"，周公的保民，孔子的爱民，孟子

的民贵君轻论，荀子的君舟民水论等民本思想。春秋时期一些当政者对民十分重视，把对民政策作为管理国家成败的关键。虢国的史嚚说："国将兴，听于民；将亡，听于神。"① 战国时期，重民思想又有明显的发展，其中较为突出的是孟子的"民为贵，社稷次之，君为轻"②。据荀子称，君舟民水是孔子提出来的。"君者，舟也；庶人者，水也。水则载舟，水则覆舟，此之谓也。"③ 汉代贾谊进一步提出"以民为命""以民为力""以民为功"等相关理念，继承了先秦儒家爱民仁政的思想，把此作为管理国家的核心思想。到了唐朝时期，唐太宗的国以民为本，明清时期黄宗羲、顾炎武、唐甄等人的民本论，特别是王夫之"不以一人私天下"的民本思想，从公与私的视角对君与民的关系做了分析。

说到底，古代民本思想都是从管理者（最高统治者和各级官吏）的角度，重视、肯定被管理者（民众）在管理国家中的最终决定作用。在政治清明的盛世，民本思想成为政府管理的指导思想。民本思想并不等于民主思想，其本质是统治者重民思想，即意识到在"民惟邦本，本固邦宁""治天下者，以人为本"的前提下，在管理国家、制定政策中首先必须考虑保民、养民、教民、抚民、利民、爱民、得民等。中国古代民本思想在管理国家实践中的具体政策体现是：其一，管理者认识到民心向背关系国家兴衰存亡，故治国必须顺民心，尊重民情、民意；其二，实施利民、惠民政策，而勿扰民、伤民，轻徭薄赋，使民致富，这样就可以得民心、得天下；其三，政府通过实施对民有利之事来引导民众，使民按照政府的政策、命令行事。总之，古代的民本思想与当代的执政为民、为人民谋福祉，其思想是一脉相承的。

德法并用是古代政府管理思想的总原则。其管理国家的基本原则是历代政府要发挥好政策工具（管制、协调、服务）的作用，必须德法并

---

① 《左传》庄公三十二年，《十三经注疏》本，中华书局，1980年。
② 《孟子·尽心下》，《新编诸子集成》本，中华书局，2018年。
③ 《荀子·王制》，《新编诸子集成》本，中华书局，2018年。

用、德主刑辅，先以仁义教化"劝善"，后以法制刑杀"诛恶"，二者相济为用。

古代德法并用思想的理论依据是人性论。主张以严刑酷法为主治国的人通常认为人性是恶的，因此主张应当以刑法惩恶，才能维护国家的统治。相反，主张以德为主或为先治国的人则一般认为人性是善的，所以主张通过教化，宣传仁义礼智信、忠孝廉耻等，引导民众从善，自觉遵守道德规范，从而达到天下太平。当然，刑法也不可或缺。如没有刑法，则不能威慑企图违法犯罪者。只有以德为主、以刑为辅，或先德后刑，才是治国之正道。

在政府管理中，各种政策工具必须通过各级官吏加以执行。因此，历代最高统治者为维护自己的统治，高度重视治吏。正如《韩非子·外储说右下》所指出的："吏者，民之本、纲者也，故圣人治吏不治民。"治吏的主要手段就是加强对官吏的选任与监察、考核。

古代对官吏的选拔、任用、监察、考核从时间序列上看体现了一种控制思想。其中，选任是核心。选拔侧重于事前控制，属于积极控制；如选拔出的官吏均是德才兼备的优秀人才，那就大大减小了任用官吏环节失控的概率，防患于未然。监察侧重于事中同步控制，可属于积极控制，即在官吏任职期间，如随时发现问题随时提出纠弹，及时制止任用官吏环节出现的失控，将问题防患于萌芽阶段；考核侧重于事后控制，属于消极控制，即在官吏某一阶段任职期结束时进行检查评估，这对官吏虽然有激励作用，但如发现任用官吏有失控问题，则很难弥补其造成的危害损失，同时也毁掉了一批官吏，只能起惩弊于后的作用。

（五）军事管理思想

国家必须拥有一支强大的军队，以保卫国土安全并随时对被管理者的反抗实行镇压，以此确保政府的管理意志能够得到贯彻执行。古代，国君拥有统率、指挥军队和任命将帅的最高权力。

古代的军事管理最根本、最重要的是，最高统治者，即国王或皇帝要亲自掌握全国军队的领导权、指挥权和调遣权。任何国家管理者的统

治权力的基础是拥有一支强大的武装力量作为其后盾。如果一旦失去对军队的控制，那么管理者将变成被管理者，甚至沦为阶下囚或连身家性命都不保。《管子·重令》说："凡国之重也，必待兵之胜也，而国乃重。"军事管理的主要措施，如将领选任、军队建制、领导体系、兵种建置、兵役制度、武器装备、后勤供给保障、军队纪律等，都是为了加强作为后盾的武装实力，以维护国家的长治久安，保证各项国家管理措施和政策得到贯彻和执行。

但是，最高统治者又要十分慎重使用军事力量。兵者，凶险无比也，它会带来大量人员的伤亡和财产的损失，使千里沃野成为焦土废墟。《老子》第 31 章云："兵者不祥之器，非君子之器，不得已而用之，恬淡为上。胜而不美，而美之者，是乐杀人。夫乐杀人者，则不可以得志于天下矣。"可见，老子认为武力战争是带来灾难的不祥东西，不是君子所使用的。如万不得已而使用它，最好要淡然处之。胜利了也不要得意扬扬，如果得意扬扬，就是喜欢杀人。喜欢杀人的，就不能在天下得到成功。当时，不仅主张清静无为的老子如此认为，即使作为杰出的军事家孙子也主张不要轻易发动战争。他在《孙子兵法》开篇就指出："兵者，国之大事，死生之地，存亡之道，不可不察也。"不言而喻，孙子认为战争关系到人民的生死、国家的存亡，因此必须予以十分谨慎的对待，切不可轻举妄动。基于这种思想，他在《谋攻》篇深刻指出："百战百胜，非善之善者也；不战而屈人之兵，善之善者也。"这就是即使发动战争百战百胜，胜利一方也要付出沉重的代价，因此不是最佳的选择。只有不发动战争而使对方屈服，这才是最佳的选项。

（六）古代政府管理政策工具的三个层面

从古代政策工具的视角看，管理国家主要有三个层面。第一层面是以政府管制为主的管理，通过命令、禁戒等手段，如通过户口和土地、租税和货币管理、盐铁酒专卖等，强制民间组织及个人遵守、服从。管制较容易实施和管理，效果具有直接性，更适应于作为处理危机的工具。但管制会限制自愿性和私人活动，可能导致经济上的无效率性、高成本、

低质量，并可能产生社会与政府的对立，甚至恶化为冲突等。古代政府管理思想认为，过分强调管制，会使整个国家和社会处于高度紧张状态，内部缺乏调节和弹性。故貌似强大巩固，其实充满危机。第二层面是以政府协调为主的管理，如通过财政性政策工具、市场性政策工具（买扑、入中、减免赋税等）调控经济活动，通过契约、劝勉、调解等途径使政府与民间组织、个人自愿平等合作，动员全社会力量共同参与，最大限度增进共同利益。政府协调为主的管理能降低政府管制的成本，提高积极性和产品质量，有效配置资源，促进经济发展，避免社会与政府、社会各阶层之间的对立引起的内耗。从短期效益看，虽然协调管理会弱化政府对经济和社会的直接控制，有时短期之内还会减少财政收入，削弱政府的权力，但从长远的眼光来看，协调富有调节机制，能缓和化解各种矛盾，使内部富有修复机制和弹性，整个国家和社会易于趋向安定和谐。第三层面是政府通过对社会的服务，即通过救助进行赈灾、救济，采取公办、公办民助、民办公助等形式，兴办公共事业等。其政策着眼点是保障弱势群体的最起码生存条件，为全体民众提供必要的公共产品，从而使社会和谐稳定。

从管理控制论的角度看，管理国家无论从主体还是从客体来说，都是人（管理者）进行的控制和对人（被管理者）进行的控制。说到底，人是核心要素，所有的管理活动都是通过人的行为来完成的。总的说来，古代的管理者依据被管理者的 3 种不同性质的行为分别采取 3 种不同的管理政策工具：对严重威胁封建统治和社会稳定的行为，政府采取镇压、禁戒等严厉管制政策，主要为达到有序地控制目标；对日常民众的经济、文化活动，政府通过价格机制进行反馈和调节，采取鼓励和引导等协调政策，从而提高全社会自愿参与的积极性，主要为达到高效的控制目标；对于灾民及老弱病残、孤独无助者，政府采取救助和兴办公共事业等服务政策，为弱势群体提供公共产品或准公共产品，保证他们的基本生存条件，主要为达到和谐的控制目标。总之，古代政策工具暗含着这样的思想理念：管理者对被管理者对抗性、非对抗性和求助性的 3 种行为分

别采取刚性（管制）、柔性（协调）和人道（服务）的3种性质的政策工具进行控制，从而达到长治久安的控制目标。

古代政策工具的较好发挥是，在尊重民众基本权利的适度管制下，坚持公平协调，调节化解各种社会矛盾，引导民众向善，着眼于利民、爱民的服务，兴办公共事业和社会救助，保障民众的基本生存条件，从而达到长治久安的管理目标，使国家安定和谐、经济发展、民富国强。

第五节　中国古代管理思想阶段性特征

（一）古代管理思想形成三个阶段的主要因素

综观中国古代管理思想史，大致可分为三个阶段：第一阶段夏商、西周、春秋、战国是古代管理思想的产生及其初成体系时期，第二阶段秦汉、魏晋南北朝、隋唐前期是古代管理思想缓慢发展时期，第三阶段唐中叶五代、宋、元、明、清是古代管理思想成熟及变革时期。其形成原因是错综复杂的，需要进一步研究，但目前有两点主要因素是比较明显的。

其一，动荡忧患时代更能激发人们对管理思想的思考和创新。如前所述，中国古代之所以在春秋战国时期、唐中叶五代两宋、明末清初与晚清出现管理思想的繁荣局面，其中一条重要原因是这三个时期都是动荡忧患的历史时代。春秋战国诸侯国之间割据混战，生灵涂炭，人民生活处于朝不保夕的境地，促使一些有识之士对国家管理展开思考，并对此发表自己的见解，形成百家争鸣的景象。中国古代管理思想初步形成体系，对其后两千多年的古代管理思想产生了极其深远的影响。中国古代绝大多数的管理思想均可从春秋战国诸子百家中找到其渊源。唐安史之乱后藩镇割据，兵连祸结，最后形成五代十国的局面，社会仍然动荡不安。北宋虽然结束了五代十国的割据局面，但终两宋三百多年，先有

北宋、辽、西夏对峙，后有南宋、金、西夏鼎立，仍然是战火连绵，天灾人祸不断。在这种历史背景下，又激发了一些有忧患意识的人思考如何安邦治国，从而开创了古代管理思想一个新的发展时期。明末清初的改朝换代，使社会长期动荡不安，促使一些明朝遗民思考明亡的教训。晚清西方列强的侵略，使中华民族面临着生死存亡的严峻挑战，一些爱国志士师夷长技以制夷，努力学习西方的先进科学技术与政治制度、管理思想，奋力挽救民族危亡，梦想建立一个富强的中国。明末清初和晚清出现的管理变革思想，标志着中国古代管理思想向近代管理思想转变。与此相反，汉唐虽然是中国古代富庶强盛的朝代，但哲学思想和管理思想都相对缺少明显的创新，处于缓慢发展、比较沉闷的时期。究其原因，汉唐相对安定富饶的生活使人们创新管理思想的动力不足。这里必须说明的是，魏晋南北朝虽然也是一个战乱的时期，但是由于进入中原的游牧民族文化层次太低，其政权更迭频繁，因此也不可能产生管理思想的创新。

其二，相对宽松自由的文化和言论环境有利于管理思想的创新。如春秋战国时期各诸侯国为在割据混战中胜出，一般都给予士人较宽松优裕的待遇，以招揽人才，为己所用。那些士人为了能受到国君的重用，也积极发表自己的安邦治国见解。这就促使当时管理思想新见迭出，异彩纷呈。赵匡胤建立宋朝后，右儒重学，优待知识分子，不杀言官，以后宋代历朝皇帝都遵循这一祖训。这使宋代大臣士人都敢于言事，评论朝政，或著书立说，授徒讲学，创立学派，从而使管理思想呈现出繁荣的景象。明末清初，时局动荡不安，明朝遗民或隐居不仕，或埋名隐姓、浪迹天涯，思考明亡的教训，从而产生了黄宗羲、顾炎武、王夫之反封建君主专制的思想。晚清时期，清廷处于内外交困的境地，无奈之下只好放宽言论限制，允许朝廷大臣以至民间士人，上书奏闻，提出抗御外侮、富国强兵的良方妙策，以挽救岌岌可危的清王朝统治，从而使一些爱国志士纷纷建言献策，引发古代管理思想向近代管理思想的转变。

（二）古代三次管理思想发展高潮

从上文可知，在中国古代管理思想史上，曾出现三次管理思想发展

高潮,一次在第一阶段,即春秋战国时期,两次在第三阶段,即唐中叶五代宋与明末清初、晚清时期。

其一,春秋战国时期,中国古代管理思想初步形成体系。春秋战国是社会大变革的时代,各种社会矛盾错综复杂。激烈的政治斗争层出不穷,从春秋时期的大国争霸到战国时期的兼并战争,从礼乐征伐自天子出到自诸侯出再到自卿大夫出,从三桓与鲁公室的斗争、田氏代齐到三家分晋,从齐威王改革、魏国李悝变法、赵烈侯改革、韩昭侯内修政教、楚国吴起变法、秦商鞅变法,再到燕昭王的改革。兼并战争与政治、经济上的剧变,对社会上的各个阶级、阶层和集团都产生了深刻的影响。人们对于当时社会大变革中的许多问题,都有自己的态度、主张、愿望和要求等。

每个诸侯国面临割据纷争的局面,都想在生死存亡的竞争中采取合乎时宜的谋略与政策,求富图强,求得生存与发展,最后消灭竞争对手。各国的国君和大贵族,都大力招揽知识分子为自己出谋划策,礼贤下士成为社会风尚。这就是所谓"诸侯并争,厚招游学"①。当时各国统治者对人才的重视,使作为知识分子阶层的士可以各持一说,在诸侯间奔走游说,"合则留,不合则去",有相对的自由。一些略为有名的士,还收门徒讲学,"率其群徒,辩其谈说"②。这使每个学派都有发展的空间和机会。如当时的孔子就带着弟子周游列国,宣扬自己的治国主张。其后的墨子和他的弟子结成一个严密的团体,经常到各国游学。

当时的国君为了招纳智囊,谋求方略,使士为己效力,都比较礼贤下士,对知识分子比较宽容尊重。这使知识分子有比较强的独立性,敢于独立思考,敢于发表自己的见解。在这大变革的时代,各阶级、阶层和集团也纷纷在士阶层中寻找自己的代言人。这使士这一阶层大都企图用己说改造君主,使君主采纳自己的治国主张,从而得到高官厚禄。有

---

① 司马迁:《史记》卷6《秦始皇本纪》,中华书局,2011年。

② 《荀子·儒效篇》。

不少思想家虽追逐荣华富贵，但更看重自己的治国抱负。

春秋战国时期，"官学"日趋没落，"私学"在各地产生和发展起来。在当时私学中，孔子创设的私学最为著名，影响最大。齐国的威王和宣王大兴"稷下"之学，使"稷下"成为各派学者讲学和讨论学术的中心，稷门下所设的学校称"稷下之学"。当时儒家、阴阳家、道家和其他流派的学者都聚集在此，从事议论、探讨学术。

在这时代大变革的背景下，许多杰出的人物代表不同的阶级、阶层或集团，提出了对社会变革的看法和治国的主张，初步形成了各种管理思想。例如：在自我管理上，出现了儒家的修身、明德、格物致知等思想；在家族管理上，继承发展了西周的宗法管理思想；在经营管理上，出现了范蠡（陶朱公）的"计然之策"和白圭的"治生之道"；在国家管理上，出现了儒家的仁政、民本、君舟民水、礼治、德主刑辅、选贤任能，法家的法、术、势，道家的无为而治，墨家的兼爱、非攻等思想；在军事管理上，出现了国君必须掌握军队的最高统帅权、将在外君命有所不受、严明军纪、绝对服从上级指挥、知己知彼百战不殆、国力必须以军事实力为后盾、先德后兵，应慎重使用军事力量、不战而屈人之兵等思想。总之，把中国古代的管理思想推向了一个高峰，并对以后两千多年的古代管理思想产生了极其深远的影响。中国古代绝大多数的管理思想均可从春秋战国管理思想中找到其渊源。

其二，唐中叶五代宋，开创古代管理思想一个新的发展时期。经营管理思想、国家管理思想上的新发展主要表现在：古代政府管理思想从统治到治理的转化是从唐末五代至宋中期开始和完成的，其重要标志就是政府协调为主的管理思想的出现。从先秦至隋代，政府对财政性和市场性政策工具的使用仅限于：通过赋役政策引导民众从事农业生产，限制工商业，调整社会财富的分配；通过价格杠杆，买跌卖涨，实行平准，平衡市场物价。唐宋封建商品经济发达，为顺应这一历史潮流，政府管理开始逐渐把市场激励机制、自由竞争机制和民营部门的管理方法与手段引入政府的管理，以最大限度提高财政收入，进而解决因频繁战争、

军费开支巨大而引起的财政危机，从而稳定其统治地位。唐宋政府管理思想开始逐渐发生划时代的变化，从单纯的管制性工具向市场性、财政性工具转变（当然这一转变还是相当微弱的）。在特许经营与契约管理方面，对一些传统的政府经营领域，有意识地引进市场机制。例如：对盐茶酒的专卖，从唐末刘晏发其端，至宋代朝廷全面有意识地引进市场机制，逐步探索从直接全面专卖到间接部分专卖的实践；宋代政府创造性地以高商业利润诱使商人入中，把解决沿边军需供应难题纳入市场化的体系中；明代的开中法沿袭了宋代的这一做法；五代、宋朝廷在酒坊、官田、盐井、河渡、商税场务等推行买扑承包制，通过投标竞争，激活经营机制，压缩政府管理成本，保证国家财政收入最大化，并促进市场的公平竞争和资源的合理配置。唐宋在手工业和漕运方面，完成了从官府垄断经营到承买制、从劳役制到雇募制、从定额制到抽分制的转化，激活了生产者的主动性和积极性，克服了官营垄断的僵化体制和低效率，降低管理成本，从而提高矿冶业的经营效益。在政府救助方面，顺应商人逐利的本性，利用价格杠杆，引导他们参与赈灾，从而部分解决了救灾经费和物资不足问题，节省了财政支出。

宋代以后，由于封建商品经济的发达，人们的交往日益频繁，社会关系纷繁错综，民事诉讼大量增加。朝廷对民事诉讼尽可能采取自愿平等协商的调解方式，而不采取强制性的判决方式。这在缓和社会各种矛盾，防止其激化，以封建纲常伦理教化民众，稳定社会秩序方面发挥了应有的作用。这也从侧面体现了政府管理思想从统治到治理的转化。

总之，以上各种新的管理思想在唐末五代至宋中期的出现，充分表明该时期政府管理思想从统治到治理的转化，是中国古代管理思想史新的发展时期，其结论与史学界的唐宋变革论不谋而合。

唐末五代至宋时期，自我管理思想的新发展主要表现在：韩愈的道统说和性三品论是继承传统的孔孟儒家思想而发展来的，为宋明理学开了先河。他在《原道》中指出："斯吾所谓道也，非向所谓老与佛之道也。尧以是传之舜，舜以是传之禹，禹以是传之汤，汤以是传之文武周公，

文武周公传之孔子，孔子传之孟轲。轲之死不得其传焉，荀与扬也，择焉而不精，语焉而不详。"① 在此，韩愈为了对抗佛道两教，提出儒家思想在历史上的一个传授的系统——道统。韩愈的道统之说，孟子本已略言之，经韩愈提倡，宋明道学家将其进一步发扬光大，成为宋元明清思想界的主流，而道学亦成为宋明新儒学的新名字。韩愈在此极力推崇《大学》的主张，即修身与治国是紧密联系为一体的，修身的目的是齐家治国，要管理好国家首先必须修身齐家。他在自我管理思想方面提出了性三品的人性论。他的性三品论继承了董仲舒的性三品说，既不赞成孟子的性善论和荀子的性恶论，也不赞成扬雄的善恶相混的二元论。

唐代韩愈的性三品论对宋代的人性论产生了直接的影响，其中比较突出的是李觏提出的性三品、人五类论，周敦颐提出的性五品论，王安石提出的上智下愚中人说以及二程、朱熹提出的天命之性、气质之性等。在人性论的基础上，宋代理学家提出了各种自我管理思想。如张载认为，一个人如经历了"穷理""尽性""以至于命"3个层次后，其精神世界便上升到一个所谓至诚至善、无思无虑、无私无欲的境界。程颐、程颢提出，"致知格物"是起点、开端、基础，而"治国平天下"则是终点、目标，通过它进行修身养性，最终才能达到治国平天下的目标。周敦颐则要求人们必须孜孜不倦追求诚，因为诚是道德的极致。他还继承了古代儒家"中庸"、道家"清静"、佛家"寂静"的思想，提出以"主静"作为修养的方法。朱熹发扬光大了二程主敬的思想，反复强调把持敬看作是涵养的根本，即"立脚去处""圣人第一义""圣门之纲领"。张九成提出的"慎独"道德境界有两层含义：一是所谓"性""天命""中"，都是指喜怒哀乐未发时"寂然不动"的心理状态；二是所谓"敬以直内"与二程、朱熹的持敬说的道德境界是相似的，而张九成的慎独说更强调一个人独居时的持敬。

唐末五代至宋时期，家族管理思想的新发展主要表现在：朱熹是继

---

① 韩愈：《昌黎先生文集》卷11《原性》，上海古籍出版社，1987年。

张载、程颐之后大力提倡建立新的家族制度的著名理学家。他为宋代家族制度设计了一个相当完整而十分具体的方案。除了当时已形成的家谱他没有谈到以外，大凡族长、祠堂、族田、祭祀、家法、家礼等体现宋代家族制度形态结构的主要内容，他都详细且具体地在其《朱子家礼》卷1《通礼》中提出来了。后世的家族制度，大体上就是按照朱熹设计的模式建立起来的。因此，朱熹通过族长、祠堂、族田、祭祀、家法、家礼等达到敬宗收族的思想，对后世影响极其深远。

关于族谱的体例，以欧阳修的《欧阳氏谱图》为例，其包括4项内容，为谱序、谱图、传记、谱例。谱序，概述欧阳氏先世历史、得姓缘由和修谱的原因。谱图，绘制欧阳氏世系图。最后是谱例，阐述该谱的编纂原则。从谱序中我们知道，欧阳修编纂族谱采用详近亲、略远疏的著录对象原则。欧阳修主张各房支修谱，便于明确和查考，然后将修好的各房支谱合并起来，就是欧阳宗族的总族谱了。

苏洵的《苏氏族谱》则包含6项内容，为谱例、族谱、族谱后录、大宗谱法、附录、苏氏族谱亭记。其中谱例，阐述谱的意义；族谱，先说明修谱的目的和叙述法则，然后是世系图；族谱后录分上、下篇，上篇为苏氏的先世考辨和叙述法则，下篇记录了苏洵"所闻先人之行"，类似人物传记；大宗谱法介绍了纂修族谱的方法，以备修大宗族谱者采用；苏氏族谱亭记记载了族谱亭的建立过程。这里值得注意的是，苏洵纂修《苏氏族谱》采用的是小宗法，全谱仅著录六代人。苏洵还提出藏谱与续修的原则是：已成谱，高祖子孙家藏一部，续增的后人至五世，续修家谱。如此往复兴修，总观起来，世系延绵，修谱不绝，宗绪不会混乱。苏洵对于族谱的世系记载表述，则采用表的方式，六代一线贯穿下来，不像欧谱五世一图。

我们如对欧、苏两谱进行比较，发现其共同点：一是编纂族谱的目的相同，即通过追本溯源、明晰世系以敬宗收族，通过记述祖先的功绩德行来教忠教孝，传承祖先遗德，光宗耀祖；二是在编纂体例上，欧、苏两谱均有谱序、谱例、世系、传记，都采用小宗谱法，详亲略疏，传

记所包含的内容，一般都有名讳、字号、仕宦、为人、生卒、享年、葬地、配偶、子数等。不同点主要是：在记述世系时，欧谱用图，苏谱用表，表述方法不同。欧谱以图表述，不论宗族传了多少世代，人丁多么兴旺，都可以便利地记录下来，但世代、人口一多，查检起来不太方便；苏谱以表表达，族人的世系、血缘关系令人一目了然，但若世远人众，表就不好做了。谱图、谱表，各有优劣，需要互相取长补短，故后世修谱者往往综合欧、苏两家，图表并用。

欧谱和苏谱的创修，不仅出自本族的需要，而且意在为天下提供样本，起表率作用。欧、苏编纂家谱的指导思想和体例不仅影响南宋的家谱修撰，而且为元、明人修谱提供了范本，士大夫修谱纷纷遵奉欧、苏思想，仿照其体例。元代徽州教授程复心于延祐元年（1314）为武进姚氏族谱作序，就主张学习欧苏谱："苏氏、欧阳氏相继迭起，各创谱式，其间辨昭穆，别亲疏，无不既详且密，实可为后世修谱者法。"[①] 历史上家谱修撰的趋势是：唐以前官修谱牒，宋以后私家自修，首自庐陵欧阳氏和眉山苏氏二家，明士大夫家亦往往仿而为之。

北宋著名的政治家、军事家、思想家和文学家范仲淹以俸禄之余购买良田，捐为范氏宗族公产，称为"义田"，又设立管理机构，称为"义庄"。义庄的功能，涉及诸多方面，但对宗族成员进行经济生活上的赈济，是其最为重要的功能之一。一是义庄的"赡族"措施，其对象并不限于贫困族人，而是惠及宗族的所有成员，如对所有族人"逐房计口给米"，"冬衣每口一匹"，"嫁女""娶妇"支钱，"丧葬"支钱等。二是义庄建立了初步的管理、监督制度。范仲淹去世后，他的几个儿子都能遵从父训，承继父亲志愿，光大父亲事业。在义庄慈善事业方面，他们不断投入钱财和精力，不断完善义庄规矩。义庄对明清家族管理思想影响深远。

唐末五代至宋时期，军事管理思想的新发展主要表现在：中国古代

---

① 民国《辋川里姚氏宗谱》卷1，程复心《序》。

自西魏文帝大统十六年（550）宇文泰开创了府兵制，这一兵制一直沿用了两百年左右，直至唐中叶府兵制被募兵制所取代。府兵一般不入民籍，而是另立军籍。当府兵者，自备弓、刀，甲、槊、戈、弩由官府供给，有的自备资装，但不负担其他课役。当府兵的农民平时务农，农隙时讲武教战，有战事时朝廷临时点将率领从各地征发的府兵出征。战事完结，兵散于府，将归于朝。这样，兵不识将，将难专兵，避免了将帅长期拥兵作乱之弊，有利于巩固中央集权和国家统一。府兵制是兵农合一的一种制度。

唐中叶，随着土地兼并的发展，均田制日趋破坏，建立在均田制基础上的府兵制难以继续实行。为了解决宿卫缺兵问题，玄宗开元十年（722），宰相张说奏请募士。翌年，取京兆、蒲、同、岐、华府兵及白丁，加上潞州长从兵，共有 12 万人，号"长从宿卫"。开元十二年（724）"长从宿卫"更名"彍骑"。彍骑的产生实际上使唐朝兵制由府兵制转入募兵制，已具有雇佣兵性质。

北宋先后设立武举和武学，其中武学之设尚是中国古代史上的首创。宋仁宗景祐元年（1034），绛州通判富弼上书仁宗，建议"于太公庙建置武学，许文武官与白身岁得入补。聚自古兵书置于学中，纵其讨习，勿复禁止。朝观夕览，无一日离乎兵战之业，虽曰不果，臣不信也"。[①] 庆历三年（1043）五月丁亥，在对西夏战争的触动下，宋仁宗始设武学。宋代的武举和武学对军队的人才建设发挥了一定的作用，使一些训练有素的军事人才源源不断地补充到各级军队中，在对敌战争中发挥骨干的作用。

唐中叶五代宋，之所以是开创古代管理思想一个新的发展时期，与社会的动荡忧患、相对宽松自由的文化和言论环境密切相关。唐安史之乱后藩镇割据，兵连祸结，最后形成五代十国局面，社会仍然动荡不安。北宋虽然结束了五代十国割据的局面，但终两宋三百多年间，社会矛盾

---

① 赵汝愚：《宋朝诸臣奏议》卷 82《上仁宗论武举武学》，上海古籍出版社，1999 年。

始终比较尖锐。据粗略估计，大致十年就发生一次较大规模的农民或士兵起义，每一年就发生一次小规模的农民或士兵起义，加上先后对辽、西夏、金和元的战争，给人民生命和财产带来很大的破坏，并严重威胁宋政权的统治。唐中叶五代宋，由于战乱不已，军费开支庞大，财政上入不敷出的危机时有发生。历代朝廷解决危机的一个重要方法就是增加苛捐杂税，横征暴敛。当这种征敛超过了一定的限度，就会对小农经济造成巨大的破坏，严重影响小农的简单再生产正常进行。面对这种局面，许多有识之士纷纷提出改革朝政措施，从而在这一时期涌现出刘晏、杨炎、周世宗、范仲淹、欧阳修、李觏、王安石、司马光、苏轼、苏辙、叶适等著名的管理思想家，提出改革朝政的各种管理思想。一些朝中大臣在治理朝政、解决财政危机中提出买扑、入中，主张私营工商业等富有创造性的理财思想。

宋朝从太祖开始，就尊儒重文，兴文教，抑武事。太宗时还特别注意从孤寒之家选拔人才，这成为宋代科举改革的一个重要原则，为国家选拔才德兼备的人才发挥了积极的作用，如北宋著名的政治家、文学家、思想家范仲淹、李觏、欧阳修、王安石、苏轼、苏辙等都是出身孤寒之家的知识分子。正如明人徐有贞在《重建文正书院记》中所指出的："宋有天下三百载，视汉唐疆域广之不及，而人才之盛过之。"宋仁宗庆历四年（1044），太学从国子学三馆中分出，单独建校。太学在宋代成为混杂士庶子弟的普通学校，是宋代学校制度的一个重大变化，扩大了接受高等教育的范围。到神宗时期，那些"远方孤寒人士"和"四方士人"没有资格进入国子学的，自然就进入太学学习。与此同时，宋廷又给太学生以优厚的经济和政治待遇。朝廷全面实行"舍选"，即"天下取士悉由学校升贡"，于是，太学成为全国士庶子弟获得参加殿试资格的主要途径。南宋初年，国子学已不复独立存在，与太学合二为一。

宋代的右文重儒政策，一方面带来了两宋文化的繁荣，在理学、文学、史学等方面都达到了一个新的高峰，另一方面也造就了一大批士大夫阶层。这些士大夫广泛参与赵宋各级政权，有的终身从政，有的在一生中某一时期从政，其中的绝大部分人不管是在朝还是在野，都以天下为己任，通经术，明史事，晓法律，重现实，疑经论政，批判现实，著书撰文立说，总结自己的从政经验，阐发管理思想和方略，如李觏、范仲淹、欧阳修、司马光、王安石、苏轼、苏辙、朱熹、叶适、吕祖谦等均是其中杰出的代表。

宋代自宋太祖开始就立下祖宗之法：不诛杀士大夫和言事人。宋代历朝皇帝的确比较优待知识分子，除非罪大恶极，一般不予诛杀；对上书言事、犯颜直谏之人，一般都较宽容，更不会加罪处以极刑。由于相对宽松自由的文化和言论环境，这一时期出现了一批富有管理思想和方略的名臣。如熙宁变法的论战，各种不同观点不同思想的撞击，产生了许多有价值的管理思想和理论火花。南宋孝宗对各种学派也采取宽容的态度。他喜欢苏轼的学说，却没有因此而排斥程颐的学说。吕祖谦、叶适、陆九渊、朱熹等学派的同时并存，说明了当时言论环境的宽松。

宽松的言论环境使当时的知识分子敢于关心现实问题，批判现实问题。宋代无论是程朱理学，还是陈亮、叶适的重商学派，都关心当时的现实问题，朝政的议论也呈现出前所未有的活跃局面。由此虽然形成了无休止的政党之争，但也带来政治、思想上较为自由的风气。这种风气为学术上的探讨和新管理学说的产生提供了有利的政治条件。如在较为宽松的文化政策环境中，一向为传统儒家思想所鄙视的重商思想在宋代却较为活跃。重商思想对宋代商品经济的发展和空前繁荣影响深刻，在古代经济史中占有显著的地位。

其三，明末清初和晚清，中国古代管理思想向近代管理思想转变。明末清初，在资本主义萌芽缓慢发展，封建君主专制主义愈益腐朽，王朝更迭、社会动荡的历史背景下，黄宗羲、顾炎武、王夫之等人的反专制政治思想，显露出资产阶级民主思想的端倪。黄宗羲提出：专制君主以天下为私产，实为天下大害；在专制君主社会里，只有一家之私法，天下就永远难免于乱；天下治乱的标准不是王朝的兴亡，而是民众的忧乐；应变法以救世，臣下出仕应以万民为重，置相权以分君权，设学校

以监视朝政。顾炎武提出专制君主无法使天下致治，应分权众治的政治主张。王夫之则以"不以天下私一人"的民本思想来反对封建君主专制主义。

清代末年，中国古代管理思想开始发生深刻的变化。19 世纪 40 年代至 70 年代，随着鸦片战争和第二次鸦片战争以及《南京条约》《北京条约》的签订，中国开始沦为半殖民地半封建社会。与此同时，西方思想也如潮水一般涌入中国。林则徐、魏源、冯桂芬、张之洞、李鸿章等提出抵御外侮、学习西方思想。林则徐主张严禁鸦片，抵御外国侵略，了解和学习西方。魏源也主张抗击英国侵略者，"师夷长技以制夷"。冯桂芬提出向西方学习，进行改革的主张，即创办军事工业、民用工业和新式学堂的洋务思想。张之洞提出实业与军事救国、中学为体西学为用思想。

19 世纪末，甲午战争的失败和《马关条约》签订后，面对民族危机日益严重，康有为提出维新变法思想：主张开民权，设议院、制度局，实现三权分立，从而改君主专制为君主立宪制；主张发展民族资本主义工商业，富国养民；主张发展新式教育，培养人才，以智富国。总之，实行自上而下的资产阶级民主改革，使中国走向富国强兵的发展资本主义的道路。梁启超提出维新变法思想：其一，改变官制，变专制制度为议院制度，这是变法的本原。其二，全面促进经济发展，兴交通，清除阻碍经济发展的不利因素。其三，废科举，兴学堂。其四，建立法制，借鉴西方各国法律以完善中国法制。其五，兴民智，实行君民共主。其六，设报馆，译西书，宣传维新变法。严复也提出维新变法，挽救民族危亡的思想。其维新思想中最突出的一个特点是借助自然科学的理论，将弱肉强食、优胜劣汰、物竞天择、适者生存理论用于论证当时中国变法的必要性和紧迫性，认为中国只有变法才能由弱变强，才能"自强保种"，否则，将亡国灭种。严复还主张思想自由，提倡科学，"黜伪崇真"。

20 世纪初，八国联军侵入北京，强迫清政府签订了《辛丑条约》，自此中国完全沦为半殖民地半封建社会。以孙中山先生为首的资产阶级革

命党人，提出了民主革命思想。其中最具代表性的是：邹容在《革命军》一文中，主张通过民主革命，推翻清朝封建专制统治，建立资产阶级民主共和国。章太炎主张，在中国推翻清王朝统治之后，应当建立资产阶级的民主共和国，并主张先"排满"，后对付帝国主义。孙中山民主革命思想的核心内容是包括民族主义、民权主义、民生主义在内的三民主义。民族主义的主要内容是推翻清王朝统治和争取民族独立，民权主义的核心内容是"推翻帝制，建立民国"，民生主义的主要内容是"一曰平均地权，二曰节制资本"。所有这些思想，标志着中国古代管理思想逐步迈向近代管理思想。

第六节　五个方面的说明

该系列专著在撰述中主要注意了五个方面的处理方式。其一，在撰述历代管理思想时，既注意其继承性，又强调其创新性。这就是说，古代的许多管理思想具有历史传承性，也就是历史依赖路径。为了反映这些管理思想的传承性，我们在阐述每一朝代相类似的管理思想时，都以适当的篇幅予以涉及。另一方面，对于每一朝代有特色有创新的管理思想，笔者都尽可能以较多的篇幅予以重点阐述。其二，中国古代历朝管理思想都十分丰富，即使鸿篇巨制也很难一一囊括，更何况拙著区区三百多万字，要阐述三千多年的管理思想更是难上加难。笔者只能以当代人的视角，选择其中对现实较有启示意义的管理思想加以阐述。其三，研究历史上的管理思想，应该如何应用当代的一些管理理论进行阐发，似乎在实际操作中不大容易掌握。尤其是古代的大多数管理思想，以今人的眼光来看，显得较为简单、粗糙，如用现代管理理论做太多的阐述引申，显得有悖于历史的客观情况，如不用现代管理理论阐述引申，又有就事论事之嫌，理论分析不够。笔者尽可能根据当时的历史现实做客

观的评述，点到为止，不做太多的引申。其四，在内容框架上尽可能做到先秦、秦汉魏晋南北朝、隋唐五代、宋、元、明、清卷统一。但是，由于各卷侧重点略有不同，因此，有些相同性质的内容在各卷的安排并不相同。如商税管理思想一般安排在商业管理思想方面论述，但如果本卷没有专节论述商业管理思想，那就将商税管理思想安排在赋税管理思想方面论述。其五，该系列专著各卷所引用的史料，笔者尽可能依据学术界公认比较权威的版本，如中华书局点校的二十四史，中华书局、天津古籍出版社出版的陈高华等点校的《元典章》。主要参考文献中所列的古籍版本只是该系列专著中较多引文依据的版本，并不意味着所有史料引文字句、标点均采用该版本。笔者往往还比较数家不同的点校、注疏和诠释，然后根据自己的理解和判断，择善而从之。由于篇幅和体例所限，以及该系列专著不属于考据学、训诂学的范围，其取舍理由就不一一予以说明了。

第一章
先秦管理思想历史背景

第一节　夏商西周政治体制

一、夏朝政治体制

前21世纪，我国历史上出现了第一个奴隶制王朝——夏朝，它的建立标志着我国历史正式进入了文明时代。

孔子说：禹"卑宫室而尽力乎沟洫"[1]。韩非子说："禹之王天下也，身执耒臿，以为民先，股无胈，胫不生毛，虽臣虏之劳不苦于此矣。"[2]在当时社会生产力发展水平较低的情况下，禹亲自领导群众平治水土，发展生产，得到了广大人民群众的支持，博得了众多部落首领的拥护，所以他能比较顺利地取得最高统治地位，被拥戴为"夏后氏"，成为诸夏之族最高的君长，确立了王权。

禹死后，子启继位，正式确立了王位世袭制度，标志着传统"禅让"

---

[1] 《论语·泰伯》，新编诸子集成本，中华书局，2018年。
[2] 《韩非子·五蠹》，新编诸子集成本，中华书局，2018年。

制的终结。从夏代开始，在众多邦国之上，建立了统治全国的王朝，于是王室有"天下"，诸侯有"国"，大夫有"家"。国家机构中的最高统治者，即国君的"君"字从"尹"，从"口"，表明国君是众尹之上地位最尊的发号者①。

国君之下，有各级分管各种民事的"民师"，即各级官吏。夏启称他的"六卿"为"六事之人"，这些人是当时地位较高的官尹，既管民事，又统军旅，权力很大。在他们之下，当然还有不少的属僚，各自组成一定的统治部门。

史载禹征三苗，称他所统领的军队为"济济有众"；启征有扈，严厉告诫所属的军队要严格听从他的指挥。足见当时不仅有强大的军队，而且有比较严密的组织。《左传》昭公六年载，夏王朝正式制定了《禹刑》。这是我国历史上的第一部奴隶制法典。

二、商朝政治体制

前 16 世纪，商汤兴兵伐夏，与夏朝军队战于鸣条（今河南封丘）之野。夏桀败绩，仓皇南逃，死于南巢，夏亡。商朝继夏朝之后，成为我国历史上第二个奴隶制王朝。

商朝统治阶级的最高首领是商王，占有广大的土地和奴隶，并且掌握着对人民生杀予夺的大权，实行强权统治。商王常自称为"一人"或"余一人"，以天下之大，四海之内，唯一人为至高无上，唯我独尊。

和商王一同掌握国家大权的还有大批贵族官吏，见于卜辞的官名约有 20 多个，如武官有"多马""多亚""多射"等；史官有"尹""多尹""乍册""卜""工""史""卿史""御史"等。古文献和铜器铭文中有"百执事""殷正百辟""百僚""庶尹""惟亚""惟服""宗工"等。其官吏具体职掌虽不尽知晓，但其反映了商代已有众多的官吏，与商王共同

---

① 《说文解字》第二上口部"君"字的解释："尊也，从尹，发号故从口。"

构成一个统治集团。

商王为了对民众实行严厉的管制，防止外敌入侵，拥有强大的武装力量。当时大概已有征兵制度，卜辞中常有"登人"的记录，"登人"即征兵之义。军队的编制，有左、中、右三师。

除了军队之外，商朝还通过刑罚、牢狱等暴力手段强制对民众实施严厉管制。古文献上说商有"汤刑"，有"断其手"之法，有"炮烙之法"，有"醢""脯""劓"等酷刑。甲骨文中还有一些刑具和监狱的象形文字。

三、西周政治体制

前11世纪，周武王兴兵伐纣。周、商两军战于牧野（今河南淇县西南）。商纣王兵败，自焚而死，商亡。周武王建立了周朝，成为我国历史上第三个奴隶制王朝。周朝又分西周、东周，西周从前11世纪中武王克商开始，至前771年周幽王死于骊山之下。

西周时期，全国最高统治者是周天子，即周王，下有太师、太保等辅弼其总揽全国大权，治理天下。除此之外，其下还设有多种官职，比较重要者有"三事大夫"，即三种官职。"三事"下面的卿事或称"百僚"，比较重要的有"六大"：大宰、大宗、大士、大史、大祝、大卜。见于古文献和西周金文记载的主要官职还有"三司"，其中"司徒"（司土）是管理农田的长官，"司空"（司工）是管理百官职事的长官，"司马"是掌握军政、军赋的长官。

周天子在军事上有最高的指挥权。西周的军队以兵车为主，车上是甲士，车下是徒兵。在周初，军队组织最大的单位大概是"师"。西周后期，周天子为了镇压人民和长期战争的需要，把军队组织逐渐扩大，最大的单位是"军"。天子有六军。六军中除中军、左军和右军外，其余三军不详。六军中中军为总帅。

西周实行分封制。周人克殷后，便把全国除中央王朝直接控制的区

域之外的土地分封给其兄弟亲戚及有汗马功劳的臣子们。如：封康叔为卫君，都殷墟，监督殷民七族；封周公之后于鲁，初在河南鲁山，后徙都奄（今山东曲阜），监督殷民六族；封姜尚之后于齐，都营丘（今山东淄博临淄）。据《荀子·儒效》记载，周公共封了71国，姬姓占53国。

这些被分封的诸侯们，对周王室来说，虽然是"小宗"，但在自己的封地内，对于卿大夫来说，则为"大宗"，他们在其诸侯国也以同样的方式对其属下进行分封。诸侯所分封的大体上是诸侯的宗族和少数异姓。被诸侯所封的人称卿大夫，所封土地称采邑。卿大夫以下有士，大都是卿大夫的宗族，他们也被封予食地。士是贵族阶级中最低一层，不再往下分封。诸侯在自己的封国内，基本上也按照周王朝的职官机构设官分职，对封国内的民众进行统治。周天子就是利用这一级一级地往下分封，建立了一套周密的统治网，对广大民众进行统治。

西周时，周天子享有最高的权威。诸侯要定时向周王纳贡，《左传》昭公十三年"昔天子班贡，轻重以列，列尊贡重，周之制也"；同时，还要定期朝觐和率兵从征。诸侯如不履行义务或冒犯了"周礼"的规定，轻者受到谴责，如"唐迁于晋，作宫而美，（康）王使人让之"[1]；重者则要被处死，如周夷王时，齐国之君齐哀公，只因为纪侯在周王面前说了他坏话，结果周夷王就"烹哀公而立其弟"[2]。

西周时期，与分封制紧密结合的是宗法制。周代宗法制规定："天子建国，诸侯立家，卿置侧室，大夫有贰宗，士有隶子弟。"[3] 说的是周天子以嫡长子身份为王，众子弟为诸侯。诸侯以嫡长子继位，众子弟为大夫。大夫也以嫡长子继位，众子弟为士。这些贵族，由于和周天子宗法关系的亲疏不同而形成严格的等级。这就是《孟子·万章》所说的："君一位，卿一位，大夫一位，上士一位，中士一位，下士一位，凡六等。"

---

① 《竹书纪年》卷下，台湾商务印书馆影印文渊阁四库全书本。
② 《史记》卷32《齐太公世家》。
③ 《左传》桓公二年。

卿、大夫、士都是一族之长，世代相传。因此，以嫡长子继承国土田邑的宗法制度，是解决贵族间的矛盾，巩固分封制的一种制度安排。

西周的统治者为了维护贵贱等级秩序，制定了"礼"和"刑"。当时的情况是"礼不下庶人，刑不上大夫"①。礼的作用主要在于维系贵族等级，消除阶级内部的分歧。贵族对"礼"是相当重视的，举凡社会上有关君臣、上下、父子、兄弟的衣、食、住、行，丧葬婚嫁、仁义道德、风俗争讼以及其他军制政令、鬼神祭祀等，都必须按照固定的礼法来执行。刑主要是为镇压广大民众而设的，民众如违反国家规定的法律政令，就要受到相应的处罚。周代制定了《九刑》："毁则为贼，掩贼为藏，窃贿为盗，盗器为奸。主藏之名，赖奸之用，为大凶德，有常无赦，在《九刑》不忘。"② 这说明《九刑》的主要内容，在于严厉惩治那些严重危害社会正常秩序的"盗""贼"的行为。据《尚书·吕刑》所记，西周的刑罚有墨、劓、荆、宫、大辟五刑。此外，还有鞭刑和流放。判处五刑的律条，墨刑和劓刑各有 1000 条，荆刑 500 条，宫刑 300 条，大辟 200 条，共有 3000 条。法网严密，远远超过商代。

第二节　春秋战国政治体制

一、春秋争霸战争

前 771 年，周幽王死后，太子宜臼即位，为周平王。周平王鉴于西周都城镐京（今陕西西安）残破，又处于犬戎威胁之下，于前 770 年，

---

① 《礼记》卷 3《曲礼上》，台湾商务印书馆影印文渊阁四库全书本。
② 《左传》文公十八年。

迁都洛邑（今河南洛阳），建立了东周王朝。东周至前256年被秦所灭。历史上从前770年周平王东迁至前476年，这一阶段的历史大体与孔子所修订的《春秋》年代（前722年至前481年）相当，所以称之为春秋时期，再由前475年至前221年秦统一中国，历史上称为战国时期。

春秋时期，大诸侯国频繁发动争霸战争，借此扩大领土和掠夺财富。仅据《春秋》记载，在242年间，列国进行的战争共483次，朝聘盟会450次。这些军事行动和朝聘盟会实际上是大诸侯国对小诸侯国两种不同形式的蚕食鲸吞。大诸侯国通过战争，公然占领小诸侯国领土，夺取财物；或者通过朝聘盟会，强迫小诸侯国纳贡，甚至强迫小诸侯国人民为大诸侯国统治者服兵役、劳役，几乎到了"无岁不聘，无役不从"的地步。

春秋时期，诸侯国之间的战争最主要的是五霸之间的战争。前656年，齐桓公率领齐、鲁、宋、陈、卫、曹、郑、许8国军队，首先讨伐依附楚的蔡国，蔡人望风溃逃。于是齐桓公率军乘胜讨伐楚国。楚成王看到齐军来势甚猛，一面亲率大军迎战，一面派大夫屈完与齐讲和。齐桓公见楚方无隙可乘，便在召陵（今河南漯河郾城东）与楚订立盟约，取得了霸主地位。

齐桓公逝世后，齐国霸业骤然衰落。这时，南方的楚国势力向中原发展，北方的晋国也已成为强国，两国之间展开争夺中原霸权的斗争。前632年，晋国在宋、齐、秦等国的声援下，向楚的与国曹、卫进攻，迫使楚军北上，于是爆发了历史上有名的城濮之战。战斗以晋胜楚败而告终，使中原小国摆脱了楚的控制，归附了晋国。晋文公大会诸侯于践土（今河南原阳西南），周襄王正式册封晋文公为霸主。

城濮之战后，楚国北上暂时受阻。楚庄王即位后，任贤用能，发展生产，平定贵族叛乱，征服百濮、群舒，为楚国的再次争霸奠定了基础。前597年，楚军与晋军大战于邲（今河南荥阳东北），晋军将帅步调不一，迟疑不进，结果大败。楚庄王乘胜饮马黄河，雄视北方，迫使鲁、宋、郑、陈中原小国，相继依附楚国，楚庄王一时做了中原盟主。

邲战之后，晋楚两国曾于前579年、前546年两次召开弭兵会议，签

订休战和约。弭兵会议实质上是晋楚两国以牺牲中小诸侯国利益的办法，互相瓜分霸权，形成了均势。原来晋国的属国和楚国的属国，现在变成了晋楚双方共同的附属国，对两国尽同样的义务。从此，宋、郑等国"仆仆于晋、楚之廷"①。虽然在以后的40多年中，中原战争减少了，但晋楚两霸贪求无厌，各小诸侯国人民"苦于供亿"②，其负担与痛苦并没有减轻。

前6世纪末至前5世纪初，吴国阖闾执政，在伍子胥的辅佐下，进行政治、军事等方面的改革，同时任用著名的政治家和军事家孙武，使吴国的实力增强。前506年，吴与唐、蔡联军大败楚军，攻下楚都郢（今湖北荆州纪南城）。前494年，吴王夫差大举攻越，勾践大败，称臣归附吴国。前482年，夫差在两败齐国后，大会诸侯于黄池（今河南封丘西南），与晋争做盟主，以图称霸中原。不料，越王勾践在臣服吴的时候，卧薪尝胆，任用范蠡、文种，发展经济，壮大国力。前482年，趁夫差北上会盟，国内空虚的机会，出兵攻吴。前473年，越灭吴，大会诸侯于徐州（今山东滕州），一时号称霸主。

春秋时期，大诸侯国在争霸和兼并战争中，吞并了许多小诸侯国，开拓了疆土。如山东诸小国为齐所并，河北、山西诸小国为晋所并，江淮、汉水诸小国为楚所并，西北诸小国为秦所并，使春秋初年百十个小诸侯国，缩减成几个大诸侯国。与此同时，大诸侯国通过朝聘盟会对小诸侯国进行掠夺。晋国规定各附属国"三岁而聘，五岁而朝，有事而会，不协而盟"③，借此从小诸侯国那里榨取财物。如鲁国在春秋时期朝周王室仅3次，而朝齐、晋、楚大诸侯国竟达33次之多。小诸侯国通过"聘而献物"的办法乞免大诸侯国的欺凌，所以小诸侯国面对大诸侯国总是

---

① 顾栋高：《春秋大事表》卷37，中华书局，1993年。
② 《春秋大事表》卷37。
③ 《左传》昭公三年。

"唯强是从"①，"职贡不乏，玩好时至"②。鲁叔孙穆子说："今我小侯也，处大国之间，缮贡赋以共从者，犹惧有讨。"③ 有时一些小诸侯国不仅向一个大诸侯国奉献，还要同时受几个大诸侯国的宰割，所谓"牺牲玉帛，待于二境"，"敬共（供）币帛，以待来者"④。

二、战国兼并战争

战国时期，"七雄"之间的战争比春秋时期的战争更为频繁而激烈，其目的不仅为兼并宋、郑、鲁、卫、中山、越、巴、蜀等中小诸侯国，而且大诸侯国之间也进行兼并，最终以消灭对方，结束割据，实现全国统一为目标。这一时期的战争大体可分为魏国独霸、秦齐对峙、秦赵大战、秦国统一 4 个阶段。

魏文侯时期，魏国经过李悝变法，促进了社会经济的发展，形成了中央集权的政治制度，建立了一支以武卒制为基础的强大武装力量。从前 413 年起，魏文侯不断派兵进攻秦国，攻占了秦的河西（黄河西边洛水东边的地区）。前 406 年，魏灭中山国。魏武侯时，魏国又取得了郑、宋、楚三国间的大片土地。前 391 年，魏、赵、韩联军大败楚军于大梁、榆关，魏国占有了大梁（今河南开封）及其外围襄陵（今河南睢县西）。前 371 年，魏又攻取了楚的鲁阳（今河南鲁山）。当时不仅淮水、泗水一带的小诸侯国不敢反对魏国，连韩、赵和齐也得服从魏国。魏国在文侯、武侯时代，霸业初具规模。

齐国在齐威王改革之后，国力迅速强盛，成为魏国霸业的竞争者。齐、赵在反对魏惠王霸业的基础上联合起来。前 354 年，魏国起兵伐赵，攻破赵都邯郸。齐国采取围魏救赵策略，袭击魏都大梁，迫使魏军回师

---

① 《左传》襄公九年。
② 《左传》襄公二十九年。
③ 《国语》卷 5《鲁语下》，台湾商务印书馆影印文渊阁四库全书本。
④ 《左传》襄公八年。

自救。魏军在桂陵（今河南长垣西南）遭到齐军的阻击而大败。这时，秦乘魏国全力在东面和北面与齐、赵争斗之机，向魏国进攻。魏国没有力量同东方齐、北方赵和西方秦国同时战争，被迫同齐、赵妥协，集中力量对付秦国。前350年，魏向秦反击，不但收复了失地，而且曾围攻定阳（今陕西宜川西北）。魏、齐、赵、秦展开了长达5年的激烈战争，魏国虽然吃了不少亏，但霸业仍然得到发展。前344年，魏惠王召集了逢泽之会，参加会盟的共有12个诸侯国。

前341年，魏军被齐军包围在马陵（今河北大名东南），10万魏军被歼。接着齐、秦、赵从东、西、北三面夹攻魏国。前340年，秦商鞅用计擒魏公子卬，大破魏军。魏经过这两次惨败，失去了霸主的地位。

魏国霸业衰落后，出现了秦、齐两大强国东西对峙的形势。前318年，魏相公孙衍发起合纵，联合魏、赵、韩、燕、楚五国伐秦。前317年，秦军在修鱼（今河南原阳西南）大败韩、赵、魏三国联军。

当秦国在西方扩充实力时，齐国也在东方积极发展自己的势力。前314年，齐国乘燕国内乱，攻下燕国国都。后由于燕国人民坚决反抗，齐民不得不由燕国撤退。

齐国为了加强与秦争雄的力量，和楚结盟，使秦国的发展大受影响。秦国派张仪用计策拆散齐、楚联盟。前312年，秦军在丹阳（今河南丹江下游东岸）大败楚军，占领楚的汉中。楚失汉中后，楚怀王征发军队反攻，秦、楚在蓝田（今陕西蓝田）发生大战，楚又大败。由于楚国背齐，齐就联合韩、魏伐楚，楚军接连被三国联军击败。

秦国击败韩、赵、魏三国联军和楚军后，势力东扩；与此同时，齐国攻下燕国国都，击败楚军，势力不断加强，秦、齐对峙局势进一步突显。前298年，齐约韩、魏合纵攻秦。经过三年苦战，齐、韩、魏联军攻入函谷关，迫使秦割地给韩、魏请和。前288年，齐国再次联合燕、韩、魏、赵等国军队攻秦，迫使秦国将魏地（今河南温县西）、轵（今河南济源南）、高平（今河南济源向城）等邑归还魏国，把所占赵地王公、符逾归还赵国。

前286年，齐国灭了宋国，一时势力大振，引起三晋与楚的不安，秦国乘机约各诸侯国攻齐。前285年，秦军越过韩、魏，攻下齐国河东9个城，设立为9县。

燕国自从燕昭王即位后，君臣奋发图强，改革政治，招揽人才，使国家殷富，士卒"乐佚轻战"①。前284年，燕将乐毅统率燕、秦、韩、赵、魏五诸侯国联军攻齐，在济西（今山东高唐、聊城一带）大败齐军。接着，乐毅率燕军攻下齐都临淄。后来，由于齐国人民的奋力抵抗，齐国转危为安。但是，齐国所受的损失太大，从此一蹶不振，秦、齐对峙的局面也就被打破了。

前278年，秦军攻下楚国都城郢，楚被迫迁都陈（今河南淮阳）。次年，秦夺取楚的巫郡和黔中郡，势力发展到今湖南地区。从此，楚国也衰弱了。

由于齐、楚的衰弱，为秦国推进"远交近攻"策略创造了条件。秦国向三晋大举进攻，首当其冲是当时实力最强的赵国。前270年，赵国军队在阏与（今山西和顺）大破秦军，使秦军的锋芒受挫。前260年，赵军40多万人在长平（今山西高平西北）被秦军包围，全军覆没。长平之战使赵军主力损失殆尽。前259年，秦军包围赵都邯郸。前257年，魏、楚派军救赵。秦军在赵、魏、楚三军的内外夹攻下，终于大败。但秦国国力并没有因此衰弱，仍继续向东发展。由于秦国对东各诸侯国的威胁日益加大，前241年，赵、楚、魏、韩、燕五诸侯国合纵攻秦。但在秦军的反击下，楚军闻讯逃跑，各诸侯国军队也纷纷撤退，合纵攻秦最终失败。

前238年，秦王嬴政开始亲自执政，重新部署了对付六个诸侯国的战略和策略，开始了统一中国的战争。前230年，秦军进攻韩国，俘虏了韩王安，韩国灭亡。前229年，秦军攻赵。第二年，秦军长驱进入邯郸，赵王被迫献出地图降秦。前227年，秦军在易水以西击败燕军主力。第二年，秦军攻下燕都蓟（今北京大兴西南），燕王喜逃到辽东（今辽宁

---

① 《战国策》卷29《燕策一》，台湾商务印书馆影印文渊阁四库全书本。

辽阳西北）。前 225 年，秦军攻入大梁，魏王假投降，魏亡。前 224 年，秦派王翦率军进攻楚国，一年多后占领楚都寿春（今安徽寿县），俘虏了楚王负刍。前 222 年，秦军又平定了楚的江南地区，降服了越君，于是楚国全部灭亡。同年，秦军攻下了辽东，俘虏了燕王喜，接着又打下了代城，俘虏了赵代王嘉，燕、赵彻底灭亡。前 221 年，秦军长驱直入齐都临淄，齐王建投降，齐国亡。秦国终于完成了统一六国的事业，从此结束了春秋战国诸侯割据混战的局面。

三、周王室衰微，诸侯、卿大夫崛起

春秋时期，时代发生剧烈的变化。政治上，周王室式微，诸侯、卿大夫势力相继崛起，社会处于不断动荡中。正如司马迁所云："《春秋》之中，弑君三十六，亡国五十二，诸侯奔走不得保其社稷者不可胜数。"①

西周时期，周天子对诸侯有巡狩的制度，一进入春秋时期，这种代表周天子权威的制度就彻底瓦解了。

西周时期，诸侯对周天子负有各种义务，如进贡赋、朝聘、尽力役等。但到了春秋时期，诸侯已不贡不朝，更有甚者，以武力公开对抗周天子，争夺天子的领地，扣留天子的使者。如《左传》僖公四年记载，齐侯曾率诸侯之师伐楚，其理由是"尔贡苞茅不入，王祭不共，无以缩酒，寡人是征"。又如周桓王时期，周王室与郑国"交恶"。公元前 707 年，周桓王率军讨伐郑国，结果王师大败，连桓王也被箭射中了肩膀，天子的威严扫地，从此一蹶不振。

春秋时期，诸侯国之间战争频繁，因而武将在各诸侯国有举足轻重的作用。当时，各诸侯国的武将又多是卿大夫担任，他们同时又占有数量可观的封邑，具有相当强的经济实力。所以政治与经济因素的合力作用，使卿大夫在春秋中后期势力日益膨胀，迅速崛起。如晋国悼公、平

---

① 《史记》卷 130《太史公自序》。

公时，虽然连续多年称霸，但晋国大权却掌握在身为卿大夫的韩厥、知
罃、荀偃、士匄、赵武、韩起、魏舒、范鞅、赵鞅等 9 个将领手中。后
来，在激烈的斗争中，韩、赵、魏三家胜出，共同瓜分了晋国，建立了 3
个政权。前 403 年，周王室正式承认韩、赵、魏为诸侯国。又如东方的
齐国，原是陈氏统治的诸侯国，后来由于卿大夫田氏采取收买人心的策
略，取得齐国民众的支持，最终取代陈氏，成为齐国的诸侯。总之，春
秋时期，各诸侯国大多是君权旁落到大夫手中。如果说，过去还是诸侯
反对周天子，春秋中后期就是卿大夫起来反对诸侯了。正是礼乐征伐自
天子出，转而礼乐征伐自诸侯出，再下移到礼乐征伐自大夫出了。

这一时期，卿大夫的崛起也带来了家臣的活跃。有的家臣成为卿大
夫的重要谋臣，有的代表卿大夫与诸侯订盟约，有的主婚约，有的主丧
事，有的代主人争讼，有的参与大夫的废立，有的甚至执国命①。

春秋时期，历史呈现出双轨发展的趋势。一方面如上所述，周王室
衰落，诸侯、卿大夫相继崛起，礼崩乐坏，天下大乱，全国分裂成大小
不同的许多政治中心。另一方面，在区域性的范围内，君主集权逐渐得
到加强，其表现在各诸侯国内外两个方面。

从各诸侯国外部来看，它们之间的每一次战争导火线虽然不尽相同，
但目的一样：扩大自己的势力，侵占更多的土地、人民，争当霸主。这种
兼并战争的直接后果就是削弱了割据势力，扩大了地区性的君主集权。如
春秋时期首霸齐国在齐桓公时期国力日益强盛，连续灭了谭（今山东章丘
西）、遂（今山东肥城南）等小诸侯国，大大扩充了国土，为齐桓公取得霸
主地位奠定了经济、政治上的基础。当齐国霸业骤然衰落后，北方的晋国
崛起，积极开拓疆土，灭霍（今山西霍州西南）、耿（今山西河津东南）、
魏（今山西芮城）、虞（今山西平陆）、虢（今河南三门峡东）等诸侯国，
又战胜了骊戎，打败了北狄，为以后晋文公的霸业活动创造了条件。

———————————————

① 刘泽华：《中国政治思想史集》第一卷《先秦政治思想史》，人民出版社，
2008 年，第 47 页。

从各诸侯国内部来看，诸侯在积极进行集权活动，防止大权旁落；卿大夫也在利用自己在战争中所处的有利地位，千方百计扩大自己的势力，与诸侯抗衡。在这场诸侯与卿大夫的博弈中，诸侯为消灭分权势力采取了如下一些方式：一是消灭大族。周天子分封过许多诸侯，尚未发现过消灭诸侯国的事实。但到了春秋时期，诸侯消灭卿大夫的事却层出不穷。二是削夺。这种方式与前者不同，它是通过削夺封邑的办法来打击分封者的势力，以加强诸侯的权力。三是转封或改封。这样做的目的在于避免受封者坐大成势，出现不可收拾的后果。四是减少分封。根据宗法分封制的原则，诸公子都应受封。春秋时期，各诸侯国主要世族的受封多在前期。到了春秋后期，这种分封明显减少了。诸侯们采取的以上种种措施，都与加强君主集权有关。

就卿大夫来说，他们一方面要抵制诸侯们集权，要求分封；另一方面他们自己又在拼命搞兼并，搞集权。当卿大夫还没有足够的力量推翻诸侯的时候，就想方设法从诸侯那里得到尽量多的封邑，以常规的手段来扩大自己的势力范围。到了春秋后期，卿大夫的势力越来越大，他们反对诸侯、加强集权的活动就激化了。显赫的卿大夫为了争国权、执国政，在政治、经济、军事等各个领域对诸侯展开了激烈的斗争。如齐有崔、田、庆、鲍、国、高等卿大夫，最终导致田氏代姜；鲁有三桓，最终造成三分公室；晋国的三郤、六卿也呈咄咄逼人之势，其结果是韩、赵、魏三家分晋①。

四、郡县制、官僚制产生，颁布成文法

春秋时期，随着分封制度的衰落，一些新的政治制度诞生了，主要有郡县制、官僚制和新成文法。

春秋时诸侯国的县制最早产生于秦国，以后，鲁国、晋国、楚国等

---

① 《中国政治思想史集》第一卷《先秦政治思想史》，第49—50页。

也设县。到春秋末年，晋大约已经普遍实行县制和郡制。当时，县比郡要高一级，或县大于郡。如赵简子在攻打范氏、中行氏时说："克敌者，上大夫受县，下大夫受郡。"①

春秋后期，与郡县制并行的是官僚制的形成。如孔子及其弟子的政治生涯就说明了临民而不领土的仕官制已经完全不同于以前的分封制，官僚的职务不能世袭，也不是终身制，官僚直接受君主的全面控制，独立性越来越小，甚至只承命而已。孔子在鲁，深得季氏的信任，官拜司寇，政绩也相当显著。但孔子却无封土，仅受谷禄而已。后来，孔子跑到卫，卫灵公问孔子在鲁拿多少俸禄，孔子说是"奉粟六万"。卫灵公就说秩比于鲁，"亦致粟六万"②。新型郡县制与官僚制的兴起，为君主集权提供了制度上的保障。

据一些学者研究，夏、商尚未有成文法典。西周即使有成文法典，也不公布于众。春秋时晋叔向曾说："昔先王议事以制，不为刑辟，惧民之有争心也……民知有辟，则不忌于上，并有争心，以征于书，而侥幸以成之，弗可为矣！"③ 杜预在《春秋左传集解》昭公六年注曰："临事制刑，不豫设法也。"李奇在《汉书·刑法志》也注曰："先议其犯事，议定然后乃断其罪，不为一成之刑著于鼎也。"可见，春秋之前，刑法是不向人民公布的，以达到刑不可知，则威不可测的效果。

前536年，郑国的执政子产铸"刑书"，把他所制作的成文刑法铸于铁鼎上，公布于国中，使人人知晓。从此，中国古代出现了第一部公开颁布的成文法。前513年，晋国赵鞅也用铁铸了刑鼎，鼎上铸有范宣子所作的刑书。刑法的制定与公开颁布，标志着国家管理的进一步法制化，在一定程度上克服了春秋之前刑法的随意性与神秘性，有利于广大人民的知法守法。

---

① 《左传》哀公二年。
② 《史记》卷47《孔子世家》。
③ 《左传》昭公六年。

战国时期，为适应君主专制统治，中央集权制政体初步形成。在西周政权中，世袭的卿大夫平时担任各种文官，战时又成为统帅军队的将领，文武不大分职。而到了战国时期，出现了文武分职的专职官吏。在国君之下设相和将。相又称相邦、丞相，又通称宰相，是百官之长，协助国君处理全国政务。将又称将军，是武官之长，负责领兵打仗。有的诸侯国还设有御史，相当于国王的秘书。次一级的武官有尉。"官分文武"适应当时政治上和军事上的需要，因为处理政务要有一定的政治能力，指挥作战要有一定的军事才能；同时又分散了大臣的权力，可以起到互相制衡且相互监督的作用，便于国君控制。

进入战国后，魏、赵、韩、燕、秦等诸侯国普遍推行郡县制。郡的长官叫作"守"，县的长官叫作"令"，县为从属于郡的地方组织。郡县制的推行，使各诸侯国形成了中央、郡、县、乡等比较系统和健全的一套行政机构。郡和县的长官由中央委派，国君直接掌握着郡、县的政治、军事和经济大权。这加强了君主专制政治。

战国时期，国君已普遍用玺、符作为凭证，用以任免官吏，传达政令，调遣军队，派遣使者。官吏的任免以玺为凭，任命时发给，免职时收回。军队调动都要用兵符，兵符作伏虎形，故称虎符。出土的秦国《新郪虎符》铭文记载："甲兵之符，右才（在）王，左才（在）新郪。凡兴士被甲，用兵五十人以上，必会王符，乃敢行之。"由此可见当时兵符分为两半，右半存国王处，左半发给将领，用兵在 50 人以上的，必须有国王处的右半符会合，才能调遣。玺符制度的推行使行政权、军事权更牢固地集中在国君手中。

战国时期，随着世卿世禄制的废除和郡县制的推广，官吏选任制度有了较大变化。除了君主和一部分封君外，从朝廷到地方的官吏都不能世袭。国家机构是常设的，人员则可能随时变更。当时选任官吏主要有以下 6 条途径：

其一，立功仕进。如商鞅变法制定 20 等军功爵，只要不断立功，就可以逐级晋升。

其二，对策或献策。楚悼王、秦孝公、燕昭王等的求贤令，便是发出策问征询对策的一种方式。当时，吴起、商鞅等人就是因对策深得君主赏识，一跃而居要职。另外有些人为博取功名，主动向君主献策。这些献策者，一旦其主张被采用，便可能平步青云，扶摇直上。由于策问与献策在当时是仕途的捷径，因此十分盛行。许多有才能的人到处游说，以图获得君主的赏识而取得高官厚禄。这一时期各种政治主张层出不穷，十分活跃。

其三，凭借亲属、裙带、宠幸等关系。战国时期，一些大家族一荣俱荣，一人得道，鸡犬升天。如齐的执政和将领大都出于田氏，楚的重要官位大都出于屈、景、昭三大家族。

其四，通过有名望人的推荐。如魏文侯时吴起、西门豹、乐羊等人都是翟璜所推荐的。著名的军事家孙膑则是通过齐将田忌的推荐而被齐威王任命为军师。

其五，被君主聘召。战国后期孔子的七世孙子顺，就被魏王遣使者奉黄金束帛聘以为相。

其六，用钱买官。当时，官爵也被当作一种特殊商品，有钱人可以通过花钱买到官位。

从上面官吏的几种不同来源看，主要可分为两类：一类靠才能，一类靠各种关系。前一类是任人唯贤，后一类则是任人唯亲①。

---

① 《中国政治思想史集》第一卷《先秦政治思想史》，第111页。

第三节　夏商西周经济

一、夏朝农业、手工业、商业

据考古发掘与一些专家的研究，河南偃师二里头是比较典型的夏文化遗址。该遗址出土的生产工具，仍以石器为主，其次是骨角器和蚌器，在一些房基、灰坑和墓葬的壁土上留有木质末耜掘土的痕迹。当时的民众使用这些比较原始的工具，平治水土，发展农业生产。

《左传》宣公三年载："昔夏之方有德也，远方图物，贡金九牧，铸鼎象物，百物而为之备。"这说明夏朝时在各地都能冶炼较好的青铜，并作为贡赋献给夏王朝，铸造具有各式图像纹饰的大鼎。比较大型的青铜器，虽然至今尚未在确认为夏代的遗址发现，但在二里头文化遗址中出土有青铜铸造的刀、锥、锛、凿、铃、镞、戈、爵等工具、武器、乐器和容器。同时，还发现有铸铜遗址，出土有陶范、铜渣和坩埚残片。出土的铜容器系采用复合范铸成，反映当时的铸铜工艺已有一定的水平[1]。

在二里头文化遗址中，还发现有陶窑和制造骨器的作坊。出土的陶器在形制、纹饰和器物群的组成等方面，都具有较明显的特征。二里头文化遗址中的房屋基址已采用夯筑技术，说明房屋建造技术已有很大进步。

车辆的制造是一种比较复杂的工艺，必须有多种工匠的结合。据《左传》定公元年记载，奚仲封于薛（今山东滕州南），为夏王室的"车正"，专管车辆制造事宜，足见车辆制造当时已成为一种比较重要的手工业。

---

① 殷玮璋：《二里头文化探讨》，《考古》1978 年第 1 期。

在二里头文化遗址中已发现贝，当是作为货币之用的，说明当时贸易也有一定的发展。

《尚书·五子之歌》说："关石、和钧，王府则有。"① 这是说使用一般通用的石、钧等衡量器械征收贡赋，保持王室府藏的经常收入。由此可见，夏朝已经确立了一定的贡赋制度。

二、商朝农业、手工业、商业

商代的农业已经成为人民生活所依赖的主要生产部门。甲骨文中出现了大批有关农业的文字，如"农""田""禾""黍""麦""粟""穑"等。当时的农具有耒、耜、镰等，大都是以木石制造的。在殷墟王宫旁曾发现上千把石镰刀，并且一般都有使用过的痕迹。

那时的农业生产是由贵族强迫平民和奴隶集体耕作。为了发展生产，增加更大的剥削量，帝王们经常亲自外出巡察，监督生产，卜辞中就有"王勿往省黍""王其萑穑"的记载。还有卜辞中关于风雨、丰年、歉年的占卜，说明帝王、贵族们十分关注农业生产的丰歉，农业已成为国计民生中最重要的生产部门。

在农业发展的基础上，畜牧业也迅速繁盛起来。人们已大量驯养马、牛、羊、鸡、犬、豕，甚至还驯养大象。牛、羊、鸡、豕的畜养主要是供食用或祭祀。殷商统治者重祭祀，祭祀频繁，用牲数量很大，有时一次祭祀用牲达四五百头，甚至上千头。由此可见，商代畜牧业已有较大规模。

随着农业、畜牧业的发展，手工业也发达起来。当时的手工业已经分成很多门类，每类之中，又分很多专业，生产规模很大。如商代最突出的青铜手工业，已有复杂的分工和很高的技术，其生产的青铜器种类很多，有食器鼎、鬲、甗、簋等，酒器爵、斝、盉、卣、壶、尊、觚等，还有兵器、车马饰等。

---

① 《尚书注疏》卷6《夏书》，台湾商务印书馆影印文渊阁四库全书本。

在农业、畜牧业、手工业发展的基础上，商代已有了专门的商业。从《尚书·酒诰》称殷人"肇牵车牛，远服贾"可知，商代的商人贸易活动的范围已很广泛。

三、西周农业、手工业、商业

周代是以农业生产为主的社会，政府对于农业生产是十分重视的，设置了层层的官吏来管理农业生产。当时的生产工具和生产技术比商代有了进步。据《诗经》所载，已有耒、耜、镈、钱、镈、铚等农业生产工具，而且商代的农具都是木制和石制，到了周代有些已变为金属制造。在农业生产技术方面，农田中已修筑成整齐的"亩""甽"行列，便利了田间灌溉。其他如施肥、除草以及轮流休耕（即菑、新、畲），已初步推行。农作物的品种也有增加，已有"百谷"的称谓，黍、稷、麦、牟、麻、菽、稻、粱、秬、秠等后世主要的农作物，当时大都有了。

由于社会经济的发展和公私需要的浩繁，周王朝很重视手工业生产。周王室和诸侯公室都拥有各种手工业作坊，有众多的具有专门技艺的工匠，号称"百工"。这些作坊和工匠，都由官府管理，这就是所谓"工商食官"。

西周的手工业，是在商代的手工业的基础上发展起来的。如青铜器铸造的地域分布比商代要广泛得多，铸造的数量也远远超过商代。纺织业也比商代有较明显的进步。《诗经》中所谈到养蚕、缲丝、织帛、染色、刺绣或是种麻、采葛和织绤、绤等繁复的工艺，就是纺织业发展的反映。

农业手工业的发展，进一步促进了商品交换。一方面，在"工商食官"的制度下，商业由国家垄断，在较大的都邑中都出现了市场，有管理市场的"质人"。商贾在市场上进行贸易，都由"质人"制发买卖的契券。在商业贸易中，主要的货币仍是以朋为计算单位的贝。铜也被当作商品交换的媒介，以锊或锾为重量单位。另一方面，在"工商食官"制度下，商人仍然有一定的势力。西周末年，郑国从西方迁往东方时，曾

和商人立过盟誓。商人能和郑桓公"分庭抗礼",说明其势力已经不小了。《诗经·荡之什》有"如贾三倍,君子是识",做生意有"三倍"之利,其赢利能力可以想见。

第四节 春秋战国经济

一、春秋农业、手工业、商业

春秋时期,由于铁制生产工具的普遍使用,促进了水利灌溉事业的发展。郑国子产执政,使"田有封洫",即一面整顿井田的封疆,一面开挖灌溉沟渠,取得显著的成效。"我有田畴,子产殖之"①,反映了当时人们对子产兴修水利的赞颂。楚国令尹孙叔敖主持修建了芍陂,"灌田万顷"(今安徽寿县南),扩大稻田②。

这一时期还出现了灌溉工具"桔槔",即利用底端系石顶端挂桶的杠杆提水。这种提水方法使"挈水若抽,数(速)如洪(溢)汤"③,与过去那种"抱瓮而出灌"的溉田法有天渊之别。前者"民逸而利多",后者"民劳而利薄"④。所以,子贡赞美桔槔说:"有械于此,一日浸百畦,用力甚寡而见功多。"⑤

随着铁制生产工具、牛耕的使用和推广以及水利事业的发展,农业生产提高了,剩余产品有所增加。在郑州碧沙岗郑国遗址发现有贮藏粮

---

① 《左传》襄公三十年。
② 《后汉书》卷 76《王景传》,中华书局,1965 年。
③ 《庄子集释·天地篇》,新编诸子集成本,中华书局,2018 年。
④ 《淮南子集释·氾论篇》,新编诸子集成本,中华书局,2018 年。
⑤ 《庄子集释·天地篇》。

食的窖穴，仅30平方米内就有8个之多。

春秋时期，与地区经济发展相适应，手工业门类较前增多，各地方也生产了一些精细的手工业产品，如"郑之刀，宋之斤，鲁之削，吴、粤之剑"① 都闻名于世。新兴的手工业有煮盐、冶铁、漆器等，如其中的漆器以楚国最著名，长沙春秋楚墓中出土的漆棺、漆木车、涂漆皮甲和带漆铜剑鞘等，都是技艺很高的工艺品。

这一时期，商业也日趋活跃。为了适应工商业发展的形势，有的国君制定了"通商惠工"②，"轻关易道，通贾宽农"③ 的政策；有的相互订立了"无忘宾旅""无遏籴"④ "毋壅利"⑤ 等同贸易交通有关的盟约誓词，进一步促进了这一趋势的发展。

春秋初期，工商业仍然掌握在官府手里，各项工艺品都由官吏管辖的工匠从事生产。所谓"处工就官府""工商食官"正是这一特征的反映。到春秋中叶以后，工商业部门逐渐离开官府控制，向私人经营的方向发展，出现了以生产商品为主的私营手工业和独立个体手工业者。他们一般在自己家里从事生产，也有的在城市市场内设立作坊店铺，所谓"百工居肆，以成其事"⑥，就是指这种经营方式。与此同时，官商已不能再垄断贸易，私商的势力日益强大。早在西周末年，郑桓公就与商人订有盟约，商人不叛公家，公家也不干涉商人的经营。从郑国商人弦高"矫命犒秦师"⑦ 和郑国商人准备营救晋国知罃的故事中，都可以看出商人的作用日益重要了。有些大商人往来于列国之间，不仅是货殖的能手，而且在政治上也非常活跃。如孔子的弟子子贡"废著鬻财于曹鲁之间"，

---

① 《周礼·考工记》，中华书局影印《十三经注疏》本，1980年。
② 《左传》闵公二年。
③ 魏了翁：《春秋左传要义》卷17，台湾商务印书馆影印文渊阁四库全书本。
④ 《春秋胡传附录纂疏》卷11，台湾商务印书馆影印文渊阁四库全书本。
⑤ 《左传》襄公十一年。
⑥ 《论语·子张》。
⑦ 《左传》僖公三十三年。

"结驷连骑，束帛之币，以聘享诸侯，所至，国君无不分庭与之抗礼"①。即使是那些小商人，"负任担荷，服牛轺马，以周四方，以其所有，易其所无"②。

随着商业的发展，出现了金属货币。前524年，周景王铸造大钱，是迄今我国文献中关于铸钱的最早记录。已经出土的齐刀币、楚郢爰、晋空首币，充分反映了当时的商品货币关系。商品的发展促进了都市的繁荣。春秋后期，齐都临淄已是"湫隘嚣尘""朝夕得所求"的闹市了③。

二、战国农业、手工业、商业

战国时期，铁器的使用以空前的规模在各地推广。北起辽宁，南至广东，东至山东半岛，西到陕西、四川，历史上七个诸侯国所在的广大地区，都有战国的铁器出土，而且种类、数量都大大增加。如河南辉县出土的战国魏墓中，曾发现58件铁制农具，有犁铧、钁、锄、锸、镰、斧等，其中有两个"V"形的犁铧，构造虽然还较原始，没有翻土镜面的装置，但已能起破土划沟的作用。

铁制农具的普遍使用对耕作方法的改进起了很大推动作用，特别是铁犁铧要用畜力来牵引，说明人们已普遍使用牛耕，有的也用马耕。铁制农具与畜力的结合为精耕细作提供了条件。当时人们已经力求"耕者且深，耨者熟耘"④；"深其耕而熟擾之，其禾繁以滋"⑤。

冶铁技术的进步给兴修水利提供了比较锋利坚硬的铁制工具，能够大规模地挖掘泥土，开凿山石。各诸侯国中央集权制度形成后，政府把兴修水利作为国家公共事业，给予了兴建大型水利工程经费支持，发挥

---

① 《史记》卷129《货殖列传》。
② 《国语》卷6《齐语》。
③ 《左传》昭公三年。
④ 《韩非子·外储说左上》。
⑤ 《庄子·则阳》。

了组织作用。所以，水利工程建设在这个时期有较大的发展。

战国时期所筑的堤防，规模较前更大，工程较为坚固，数量较前增多，在许多大河上都建有比较长的堤防。如齐、赵、魏三国都在离黄河25里处筑了长堤，以防黄河的泛滥。各诸侯国大规模建筑堤防，虽然有"以邻为壑"的弊害，但是对于保障各个局部地区人民生命财产的安全以及农业生产的发展，还是起了一定的作用。

这一时期，运河的开凿也取得显著的成绩。如魏国开凿了历史上有名的鸿沟，从今河南荥阳以北和济水一起分黄河水东流，并有圃田泽进行调节，水量充沛，因此与它相通的各条自然河流的面貌大为改变，通航能力大大提高，而且可以灌溉农田，使鸿沟流域成为农业丰产区。

战国初年，西门豹为邺县县令，动员人力开凿了十二道水渠，引漳水灌溉农田，使漳河由水害变为水利。后继的邺令史起继续开渠引漳水灌田，使邺一带的盐碱地得到改良。

战国最著名的水利工程，要算李冰主持的集防洪、灌溉、航运于一体的都江堰。其最大的功效是"旱则引水浸润，雨则杜塞水门"[1]，保证了大约300万亩良田的灌溉，使成都平原成为旱涝保收的"天府之国"。

关中的郑国渠在当时也是一个规模宏大的灌溉工程。其干渠总长近150公里，灌溉面积约4万顷。郑国渠流水中含有大量的淤泥，所以灌溉田地能增加肥力，特别是对含卤性的土壤能起到压盐冲碱的作用，使贫瘠的土壤得到改良，关中由此成为沃野。

由于铁制农具的普遍使用，耕作技术的进步和水利灌溉事业的发展，单位面积产量有所提高。据李悝对战国初年魏国粮食产量的估算：一亩地普通可产粟1石半，上熟可增4倍，即6石；中熟增3倍，即4石半；下熟增1倍，即3石。小饥可收1石，中饥7斗，大饥只收3斗。[2] 战国时的1亩约为今天的1/3亩，一石约为今天的1/5石，即2斗。折算起

---

① 《华阳国志·蜀志》，巴蜀书社，2008年。
② 《汉书》卷24上《食货上》。

来，现在 1/3 亩的土地，那时候可生产合今 3 斗的粟，最好年成可以增 4 倍，合今 1 石 2 斗。据《史记·河渠书》记载，凡受郑国渠水灌溉的土地，每亩可收 1 钟。1 钟是 6 石 4 斗，合今 1/3 亩的土地生产粮食合今 1 石 2 斗 8 升，这在两千多年前的生产条件下，产量的确是很高的。

战国时期，人们对土壤的认识更加深入，对土壤进行了较细致的分类。如《管子·地员》中记载，当时人们把土地分成上、中、下三等，每等又分若干级。对什么土质宜种什么作物，均有具体的记述。战国时期完成的《禹贡》和《周礼·草人》等著作中列举了各地区土壤情况和根据土质不同而划分的土地等级，以及适宜生产什么植物等。当时，人们已普遍推广施肥，对各种肥源已有所了解，如草木灰、动物的粪便、绿肥等，还知道用肥拌种的技术。对积肥、施肥的重视，是当时农业产量提高的一个重要因素。

战国时期，手工业中最突出的成就是冶铁技术的提高。洛阳战国早期灰坑出土的铁锛、空首铁镈，经鉴定证明铁镈是白口铁经柔化处理得到的展性铸铁。这种展性铸铁在战国中晚期已被广泛应用于制造农具、兵器、生活用具，见于文献记载的铁器名称不下四五十种[1]。经过鉴定，当时已经利用控制退火的办法，创造了表面为低碳纯铁，中心为硬度高的复合铸铁器件，借以使农具既有坚硬、锋利、耐磨的刃口，又具韧性。在铸造工艺方面，从陶范到金属范，从单合范到双合范，从外范到内范，以及从出土的大批锄范、镢范、斧范、双凿范和相应的铁器中，说明在战国初期到中晚期这段不太长的时间里，冶铁工匠已经创造和掌握了不同类型的铸铁性能、铸造工艺与冶铁技术。

战国中后期，还出现了含碳量不均匀的钢，用来制作兵器，如剑、戟等。河北易县燕下都遗址出土的剑就是低碳钢。钢做的武器比纯铁要锋利得多。

战国时期，丝织业已能生产罗、纨、绮、縠、锦、绣、绢帛、缣等

---

① 《中国政治思想史集》第一卷《先秦政治思想史》，第 102 页。

新产品。考古还发现了"提花丝帛"。当时，丝织产品已具有地区特色。齐国的丝织品最出名，产品行销各地，享有"冠带衣履天下"的声誉。

战国时代的商人很活跃，"天下熙熙，皆为利来；天下攘攘，皆为利往"①。当时的商人大体可分为两类：一类是"坐列贩卖"的普通商人和小本经营的"贩夫贩妇"。另一类是富商大贾，拥有雄厚的资本，进行大规模的贩运贸易，或囤积居奇，操纵市场，并有一定的政治地位，如白圭、吕不韦之流。

这一时期，为适应交换的需要，金属货币已广泛流行。由于地区的不同，货币的形状也不同，如齐、燕的刀币，韩、赵、魏的布币，秦国的圆形圆孔或方孔钱，楚国的蚁鼻钱。到战国晚期，随着各地经济文化交流日益密切，各地钱币的形式、计量单位有趋于一致的倾向。标明币值的铸币的出现和铸币重量的减轻，表明铸币有了更明显的价值符号的性质。

农业、手工业、商业的发展，专制主义中央集权制度的形成，促进政治、经济、文化的集中，引起城市的迅速发展。当时齐国的临淄（今山东临淄）、韩国的宜阳（今河南宜阳西）都有几十万人口，十分繁华。如苏秦形容临淄繁华的景象是"车毂击，人肩摩，连衽成帷，举袂成幕，挥汗成雨"②。据说楚国郢都（今湖北荆州纪南城）街道上经常交通阻塞，车碰车，人挤人，早上穿的新衣服，到晚上就挤破了。另外，还有些城市商业很繁盛，如定陶（今山东定陶），是"天下之中，诸侯四通，货物所交易"③ 的地方。

---

① 《史记》卷 129《货殖列传》。
② 《战国策》卷 8《齐策一》。
③ 《史记》卷 129《货殖列传》。

第五节　春秋战国各诸侯国的变革

一、春秋各诸侯国赋税制度的变革

春秋时期，铁制生产工具普遍使用，牛耕得到推广，农业生产迅速发展。随着生产力的发展，家庭个体生产逐渐普遍化，西周时期的公作制度逐渐瓦解。诸侯国境之间的旷土隙田被大量垦辟，不在税收之列的私田急剧增加。西周以来，"田里不鬻"的格局被冲破，出现了缺口，土地的让渡转移和宅圃的买卖已经很普遍，土地私有权得到了事实上的承认。西周时期在公作制度基础上的"籍田以力"的劳役制已难以维持，于是逐渐采用了收租税的办法。前685年，齐国首先采用按土地的多寡肥瘠征收贡税的办法。《管子·乘马》中有"均地分力""与之（民）分货"的记载，就是把田地分配给耕者，实行一家一户的个体经营，在此基础上，推行分成制的地租。

继齐改革之后，晋国"作爰田"，废除了周初以来定期分授土地的制度，把田地赏赐给人民，实行"自在其田，不复易居"的"爰田制"，等于承认土地的私有。晋国在"作爰田"的同时亦"作州兵"，征发州人服兵役和交军赋，从此晋国兵员陡增，出现"群臣辑睦，甲兵益多"[①] 的局面。可见，晋是以"作爰田"为手段，"赏田以悦众"，以达到扩充军力的目的。

前594年，鲁国季孙氏掌权时颁布了"初税亩"的法令，对公私土地一律按亩征税，取消了公田和私田在实际上的差别，政府承认私田的

---

① 　《左传》僖公十五年。

合法存在。

前 590 年，鲁国"作丘甲"；前 548 年，楚国"书土田"，"量入修赋"；前 538 年，郑国"作丘赋"；前 483 年，鲁国改行"用田赋"；到春秋末年，秦国实行"初租禾"。这些改革，从总体上说，有田人增加了赋税负担，但其对土地的处理权扩大了，土地私有制进一步得到政府的认可。既然赋和税都以田地作为征收的依据，赋和税也就渐趋合一了。按丘出赋与依田亩征收赋税，不仅反映了"国""野"差别的渐趋消失，也反映了土地私有化的发展趋势。

二、战国各诸侯国的改革

经过春秋时期的兼并战争，到战国时形成齐、魏、赵、韩、秦、楚、燕七个大诸侯国争雄的局面。各诸侯国为了求富图强，在激烈的争霸战争中胜出，纷纷实行改革。

齐国在威王即位初，政事由卿大夫掌管，出现了"诸侯并伐，国人不治"① 的局面。韩、赵、魏、鲁、卫等国先后伐齐，内政混乱。齐威王遂在公元前 348 年开始改革。尔后任用邹忌为相，"谨修法律而督奸吏"②，制定巩固封建秩序的法律，加强对地方官吏的监督，使内部稳定，齐国大治。并且派兵击败赵、卫、魏等国，收复了被侵占的土地。战国中期，齐国曾一度代替魏国，成为东方诸侯的霸主。

魏国在战国初期魏文侯当政时，任用李悝为相，进行变法，主要内容有：（1）废除官爵世袭制，按照"食有劳而禄有功"③ 的原则，根据功劳和能力选拔官吏。（2）推行"尽地力之教"，要求农民"治田勤谨"，提高农作物产量，增加国家的田租收入。（3）实行"平籴法"，年成好

---

① 《史记》卷 46《田敬仲完世家》。
② 《史记》卷 46《田敬仲完世家》。
③ 《说苑》卷 7《政理篇》，台湾商务印书馆影印文渊阁四库全书本。

时，政府以平价购入粮食，灾年再以平价出售，用"取有余以补不足"的办法来平衡粮价，目的是防止商人垄断粮价而造成谷贱伤农，谷贵伤民，以稳定小农经济。（4）确立法制，颁布《法经》六篇：《盗法》《贼法》《囚法》《捕法》《杂法》《具法》，以保护私有财产，镇压破坏社会秩序的行为。

魏文侯还派吴起改革军事制度，对士兵进行严格的挑选、训练和考核，提高军队战斗力。魏国的变法使魏国经济迅速发展，国力逐渐强大，成为战国初期一个强盛的诸侯国。

赵国在赵烈侯时期倡"仁义"，行"王道"，在用人上"选练举贤，任官使能"，在财政上"节财俭用，察度功德"①。经过这些改革，使赵国政权得以逐渐巩固。

韩国在韩昭侯时任用申不害为相进行改革，"内修政教"②，注重法治。申不害强调"术"的作用，主张君主必须加强对官吏的任免、考核与赏罚，建立了"循功劳，视次第"的因功行赏制度③。据说申不害在韩为相15年，"修术行道，国内以治，诸侯不来侵伐"④。

楚国在楚悼王时任命吴起为令尹，实行变法，主要内容有：（1）针对楚国当时"大臣太重，封君太众"的局面，废除公族中疏远者的特殊待遇，凡是封君传到第三代就收回其爵禄，并把一些旧贵族迁移到荒凉的地区。同时，精简无关紧要的官职，削减过高的官吏俸禄。这不仅从政治、经济上削弱了旧贵族的势力，而且节省了国家财政开支，并把这些经费用来训练战士。（2）整顿吏治，要求官吏"私不害公"，"行义"而不计毁誉，一心为国家效力。

吴起变法沉重打击了楚国的旧贵族，国力迅速强盛，"南攻扬越，北

---

① 《史记》卷43《赵世家》。
② 《史记》卷63《老庄申韩列传》。
③ 《战国策》卷26《韩策一》。
④ 《史记》卷45《韩世家》。

并陈蔡"①，"却三晋，西伐秦"②。

秦国孝公即位后，痛感"诸侯卑秦，丑莫大焉"③，让商鞅大规模地推行两次变法。变法的主要内容有：（1）用法令形式废除了井田制，"开阡陌封疆"，把土地授给农民，并允许买卖土地。（2）奖励军功，建立军功爵制。规定军功以在前线斩得敌首多少来计算，杀敌越多，赏赐越厚，爵位越高，特权越大。按军功授爵，人的政治地位要由有无军功来决定，这对旧贵族是个沉重打击，而对于下级士兵来说，则可以通过军功在政治上获得一点优待。（3）实行重农抑商政策，一方面通过惠农政策鼓励农民努力经营农业生产，另一方面通过重税、禁止商人贩卖粮食等迫使商人弃商归农。（4）普遍推行县制，每县设置令和丞等官职来掌握全县政事，使县成为属于国君的地方组织，加强了中央集权。（5）建立什伍连坐制，让民众互相监督。如不告发"奸人"，要处以腰斩的刑罚；相反，如告发"奸人"，可与斩敌同赏。（6）统一度量衡。

商鞅变法的成功，使原来比较落后的秦国一跃成为战国时代最先进的强国，为日后统一六国打下了基础。

燕国昭王在位时，奋发图强，"卑身厚币以招贤者"④，得到了乐毅等人的辅佐，修法令，"与百姓同其甘苦"⑤，使燕国一度强盛起来，几乎灭掉了齐国。燕昭王的改革，已是战国时代各国变法运动的尾声了。

———————————

① 《战国策》卷 5《秦策三》。
② 《史记》卷 65《吴起列传》。
③ 《史记》卷 5《秦本纪》
④ 《史记》卷 34《燕昭公世家》
⑤ 《战国策》卷 29《燕策一》。

第六节　先秦文化

一、夏商西周文化与教育

《论语·为政》载："殷因于夏礼，所损益可知也；周因于殷礼，所损益可知也。"可见，早在两千多年前的孔子，就认为夏、商、周三代文化是一脉相承的，在继承中又有变化发展。

郭沫若指出："中国文字，到了甲骨文时代，毫无疑问是经过了至少两三千年的发展的。"从殷墟时代上溯到夏初，不过八九百年，夏代已有文字和文献记录，应该是不成问题的。

我国的古代文献记录，有专职的史职人员汇集成典册。像先秦学者经常引证的《夏书》《夏训》，就是当时还保存着的有关夏代的典册。孔子删定《尚书》，选取其中一部分编成《虞夏书》。与孔子基本同一时代的《墨子》《左传》也引用了一些夏朝典籍，如《夏书》《夏训》等。这些都说明夏代确有文献记录存在。夏代已进入了有文字可考的历史时代，并为我国四千多年来的文明发展奠定了基础。

商代的文化在夏代的基础上又有了较大的进步。殷墟出土的带有文字的甲骨文有十多万片，连同其他器物上的铭文，约有单字四千多个。汉字的结构，如象形、指事、会意、形声、假借等，都已具备。近年在陕西岐山周原又发现周早期的带字甲骨，说明甲骨文是商周通用的文字，为后世汉字的发展奠定了基础。

商代已有比较丰富的文献典籍。由占卜积累的大量甲骨卜辞，是当时文献记录的一部分。还有专职的史官"作册"，收藏有不少的典籍。这就是周公所谓的"惟殷先人，有册有典"。现存《尚书》中的《商书》，

特别是《盘庚》上中下 3 篇都是保存至今比较可信的有关商代历史的重要资料，为研究商代管理思想提供了珍贵的史料。

商代人信鬼神尚巫，所有的"民事"都要涂上"神事"的色彩。为了使神权为王权服务，上帝的观念成了至高无上主宰一切的观念。不仅王权来自上帝，而且王族的祖先也与上帝结合在一起。所以，祭祀上帝与祭祀祖先，就是国家的大事。为了表示信从上帝的意志，占卜成为表达天命的方式。殷墟出土的大量卜辞，就是商代后期王室的占卜记录。

西周继承了商代的上帝观念，把上帝视为至高无上的主宰者，而呼之为"天"。最高统治者——周王，则为受天之命而王天下的"天子"。西周的统治者在不动摇"天命"的前提下，强调人事的重要性，提出"顺乎天而应乎人"的观点，就是既要顺从天意，又要适应人心，才能维持"天命"。因此，天子既要"敬天"，又要"保民"。为了"保民"，统治者还须"明德"，这就要求统治者加强自我克制的功夫，同时还要加强对"民"的思想约束。这比简单的"天命"观当然是前进了一步。

西周时期由史官保存下来的文献典籍是相当丰富的。现存《尚书》中的《周书》和《逸周书》等，就是经过后人选编而保存下来的一部分。这些篇章是当时的重要历史文献，对研究西周的管理思想史具有很高的价值。《诗经》是我国现存最早的一部诗歌总集，其中的《周颂》《大雅》《小雅》和《国风》中的《周南》《召南》《豳风》以及其他部分篇章，是西周时期的作品。这些篇章比较客观地反映了当时社会生活的面貌和各阶层的思想状况。

夏朝已有学校的传说。《孟子》中说"夏曰校"，其他古籍则说夏朝已有"庠"和"序"这类学校的设置。由于古籍记载简略，而且缺乏考古实物的证实，有关夏朝教育的情况，目前知之甚少。

商朝已具备了较为成熟的教育条件。与文化教育有密切关系的是这个时期已产生较为成熟的汉字。商朝的甲骨文已发现很多，其中已发现的单字在四千字左右。在文字构造方面，会意、形声、假借等比较进步的方法已经出现。周人说"惟殷先人，有册有典"，卜辞中已有"册"

字，这说明已有文字记录，可能已有竹木简的书册。卜辞中还有"笔"字，笔可能已作为学习的重要工具。甲骨文中还多次出现"教""学""师"等字，说明可能已有专门从事教育的人员。从甲骨文及其他文献考察殷商的宫室制度，那时可能已有明堂或辟雍。殷人尚右尚西，把大学设在西郊，以表尊崇，所以又称为"西学"。这种大学即是明堂或辟雍，辟雍也设在西郊，故又称为"西雍"。

古籍中也有关于殷商时代地方学校的传说。《孟子》上说"殷曰序"，《说文》与《汉书·儒林传序》则谓"殷曰庠"。殷商的"庠""序"可能是从夏朝继承下来而又有所发展，其职能在于进行礼乐教育。商代学校的教育内容是关于祭祀、军事、乐舞和文字的知识技能。

西周的学校分为国学和乡学两种。国学又分为小学和大学两个阶段。西周中央政府设有辟雍这种大学是可以肯定的，辟雍是从商朝继承下来的，所以仍然设在西郊。辟雍也就是明堂，是尊师、养老、教育、献俘、郊射的地方。各诸侯国也设置大学，叫作泮宫。《王制》上说"诸侯曰泮宫"，《诗经》中的《泮水》篇也歌颂了泮宫。这些大学都是国子和贵族子弟入学之所。

古文献也记载了西周乡学的情况。根据《礼记》记载：周朝"家有塾，党有庠，术（遂）有序"①。周代各级地方学校虽然名称不同，但其教育作用没有什么不同，都是举行乡饮酒礼和习射的教育机关。这些学校是教养贵胄子弟的地方，庶民子弟则被排挤在校门之外。

周代设有专职教育官师氏，有大师、小师的级别，教师的职责是教授音乐、射箭、道德、礼仪等。周代学校的学习内容就是所谓六艺：礼、乐、射、御、书、数。

周代的学校教育为官府所垄断，即后世所说的"学在官府"。官学的教师也就是政府的官吏，官学设在官府之内。

---

① 《礼记·学记》。

二、春秋战国大变革促使诸子百家产生

春秋战国是社会大变革的时代，各种社会矛盾错综复杂。激烈的政治斗争，从春秋时期的大诸侯国之间的争霸到战国时期的兼并战争，从礼乐征伐自天子出到自诸侯出再到自卿大夫出，从三桓与鲁公室的斗争、田氏代齐到三家分晋，从齐威王改革、魏国李悝变法、赵烈侯改革、韩昭侯内修政教、楚国吴起变法、秦商鞅变法，到燕昭王的改革。同时，经济上随着生产力的发展，家庭个体生产逐渐普遍化，西周时期的公作制度逐步瓦解，原来"籍田以力"的赋役方式也难以维持，于是赋役改革势在必行。前594年，鲁国"初税亩"；前548年，楚国"量入修赋"；前538年，郑国子产"作丘赋"；前483年，鲁国的季孙氏"用田赋"；到春秋末年，秦国实行"初租禾"。总之，政治与经济上的剧变，对社会上的各个阶级、阶层和集团都产生了深刻的影响。人们对于当时社会大变革中的许多问题，都有自己的态度、主张、愿望和要求等。

在诸侯割据纷争的时代，每个诸侯国都面临着如何妥善解决内政与外交的两大课题；面对复杂与尖锐的斗争，每个诸侯国都想在生死亡存的竞争中采取合乎时宜的谋略与政策，求富图强，争取在竞争中求得生存与发展，最后消灭竞争对手。在这种时代诉求下，各个诸侯国的国君和大贵族，都大力招揽知识分子为自己出谋划策，礼贤下士成为社会风尚。这就是所谓"诸侯并争，厚招游学"①。当时，许多统治阶层人物对人才的作用看得很清楚。如齐威王与梁惠王会晤，梁惠王问齐威王：有明珠吗？齐威王说：没有。梁惠王诧异地说：我梁国虽小还有10颗光照数十丈的明珠，齐国那么大怎么能没有呢？齐威王说：我的明珠与你的不一样，我以人才为明珠。由此可见，人才在当时的地位和作用。各国争着招揽人才，有的下令求贤，对人才言听计从，有的用高官厚禄收买。

---

① 《史记》卷6《秦始皇本纪》。

当时诸侯国的割据以及统治者对人才的重视，使作为知识分子阶层的士有较多的活动空间，他们能够较自由地驰骋其间。士可以各持一说，在诸侯间奔走游说，"合则留，不合则去"，有相对的自由。一些略为有名的士还收门徒讲学，"率其群徒，辩其谈说"①。这使每个学派有发展的空间和机会。如当时的孔子就带着弟子周游列国，宣扬自己的治国主张。其后的墨子和他的弟子结成一个严密的团体，经常到各国游学。

当时的国君为了招纳智囊，谋求方略，使士为己效力，都比较礼贤下士，对知识分子比较宽容尊重。这使知识分子有比较强的独立性，敢于独立思考，敢于发表自己的见解。在这大变革的时代，各阶级、阶层和集团也纷纷在士阶层中寻找自己的代言人。这使士这一阶层产生分化，他们走公室，跑私门，希望得到某一阶级、阶层或集团的赏识和重用，以便施展自己的抱负。当时，多数知识分子著书立说都不可避免地带有"干世主"的目的，但大都企图用己说改造君主，使君主采纳自己的治国主张，而不是一味阿谀奉承，取悦君主，仅为得到高官厚禄。有不少思想家虽追逐荣华富贵，但更追求自己的学说和治国抱负。孔子说过"不义，而富且贵，于我如浮云"。墨子为他的学说奔走一生，宁弃富贵而不屈信仰。楚国曾打算封他书社五百，越王邀他仕越，许以五百里封地，但因政见不合，墨子都拒绝了。荀子则更直截了当地说："从道不从君。"②

春秋时期，"官学"日趋没落，出现"天子失官，学在四夷"③的局面。当时"学校不修"④，只有少部分诸侯国的执政者还注重教育，如鲁僖公"立泮宫"，郑子产"不毁乡校"。有些贵族甚至认为教育可有可无，"可以无学，无学不害"⑤。

在"官学"废弛的过程中，"私学"在各地产生和发展起来。春秋初

---

① 《荀子·儒效篇》。
② 《荀子·臣道》。
③ 《左传》昭公十七年。
④ 《诗序·子衿序》，台湾商务印书馆影印文渊阁四库全书本。
⑤ 《左传》昭公十八年。

期，各诸侯国已各自为教，形成不同的学风。《管子·大匡篇》云："卫国之教，危傅以利……鲁邑之教，好迩而训于礼……楚国之教，巧文以利。"之后，随着社会经济的发展和士阶层的成长，各国所办"私学"日渐繁盛。

在当时的私学中，孔子创设的私学最为著名，影响最大。孔子约在30岁时开始从事教育活动，相传其弟子达3000余人，成名者72人，开创了儒家学派。当时与儒家私学相竞争的有法家、墨家私学。传说少正卯的法家私学和孔子的儒家私学相竞争，使孔子私学"三盈三虚"①。据孟子云，当时墨翟之言盈天下，可见墨家私学也很兴盛。

战国时期，私学更加盛行，"从师"成为一时的风尚。如孟子"后车数十乘，从者数百人，以传食于诸侯"②。田骈在齐，"訾养千钟，徒百人"③。许行是农家的代表，躬耕自食，但也有"徒数十人"④。

这一时期，齐国的威王和宣王大兴"稷下"之学，使"稷下"成为各派学者讲学和讨论学术的中心。所谓"稷"指齐国国都临淄的稷门。齐国在稷门下所设的学校称"稷下之学"。当时儒家、阴阳家、道家和其他流派的学者都聚集在此，不担任任何行政职务，只从事于议论，探讨学术。孟子曾游学于此，荀子更是3次以祭酒（领袖）的身份在此讲学。齐王对来此游学的学者们礼遇甚厚，封为"上大夫"者达76人。在先秦学术和教育史上，"稷下之学"形成了一个最高峰，这在中国古代乃至世界古代教育史上都是罕见的。

三、春秋战国诸子百家的划分

春秋战国时期，在时代大变革的背景下，许多杰出的人物代表不同

---

① 《论衡·讲瑞》，新编诸子集成本，中华书局，2018年。
② 《孟子·滕文公下》。
③ 《战国策》卷11《齐策四》。
④ 《孟子·滕文公上》。

的阶级、阶层或集团，提出了对社会变革的看法和治国的主张，初步形成了各种学派。关于这一时期的重要学派，各家说法不一。有的说是"六家"（儒、墨、名、法、阴阳、道德），有的说是"九流"（儒、墨、道德、名、法、阴阳、纵横、农、杂）。从现存的资料看，春秋时期比较明显的有管仲、子产等人创法家思想，孙武创兵家思想，老子创道家思想，孔子创儒家思想，墨子创墨家思想。这些思想使中国古代学术空前地繁荣起来，成为战国时期学术思想上"百家争鸣"的先声。

战国时期，各种学派互相批评，互相影响，即使在同一学派中也互相争辩，形成支流支派。当时有些批评颇为深刻，能够指出别人的"见"和"蔽"，能够做到"胜者不失其所守，不胜者得其所求"①。最足以代表这种精神的就是"稷下之学"。各种学派、各种思想在相互碰撞、交流中闪出火花，共同得到提高。战国时期"百家争鸣"、自由争辩的风尚，把中国古代的学术思想推向了一个高峰，并对以后两千多年的古代学术思想产生了极其深远的影响。中国古代绝大多数的学术思想均可从春秋战国诸子百家中找到其渊源。

"百家"泛指思想流派之多。用"百家"形容诸说林立，早在战国已经流行。《庄子·秋水》说公孙龙"困百家之知"，荀子称诸子为"百家之说"。到了西汉，司马迁称诸子为"百家之言"。此后，学界习惯把春秋战国诸子称为"百家"。

春秋战国时期各种学派分野主要基于思想观点的不同，并在互相批评、争辩中逐渐明朗化和细化，最终形成诸子百家局面。墨子著《非儒》，形成儒墨两派对立。孟子力排杨（朱）、墨、神农之学以及兵家等，荀子作《非十二子》，使各派的分歧更加复杂化、多元化。同时，荀子把十二子分成六派，《庄子·天下》也把十几位思想家分为六大派别，韩非子在《显学》中把儒、墨视为两个最显赫的派别，并把复杂化、多元化的派别做了归纳。

---

① 《资治通鉴》卷3。

西汉司马谈写《论六家要旨》，把诸子划分为阴阳、儒、墨、法、名、道德六家，从理论上明确了区分派别的标准。东汉班固在司马谈划分的六家基础上，又分出纵横、杂、农、小说四家。司马谈、班固的分法为历代学者所接受，并一直影响至今。①

司马谈、班固对诸家的特点、源流、长短、得失做了简要论述，至今仍有参考价值。

阴阳家："敬顺昊天，历象日月星辰，敬授民时，此其所长也。及拘者为之，则牵于禁忌，泥于小数，舍人事而任鬼神。"② 以今天的眼光来看，阴阳家以阴阳五行观念为基础，夹杂一些宗教、巫术和迷信，用以解释他们日常所接触的自然现象和社会现象，如日月星辰运行、四时变化与农业生产等，具有朴素的唯物主义因素。但如把一切人事都和阴阳五行做牵强的比附、组合，迷信鬼神，那就变成神学迷信。阴阳家的代表人物是邹衍。

儒家："游文于六经之中，留意于仁义之际，祖述尧舜，宪章文武，宗师仲尼"③；"列君臣父子之礼，序夫妇长幼之别"④。以今天的眼光来看，儒家倾向于保守，以《易》《书》《诗》《礼》《乐》《春秋》为经典，尊崇尧、舜、文王、武王等先圣先王，重视人的伦理道德，提倡仁义，严格君臣、父子、夫妇、长幼等尊卑贵贱关系，讲究礼乐、名分、宗法、孝悌、井田等。儒家虽然保守，但其学说在构建人的道德修养、维护社会和谐有序方面发挥了巨大深远的积极影响。儒家的代表人物有孔丘、孟轲、荀况、曾参等。

墨家："尚尧舜道"⑤，"茅屋采椽，是以贵俭；养三老五更，是以兼爱；选士大射，是以上贤；宗祀严父，是以右鬼；顺四时而行，是以非

① 除这十家外，当代学术界增加兵家。
② 《汉书》卷 30《艺文志》，中华书局，1962 年。
③ 《汉书》卷 30《艺文志》。
④ 《史记》卷 130《太史公自序》。
⑤ 《史记》卷 130《太史公自序》。

命；以孝视天下，是以上同。此其所长也。及蔽者为之，见俭之利，因以非礼，推兼爱之意，而不知别亲疏"①。以今天的眼光来看，墨家主张"节用""节葬"，要求节约开支，葬礼从俭；主张"兼爱""非攻"，提倡人与人互相爱护，反对强凌弱、富侮贫、贵傲贱，反对兼并战争；主张"尚贤""尚同"，希望国君举用贤才，要求人们与上级长官直至国君同是非。墨家否定了天命，却保留了尊天事鬼的宗教外衣。墨家的代表人物是墨翟。

法家："不别亲疏，不殊贵贱，一断于法"，"尊主卑臣，明分职不得相逾越"②，"信赏必罚"，"专任刑法而欲以致治"③。以今天的眼光来看，法家主张法治，臣民无论亲疏、贵贱，都必须遵守法律，不得违犯。在立法、执法中强调信赏必罚，才能使法律得到真正的实施。宣扬国君具有至高无上的权威，臣子必须俯首听命，严格按照自己的职责行事。法家片面强调用严刑峻法进行残酷的镇压，只会激化社会矛盾，最终达不到治理国家的目的。法家的代表人物有管仲、子产、李悝、吴起、商鞅、申不害、慎到、韩非等。

名家："控名责实，参伍不失"④，"名位不同，礼亦异数"⑤。以今天的眼光来看，名家主张辨别名实关系，名是实的称谓，名必须符实。名家还主张名位不同的人，其在社会上的尊卑贵贱等级也是不同的。名家的代表人物是公孙龙。

道家："无为，又曰无不为"；"其术以虚无为本，以因循为用"⑥；"历记成败存亡祸福古今之道，然后知秉要执本，清虚以自守，卑弱以自持，此君人南面之术也"；"及放者为之，则欲绝去礼学，兼弃仁义，曰

---

① 《汉书》卷30《艺文志》。
② 《史记》卷130《太史公自序》。
③ 《汉书》卷30《艺文志》。
④ 《史记》卷130《太史公自序》。
⑤ 《汉书》卷30《艺文志》。
⑥ 《史记》卷130《太史公自序》。

独任清虚可以为治"。[①] 以今天的眼光来看，道家认为"无"比"有"更根本，是天下万物产生的根源，"无"即是"道"。主张"无为而治"，君主要知道古今成败存亡祸福的历史规律，牢牢掌握治国的根本，清心寡欲，以柔克刚。道家主张摈弃礼治、仁义，以达到管理国家的目的，其实是走向了另一个极端。道家的代表人物有老聃、环渊和庄周。

纵横家："言其当权事制宜，受命而不受辞，此其所长也。及邪人为之，则上诈谖而弃其信。"[②] 以今天的眼光来看，纵横家主张审时度势，纵横捭阖，重视通过合纵、连横来实现诸侯国之间的联合与对抗，这种思想被当时游说之士所传习。其思想如被奸邪之人应用，则将导致背信弃义。纵横家的代表人物有张仪、苏秦。

杂家："兼儒、墨，合名、法，知国体之有此，见王治之无不贯，此其所长也。及荡者为之，则漫羡而无所归心。"[③] 杂家糅合了儒家、墨家、名家、法家以及道家、阴阳家、兵家等部分学说，企图以此作为管理国家的指导思想。但如果是不知归纳综合的人采用之，则散漫而缺乏统一的指导思想。杂家的代表人物为吕不韦及他的门客。

农家："播百谷，劝耕桑，以足衣食……此其所长也。及鄙者为之，以为无所事圣王，欲使君臣并耕，悖上下之序。"[④] 农家主张每个人都应该通过耕田织布来维持自己的生活，但是这会使人不服从圣明君主的统治。农家想让君主与臣民一起耕田，也违背了上下有别的社会秩序。农家的代表人物是许行。

小说家："街谈巷语，道听途说者之所造也。"[⑤] 小说家就是社会低层人物的言谈舆论。

兵家：司马谈与班固均未涉及兵家，其实兵家在春秋战国时代是较

---

① 《汉书》卷30《艺文志》。
② 《汉书》卷30《艺文志》。
③ 《汉书》卷30《艺文志》。
④ 《汉书》卷30《艺文志》。
⑤ 《汉书》卷30《艺文志》。

大的一个学派，其主要探讨战争中的战略战术。兵家代表人物有孙武、孙膑、吴起、尉缭等。中国古代著名兵书《武经七书》中的七部有关兵法的著作，除《李卫公问对》由唐初著名军事家李靖编写外，其余六部都源于先秦时期。晁公武《读书志》称："元丰中，以《六韬》《孙子》《吴子》《司马法》《黄石公三略》《尉缭子》《李卫公问对》颁行武学，号曰七书，则其来已久，谈兵之家恒相称述，今故仍录存之，而备论其踳驳。"① 其中《司马法》是春秋时期重要的军事著作之一。据唐朝宰相李靖所说，《司马法》本出自姜太公之手，姜太公曾担任周文王的大司马，故有周之《司马法》出自姜太公之说。司马迁的《史记·太史公自序》记载："《司马法》所从来尚矣，太公、孙、吴、王子（成父）能绍而明之。"由此可见，《司马法》并非一人所撰，周朝开国之初的《司马法》是由姜太公所撰，姜太公死后，又有数人重新编撰，成为今天人们所熟知的《司马法》。《司马法》是现存最古老的军事思想著作，比《孙子兵法》还要古老。它保存着春秋前期的一些非常古典的作战原则，有浓郁的贵族色彩，如"逐奔不过百步"，"纵绥不过三舍"。此书讲军礼的地方甚至超过兵法的部分，是典型的三代兵法的化石。

《六韬》又称《太公六韬》《太公兵法》，据说是中国先秦时期典籍《太公》的兵法部分。此书是中国古典军事文化遗产的重要组成部分，其内容博大精深，思想精邃富赡，逻辑缜密严谨。最早明确收录此书的是《隋书·经籍志》，题为"周文王师姜望撰"。姜望即姜太公吕望。从此书的内容、文风及1972年4月在山东临沂银雀山汉墓中出土的文物资料等分析，可大致断定《六韬》是战国时期的典籍。全书内容十分广泛，有关战争各方面的问题几乎都涉及了，其中最精彩的部分是它的战略论和战术论。

《孙子兵法》又称《孙武兵法》《吴孙子兵法》《孙子兵书》《孙武兵书》等，是中国现存最早的兵书，被誉为"兵学圣典"。作者为春秋时祖

---

① 《四库全书·六韬提要》，台湾商务印书馆影印文渊阁四库全书本。

籍齐国乐安的吴国将军孙武。《孙子兵法》内容博大精深，思想精邃富赡，逻辑缜密严谨，是古代军事思想精华的集中体现。

《吴子兵法》，中国古代著名兵书，相传为战国初期吴起所著，战国末年即已流传。《吴子兵法》继承和发展了《孙子兵法》的有关思想，在历史上曾与《孙子兵法》齐名，并称为"孙吴兵法"，因而为历代兵家所重视。

《尉缭子》的作者是魏惠王时的隐士尉缭。最早为《汉书·艺文志》中兵形势家类著录《尉缭》31 篇。1972 年，在山东临沂银雀山汉墓出土了《尉缭子》残简，说明此书在西汉已流行，一般认为成书于战国时代。

《黄石公三略》，亦称《三略》，是我国古代著名的兵书，相传作者为汉初隐士黄石公。最早提及此书的是司马迁。《史记·留侯世家》中记载：张良刺杀秦始皇未成，遭追捕，被迫隐姓埋名藏匿于下邳（今江苏邳州）。在这里他遇见一自称谷城山下黄石即我的老者，授其一部《太公兵法》，即《黄石公三略》。张良得书后，潜心研究，帮助刘邦取得天下，建立了西汉政权。《黄石公三略》一书是后人在吸收先秦优秀军事思想的基础上，总结秦汉初政治统治和治军用兵的经验，假托前人名义编纂而成，是一部专论战略的兵书，尤其侧重阐述政略。

司马谈、班固把诸子划分为几个流派只是总体上大致的划分，其实春秋、战国时期许多流派是派中有派。如韩非就曾指出，孔子死后，儒分为子张之儒、子思之儒、颜氏之儒、孟氏之儒、漆雕氏之儒、仲良氏之儒、孙氏之儒、乐正氏之儒八派。在战国时期，儒家除和其他学派论战外，他们内部的各派间也相互论争，最明显的就是孟子与荀子的分歧。荀子把儒家分为"大儒""雅儒""小儒""俗儒""散儒""贱儒""沟犹瞀儒"等。他认为"俗儒"貌似儒而实际上"无异于墨子"，还指斥子思、孟轲为孔门罪人。又如墨家在墨子死后分为相（柏）夫氏、相里氏、邓陵氏三派，均对墨子的思想做了不同的解释和发展。今存《墨子》书中的《经上》《经下》《经说上》《经说下》《大取》《小取》等 6 篇，在形式和内容上都与《墨子》书中其他各篇有明显的不同。

　　先秦诸子虽然各立门户，互相攻讦，壁垒森严，但各学派之间也难免互相影响，有不少相通之处。一是墨家思想与儒家思想有相通之处。《淮南子·要略》载："墨子学儒者之业，受孔子之术，以为其礼烦扰而不悦，厚葬靡财而贫民，（久）服伤生而害事，故背周道而行夏政。"《韩非子·显学》亦谓："孔子、墨子俱道尧舜而取舍不同。"今天，我们如对比儒、墨两家的学说，也发现它们之间有不少相似之处。例如：儒家仁者爱人与墨家的兼爱，都主张人与人之间必须互相爱护；儒家的任人唯贤与墨家的尚贤都主张治国要用德才兼备的人才。二是法家思想明显受道家影响。《韩非子》一书中有《解老》《喻老》篇，《管子》一书中有《心术》《白心》篇，均在阐发黄老之旨。除此，慎到尚法，后世学者一般将其归入法家。但是《庄子·天下》则以彭蒙、田骈、慎到并为齐物之一派。《史记·孟荀列传》则谓慎到、接子、环渊皆学黄老道德之术。由此可见，慎到之学兼承法家、道家。三是法家思想一部分由儒学蜕变而来。法家著名人物韩非、李斯并出荀子之门，深受儒学熏陶。吴起仕魏，施政大有法家之风，而《吕氏春秋》谓其学于曾子。"盖儒家正名之义，施之于士大夫为礼，行之于庶人为刑。及宗法大坏，礼失其用，正名之旨遂浸趋于刑法。"① 四是道家与墨家相通。《孟子·告子下》载宋钘有非攻之志；《荀子·非十二子》则把宋钘与墨翟同举，斥其"上功用，大俭约而慢差等"，可见，孟子、荀子似都把宋钘视为墨家学派之人。可是，《荀子·正论篇》谓："子宋子曰：明见侮之不辱，使人不斗。"《韩非子·显学》称其"见侮不辱"。《庄子·天下》更称其"不累于俗，不饰于物。不苟于人，不忮于众。愿天下之安宁，以活民命。人我之养，毕足而止。以此白心"。据时人这些记载，宋钘的一些思想又与道家之旨相接近。"盖据宋、老思想之内容推之，则由'非攻'转为'不辱'，再进而为'守雌'，由'节用'转为'寡欲'，再进而为'知足''日损'，

---

　　① 萧公权：《中国政治思想史》上册，商务印书馆，2011 年，第 46 页。

诚为极自然之趋势。"① 五是阴阳家思想似为儒家旁枝。《史记·孟子荀卿列传》载：阴阳家代表人物邹衍之术谓"其归必止乎仁义节俭，君臣上下六亲之施"，此思想显然与儒家相近，而其政教文质用舍之说似乎与孔子殷夏损益、周监二代之意相通。孟子所谓"五百年必有王者兴"②，又谓天下之生久矣，"一治一乱"③，与邹衍的"主运"盛衰之术前后相呼应。《荀子·非十二子》认为"五行"之说为子思所倡导而孟子附和之，这与邹衍的阴阳五行说也是密切相关的。据此，人们推测，阴阳家似为儒家之支流。

春秋战国诸子百家思想的主流和归宿是什么呢？应该说最主要是对国家的治理。司马谈云："《易大传》：'天下一致而百虑，同归而殊途。'夫阴阳、儒、墨、名、法、道德，此务为治者也，直所从言之异路，有省不省耳。"④ 班固的看法承司马氏，认为诸子是"王道"分化的结果，归根结底又为王服务，"使其人遭明王圣主，得其所折中，皆股肱之材已"⑤。

春秋战国的诸子百家可以说是中国历史上的思想文化定型时期，诸子百家创立的学说和思维方式开其后两千多年的先河，后来者虽不无创新，但直到近代以前，基本上没有能突破那个时代创造的思想范式和框架。因此，对先秦诸子百家思想的研究，对把握其后两千多年的思想是十分重要的。

有鉴于此，我们今天研究先秦管理思想史，诸子百家思想是我们最主要的研究对象。对于中国两千多年的古代管理思想史来说，先秦管理思想史是其源头，不言而喻，研究先秦管理思想对整个中国古代管理思想史的研究，具有特别重要的意义。

---

① 《中国政治思想史》上册，第 47 页。

② 《孟子·公孙丑下》。

③ 《孟子·滕文公下》。

④ 《史记》卷 130《太史公自序》。

⑤ 《汉书》卷 30《艺文志》。

第二章
先秦自我管理思想

第一节　仁爱思想

一、孔子的仁思想

孔子（前551—前479），名丘，字仲尼，鲁国陬邑（今山东曲阜）人。中国古代思想家、政治家、教育家，儒家学派创始人。孔子开创私人讲学之风，倡导仁义礼智信。有弟子三千，其中贤人七十二。曾带领部分弟子周游列国14年，晚年修订《诗》《书》《礼》《乐》《易》《春秋》六经。去世后，其弟子及再传弟子把孔子及其弟子的言行语录和思想记录下来，整理编成《论语》。该书被奉为儒家经典。孔子被后世尊为孔圣人、至圣、至圣先师、大成至圣文宣王先师、万世师表。被列为"世界十大文化名人"之首，其思想对中国和世界都有深远的影响。

孔子"仁"的观念是他很重要的自我管理思想的一个方面，在《论语》中曾多次提到"仁"，并且对"仁"做出各种不同的诠释。一般来说，众多学者都公认，"仁者爱人"是孔子"仁"思想的核心。《论语·

颜渊》记载："樊迟问仁。子曰：'爱人。'"爱是仁的主要内容，是处理人与人关系的最基本准则。《中庸》记载："仁者，人也；亲亲为大。"也就是说，人们要修身，就必须做到仁爱，而要做到仁爱，首先要从爱自己亲人做起。"故君子不可以不修身，思修身不可以不事亲，思事亲不可以不知人，思知人不可以不知天。"① 仁是儒家修身所要达到的最高标准。仁的主要内容就是"爱"。这个爱是从爱亲人而扩展到爱众人，即孟子所说的"老吾老以及人之老，幼吾幼以及人之幼"②。所以"为仁"必须从事亲开始，也就是说，修身必须从事亲开始。

《论语·里仁》记载：孔子告诉他的学生曾参说："吾道一以贯之。"别的学生就问：这是什么意思？曾参回答说："夫子之道，忠恕而已矣。"《论语·雍也》谓，忠恕是"仁之方也"。孔子的中心思想就是"忠恕之道"，换言之，"仁"是孔子的中心思想。"而已矣"意味着，孔子思想除了忠恕（仁）之外，没有其他的中心思想了。

孔子认为，恕是"己所不欲，勿施于人"③。也就是"己欲立而立人，己欲达而达人，能近取譬，可谓仁之方也矣"④。意思是说，我不愿意别人这样对待我，我也不要这样对待别人。我自己有个什么欲求，也要想到别人也有这样的欲求；在满足自己的欲求时，总要想着别人也能满足这样的欲求。这就是推己及人，"能近取譬"。

《大学》说："所恶于上，毋（勿）以使下。所恶于下，毋以事上。所恶于前，毋以先后。所恶于后，毋以从前。所恶于右，毋以交于左。所恶于左，毋以交于右。此之谓絜矩之道。"⑤ "矩"就是方尺，"絜"就是"度量"。这是说自己不喜欢上级用此来对待自己，也就不要用此来对待自己的下级。不喜欢下级不忠于自己，自己也就不要不忠于上级。其

---

① 《中庸》，新编诸子集成本，中华书局，2018 年。

② 《孟子·梁惠王》

③ 《论语·颜渊》。

④ 《论语·雍也》

⑤ 《大学·传之十章》，新编诸子集成本，中华书局，2018 年。

他前后、左右的道理，无不如此。这就是把自己本身看作是一把方尺（矩）来衡量万事万物，也就是"能近取譬"。朱熹对《大学》这一段话的注释是"如不欲上之无礼于我，则必以此度下之心，而亦不敢以此无礼使之。不欲下之不忠于我，则必以此度上之心，而亦不敢以此不忠事之。至于前后、左右，无不皆然。则身之所处，上下四旁，长短广狭，彼此如一，而无不方矣"。这就是所谓"己所不欲，勿施于人"。更确切一点说，就是"我不欲人之加诸我也，吾亦欲无加诸人"①。

如果将推己及人的道理在人与人的关系中予以实践，孔子认为主要有 4 种关系。《中庸》引孔子的话说："君子之道四，丘未能一焉。所求乎子，以事父，未能也。所求乎臣，以事君，未能也。所求乎弟，以事兄，未能也。所求乎朋友，先施之，未能也。"这就是说，你愿人家如何待你，你就那样对待人家。人应该把自己对儿子所要求的，先拿来对待自己的父亲；把自己对下属所要求的，先拿来对待自己的国君；把自己对弟弟所要求的，先拿来对待自己的哥哥；自己对朋友所要求的，自己先施行。这就是"能近取譬"。

冯友兰认为，在对孔子"仁"的诠释中，真情实感很重要，是仁的主要基础。② 孔子说："刚毅木讷近仁。"也就是说性格刚毅、外表木讷的人，就接近仁的要求了。因为性格刚毅、外表木讷的人就是凭着自己的真性情、真情实感做事的老老实实的人。相反，那些巧言令色的人，"鲜矣仁"。③ 也就是那些巧言令色的人，往往以别人为主，做事说话，观言察色，弄虚作假，油腔滑调，是专讨别人喜欢的虚伪的人。孔子认为，这样的人，很少能成为"仁"的。

基于仁必须有真情实感的认识，孔子特别厌恶虚伪，对其进行批判："巧言令色足恭，左丘明耻之，丘亦耻之。匿怨而友其人，左丘明耻之，

---

①　《论语·公冶长》。

②　冯友兰：《中国哲学史新编》第一册，人民出版社，1980 年，第 131 页。

③　《论语·学而》。

丘亦耻之。"① 善于取媚于人的人，专以讨别人的喜欢为事，这种人必定是造作的、虚伪的。至于"匿怨而友其人"的人则是两面派，更是虚伪。所以孔子认为这些人都是可耻的，绝不可能成为仁人。因为他们已经失去仁的品质的基础，失去了"为仁"的必备素质。

孔子认为，人最真实的情感是对其父母的情感。"子生三年，然后免于父母之怀"，对于父母，自然有最真实的敬爱之情。这种敬爱之情在父母逝世后，就表现为"三年之丧"，即服丧三年。孔子的学生宰予主张废"三年之丧"，孔子批评他说："予之不仁也。子生三年，然后免于父母之怀。夫三年之丧，天下之通丧也。予也有三年之爱于其父母乎?"② 孔子不说宰予的主张不孝，而说他是不仁，其理由就是对父母的敬爱是人的性情最真实的流露，因此孝是"仁"根本的根本。"孝悌也者，其为仁之本与!"③ 从这个根本推出来，就成为"泛爱众而亲仁"④。由于宰予主张废"三年之丧"，没尽到孝，没有表达对父母最真实的情感，没有做到最根本的仁，因此是不仁的。

上目文中所引的《中庸》所说的君子为仁的忠恕之道有 4 个方面：事父、事君、事兄、待友，事父的孝道就是最根本的，所以仁爱就是从"事亲"，即从事父、事兄的孝悌开始，从而扩充出来，也就是说，修身必须从"事亲"开始。

孔子强调人要有真情实感，才能达到仁，因此，他经常提到与真情实感相似的"直"。他说："人之生也直，罔之生也，幸而免。"⑤ 其意是说，人如果以自己为主，凭着自己的真情实感，是什么就是什么，有什么就说什么，这是人的本性，生来就是这个样子的。以别人为主，不是这个样子，这就是"罔"。"罔"以讨人喜欢为主，似乎是可以避祸害，

---

① 《论语·公冶长》。
② 《论语·阳货》
③ 《论语·学而》。
④ 《论语·学而》。
⑤ 《论语·雍也》。

其实那也是"幸而免"。《论语》中有两个例子，来说明人的"直"就是其真情实感。

其一："叶公语孔子曰：'吾党有直躬者，其父攘羊，而子证之。'孔子曰：'吾党之直者异于是。父为子隐，子为父隐，直在其中矣。'"① 一个人的父亲偷了别人的羊，他的儿子虽然知道这是坏事，但由于父子感情，当儿子的包庇了父亲的偷窃行为。这是当儿子的真情实感。可是叶公所说的那个人，却反而出来证实自己的父亲偷了羊，这是不符合人的真情实感的。所以后者看似"直"，其实并不是"直"，而是"罔"。

其二："子曰：'孰谓微生高直？或乞醯焉，乞诸其邻而与之。'"② 有人向微生高借东西，如果微牛高没有这种东西，他本来可以把真实的情况告诉来借者，没有就说没有，这就是"直"。但微生高却一反常情，不说自己没有，而到邻居家里转借，好像自己家里有这种东西。这是弄虚作假，似乎是"直"，而实际上是"罔"。

在此，我们姑且不讨论这两件事情的是非曲直，单就"直"这一问题来说，孔子以真情实感为标准来判断。的确，站出来证实父亲偷窃羊的儿子和微生高到邻居家转借都不是"直"，而是"罔"，因为两者都不是凭真情实感来做事，是虚伪的，因此不是"仁"。

孔子认为人必须有真性情、真情实感，然后才可以有"仁"的品质。但是，真性情、真情实感还不等于"仁"，只是"为仁"的必要条件。因为真性情、真情实感可能失于偏激，所以必须对于真性情、真情实感有所加工，通过礼进行规范。孔子认为"直而无礼则绞"③，"好直不好学，其蔽也绞"④。不言而喻，必须通过学礼，才能使"直"达到"仁"。

---

① 《论语·子路》。
② 《论语·公冶长》。
③ 《论语·泰伯》。
④ 《论语·阳货》。

二、墨子的兼爱思想

墨子，名翟，春秋末期战国初期宋国人，曾担任宋国大夫。中国古代思想家、教育家、科学家、军事家，墨家学派创始人和主要代表人物。墨子提出了兼爱、非攻、尚贤、尚同、天志、明鬼、非命、非乐、节葬、节用等观点，以兼爱为核心，以节用、尚贤为支点，创立了墨家学派，在先秦时期影响很大，与儒家并称"显学"。战国时期的百家争鸣，有"非儒即墨"之称。墨子死后，墨家分为相里氏之墨、相夫氏之墨、邓陵氏之墨三个学派。弟子根据墨子生平事迹的史料，收集其语录，编成了《墨子》一书。

春秋时期，各诸侯国之间混战不已，人与人之间互相争夺。面对这样的社会现实，墨子主张诸侯国之间、人与人之间，都应该"兼相爱，交相利"。这就是所谓的"兼爱"，是墨家的一个核心思想。墨子所说的"兼爱"也称为"仁"。他在《墨子·兼爱中》说："凡天下祸篡怨恨，其所以起者，以不相爱生也。是以仁者非之。既以非之，何以易之？……以兼相爱、交相利之法易之。"换言之，墨子认为，当时天下人祸篡国、人与人之间相互仇恨都是源于人与人之间不相爱，所以当时仁者对此进行批判，提出人与人之间应当"兼相爱、交相利"，彼此关爱、互利。这与孔子所说的"仁者爱人"，都主张人与人之间应该有大爱，两者的根本内容和精神是有很大的相同之处的。但是孔子与墨子在共同主张人与人彼此关爱的同时，也有明显的差异。

墨子的"兼爱"与孔子的"仁爱"最大的区别在于：孔子的仁爱是在礼别尊卑贵贱的宗法宗礼制度下的"爱有差等"，而墨子的兼爱则是在否定西周至春秋儒家的尊卑贵贱前提下，主张"爱无差等"的国民平等关爱的思想。墨子这种兼爱思想的出现，是有其深刻的历史背景的。正如墨子所指出的："当今之时，天下之害孰为大？曰：若大国之攻小国也，大家之乱小家也，强之劫弱，众之暴寡，诈之谋愚，贵之傲贱，此

天下之害也。又与为人君者之不惠也，臣者之不忠也，父者之不慈也，子者之不孝也，此又天下之害也。又与今之贱人，执其兵刃毒药水火，以交相亏贼，此又天下之害也。"① 由此可见，正是当时大诸侯国攻打小诸侯国，大家族欺负小家族，社会上强劫弱、众暴寡、诈骗愚、贵傲贱的不平等现象，引发了墨子"爱无等差"的兼爱思想的产生。

墨子提出的兼爱思想是在对当时儒家的"氏所以别贵贱"之"别"的批判上，揭示了"别非而兼是""以兼为正"的道理。他指出：

> "姑尝本原若众害之所自生：此胡自生？此自爱人利人生与？即必曰：非然也，必曰：从恶人贼人生。分名乎天下恶人而贼人者，'兼'与？'别'与？即必曰：'别'也。然即之'交别'者，果生天下之大害与？是故'别'非也。子墨子曰：非人者，必有以易之。若非人而无以易之，譬之犹以水救水也，其说将必无可焉。是故子墨子曰：'兼以易别。'"②

> "姑尝本原若众利之所自生：此胡自生？此自恶人贼人生与？即必曰：非然也，必曰：从爱人利人生。分名乎天下爱人而利人者，'别'与？'兼'与？即必曰：'兼'也。然即之'交兼'者，果生天下之大利者与？是故子墨子曰：'兼'是也。"③

墨子说："天下之士非兼者之言犹未止也。"因此，他把现实社会的好坏还原为意识上的好坏，把坏社会定为"别士""别君"这种人物所支配的社会，把好社会定成"兼士""兼君"这种人物所支配的社会。他在《墨子·兼爱下》对此做了假设："设（原作"谁"，从王引之校改）以为二士，使其一士者执别，使其一士者执兼。是故别士之言曰：'吾岂能为吾友之身若为吾身，为吾友之亲若为吾亲？'是故，退睹其友，饥即不食，寒即不衣，疾病不侍养，死丧不葬埋。别士之言若此，行若此。兼

---

① 《墨子·兼爱下》，新编诸子集成本，中华书局，2018 年。
② 《墨子·兼爱下》。
③ 《墨子·兼爱下》。

士之言不然，行亦不然，曰：'吾闻为高士于天下者，必为其友之身若为其身，为其友之亲若为其亲，然后可以为高士于天下。'是故，退睹其友，饥则食之，寒则衣之，疾病侍养之，死丧葬埋之。兼士之言若此，行若此。"

墨子在此假设二君，使一君执"别"，使一君执"兼"。别君只顾己身，睹万民之饥寒病死而不顾；兼君先万民而后其身，睹万民之饥寒病死，一心想施惠他们。对此，墨子选择了"择即取兼""兼以易别"的方法来实现社会向善的转变。

"天下之人皆不相爱，强必执弱，众必劫寡，富必侮贫，贵必傲贱，诈必欺愚。凡天下祸篡怨恨，其所以起者，以不相爱生也。是以仁者非之。既以非之，何以易之？子墨子言曰：以兼相爱，交相利之法易之……视人之国若视其国，视人之家若视其家，视人之身若视其身。是故诸侯相爱则不野战，家主相爱则不相篡，人与人相爱则不相贼……凡天下祸篡怨恨可使毋起者，以相爱生也，是以仁者誉之。"①

"若使天下兼相爱，爱人若爱其身，犹有不孝者乎？……不慈者乎？……犹有盗贼乎？故视人之室若其室，谁窃？……谁贼？故盗贼有亡，犹有大夫之相乱家，诸侯之相攻国者乎？视人家若其家，谁乱？视人国若其国，谁攻？……若使天下兼相爱……则天下治。"②

墨家所主张的兼爱是"爱无差等"（墨者夷之对孟轲语），不分亲疏轻重厚薄。"视人之国若视其国，视人之家若视其家，视人之身若视其身。"除了亲疏轻重厚薄之外，还有一个先后的问题。儒家主张先爱自己的"亲"，然后推及别人的"亲"。墨子主张"必吾先从事乎爱利人之亲，然后人报我以爱利吾亲也"③。这也是"爱有差等"和"爱无差等"区别的一种表现。

---

① 《墨子·兼爱中》。
② 《墨子·兼爱上》。
③ 《墨子·兼爱下》。

《墨子·耕柱》中记载了巫马子与墨子有关儒家与墨家在这个问题上的辩论。巫马子对墨子说：我跟你不同，我不能兼爱。我爱邹国的人，要比爱越国的人多一些；我爱鲁国人，又要比爱邹国的人多一些；我爱本乡的人，更要比爱鲁国的人多一些；我爱自己家里的人，又要比爱本乡的人多一些；我爱自己的父母，又要比爱自己的家里人多一些；我爱我自己，又要比爱父母多一些。这就是跟我越近的，我越爱得多。我要是挨打，我就感觉痛苦；别人要是挨打，我不感觉痛苦。我为什么不去掉我所感觉到的痛苦，而去掉我所感觉不到的痛苦？所以只可以为我的利益而杀别人，不可以为别人的利益而杀我自己。墨子说：你是要把这个原则藏在你心里，还是要告诉别人？巫马子说：我为什么要把我的原则藏在自己的心里，我是要告诉别人的。墨子说：如果这样，当一个人喜欢你的这个原则，按照你的原则去做，这个人就会为了自己的利益而把你杀了。如果十个人喜欢你的这个原则，按照你的原则去做，就有十个人会为了自己的利益而把你杀了。如果天下的人都喜欢你的这个原则，按照你的原则去做，那全天下的人都会为了自己的利益而把你杀了。如果一个人不喜欢你的这个原则，这个人就因你说得不好而想杀了你；如果有十个人不喜欢你的这个原则，就有十个人因你说得不好而想杀了你；如果全天下的人不喜欢你的这个原则，那么全天下的人都因你说得不好而想杀了你。这样所造成的后果是，喜欢你原则的人想杀你，不喜欢你原则的人也想杀你。你随便说一句话，都使自己有杀身之祸。

墨子认为人与人之间"兼相爱"的同时，还必须"交相利"。他号召人们应当互相帮助，"有力者疾以助人，有财者勉以分人，有道者劝以教人"[1]。人类社会在互相帮助之下，才能达到"老而无妻子者，有所侍养，以终其寿；幼弱孤童之无父母者，有所放依，以长其身"[2]。

有人问墨子，你这样劝人兼相爱、交相利，为什么社会上的人仍然

① 《墨子·尚贤下》。
② 《墨子·兼爱下》。

和你的想法相反，这岂不是徒劳吗？他说，我这样做总比没有人这样做好一些。他还说：圣人禁恶而劝爱，所以"不可以不劝爱人者，此也"①。墨子劝人的教育学与孔子诲人的教育学是不同的。孔子重在德操、动机，墨子重在志功。前者是从爱有差等出发，后者是从爱无差等，兼相爱、交相利出发。在墨子看来，做事必须讲求功效，无利之害是空虚的。鲁阳文君问，一个儿子好学，一个儿子好分人的财货，哪一个应当做太子？墨子答道："吾愿主君之合其志功而观焉。"②

三、孟子的仁与性善思想

孟子（约前372—前289），名轲，字子舆，邹（今山东邹城东南）人。战国时期的思想家、政治家、教育家，是孔子之后、荀子之前的儒家学派的代表人物，与孔子并称"孔孟"。孟子宣扬"仁政"，最早提出"民贵君轻"思想，被韩愈列为先秦儒家继承孔子"道统"的人物，元朝追封其为"亚圣"。孟子的言论著作收录于《孟子》一书。

春秋时期孔子的仁爱思想到了战国时期产生了一些变化。孟子认为"仁"的重要内容是"不忍之心"，就是不忍心看到别人遭受痛苦。他说："人皆有不忍人之心。先王有不忍人之心，斯有不忍人之政矣。"③ 他认为"仁政"就是统治者在治国中将自己的"不忍人之心""推己及人"。这就是"老吾老以及人之老，幼吾幼以及人之幼，天下可运于掌。诗云：'刑于寡妻，至于兄弟，以御于家邦。'言举斯心加诸彼而已。故推恩，足以保四海；不推恩，无以保妻子。古之人所以大过人者无他焉，善推其所为而已矣"④。孟子所说的以对待自己的心来对待别人，就是孔子所说的"能近取譬"。孟子继承了孔子的"仁"思想，认为这是"为仁"的主要

---

① 《墨子·兼爱上》。
② 《墨子·鲁问》。
③ 《孟子·公孙丑上》。
④ 《孟子·梁惠王》。

路径。但是，孟子的仁的思想在继承孔子仁的思想的同时也有所发展，其中一个重要的内容就是他提出了仁的思想的理论基础是性善论。孟子所讲的"性善"，并不只是生物学所说的"性"，即本能，如饮食、男女之类。饮食是一个生物维持其本身存在的天性，男女（或雄雌）繁殖是一种生物维持其种类存在的天性。这些都是本能，都是各种生物所皆有的。《孟子·告子上》记载："告子曰：'生之谓性。'孟子曰：'生之谓性也，犹白之谓白与？'曰：'然。''白羽之白也，犹白雪之白；白雪之白，犹白玉之白与？'曰：'然。''然则犬之性，犹牛之性；牛之性，犹人之性与？'"告子认为，凡是生下来就有的能力和性质就是性，他所说的"性"实际上就是本能，孟子反对说，如果这样说是对的，那么人之性与牛之性就没有区别了。孟子认为，要讲人之性，那就应该注意人与其他动物的不同之处。他指出："人之所以异于禽兽者几希。庶民去之，君子存之。"① 人之所以区别于禽兽，就是人与动物有不同之处，这就是人的规定性。例如，人是理性动物，"理性"就是人之所以区别于禽兽的一种规定性。所以孟子所说的"性善"的那个"性"，并不仅仅是生物学上的意义，还具有人类道德上的意义。但是，也不完全排斥生物学上的意义。他指出："仁也者人也，合而言之道也。"② 因"人"既然是个"人"，他必然也是一个动物。所以这个"人"，不能完全排斥生物学上的意义。人和其他动物共有相同的规定性，并且又具有人类所特有的规定性，这二者结合起来，就是所谓的"道"了。当然，孟子的"道"还有其他的内容，如孟子提倡："圣人，人伦之至也。欲为君，尽君道，欲为臣，尽臣道；二者皆法尧舜而已矣。"③ 原来所谓"法尧舜"就是各种人都各尽其"道"。

---

① 《孟子·离娄下》。
② 《孟子·尽心下》
③ 《孟子·离娄上》。

孟子说："仁也者，人也。"① 又说："仁，人心也；义，人路也。"②
《中庸》也说："仁者，人也。"孟子和《中庸》作者都将"人"作为"仁"
的定义，把"仁""人"二字互相解释，似乎比较费解和机械。其实不然，
孟子和《中庸》作者的这种互相解释，说明这二人对"仁"和"人"这两
个概念内容的理解，几乎是一致的。所以他们都认为，"仁"可以作为
"人"的规定性，"人"反过来也可以作为"仁"的规定性。"仁者人也"，
就是说，"仁"这种道德品质是人之所以异于其他动物者。"仁也者人也"，
也是说，"仁"这种道德品质，只可在人中体现。这如同说，人是理性动
物，也可以说，理性动物是人。因为人和理性动物，这两个名词的内涵与
外延是完全一样的，所以怎么样说都不影响其表达的意思。

孟子的性善论，并不是说每个人天生就是道德完全的人。他是说，
每个人生下来后，在其本性里面，都自然有善的因素。这些因素，孟子
称之为"端"，即苗头的意思。他认为，每个人生下来都有"恻隐之心"
"羞恶之心""辞让之心""是非之心"。这四心，他称之为"四端"。"四
端"在人出生后不断发展起来，就成为仁、义、礼、智"四德"。他认
为，所谓"圣人"，就是能把"四端"发展到最完善的程度的人。"四德"
是从"四端"发展而来，所以"四德"也是"我固有之"。人人既然都有
"四端"，要是能把"四端"扩而充之，那人人都可以成为"圣人"。所以
他断言，"人皆可以为尧舜"③。孟子认为，在这一点上，所有的人都是一
样的。

孟子所谓的"恻隐之心"，也就是他所说的"不忍人之心"，即不忍
心看到人遭受痛苦。孟子认为，这是"仁"的苗头。在孟子的仁的思想
中，"四端"和"四德"并不是并列的，有先后轻重的区别。他认为，
"恻隐之心"是"四端"之首，也是"四端"的根本；"仁"是"四德"之

① 《孟子·尽心下》。
② 《孟子·告子上》。
③ 《孟子·告子下》。

首，也是"四德"的根本。

孟子把人与人在社会中的关系概括为 5 种，即"君臣""父子""兄弟""夫妇""朋友"五伦。孟子认为，这些"人伦"都是据于人的本性的。人的本性中的"四端"发展为仁、义、礼、智"四德"。他指出："未有仁而遗其亲者也，未有义而后其君者也。"① 又说："仁之实，事亲是也；义之实，从兄是也；智之实，知斯二者弗去是也；礼之实，节文斯二者是也。"② 他认为"四德"以"仁""义"为主。有"仁"的人，必然能够孝于他的父母；有"义"的人，必然能忠于他的国君，也必然能服从他的兄长。"礼"是实施"仁""义"的节文，如怎样孝于亲、怎样忠于君的具体细则。"智"是对于"仁""义"的了解与自觉。③

孔子讲仁，注重人的真情实感。后来的儒家，如孟子、《中庸》的作者，以及宋、明道学家都重视"诚"。如孟子说："是故诚者，天之道也；思诚者，人之道也。至诚而不动者，未之有也；不诚，未有能动者也。"④ 朱熹注曰："此章述《中庸》孔子之言……乃子思所闻于曾子，而孟子所受乎子思者。"他们所讲的"诚"，与孔子所讲的真情实感相比较，未免有夸大的地方，但是其基本精神都是"真"。他们所说的"诚"是"无妄"，就是没有虚伪。

孟子的四端之首是"恻隐之心"，后世的道学家则常讲"恻怛之心"。无论是"恻隐之心"，还是"恻怛之心"，其意思是相同的，即对于别人的一种同情心，也就是别人的痛苦在心中引起的共鸣。有了这种同情心，再用这种同情心去对待别人、帮助别人，这就是"爱人"。

人性论还涉及一个伦理学上的基本问题。如先秦儒家和墨家都主张"仁者爱人"，但是如果进一步探究"仁者爱人"的原因，就会发现儒家与墨家的答案大为不同。儒家认为，仁者爱人是出于人的本性。墨家则

---

① 《孟子·梁惠王上》。
② 《孟子·离娄上》。
③ 冯友兰：《中国哲学史新编》第二册，第 79 页。
④ 《孟子·离娄上》。

以"利"为兼爱的理论根据，认为"其为政乎天下也，兼而爱之，从而利之"①。墨家的这种功利主义，正是儒家所反对的。又如墨家主张薄葬短丧，其理论根据是厚葬久丧于社会有害无利。显然，也是从功利的角度来判断其利弊得失。但是，儒家则不同。孟子曾告诉当时的一位墨者夷之说，"孝子仁人之掩其亲，亦必有道矣"②。又告诉一位学生说，买上等的棺椁，"非直为观美也，然后尽于人心"③。孟子认为，厚葬只是求人心之所安，犹如孔子认为久丧也是求人心之所安，并不是考虑计算什么有利所以才厚葬和久丧。

儒家说"爱人"是出于人的本性，这就是人之所以为人，即人之所以异于禽兽者。人既是人，就应该实现人之所以为人者。人扩充他的本性，就是实现人之所以为人者，并不是因为如此，他个人或社会可以有什么利益。

四、孟子的"尽心"和"养浩然之气"修身思想

孟子非常重视人对精神生活的追求，他在《孟子·尽心上》中对"尽心"修身思想做了比较系统的论述。其一，他提出"尽其心者，知其性也。知其性，则知天矣"。这里"尽其心"的心，就是他所说的"四端"，即人人都有的"恻隐之心""羞恶之心""辞让之心""是非之心"。"尽其心"就是把"四端"努力扩充，将人的本性显现出来，发挥作用。"尽其心者，知其性也。"孟子认为人的本性是"天之所与我者"，而天的本质则为"四德"仁、义、礼、智的道德属性，而人们把本性"四端"扩充到完美的"四德"，就意味着"知其性，则知天矣"。孟子这里所说的"天"就是道德之天。

---

① 《墨子·尚贤中》。
② 《孟子·滕文公上》。
③ 《孟子·公孙丑下》

其二，孟子提出将"四端"扩充为"四德"的具体做法是"存其心，养其性，所以事天也"。换言之，就是人们要时时存有恻隐之心、羞恶之心、辞让之心、是非之心，然后就能努力发挥"四德"仁、义、礼、智的作用，这样就将"四端"扩充为"四德"，光大了道德之天，人对"天"就尽到了应有的义务。孟子认为，人们无论是寿是夭，都应该按这种方法努力于道德的修养，这就叫"立命"。

其三，孟子认为，人如果能够为道德、人伦而生而死，就是"正命"。"莫非命也，顺受其正。是故知命者，不立乎岩墙之下。尽其道而死者，正命也。桎梏死者，非正命也。"这就是说，人虽然死生有命，但是人还是应该坚持按照道德、人伦而生而死。譬如有一堵危险的墙，如果认为死生有命，命中早已注定，而偏要站在危墙之下，这不能算是"知命"。只有为道德、人伦而生而死，才是"正命"；如果因认为"死生有命"而妄为，以至于犯罪而死，那就不是"正命"。

其四，孟子把人生所追求的事情分为两类：一是"求在我者"，如果努力追求，一定可以得到，如果不努力追求，一定得不到。这就是关于自己道德品质和道德行为的事情。二是"求在外者"，就是自己努力追求了，但是能不能得到并不肯定，因为能不能得到是由自己所不能控制的条件决定的，所以也可以说是由"天命"决定的。这就是关于富贵、贫贱的事情。孟子认为，人应该努力于"求在我者"的事情，按照自己在人伦中所处的位置，老老实实地做所处这种位置的人所应该做的事。这就是所谓的"尽其道"。至于"求在外者"的事情，那就顺其自然，不必强求。

其五，孟子又说："万物皆备于我矣。反身而诚，乐莫大焉。强恕而行，求仁莫近焉。"在此，孟子认为，人的"心"和"性"跟"天"本来是一体的，所以"万物皆备于我"。人如果能够"反求诸己"，确实达到"诚"的精神境界，就会感到莫大的快乐。要达到这种境界，就要求做到"仁"，而做到"仁"的最佳路径，就是践行"忠恕之道"，也就是"强恕"。

其六，孟子认为："行之而不著焉，习矣而不察焉，终身由之而不知其道者，众也。"这就是说，上面所说的那些"尽心"的修身道理，其实一般人经常都在践行。只不过大多数人虽然都这样做，但不是自觉地这样做。换言之，他们这样做，是属于一种自发的行为，而不是自觉的行为。

孟子重视人对精神生活的追求，使人的精神境界充满正能量，提出了对后世影响深远的"养浩然之气"的修身命题。"其为气也，至大至刚，以直养而无害，则塞于天地之间。其为气也，配义与道；无是，馁也。是集义所生者，非义袭而取之也。行有不慊于心，则馁矣。我故曰：'告子未尝知义。'以其外之也。必有事焉，而勿正，心勿忘，勿助长也。"① 由此可见，孟子所谓的"浩然之气"，是非常浩大、刚正之气，充塞于天地之间。而且这种浩然之气，再配上正义与天道，永远充满了正能量，斗志昂扬，毫不气馁。

"气"字的这种意义并非孟子独创。《管子·内业》中有一段话，可能对孟子的"浩然之气"有所启发："精存自生，其外安荣。内藏以为泉原，浩然和平，以为气渊。"这是说，人的身上有一种精气，就像泉源一样，浩大平缓，源源不断。《左传》记载的鲁、齐长勺之战中，有著名的曹刿论战，提及战斗中的"勇气"："夫战，勇气也。一鼓作气，再而衰，三而竭。彼竭我盈，故克之。"②《孙子兵法》也说："三军可夺气，将军可夺心。是故朝气锐，昼气惰，暮气归。"这里所说的"气"，显然是在战争中将士们一种英勇无畏的气概。总之，不管是孟子的"浩然之气"、《管子·内业》中的"精气"，还是曹刿所说的"勇气"、孙子所说的"朝气"，都是一种充满刚正、英勇、恢宏的精神或心理状态，而且这种状态处于动态之中，可盛、可衰、可竭，可锐、可惰、可归。因此，必须通过孟子所说的"养"来保持"浩然之气"，或通过孟施舍的"养勇"的方法来"守气"，或通过曹刿的"一鼓作气"、孙子的"朝气锐"来激励将士的英勇之气。

----

① 《孟子·公孙丑上》。
② 《左传》庄公十年。

　　孟子认为，孟施舍只凭"守气"而具有的勇，还不是"大勇"。他说，曾参有大勇，因为曾参的大勇来自对自己行为的正义性的自觉。这就是所谓的"理直气壮"。春秋时期，在晋国和楚国的城濮之战中，子犯说："师直为壮，曲为老。"① 孟子又进一步指出，曾参的大勇不是自己所说的"浩然之气"。因为曾参不是根据一种正确的方法而产生出来的大勇。孟子认为，凡勇气都靠"养"，"浩然之气"更要靠"养"。培养"浩然之气"的具体方法就是"配义与道"。这里的"道"就是孔子所说的"志于道"之道。孟子指出，了解一种义理，对之有确信，就可称为"明道"。然后通过践行，常做他自己认为应该做的事情，就可称为"集义"。这两者结合在一起，就是"配义与道"。一个人要达到具有"浩然之气"，这两方面的工夫，缺一不可。若"集义"而不"明道"，则是所谓"不著不察"或"终身由之而不知其道"。② 若"明道"而不"集义"，则是所谓"知及之，仁不能守之，虽得之，必失之"。③

　　一个人如"明道"之后，再经过长时间的"集义"践行，内心的"浩然之气"就会自然而然地产生，这就是孟子所说的"是集义所生者，非义袭而取之也"。"我故曰：'告子未尝知义'，以其外之也。"④ 可见，孟子认为，告子不是从内心，而是从外面拿一个义来强制其心，使之不动，这就是"义袭而取之"。实际上行义应是内心的自然需求，行义时间久了，浩然之气即自然从中而产生。

　　孔子说："智者不惑，仁者不忧，勇者不惧。"至于如何能做到不忧不惧，孔子进一步指出："内省不疚，夫何忧何惧？"⑤ 孟子的浩然之气的思想，正是孔子这种思想的发展。孟子认为，如能做到"仰不愧于天，

_____

① 《左传》僖公二十八年。
② 《孟子·尽心上》。
③ 《论语·卫灵公》。
④ 《孟子·公孙丑上》
⑤ 《论语·颜渊》。

俯不怍于人"①，就能"行无不慊于心"。这样就可以立于天地之间而无愧怍，因而无所畏惧。这就是所谓"至大至刚"的一种心理状态和精神境界。孟子认为，达到这种状态，就可以"万物皆备于我"，"以直养而无害，则塞于天地之间"。

孟子有关"浩然之气"的言论是其重要的修身思想，更是其追求的一种精神境界。如果达到这种境界，就能在富贵、贫贱、威武面前不动心。这就是他所说的"富贵不能淫，贫贱不能移，威武不能屈"②。但是，不动心还有两种情况，一种是强制其心不动心，另一种是心自然而然地不动。第一种强制不动心其实是心已经动了，不过是被强制住了而没有表现出来。第二种才是真正从内心深处不为所动，是真正的不动心。如果内心达到这种精神境界，使自己自然而然感觉到富贵、贫贱、威武都没什么了不起，能淡然处之，那么也就很容易做到不淫、不移、不屈了。这才是真正的不淫、不移、不屈。有了这种境界的人，才算是真正有了浩然之气，至大至刚，勇敢无畏，而独立于天地之间。

孟子不仅概括地描述了浩然之气这种精神境界的具体内容，而且还比较详细地阐述了达到这种精神境界的路径。他认为浩然之气是靠自己"养"出来的。就像栽种树苗一样，养树的人只能给树苗安排良好的生长条件，至于生长还得靠它自己，而不能通过外力用强制、拔高、助长的方法。拔高、助长不但于树苗无益，反而对它有害，甚至使它夭折。由此可见，浩然之气并不是一种外在的物质，而是一种内在的精神境界。

孟子的浩然之气思想对后世影响深远，历史上的不少仁人志士都是受到他的这种思想的深刻熏陶，才为国为民，建功立业或大义凛然、舍生取义而在青史留名的。其中如南宋末年的文天祥在其著名的《正气歌》一诗中，就开宗明义地说："天地有正气，杂然赋流形。下则为河岳，上则为日星。于人曰浩然，沛乎塞苍冥。""是气所磅礴，凛烈万古存。当

---

① 《孟子·尽心上》。
② 《孟子·滕文公下》。

其贯日月，生死安足论。"显然，文天祥就是在孟子"浩然之气"思想的影响下，面对元朝统治者的威胁利诱，而丝毫不为所动，以英勇无畏的气概，不为富贵、威武所移所屈，舍身取义，"留取丹心照汗青"。文天祥的这种精神和行动，以及其千古传诵的《正气歌》，不仅只是通过笔墨被历史记载下来，更是通过热血显示了浩然正气的磅礴壮烈，凛然万古长存。

第二节　学习修身思想

一、《老子》为道、为学思想

老子，生卒年不详，姓李名耳，字聃，一字伯阳，或曰谥伯阳，《史记》等记载老子出生于春秋时期的楚国苦县（今河南鹿邑东）厉乡曲仁里人。其为中国古代思想家、文学家和史学家，道家学派创始人和主要代表人物，与庄子并称"老庄"。后被道教尊为始祖，称"太上老君"。曾被列为世界文化名人，世界百位历史名人之一。老子曾担任周朝守藏室之史，以博学而闻名，孔子曾入周向他问礼。春秋末年，天下大乱，老子欲弃官归隐，遂骑青牛西行。到灵宝函谷关时，受关令尹喜之请著《道德经》。老子的思想核心是朴素的辩证法，对中国哲学发展具有深刻影响。在政治上，主张无为而治、不言之教。在权术上，讲究物极必反之理。在修身方面，讲究虚心实腹、不与人争的修持，是道家性命双修的始祖。老子的传世作品《道德经》（又称《老子》），是全球文字出版发行量最大的著作之一。

《道德经》是道家学派最具权威的经典著作。它文约义丰，涵盖哲学、伦理学、政治学、军事学等诸多学科，其内容博大精深、玄奥无极、涵括百家、包容万物，被后人尊奉为治国、齐家、修身、为学的宝典。这部被誉为"万经之王"的奇书，对中国古老的哲学、科学、政治、宗教等产生了深刻的影响，无论对中华民族性格的铸成，还是对政治的统一与稳定，都起着不可估量的作用。《道德经》全书共 81 章，分为《道经》《德经》两篇。《道经》强调人类一定要顺应宇宙的客观规律，合乎自然规律，才能和谐地生存。《德经》说的是：只有返璞归真于婴儿般的自然纯真状态，上位者卑谦若谷，下位者为而不争，社会才能正常发展。《道德经》全书为人们重新认识本真的自我提供了一条良好的途径，它有助于读者放下浮躁的心态，认识自己，把自我融入自然，达到率性天真、物我两忘的自然境界。无论是治学修身、处世待人，还是经商置业、从政为民，无论是高官大吏、富商大贾，还是贩夫走卒、平民百姓，总能在《道德经》中找到自己所需要的智慧。

《老子》一书其中有一大部分内容在讲"为道"。为道的意思就是照着道那个样子去生活。老子讲"为道"，[①] 而不说"学道"，其用词（辞）是有讲究的。他认为，道是"无名"，没有任何规定性，是不可以用言语、思考那样的方法去学习的。言语所说的都是事物的规定性，对于没有规定性的东西，那就很难用言语表达了。由于思考属于无声的言语，对于不可说的东西也不能进行思考。因此，老子主张，对于道只能体悟，照着它那个样子生活。

对于道是什么，既然很难用言语来表达，所以如果要勉强地说的话，只能说它不是什么。它不是这，也不是那。老子说"道法自然"[②]，也就是说，道其实就是顺其自然。道是如此，所以照着道那个样子生活的人，就是道。道不是一个具体的个体，而人则首先是一个个体。因为人是一个有思维的高等动物的个体，所以就有一个高等动物个体所特有的许多东西，如欲望、感情等。人和道比起来，不是少了些什么，而是多了好

---

① 《老子》，新编诸子集成本，中华书局，2018 年，第 48 章。
② 《老子》第 25 章。

多东西，远比道复杂。因此，老子主张，人要想"为道"，按照道那个样子去生活，那就应该把那些多的东西逐渐地减少，这就叫"为道日损"。

基于这种认识，老子进一步主张，"为道日损"必须"损之又损，以至于无为，无为而无不为"。① 老子既主张"损之又损"，但又不损到"无"的程度，而是损到"无为"的程度，这也是很有讲究的。因为所谓"为道"的主体是人，即人应顺其自然，如果损到"无"，不就意味着人的每个具体的个体也损掉了。换言之，没有了人，也就没有了为道的主体，那也就没有了"为道"这件事。因此，"损之又损"的极限只能损到"以至于无为"。这就是顺乎自然，并不是什么事情都不做，而是无所为而为。老子认为，一个很小的孩子的生活，就是无为的生活。

《老子》中说："含德之厚，比于赤子。毒虫不螫，猛兽不据，攫鸟不搏。骨弱筋柔而握固。未知牝牡之合而朘作，精之至也。终日号而不嗄，和之至也。"② 道德涵养浑厚的人，就好比初生的婴孩。毒虫不螫他，猛兽不伤害他，凶恶的鸟不搏击他。他的筋骨柔弱，但拳头却握得很牢固。他虽然不知道男女的交合之事，但他的小生殖器却勃然举起，这是因为精气充沛的缘故。他整天啼哭，但嗓子却不会沙哑，这是因为和气纯厚的缘故。在此，老子用了一些例子来说明顺自然而无所为的生活。其实，自然界动物的生活本来就是如此。一只动物遇见可吃的东西就吃，遇见可喝的东西就喝。在吃喝的时候，它完全处于无意识的状态，并不知道这种吃喝是在吸取营养，维持生命，更不了解这是维持种群生生不息的最基本条件。人作为高等动物却知道这个道理，但是他也并不是在每次吃饭的时候都想到这个道理，都为了这个生存的目的而去吃饭。所以说，人虽然有吃饭这个行为，但这种行为大多数情况下还是"无为"的。如果在人的生活中一切行为都是如此，那就是"无为而无不为"了。

《老子》中还说："道生之，德畜之，物形之，势成之。是以万物莫

---

① 《老子》第 48 章。
② 《老子》第 55 章。

不尊道而贵德。道之尊，德之贵，夫莫之命而常自然。故道生之，德畜之，长之育之，成之熟之；养之覆之。生而不有，为而不恃，长而不宰，是谓玄德。"① 道生成万事万物，德养育万事万物。万事万物虽呈现出各种各样的形态，环境使万事万物成长起来。故此，万事万物莫不尊崇道而珍贵德。道之所以被尊崇，德之所以被珍贵，就是由于道生长万物而不加以干涉，德蓄养万物而不加以主宰，顺其自然。因而，道生长万物，德养育万物，使万物生长发展，成熟结果，使其受到抚养、保护。生长万物而不据为己有，抚育万物而不自恃有功，导引万物而不主宰，这就是奥妙玄远的德。这里"生而不有，为而不恃，长而不宰"就是告诉人们说，道是无所为而为。既然道是如此，要想"为道"的人，就要照着道那种样子生活，即要顺自然，道法自然，无所为而为。

《老子》对这种照着道的样子，顺自然而无所为而为的人的状态做了具体的描述："众人熙熙，如享太牢，如春登台。我独泊兮，其未兆，如婴儿之未孩。儡儡兮，若无所归。众人皆有余，而我独若遗。我愚人之心也哉，沌沌兮。俗人昭昭，我独昏昏；俗人察察，我独闷闷。澹兮其若海，漂兮若无所止。众人皆有以，而我独顽似鄙。我独异于人，而贵食母。"② 这就是说，众人是那样纵情地作乐，就像参加丰盛的宴会，就像春日登台欣赏美景一般；而只有我淡然处之，无动于衷，如同一个还不会笑的婴孩一样。我是如此的闲散，就像不知要到哪里去。众人都过着富足有余的生活，而我如同被遗弃了一样时常匮缺不足。因为我有一副愚人的心肠，太笨拙了。世人是那样处处精明，只有我是这样不懂得算计；世人是那样事事明了，只有我是这样对什么都无意于探究。我的生活就像那起伏的大海一样顺乎自然；我又如同那飘忽的长风，没有止境。众人都自有营生，只有我冥顽无为。我就是要有别于众人，我看重的是人类生存所必须依赖的规律。

---

① 《老子》第 51 章。
② 《老子》第 20 章。

《老子》的这种顺自然而无为的生活方式，就是后世魏晋人所谓的"达"。魏晋时期所说的"达人"，就是照着这种生活方式生活的人。这是晋人风流倜傥、放荡不羁的渊源。这种"为道"思想从理论上说很超脱，但在现实中太消极颓废，魏晋人的清谈误国就是历史的教训。

《老子》"为学"的方式与"为道"截然不同，"为道日损"，但"为学日益"，两者恰恰相反。这是因为"为道"是求对道的体悟，道又是不可说、不可名的，所以对道的体悟是要减少知识，回归本真，"见素抱朴，少私寡欲"，所以要"日损"，"损之又损"。学习知识则是对外物的认识，越多越好，博学多识，所以知识要积累，就是"为学"要"日益"。

《老子》所讲的"为学"的方法，主要就是"观"，即"致虚极，守静笃。万物并作，吾以观复"。① 尽力使心灵的虚寂达到极点，使生活清静并坚守不变。万物都一齐蓬勃生长，我从而考察其往复的道理。"以身观身，以家观家，以乡观乡，以邦观邦，以天下观天下。"老子强调，观察事物时，必须保持内心的安静，客观地按照事物的本来面貌，不要受情感欲望的影响，才能认识事物的真相。这就是"致虚极，守静笃"。

老子所谓的"观"的方法，并不限于观察，还注重演绎推理的思辨，这就是说"不出户，知天下，不窥牖，见天道，其出弥远，其知弥少。是以圣人不行而知，不见而明，不为而成"。不出门户，就能够推知天下的事理；不望窗外，就可以认识日月星辰运行的自然规律。他向外奔逐得越远，他所知道的道理就越少。所以，有"道"的圣人不出行却能够推知事理，不窥见而能明了"天道"，不妄为而可以有所成就。这几句话就如后世人所说的"秀才不出门，全知天下事"。老子主张"言有宗，事有君"。②认为言论要有其主要的论点，事物要有其主要的原则。抓住了它们的要领和原则，就可以纲举目张，好像抓着了一张网的纲，其目就自然张开了，所以"不出户"，就可以"知天下"。

---

① 《老子》第 16 章。
② 《老子》第 70 章。

从老子提倡的"观"要保持内心的安静、足不出户而知天下事的方式来看，这是一种隐者在乱世旁观的态度。春秋战国时期，诸侯割据，战乱不已，老子为保全自己，抱着一种出世的旁观态度，因此不重视社会实践在认识中的作用，这就是他所说的"不行而知，不见而明，不为而成"的认识论。

如前所述，老子的"为道"就是顺其自然，换言之，就是要人们顺应事物的自然规律。他称自然界中的事物规律为"天道"，社会中的事物规律为"人道"。老子作为一个保全自己的隐者，认为人凭借这样的知识，可以趋利避害，以达到保全自己、反击敌人的目的。他称事物变化的具体规律为"常"，"常"就是事物变化中经常不变的东西。《老子》中多次提到，人如果掌握了"常"，就能平安无事，居于不败之地，与人为善。即"取天下常以无事"①，"天道无亲，常与善人"②。《老子》用"常"来形容"道"，这主要是说"道"作为事物的规律经常如此，并不等于说"道"就是"常"。

对于事物规律的认识和理解，《老子》称之为"明"。这就是"知常为明"。"知常"即知道事物变化的具体规律，就可依之而行，可以救人救物，老子称为"袭明"。"是以圣人常善救人，故无弃人；常善救物，故无弃物；是谓袭明。"③"袭明"又称"习明""习常"。"见小曰明，守柔曰强。用其光，复归其明，无遗身殃，是为习常。"能够察见到细微的，叫作"明"；能够持守柔弱的，叫作"强"。运用其光芒，返照内在的明，不会给自己带来灾难，这就叫作万世不绝的"常道"。如果不能"习常"而任意妄为，则会招致不好的后果，即"不知常，妄作，凶"④。

《老子》中还说，如果认识了事物的规律，就能抓住它们的关键和原

---

① 《老子》第 48 章。

② 《老子》第 79 章。

③ 《老子》第 27 章。

④ 《老子》第 16 章。

则，即"言有宗，事有君"①，把握事物的变化规律，从而可以"知天下"。老子认为，由于"道"的特殊性，对于"道"的认识，仅用"观"的方法还是不够的，还要去掉自己心中的一切欲望，这就是"涤除玄览，能无疵乎？"②所谓"玄览"即"览玄"，"览玄"即观道。要观道，就要先"涤除"，即去除心里的一切欲望，也就是"为道日损"，"损之又损"以至于无为，这就可以见道了。见道就是对道的体悟，从而达到一种最高的精神境界——得道。

《老子》对"为道"能达到最高境界的得道进行了描述："古之善为道者，微妙玄通，深不可识。夫唯不可识，故强为之容。豫兮若冬涉川，犹兮若畏四邻，俨兮其若客，涣兮其若冰之将释，敦兮其若朴，旷兮其若谷，混兮其若浊，孰能浊以静之？徐清。安以动之？徐生。保此道者，不欲盈。夫唯不盈，故能蔽而新成。"③古时候善于行道的人，微妙通达，深刻玄远，不是一般人可以理解的。正因为不能认识他，所以只能勉强地形容他说：他小心谨慎啊，好像冬天踩着水过河；他警觉戒备啊，好像防备着四周人的迫害；他恭敬庄重啊，好像要去赴宴做客；他行动洒脱啊，好像冰块缓缓消融；他纯朴厚道啊，好像没有经过加工的原料；他旷远豁达啊，好像深幽的山谷；他浑厚宽容啊，好像不清的浊水。谁能使浑浊安静下来，慢慢澄清？谁能使安静变动起来，慢慢显出生机？保持这个"道"的人不会自满。正因为他从不自满，所以能够去故更新。宋明道学家讲气象，《老子》这里就是描述善为道者的气象。善为道者虽然"微妙玄通，深不可识"，但外表却是其貌不扬：做事犹豫不决，好像冬天要踩着水过河，又想过，又怕水冷；好像四周的人都在迫害他，显得很害怕的样子；好像很不自信，自己是客人而不是主人的样子；好像很朴实、很糊涂、很空虚。可是善为道者的糊涂慢慢会变得清楚，他的

---

① 《老子》第70章。
② 《老子》第10章。
③ 《老子》第15章。

静慢慢会变成动。由于他不自满，能守住道，所以旧的会变成新的。《老子》所描述的善为道者的气象，与《庄子·天下篇》中所说的慎到、田骈所赞赏的气象，颇有相同之处。

《老子》的所谓"为学日益，为道日损"，所益所损的并不是同一个方面的东西。"为学日益"所要增加的是知识的积累，而"为道日损"所要减少的是欲望、感情之类的东西。也就是说，为学是使人的知识不断增加，而为道是使人的精神境界不断提高。这两者既有联系，但不一定都成正比。具体而言，一般来说，一个人如果知识越多，越有助于提高自己的精神境界。这就是《老子》所说的："知常容，容乃公，公乃王，王乃天，天乃道，道乃久，没身不殆。"[①] 认识自然规律的人是无所不包的，无所不包就会坦然公正，公正就能周全，周全才能符合自然的"道"，符合自然的道才能长久，终生不会遭到危险。但一个很有知识的人，他的精神境界可能还像小孩那样单纯，天真烂漫。老子不是主张一个人无为地生活，就像一个很小的小孩子那样生活，所以他提出一个人应该知其益，守其损。

老子虽然不主张废"为学"，但是他还是认为人应该以"为道"为主。他认为，人生中最主要的事情是提高精神境界，对于外界知识的积累与人精神境界的提高没有直接的必然的关系。所以，他提出"绝学无忧"[②]。因为"为学"可能导致人走向自然的反面，这就违背了"为道"的顺其自然的原则。他说："大道废，有仁义；智慧出，有大伪。"[③] 这里所说的"伪"，意思是人为，人为本身是与自然相对立的。"为学"增加了人的知识，知识的增加可能导致人为的增加，人为的增加就会导致走到顺其自然的反面。

从某种意义上说，"伪"（人为）本身也包含有非自然、虚假的意思。

[①] 《老子》第 16 章。

[②] 《老子》第 19 章。

[③] 《老子》第 18 章。

自然的东西是真的，而人为的东西就不一定是真的。人为总会经过不同程度的加工、改造、模拟等，多多少少掺进人工的、与原来天然不同的假的成分。比如，天上飞的东西，鸟类是天然的，是真的，而飞机则是人为的，是人造的模拟鸟类飞行的东西，是非天然的。从某种意义上说，相比于天然的鸟类，鸟类的飞行是真的，而飞机的飞行是假的。

老子说："大道废，有仁义。"这句话可从两个方面理解：一方面是大道如果存在，那么人在"为道"中的仁义，就是顺其自然的仁义，那是自然的真仁义；另一方面，如果大道不存在了，那么人的仁义就是特意为之的仁义，这种通过学习、训练得来的仁义，就是人为的"假"仁义，同自然而有的真仁义比较起来就差一个等级了。《老子》中说"上德不德，是以有德"①，说的也是这个意思。

二、孔子的学习修身思想

孔子是中国古代的著名的学问家、思想家和教育家，创立儒家学派，开创私学。他自己终身好学，不断努力学习各种知识，并广收弟子，有教无类。对于他的一生，用他自己的两句话来概括，再合适不过了，就是"学而不厌"，"诲人不倦"。孔子"十有五而志于学"②，到了 50 岁知天命之年，还开始孜孜不倦地学习《易》。他曾说过："假我数年，五十以学《易》。"③《史记·孔子世家》也记载"孔子晚而喜《易》"。所以到了晚年，他感叹自己"其为人也，发愤忘食，乐以忘忧，不知老之将至云尔"④。可见，他从 15 岁开始学"道"，"志于道"，一直到晚年仍然"发愤忘食"地学习，并以此为乐，忘掉一切忧愁。他的一生堪称学习的一生，其孜孜不倦追求的主要目标就是得到自己理想的道德品质——

---

① 《老子》第 38 章。
② 《论语·为政》。
③ 《论语·述而》。
④ 《论语·述而》。

"仁"。这是相当不容易做到的,不愧为万世师表。

孔子在学习中特别注意自己的修身,他为自己和学生制订的学习蓝图是"志于道,据于德,依于仁,游于艺"①。这4个方面中有3个是与道德修养有关的。他所说的"道",就是生活的方向;有了这个方向,在生活中不断努力学习和践行,就可以有所得,这就是"德";有了"德",就可以之为根据再向前进,从而达到完全的人格——仁。孔子认为,一个人在学习追求道德修养的同时,还要"游于艺",即学习文艺知识和技巧,丰富自己的生活。他在这个学习蓝图的目标下,为弟子制订的学习科目是礼、乐、射、御、书、数六艺。

六艺有两种说法:一种说法指《周礼·保氏》所说的,礼、乐、射、御、书、数六艺;另一种说法指汉朝人所说的,孔子教学生的六门课程称为六艺,即《诗》《书》《礼》《乐》《易》《春秋》。其中《诗》就是《诗经》,共有306篇,分为"风""雅""颂"三种类型,是先秦时期各国的民歌和宫廷的诗歌。孔子认为,"《诗》三百篇,思无邪",是陶冶人们情操的好诗歌。《礼》是关于人的日常行为和社会等级秩序的规范,记载了上古祭祀、婚丧等礼仪内容。先秦很重视乐,有识之士认为礼别尊卑、乐以和同,故后世历代相沿,礼乐并称。孔子也重乐、喜乐,把《乐》作为学习的重要内容。《易》为卜卦、哲学思辨的著作,如上所引,孔子到了晚年,尤其兴趣学《易》,体现了他专注于对人生和宇宙的思考。《书》和《春秋》是历史著作,在"六艺"中占两艺,这说明孔子对历史学的重视。尤其是孔子在《春秋》中的笔法,寓历史褒贬于叙事中,开创了中国古代编纂历史的一种新方法,而且赋予了历史学神圣的使命。《春秋》笔法使"乱臣贼子惧",使那些当权者不敢胡作非为,如胆敢冒天下之大不韪,将被钉在历史的耻辱柱上。

孔子一生在学习和教育学生学习有关古代典籍方面,发表了不少真知灼见,其中许多思想至今仍具有很高的启迪价值。他教导学生,学习

① 《论语·述而》。

诗、书、礼、乐等，应当"学""思"结合："学而不思则罔，思而不学则殆"①。"学"就是学习诗、书、礼、乐；"思"就是对这些知识有所理解，有所体会，有所引申，有所发挥。孔子告诫自己的学生说，对于诗、书、礼、乐，如果是"学而不思"，学的虽多，但不去理解、体会、引申、发挥，那也是没有真正掌握，许多问题仍然迷惑不解。如果是"思而不学"，那就可能信口开河，走入歪门邪道，那是很危险的。

孔子在学《诗》中，对《诗》做了很中肯的评价。孔子说："《诗》三百，一言以蔽之，曰：'思无邪。'"② 又说："《诗》可以兴，可以观，可以群，可以怨，迩之事父，远之事君。多识于鸟兽草木之名。"③ 他认为《诗经》300多首诗，内容上都没有不健康的。可以比兴引申，可以观赏，可以借此结成群体，可以借此抒发怨恨之情，近可以借此对待父亲，远可以借此侍奉国君，并且能增长对鸟兽草木等生物的了解。因此，他建议学生学习《诗》，他对子贡说："可与言诗。"④

孔子认为六艺中的《书》可以为人们提供齐家治国的好思想。"或谓孔子曰：'子奚不为政？'子曰：《书》云：'孝乎惟孝，友于兄弟。施于有政。'是亦为政，奚其为为政？"⑤ 孔子从《尚书》中的一句话，推理出"治家"其实就是"为政"。这就是后来《大学》所说的，齐家为治国的前提条件，"欲治其国者，先齐其家"。

孔子注重"礼之本"，经常提到"礼"。他向学生有若说："礼之用，和为贵，先王之道斯为美。"⑥ 礼之用是对于礼之本而言。礼之本是人的性情，人的真情实感。从表面上看，礼的作用好像是板着面孔分别人的尊卑贵贱；从理性角度来说，一个社会只有分别了人的尊卑贵贱，社会

---

① 《论语·为政》

② 《论语·为政》。

③ 《论语·阳货》。

④ 《论语·八佾》。

⑤ 《论语·为政》。

⑥ 《论语·学而》。

秩序才能建立起来。在古代，一个社会尊卑贵贱关系是客观存在的，即使现代社会人与人之间的关系是平等的，但也还有长辈晚辈、师生、上下级等之间的"尊卑"关系。假如这些关系没有区分清楚，一个社会的秩序是很难完全建立起来的。所以，有若说，礼实际上所要得到的是人与人之间的协和。

孔子对乐也有独特的看法。他很重视音乐的社会效益，认为最好的音乐，首先必须在政治标准方面合格。所以，他最喜欢的音乐是《韶》。《论语·述而》记载："子在齐闻《韶》，三月不知肉味。曰：'不图为乐之至于斯也。'"颜渊曾请教孔子，如何治理国家？孔子告诉他说："乐则韶舞。"①从上述记载可以看出，孔子对音乐的热爱与重视。他听到《韶》乐，竟然沉浸陶醉在其中3个月都不知道肉的滋味。他又告诉学生颜渊，治国应该用《韶》这个乐舞。因为《韶》"尽善尽美"，既合乎政治上的标准，又合乎艺术上的标准。孔子对音乐有很高的鉴赏水平。《论语·八佾》载："子语鲁大师乐。曰：'乐其可知也。始作，翕如也。从之，纯如也，皦如也，绎如也。以成。'"这里所说的是一首乐曲的进行过程，总共有"始作"（开始）、"从之"（展开）、"以成"（结束）3个乐段。其音乐在开始阶段十分和谐，展开阶段呈现出纯净、明亮和清晰的音色，最后结束。显然，孔子在此是从音乐美学的艺术角度来欣赏、评论这首乐曲的。

孔子晚年喜欢学习钻研《易》。《论语·子路》记载："南人有言曰'人而无恒，不可以作巫医'，善夫！'不恒其德，或承之羞。'子曰：'不占而已矣。'""不恒其德，或承之羞"是《周易》恒卦的爻辞。孔子说"不占而已矣"，可见他也是把这句话作为《周易》的爻辞而引用的。他引用这句爻辞，又配上"南人之言"，以此说明人不可无恒。这基本可以证明孔子学《周易》，不仅学占筮的方法，而且对卦词、爻辞有所发挥和引申。

孔子主张学习要"温故而知新，可以为师矣"②。"温故"就是学习旧

①　《论语·卫灵公》。
②　《论语·为政》。

的传统的知识，"知新"就是对旧的传统知识要有所引申和发挥，使之成为新的知识。因此，"温故而知新"就是一个学习和思考相结合的过程。孔子认为，如果能够掌握这种方法，就可以成为老师了。他自己就是这样做的，并且将此方法传授给学生。孔子还说："学而时习之，不亦说乎。"① 其中"学"就是指学习诗、书、礼、乐这些从古代传下来的道德修养，以及诗歌文艺、生活方式等，不仅是一次性的学习，还要经常复习或实践，才能对这些知识加深理解和体会，然后有所引申和发挥，真正掌握这些知识和技能。其实这也就是"学"与"思"相结合的过程。孔子认为，这种"学而时习之"的过程是一个十分快乐的过程。

孔子称自己为学是"述而不作"，好像只是复述前人的知识而没有自己的著作。其实不然，他说自己是"信而好古"，通过采取以"述"为"作"的方式对前人的知识予以引申、发挥，来继承、丰富前人的知识，并发表自己的创见。他把自己的理解、体会和创见融入所述的"古"之中，从而丰富了他所"述"的"古"的内容。他的这一学习方法对后世影响很大，后来的许多儒家学者纷纷予以仿效，通过"注""疏"等方式将自己的理解、体会和创见加入前人的"述"和"古"之中。这种学习、继承和创新就像滚雪球一样，经过历代积累，越滚越大，使儒家学派的思想内容越来越丰富、深刻、完善，体系庞大复杂，蔚为大观。例如，后世尊奉的儒家经典"四书五经""十三经"等，就是这样一种学术体系，自孔子开其端。如《周易》的《经》是孔子之前就有的书，是儒家的"述"。它的《传》，如《系辞》《文言》等，则是儒家所"作"。《周易》如果单就"述"来说，基本上是一种占筮的书。后来加上了《传》，才具有了丰富的哲学思想。又如《仪礼》也是孔子之前就有的书，只是属于一种记录礼仪制度的书。后来加上了儒家所"作"的《礼记》，才具有了哲学价值。

孔子作为中国古代著名的学问家、思想家和教育家，除了善于学习

---

① 《论语·学而》。

和思考外，其对学习的态度也有值得今天借鉴效仿的地方。如他提出："知之为知之，不知为不知，是知也。"① 这就是说对学习知识要实事求是，知道的就说已经知道，不知道的就说不知道，这才是真正的知道，千万不要不懂装懂！孔子作为当时著名的学问家、思想家和教育家，能够秉持对知识的这种实事求是的态度，不自以为是，不因爱面子而不懂装懂，这是相当难能可贵的。正由于他秉持这种态度，所以善于向别人学习，认为"三人行，必有我师焉"②。这就是学业有专攻，每个人都可能有所长，所以只要有 3 个人在一起，就有人在某个方面可以作为自己的老师。正是基于这种思想，孔子作为著名的学问家、思想家和教育家，可称得上是那个时代最博学的人，但是他仍然谦虚好学，深知"满招损，谦受益"③，坚持"不耻下问"④。他曾周游列国，碰到许许多多各阶层、各种职业的人，他都虚心向他们请教各方面的知识。他的一生正是秉持着一种"朝闻道，夕死可矣"⑤ 的精神，持之以恒地学习，且善于学习，"吾日三省吾身"⑥，锐意修身养性，终于使自己成为后人景仰的万世师表。

三、荀子的性恶和劝学思想

荀子（约前313－前238），名况，战国末期赵国人。著名思想家、文学家、政治家，世人尊称"荀卿"。西汉时因避汉宣帝刘询同音讳，故又称孙卿。曾三次出任齐国稷下学宫的祭酒，后为楚兰陵令。荀子在人性问题上，提倡性恶论，主张人性有恶，否认天赋的道德观念，强调后天

① 《论语·为政》。
② 《论语·述而》。
③ 《周易集解》卷4，台湾商务印书馆影印四库全书本。
④ 《论语·公冶长》。
⑤ 《论语·里仁》。
⑥ 《论语·学而》。

环境和教育对人的影响。其学说常被后人拿来跟孟子的性善论比较。荀子对重新整理儒家典籍也有相当显著的贡献。

（一）荀子的性恶论

在先秦儒家中，孟子是性善论，荀子则恰恰相反，是性恶论。他认为："人之性恶，其善者伪也。"① "性之和所生，精合感应，不事而自然，谓之性。性之好、恶、喜、怒、哀、乐，谓之情。情然而心为之择，谓之虑。心虑而能为之动，谓之伪。虑积焉，能习焉，而后成，谓之伪。"② 这就是说，荀子认为，人的天性，生下来就是恶的，以后通过学习才变善，这就叫作"伪"。换言之，"性"是从其生理直接构成，不事而自然的心理素材。性对于外物的反应，有好、恶、喜、怒、哀、乐等情感。这些情感都是自然流露的，所以称之为"天情"③。如果按照这些情的自然发展，情与情就会互相矛盾、冲突和争夺，所以是恶的。但是幸好人还有作为"天君"④ 的心，能够对这些冲突和争夺进行节制、选择、调整。这种依照心而进行节制、选择、调整，经过学习而改变的思想和行为，就叫"伪"。依照荀子的看法，社会的文化、制度、道德等，都是通过"伪"，即学习而产生的。

从哲学层面来看，荀子的性恶论将"性"与"伪"做了严格的区分。"性"是自然界本来就有的东西，属于"本始材朴"的原始材料，是属于天的；"伪"是社会的产物，"文理隆盛"是对原始材料的加工，是属于人的。"性者，本始材朴也；伪者，文理隆盛也。无性则伪之无所加，无伪则性不能自美。"⑤ 因此，荀子进一步指出，"性"与"伪"是自然与人为、先天与后天的区别，而不是真实与虚假的区别。"凡性者，天之就也，不可学，不可事。礼义者，圣人之所生也，人之所学而能，所事而

---

① 《荀子·性恶篇》，本目以下引文未注出处者，均见于此。
② 《荀子·正名篇》。
③ 《荀子·天论篇》。
④ 《荀子·天论篇》。
⑤ 《荀子·礼论篇》。

成者也。不可学、不可事而在人者，谓之性；可学而能、可事而成之在人者，谓之伪；是性伪之分也。"荀子的"性伪之分"也就是"天人之分"。

由于荀子认为人先天的性是恶的，所以主张必须通过后天"化性而起伪"。这就是用人力改变自然的意义，和他的"制天命而用之"① 思想是一致的。荀子认为，人类就是通过自己后天的努力改变，才"有气，有生，有知，亦且有义。故最为天下贵也"②。这样才与禽兽彻底区别开来，才产生了"分""礼""义"等人类社会和文明。否则，人类与禽兽就没有什么区别。换言之，禽兽是自然的产物，而人之所以为人，是经过后天教化而形成的，人是社会的产物。荀子指出："然则人之所以为人者，非特以二足而无毛也，以其有辨也……夫禽兽有父子而无父子之亲，有牝牡而无男女之别，故人道莫不有辨。辨莫大于分，分莫大于礼，礼莫大于圣王。"③

荀子认为，恶是出于人性之自然，而善则是通过人后天的改造而获得的，所以人性原本是恶的。他指出："今人之性，生而有好利焉，顺是，故争夺生而辞让亡焉；生而有疾恶焉，顺是，故残贼生而忠信亡焉；生而有耳目之欲，有好声色焉，顺是，故淫乱生而礼义文理亡焉。然则从人之性，顺人之情，必出于争夺，合于犯分乱理而归于暴。故必将有师法之化，礼义之道，然后出于辞让，合于文理，而归于治。用此观之，然则人之性恶明矣，其善者伪也。"荀子在此基础上又进一步论证说，人们所追求的东西，正是其没有的东西，如果已经有了，就不必追求了。所以，人都追求"善"，正说明人性中原来没有"善"，而只有"恶"。这就是"凡人之欲为善者，为性恶也。夫薄愿厚，恶愿美，狭愿广，贫愿富，贱愿贵，苟无之中者，必求于外。故富而不愿财，贵而不愿势，苟

① 《荀子·天论篇》。
② 《荀子·王制篇》。
③ 《荀子·非相篇》。

有之中者，必不及于外。用此观之，人之欲为善者，为性恶也"。

孟子主张"性善"，认为人如果见到宰杀牛，都有恻隐之心，这就是"善"。但是荀子批评说，看到听到宰杀牛，这才是人不必后天学习的本性，而产生的恻隐之心——善，则是需要后天学习才能得到的，这就是"伪"。荀子指出："今人之性，目可以见，耳可以听。夫可以见之明不离目，可以听之聪不离耳；目明而耳聪，不可学明矣。"可见，荀子认为，眼能看，耳能听，这是自然所赋予的能力，是不要学也是不可学的。但性之善，并不是像目之于明，耳之于聪，要经过学习才能获得。所以他说："人之性恶，其善者伪也。"

孟子认为，"人皆可以为尧舜"。荀子也认为，"涂之人可以为禹"。显然，两人都认为人皆可以为"圣人"。但是，他们俩的推理过程却是不相同的。孟子基于本性善的理论，认为人性之中本来就有所谓的"四端"，如果把它们扩而充之，就可以成为"圣人"。但这正是荀子所不能认可的。荀子认为，人的本性是恶的，虽然没有所谓的"四端"，但是人都有学习"礼义"的能力。"凡禹之所以为禹者，以其为仁义法正也。然则仁义法正有可知可能之理，然而涂之人也，皆有可以知仁义法正之质，皆有可以能仁义法正之具，然则其可以为禹明矣。"

荀子认为，人虽有学习"礼义"的能力，但未必能好好地学习，所以人皆可为禹，但未必都能成为禹。他指出："故涂之人可以为禹则然，涂之人能为禹未必然也。虽不能为禹，无害可以为禹，足可以遍行天下，然而未尝有能遍行天下者也……然则能不能之与可不可，其不同远矣。"荀子所说的"能不能之与可不可"的观点，则是孟子所不能同意的。孟子认为，人皆可以为尧舜，如果大多数的人没有成为尧舜，那是由于他们不为，而不是由于他们不能。

（二）荀子劝学思想

1. 学习的重要作用。

荀子非常重视学习，在《劝学篇》中就开宗明义地提出"君子曰：

学不可以已"①。学习是不可以停止的。荀子认为人的本性是"恶"的，必须用礼义来矫正，所以他特别重视学习。"性恶论"是荀子社会政治思想的出发点，他在著作中首先提出学习不可以停止，就是想抓住关键，解决根本问题。他十分重视这个问题，他把自己的见解，通过"君子"之口提出来，以示郑重。他认为人的一生要不断地学习，这是因为学习有两个方面的重要作用。一是学习可以使自己聪明机智，行为不会有过错。"青，取之于蓝，而青于蓝；冰，水为之，而寒于水。木直中绳，輮以为轮，其曲中规。虽有槁暴，不复挺者，輮使之然也。故木受绳则直，金就砺则利，君子博学而日参省乎己，则知明而行无过矣。"靛青是从蓝草里提取的，可是比蓝草的颜色更深；冰是水凝结而成的，却比水还要寒冷。木材直得可以符合拉直的墨线，用燥的工艺把它弯曲成车轮，（那么）木材的弯度（就）合乎圆的标准了，即使又被风吹日晒而干枯了，木材也不会再挺直，是因为经过加工，使它成为这样的。所以木材用墨线量过，再经辅具加工就能取直，刀剑等金属制品在磨刀石上磨过就能变得锋利。这就好比君子广泛学习，而且每天检查反省自己，就会知识通达，行为没有过错。二是学习可以提高自己的知识和能力。"故不登高山，不知天之高也；不临深溪，不知地之厚也；不闻先王之遗言，不知学问之大也。干、越、夷、貉之子，生而同声，长而异俗，教使之然也。"因此，不登上高山，就不知天多么高；不面临深涧，就不知道地多么厚；不懂得先代帝王的遗教，就不知道学问的博大。干越夷貉之人，刚生下来时啼哭的声音是一样的，而长大后风俗习性却不相同，这是教育使之如此。"吾尝终日而思矣，不如须臾之所学也；吾尝跂而望矣，不如登高之博见也。登高而招，臂非加长也，而见者远；顺风而呼，声非加疾也，而闻者彰。假舆马者，非利足也，而致千里；假舟楫者，非能水也，而绝江河。君子生非异也，善假于物也。"我曾经整天思索，却不如片刻学到的知识多；我曾经踮起脚远望，却不如登到高处看得广阔。

---

① 《荀子·劝学篇》，本目以下引文未注出处者，均见于此。

登到高处招手，胳膊没有比原来加长，可是别人在远处也看得见；顺着风呼叫，声音没有变得洪亮，可是听的人听得很清楚。借助车马的人，并不是脚走得快，却可以达到千里之外；借助舟船的人，并不善于游泳，却可以横渡长江黄河。君子的资质秉性跟一般人没什么不同，只是君子善于借助外物罢了。"君子生非异也，善假于物也。"这就是说，君子之所以会有超过一般人的才德，就是因为他们善于利用外物来好好学习。推论起来，人如果善于利用外物好好学习，也就可以变成有才德的君子。

2．学习的正确态度贵在坚持和专一。

荀子在《劝学篇》中提出，学习必须锲而不舍、专心一致。人们从外界实际事物中学习的时候，还有需要注意的地方：一个是"积"，另一个是"一"。（1）持之以恒地积累。"积土成山，风雨兴焉；积水成渊，蛟龙生焉；积善成德，而神明自得，圣心备焉。故不积跬步，无以至千里；不积小流，无以成江海。骐骥一跃，不能十步；驽马十驾，功在不舍。锲而舍之，朽木不折；锲而不舍，金石可镂。"堆积土石成了高山，风雨就从这里兴起了；汇积水流成为深渊，蛟龙就从这儿产生了；积累善行养成高尚的品德，自然会心智澄明，也就具有了圣人的精神境界。所以不积累一步半步的行程，就没有办法达到千里之远；不积累细小的流水，就没有办法汇成江河大海。骏马一跨跃，也不足十步远；劣马拉车走十天，也能走得很远，它的成功就在于不停地走。如果雕刻几下就停下来了，那么腐烂的木头也刻不断；如果不停地刻下去，那么金石也能雕刻成功。学习要注意积累。"故不积跬步，无以至千里；不积小流，无以成江海。"这是从反面设喻来说明积累的重要。学习要做到"锲而不舍"，要不断积累，才会成功。（2）用心专一地学习。"蚓无爪牙之利，筋骨之强，上食埃土，下饮黄泉，用心一也。蟹六跪而二螯，非蛇鳝之穴无可寄托者，用心躁也。"蚯蚓没有锐利的爪子和牙齿，没有强健的筋骨，却能向上吃到泥土，向下可以喝到泉水，这是由于它用心专一啊。螃蟹有六条腿，两个蟹钳，但是，如果没有蛇、鳝的洞穴它就无处存身，这是因为它用心浮躁啊。文章先设两喻引出论点："积土成山，风雨兴

焉；积水成渊，蛟龙生焉；积善成德，而神明自得，圣心备焉。"荀子再以"蚓无爪牙之利，筋骨之强"，能够"上食埃土，下饮黄泉"与"蟹六跪而二螯"，却"非蛇蟮之穴无可寄托"进行对比，说明学习必须专心致志，不能浮躁。在此基础上，荀子进一步指出："是故无冥冥之志者，无昭昭之明；无惛惛之事者，无赫赫之功。行衢道者不至，事两君者不容。目不能两视而明，耳不能两听而聪。螣蛇无足而飞，鼫鼠五技而穷。《诗》曰：尸鸠在桑，其子七兮。淑人君子，其仪一兮。其仪一兮，心如结兮！故君子结于一也。"没有刻苦钻研的心志，学习上就不会有显著的成绩；没有埋头苦干的实践，事业上就不会有巨大的成就。在歧路上行走达不到目的地，同时事奉两个君主的人，两方都不会容忍他。眼睛不能同时看两样东西而看明白，耳朵不能同时听两种声音而听清楚。螣蛇没有脚但能飞，鼫鼠有五种本领却还是没有办法。《诗》上说："布谷鸟筑巢在桑树上，它的幼鸟儿有七只。善良的君子们，行为要专一不偏邪。行为专一不偏邪，意志才会如磐石坚。"所以君子的意志坚定专一。

3. 亲近良师和崇尚礼仪是最便捷的学习途径。

荀子认为学习没有比亲近良师更便捷的了："学莫便乎近其人。《礼》《乐》法而不说，《诗》《书》故而不切，《春秋》约而不速。方其人之习君子之说，则尊以遍矣，周于世矣。故曰：学莫便乎近其人。"学习没有比亲近良师更便捷的了。《礼经》《乐经》有法度但嫌疏略；《诗经》《尚书》古朴但不切近现实；《春秋》隐微但不够周详；仿效良师学习君子的学问，既崇高又全面，还可以通达世理。除此之外，崇尚礼仪也是便捷的学习途径。"学之经莫速乎好其人，隆礼次之。上不能好其人，下不能隆礼，安特将学杂识志，顺《诗》《书》而已耳。则末世穷年，不免为陋儒而已。将原先王，本仁义，则礼正其经纬蹊径也。若挈裘领，诎五指而顿之，顺者不可胜数也。不道礼宪，以《诗》《书》为之，譬之犹以指测河也，以戈春黍也，以锥餐壶也，不可以得之矣。故隆礼，虽未明，法士也；不隆礼，虽察辩，散儒也。"崇敬良师是最便捷的学习途径，其次就是崇尚礼仪了。若上不崇师，下不尚礼，仅读些杂书，解释一下

《诗经》《尚书》之类，那么尽其一生也不过是一介浅陋的书生而已。要穷究圣人的智慧，寻求仁义的根本，从礼法入手才是融会贯通的捷径。就像弯曲五指提起皮袍的领子，向下一顿，毛就完全顺了。如果不究礼法，仅凭《诗经》《尚书》去立身行事，就如同用手指测量河水，用戈舂黍米，用锥子到饭壶里取东西吃一样，是办不到的。尊崇礼仪，即使对学问不能透彻明了，不失为有道德有修养之士；不尚礼仪，即使明察善辩，也不过是身心散漫无真实修养的浅陋儒生而已。总之，荀子提出"学莫便乎近其人"和"隆礼"两个学习的根本措施，认为只有以实际的典型作为学习对象，才是快速有效的学习办法，才能够使君子之大道"尊以遍矣，周于世矣"。在荀子看来，学习求得速成，"近其人"只是手段，目的却在"隆礼"。

4. 学习的内容和方法是循序渐进地学习《礼》《乐》《诗》《书》《春秋》。

学习究竟应学习什么内容？从何入手又从何结束呢？荀子认为："其数则始乎诵经，终乎读礼；其义则始乎为士，终乎为圣人，真积力久则入，学至乎没而后止也。故学数有终，若其义则不可须臾舍也。为之，人也；舍之，禽兽也。故《书》者，政事之纪也；《诗》者，中声之所止也；《礼》者，法之大分，类之纲纪也。故学至乎《礼》而止矣。夫是之谓道德之极。《礼》之敬文也，《乐》之中和也，《诗》《书》之博也，《春秋》之微也，在天地之间者毕矣。君子之学也，入乎耳，着乎心，布乎四体，形乎动静。端而言，蠕而动，一可以为法则。小人之学也，入乎耳，出乎口；口耳之间，则四寸耳，曷足以美七尺之躯哉！古之学者为己，今之学者为人。君子之学也，以美其身；小人之学也，以为禽犊。故不问而告谓之傲，问一而告二谓之囋。傲，非也；囋，非也；君子如向矣。"荀子在此指明应学习的科目：按其途径而言，应该从诵读《诗》《书》等经典入手到《礼经》结束；就其意义而言，则从做书生入手到成为圣人结束。真诚力行，这样长期积累，必能深入体会到其中的乐趣，学到死方能后已。所以学习的教程虽有尽头，但进取之愿望却不可以有

片刻的懈怠。毕生好学才成其为人，反之又与禽兽何异？《尚书》是政事的记录；《诗经》是心声之归结；《礼经》是法制的前提、各种条例的总纲，所以要学到《礼经》才算结束，才算达到了道德之顶峰。《礼经》敬重礼仪，《乐经》讲述中和之声，《诗经》《尚书》博大广阔，《春秋》微言大义，它们已经将天地间的大学问都囊括其中。《礼》讲究"敬"，《乐》讲究声律谐和，《诗经》《尚书》讲究博闻强记，《春秋》讲究微言大义，能够学完这些，天地之间的一切就全学完了。

5. 学习使人成为成熟完美的人。

荀子认为，学习就像射箭驾驭车马一样："百发失一，不足谓善射；千里跬步不至，不足谓善御；伦类不通，仁义不一，不足谓善学。学也者，固学一之也。一出焉，一入焉，涂巷之人也；其善者少，不善者多，桀、纣、盗跖也；全之尽之，然后学者也。"射出的百支箭中有一支不中靶，就不能算是善射；驾驭车马行千里的路程，只差半步没能走完，也不能算是善驾；对伦理规范不能融会贯通、对仁义之道不能坚守如一，当然也不能算是善学。学习本是件很需要专心致志的事情，学一阵又停一阵那是市井中的普通人。好的行为少，而坏的行为多，桀、纣、盗跖就是那样的人。能够全面彻底地把握所学的知识，才算得上是个学者。

6. 学习的根本目的，亦即最终归宿。

荀子劝学的最高要求和所能达到的最高境界，就是百发不失其一，千里不差一步，触类旁通，不背仁义，纯而粹之，贯彻始终。学习的过程是诵读《诗》《书》《礼》《乐》《春秋》，独立思考，融会贯通，身体力行，而且能不断去掉干扰因素加强自己的道德修养，乃至达到好学乐道心利天下成为一种本能，即使有高权厚利也不能使他倾倒，人多嘴杂也不能使他转移，贵有天下也不能使他动心。生也是这样，死也是这样，成为一种道德观点的操守者。而且这种本能就像"目好之五色，耳好之五声，口好之五味"一样。荀子所说的"足以为美"的典型是又"全"又"粹"，"全"是数量，"粹"指质量，亦即质和量高度统一的典型，这种人足以为师，上可以为"君"，中可以为"君子"，下可以为"士"。

"德操然后能定，能定然后能应"，作为一个完整的、有德操的典型，既须坚持不渝，又要能够适应各种变易，这才可以算得上"成人"。

荀子说："君子知夫不全不粹之不足以为美也，故诵数以贯之，思索以通之，为其人以处之，除其害者以持养之。使目非是无欲见也，使耳非是无欲闻也，使口非是无欲言也，使心非是无欲虑也。及至其致好之也，目好之五色，耳好之五声，口好之五味，心利之有天下。是故权利不能倾也，群众不能移也，天下不能荡也。生乎由是，死乎由是，夫是之谓德操。德操然后能定，能定然后能应。能定能应，夫是之谓成人。天见其明，地见其光，君子贵其全也。"这就是说君子知道学得不全不精就不算是完美，所以诵读群书以求融会贯通，用思考和探索去理解，效仿良师益友来实践，去掉自己错误的习惯性情来保持养护。使眼不是正确的就不想看，耳不是正确的就不想听，嘴不是正确的就不想说，心不是正确的就不愿去思虑。等达到完全醉心于学习的理想境地，就如同眼好五色，耳好五声，嘴好五味那样，心里贪图拥有天下一样。如果做到了这般地步，在权利私欲面前就不会有邪念，人多势众也不会屈服，天下万物都不能动摇信念。活着是如此，到死也不变。这就叫作有德行、有操守。有德行和操守，才能做到坚定不移，有坚定不移然后才有随机应对。能做到坚定不移和随机应对，那就是成熟完美的人了。到那时天显现出它的光明，大地显现出它的广阔，君子的可贵则在于他德行的完美无缺。

四、孔子和孟子的安贫、磨难思想

孔子作为一位中国古代伟大的思想家和教育家，一生安贫乐道，堪称楷模。孔子晚年时回顾自己的一生，感慨地说："其为人也，发愤忘食，乐以忘忧，不知老之将至云尔。"[①] 孔子一生努力学习，并以此为乐，

---

① 《论语·述而》。

忘记了自己到处碰壁，无法实现自己的治国理想的忧虑，以至于不知不觉中自己已经衰老了。他之所以能做到这点，是因为自己有一个"安身立命之地"，那就是他的"道"。他曾说："朝闻道，夕死可矣。"① 由此可见，他认为"安身立命之地"对于人的一生十分重要。

孔子安贫，不以生活艰苦为忧，他说："饭疏食饮水，曲肱而枕之。乐亦在其中矣。不义而富且贵，于我如浮云。"② 他所讲的"乐"并不是指肉体的快乐，所以即使在恶劣的生活条件下，他还是快乐的。他也不排斥好的生活条件和富贵，他所反对的是用不道德的手段得来的富贵，这种"不义而富且贵"对他来说是无足轻重的。在孔子的众多学生中，他很赞赏颜回，其中一个重要原因，就是颜回能够安贫乐道，专心致志地追求仁的境界。"贤哉，回也！一箪食，一瓢饮，在陋巷。人不堪其忧，回也不改其乐。贤哉，回也！"③ "回也，其心三月不违仁。其余则日月至焉而已矣。"④ 孔子认为，颜回在那么艰苦的生活条件下，能够保持仁的精神境界达三个月之久，其余的学生不过是偶尔能达到这种精神境界，所以是相当难能可贵的。

孔子乐道，一生"志于道，据于德，依于仁，游于艺"⑤。他不仅自己身体力行，而且也要求学生努力做到。他认为一个人如以"道"作为人生的志向，朝这个方向努力，在生活中就可以有所得，这就是"德"。有了"德"，就可以以之为根据再向前进，以达到完全的人格为目标，这就叫"依于仁"。如再加上一些文艺的生活，作为生活的娱乐点缀，这就叫作"游于艺"。孔子认为人的一生如能这样度过，就是很快乐而且有意义的。

中国早在两千多年前，人们就已认识到磨难对人才成长的重要性。孟子具体地总结出杰出的人才必须经过以下磨难："舜发于畎亩之中，傅

---

① 《论语·里仁》。
② 《论语·述而》。
③ 《论语·雍也》。
④ 《论语·雍也》。
⑤ 《论语·述而》。

说举于版筑之间，胶鬲举于鱼盐之中，管夷吾举于士，孙叔敖举于海，百里奚举于市。故天将降大任于是人也，必先苦其心志，劳其筋骨，饿其体肤，空乏其身，行拂乱其所为，所以动心忍性，曾益其所不能。人恒过，然后能改，困于心，衡于虑，而后作；征于色，发于声，而后喻。入则无法家拂士，出则无敌国外患者，国恒亡，然后知生于忧患而死于安乐也。"①

由此可见，孟子认为一个人要担负起天下大任，必须使其意志得到艰苦的磨炼，身体得到劳累、饥饿的考验，生活深受贫穷之苦，这样，才能使他成才。如历史上舜从田野耕作之中被起用，傅说从筑墙的劳作之中被起用，胶鬲从贩鱼卖盐的工作中被起用，管夷吾从狱官手里被救出来并受到任用，孙叔敖从海滨隐居的地方被起用，百里奚从奴隶市场里被赎买回来并受到任用。所以上天要把重任降临在某人的身上，一定先要使他心意苦恼，筋骨劳累，使他忍饥挨饿，身体空虚乏力，使他的每一行动都不如意，这样来激励他的心志，使他性情坚忍，增加他所不具备的能力。一个人常常犯错，以后才能改正，内心里有困惑，思虑阻塞，然后才能知道要有所作为；把愤怒表现在脸色上，怨恨吐发在言语中，然后才能被人所知晓。一个国家，如果在内没有坚守法度的大臣和足以辅佐君王的贤士，在外没有实力相当、足以抗衡的国家和来自别国的祸患，这样的国家就常常会有覆灭的危险。这就是要让人知道忧虑祸患能使人（或国家）生存发展，而安逸享乐会使人（或国家）走向灭亡的道理了。

"天将降大任于是人也，必先苦其心志……"这段话成为孟子最著名的言论之一，后人常引以为座右铭，激励无数志士仁人在逆境中奋起。其思想基础是一种至高无上的英雄观念和浓厚的生命悲剧意识，是一种崇高的献身精神，是对生命痛苦的认同以及对通过艰苦奋斗而获致胜利的精神的弘扬。借用悲剧哲学家尼采的话来说，是要求我们"去同时面

---

① 《孟子·告子下》。

对人类最大的痛苦和最高的希望"①。因为痛苦与希望同在。

说到生于忧患死于安乐，太史公司马迁说得好，历史证明，成就不朽事业的人往往都经历了世人难以想象的磨难："盖文王拘而演《周易》；仲尼厄而作《春秋》；屈原放逐，乃赋《离骚》；左丘失明，厥有《国语》；孙子膑脚，《兵法》修列；不韦迁蜀，世传《吕览》；韩非囚秦，《说难》《孤愤》；《诗》三百篇，大底圣贤发愤之所为作也。"②传说周文王被殷纣王拘禁在牖里（今河南汤阴北）时，把古代的八卦推演为六十四卦，成为《周易》的主干。孔子周游列国宣传儒道，在陈地和蔡地受到围攻和绝粮之苦，返回鲁国作《春秋》一书。屈原曾两次被楚王放逐，幽愤而作《离骚》。春秋时鲁国史官左丘明，相传因为失明而撰著《国语》。春秋战国时著名军事家孙膑，曾与庞涓一起从鬼谷子习兵法。后庞涓为魏惠王的将军，骗膑入魏，割去了他的髌骨（膝盖骨）。孙膑正是因为惨遭膑刑，才有《孙膑兵法》传世。战国末年大商人吕不韦，秦初为相国。曾命门客著《吕氏春秋》（一名《吕览》）。始皇十年，令吕不韦举家迁蜀，吕不韦自杀。战国后期韩国公子韩非，曾从荀卿学，入秦被李斯所谗，下狱死。著有《韩非子》，《说难》《孤愤》是其中的两篇。《诗》三百篇，大都是一些圣贤们抒发愤懑而写作的。这些著作都是因为写作者感情有压抑郁结不解的地方，不能实现其理想，所以记述过去的事迹，让将来的人了解他的志向。就像左丘明没有了视力，孙膑断了双脚，终生不能被人重用，便退隐著书立说来抒发他们的怨愤，通过从事著述来表达自己的思想。

《大学》指出了自我完善不是个体以冥思求顿悟，而是必须努力学习知识，增进学问，提高认识，还必须通过艰苦的磨炼，在实践中不断地增长才干，养成各种优良的品质。即"如切如磋者，道学也；如琢如磨者，自修也"的意思。经过这样的修养和磨炼，才能达到"道盛德至善"

---

① 尼采：《快乐的科学》。
② 司马迁：《报任安书》，台湾商务印书馆影印文渊阁四库全书本。

的地步。北宋哲学家张载也说过："贫贱忧戚，庸玉汝于成也。"① 意思是说，贫穷卑贱和令人忧伤的客观条件，其实可以磨炼人的意志，用来帮助你达到成功。先哲云："艰难困苦，玉汝于成。"言简意赅地指出一个人只有经过艰苦的磨炼，才能取得成功。

第三节　礼的修身思想

一、孔子的礼修身思想

在古代思想中，特别是儒家的思想中，"礼"的内涵与外延相当的广泛，既可指一个人的行为准则、道德规范，又可指社会组织、政治体制和社会等级秩序等。如孔子说："礼，经国家，定社稷，序民人，利后嗣者也。"② 孔子这里所说的"礼"，指的是后者。笔者这里所要介绍的，则是前者的孔子礼的思想。

孔子所说的"克己"就是克服、战胜自己不符合礼的要求的欲求，具体而言，就是不符合人的行为准则、道德规范的欲求。如孔子的学生原宪曾问："克、伐、怨、欲不行焉，可以为仁矣？"孔子回答说："可以为难矣，仁则吾不知也。"③ 原宪以为，如果把"怨欲"都克服、战胜了，可以说是"克己"了吧，就达到仁了。但是孔子却委婉地表示这不算达到仁，"克己"是很难的事，"克、伐、怨、欲"是不是仁，他不知道。孔子讲仁，其中心思想是仁者爱人、推己及人，这与"克己复礼"中的

---

① 张载：《正蒙·乾称篇》，台湾商务印书馆影印文渊阁四库全书本。
② 《左传》隐公十一年。
③ 《论语·宪问》。

"克己"是相辅相成的，就是要把自己的公心善行扩而充之他人，而将自己的私心恶行克服掉，不强施于人，这就是"己所不欲，勿施于人"。孔子所说的"复礼"，就是一个人如做到"克己"，就能回归于"礼"。孔子所处的春秋时期，正是"礼坏乐崩"之时，人们都不遵照周礼行事。不仅社会下层的人不照"礼"行事而"犯上作乱"，甚至连社会上层的人也不照"礼"行事。孔子认为，之所以出现这种社会现象，主要原因是人们都想满足自己的各种欲求，不管这种欲求正当与否，都照着自己的欲求行事。所以"复礼"必须"克己"，要用"礼"战胜自己不正当的欲求。因此，孔子认为，如果能做到"克己"，克服掉一切不符合"礼"的要求的欲求，自然就"复礼"了。

孔子所说的"忠恕之道"，其重要内容就是"推己及人"。"忠恕之道"说起来容易，做起来是很困难的。因为人有私心，总是把自己的利益放在第一位。"己所不欲，勿施于人"，只能在不妨碍自己利益的情况下容易做到，如果一旦妨碍了自己的利益，就不能"勿施于人"了，而是要强施于人了。"己欲立而立人，己欲达而达人"[1] 也是这样，如果妨碍了自己的利益，他就不能"立人""达人"了，甚至不但不能"立人""达人"，而且还要把别人打翻在地，为自己的"欲立""欲达"扫除障碍。这样的私心、恶行就是"克己复礼"所要克的那个"己"。这个"己"不但是"复礼"的障碍，也是"推己及人"的障碍。不"克"这个"己"，就不能"推己及人"。这个"己"不仅"复礼"要"克"它，"推己及人"也要"克"它。

孔子还对《诗经》做了这样总结性的评价："《诗》三百，一言以蔽之，曰：'思无邪。'"[2] "思无邪"是《诗经·鲁颂·駉》篇中的一句诗。孔子用这句诗来概括性地评价《诗经》中的三百多首诗，说明孔子认为《诗经》中的三百多首诗都符合"礼"所规范的行为和道德。这里的

---

① 《论语·雍也》。
② 《论语·为政》。

"礼"就是孔子所经常称颂、怀念的周礼。"邪"和"正"正好相反，"邪"即违反周礼所规范的行为和道德，"正"即符合周礼所规范的行为和道德。孔子主张"非礼勿视，非礼勿听，非礼勿言，非礼勿动"①，就是要求人们不符合周礼的行为和道德不要去看它、听它、说它、做它。从孔子评价《诗经》"思无邪"来看，在孔子主张的"四勿"之外，还要加上一"勿"，即"非礼勿思"。

从《论语》中孔子的言论来看，他经常是"礼"与"仁"并提，"礼"与"仁"既有区别，但又是息息相关的。他有时候用"礼"来规定"仁"，如他说"克己复礼为仁"就是用"礼"来规定"仁"。有时候他又用"仁"来规定"礼"，如他说"人而不仁如礼何?"② 就是用"仁"来规定"礼"。从表面上看，这好像是一种循环论证，其实并不是如此，而正好说明在孔子看来，"仁"与"礼"这两个概念有互相重叠交叉的部分。换言之，孔子认为：如一个人能做到"克己复礼"，就能做到"仁者爱人"，也就是"仁"了；如一个人能够做到"仁者爱人"，就达到"礼"所规定的道德行为规范了，也就是"礼"了。所以说，孔子的"礼"和"仁"是一个完全人格的两个方面，既互相联系又有所区别，共同构成一个完全的人格。这个完全的人格既包含一个人的行为和道德规范，又包含有社会组织、社会制度和社会秩序，以及个人与社会、个人与个人之间的关系等等。这些都是一个完全的人格所要涉及的，是孔子对"人"的反思，这里既有对"仁"的反思，同时也有对"礼"的反思。

二、孟子的礼修身思想

孟子提出的"四德"是仁、义、礼、智，而且"四德"源于"四端"的"恻隐之心""羞恶之心""辞让之心""是非之心"。由此可见，孟子

---

①　《论语·颜渊》
②　《论语·八佾》。

的所谓"礼",就是源于"辞让之心"。人有了"辞让之心",就能处理好人与人之间的关系。孟子把人与人之间的关系,概括为最基本的 5 种关系,即"君臣""父子""兄弟""夫妇""朋友",这就是"五伦"。孟子认为,如果每个人都遵从"礼"所规定的行为和道德规范,那么人与人之间的关系都能处理好了。

照孟子的说法,这些"人伦"都是根据人的本性而确立的。人的本性中的"四端"发展为仁、义、礼、智"四德"。他认为"四德"在构建封建社会秩序中各自发挥着不同的作用,同时又互相协调配合,形成一个完整的体系。他指出:"仁之实,事亲是也;义之实,从兄是也;智之实,知斯二者弗去是也;礼之实,节文斯二者是也。"① 他认为,"四德"以"仁""义"为主。有"仁"的人,必然能够孝于他的父母;有"义"的人,必然会忠于他的国君,也必然会服从他的兄长。"礼"是实践"仁""义"的节文,例如怎么孝顺父母、怎么忠于国君的具体细则。"智"是对于"仁""义"的了解和自觉。

孟子对"礼"有一个独特的理解,即"非礼之礼,非义之义,大人弗为"②。这就是说,一个行为合乎"礼"在形式上的节文或合乎"义"的确定的规范,但实际上违反"礼"或"义"的精神实质,这就是"非礼之礼""非义之义"。孟子认为,如是属于这样的事情,"大人"(即全德之人)是不做的。怎样才称得上合乎"礼"或"义"的精神,这要看某个时候的具体情况,就是说要看特定的时间条件。孟子说:"大人者,言不必信,行不必果,惟义所在。"③ 这是说"义"就是"宜","义者宜也"④。言其与"时"相宜。

孟子的"非礼之礼"有时候还要看特殊的情况。如孟子和齐宣王关于"好色""好货"的辩论,正好说明了这一点。齐宣王自己"好色"

① 《孟子·离娄上》。
② 《孟子·离娄下》。
③ 《孟子·离娄下》。
④ 《中庸》。

"好货"，本来是属于"非礼"的。但是，他由此而认识到他的百姓也是"好色""好货"的，于是施行一种措施，使他们都能满足自己的"好色""好货"，这就是"仁政"①，变成了"非礼之礼"。因为"推己及人"是一种"忠恕之道"，属于儒家的"礼"所要求的行为和道德规范。齐宣王自己"好色""好货"原本是属于个人的私心，但是他将私心之"己"推及广大民众，说明他不是出于私心，而是出于公心。因此，就将自己"好色""好货"的"非礼"私心转变为让广大民众"好色""好货"的公心。孟子认为这是齐宣王在实行"仁政"，应当属于"非礼之礼"了。

孟子还提出"礼"虽然规定了严格的行为和道德规范，但在具体实践中还要讲究灵活运用。如他说："男女授受不亲，礼也；嫂溺，援之以手者，权也。"这里的"权"是相对于"经"来说的，"经"就是经常性的常态，是主要的；"权"则是偶然性的非常态，是次要的。显然，"经"是必须长期坚持的原则，而"权"则是可以根据需要而临时变通的。"权"的作用是维护"道"，对于"道"如果不灵活运用，反而有害于"道"。这就是说"所恶执一者，为其贼道也"②。"权"也就是所谓"时中"。如"男女授受不亲"是封建礼教严格规定的"经"，用于维护男女之间的关系，但是如果突然发生了嫂子溺水之事，小叔子伸手救她出水，这虽然违背了"男女授受不亲"的礼教，但是人命关天，当时只能采取这种权宜方式，所以也是符合"礼"的行为和道德规范的。孟子虽然认为在特殊的情况下可权宜灵活变通"礼"，但他强调在正常的情况下，坚持"礼"是非常重要的，关系到广大民众的精神面貌。"君子反（返）经而已矣。经正则庶民兴；庶民兴斯无邪慝矣。"③

---

① 《孟子·惠王下》。
② 《孟子·尽心上》。
③ 《孟子·尽心下》。

三、荀子的礼修身思想

荀子特别重视礼，"劝学"的最终目的是"学至乎《礼》而止矣"①。他经常把礼与法并称，认为两者是维护封建社会秩序、管理国家的"枢要"，即中心思想和主要原则。他指出："下之亲上欢如父母，可杀而不可使不顺，君臣上下，贵贱长幼，至于庶人，莫不以是为隆正。然后皆内自省以谨于分，是百王之所以同也，而礼、法之枢要也。""然后农分田而耕，贾分货而贩，百工分事而劝，士大夫分职而听，建国诸侯之君分土而守，三公总方而议，则天子共己而止矣。出若入若，天下莫不平均，莫不治辨，是百王之所同而礼法之大分也。"② 在有些地方，荀子认为要维护封建秩序，主要是靠"礼"而不是靠"法"。"《礼》者，法之大分，类之纲纪也。"③ 所谓"君君、臣臣、父父、子子、兄兄、弟弟一也，农农、士士、工工、商商一也"④ 中的君臣父子兄弟士农工商，都是"类"，每一"类"都有一个规范或标准。照荀子的说法，这些规范就是"法"，而照规范制定出来的具体项目就是"礼"，是"类之纲纪"。荀子提出学习的根本目的，亦即最终归宿是培养有德行、有操守、成熟完美的人，"夫是之谓德操。德操然后能定，能定然后能应。能定能应，夫是之谓成人"⑤。这就是"礼"所规定的有封建行为和道德规范的人。

① 《荀子·劝学》。
② 《荀子·王霸》。
③ 《荀子·劝学》。
④ 《荀子·王制》。
⑤ 《荀子·劝学》。

第三章
先秦家族管理思想

第一节　商代的亲族和家庭思想

一、族与家的区别和联系

根据甲骨文中的卜辞、青铜器铭文以及墓葬的资料所透露的信息，商代社会仍然依靠血缘关系来维持。社会结构（包括亲族组织和家庭结构）是一种多层次的亲属集团和宗族组织，仍然带有相当明显的氏族痕迹。但尽管如此，商代已进入奴隶社会时代，已经逐渐从游徙性的血缘团体过渡到固定的地域性社会组织。

当时，最常见于甲骨文和青铜器铭文的血缘组织是"族"，是以血缘关系为基础建立起来的一种亲属团体，也是商代社会的基本组织单位。当时的"族"既包括同姓家族也包括异姓家族。所谓同姓家族指那些与商王同为子姓的家族；异姓家族则指非子姓家族，既包括与子姓有姻亲关系的部分异姓亲族，也包括那些被征服，但在文化上与商代子姓家族互相融合的异姓族属。

子姓家族是商代同姓家族的主体与骨干。根据与商王血缘关系的亲疏，它们又可划分为以下 3 类：一是王族，系以时王（即在世的商王）及其亲子为骨干，联结其他同姓近亲所组成的家族。二是子族，是由作为氒子的"子某"所率领的族氏。先王去世之后，未继承王位的儿子（在王卜辞中常被称为"子某"）从王族中分化出去，建立自己的新家族。甲骨卜辞中常见的"多子族"，即是对众多子族的集合称谓。三是由不称"子某"的贵族所率领的与商王同姓的家族，他们之中有相当一部分属于上述"子族"的后裔。这三类家族以血缘关系为纽带，形成一种多层次的社会结构，根据与商王血缘关系的亲疏，在亲属关系中处于不同的层次，享有不同的政治地位和参与祭祀的权利，并且在空间地域上分层聚居。王族聚居于王都，与商王血缘关系较亲近的子族一般聚居于距离王畿较近的地方，血缘关系较疏远的则居于边陲地区。

商代的"族"通常有各自的族氏名号。这些族氏名号，既可用于称呼一个家族的集体，也可用于称呼家族长个人，同时还可以指称这个家族的属地。换言之，当时族名、族长名和族居地名三者常常是同一个名称。族氏名号是一个家族区别于另一个家族的标识。随着时间的推移，从大的族氏中不断分解出小的分族，又出现了许多复合式的氏名。复合式氏名一方面沿用分散前的族氏名称，另一方面又添加了新的族氏名称，这样既可标识其族氏来源，又可与从同一族氏分解出来的其他分族相区别。这种复合式氏名，反映了商代的多层次宗族组织形态和结构，即一个大的家族组织，往往统领着多个由其中分解出来的分族组织。这表明：在商代家族发展过程中，随着人口的繁衍，小的家族常从大的家族中分解出来，另立新的家族，但分解出的新的较小的家族，与大家族仍然保持着从属的关系，共同统治着整个商代王国。

商代的家庭已经比较成熟，即以婚姻关系为基础、血缘关系为纽带而形成的亲属组织。这一点，商代的家庭与"族"并无区别。家庭作为人类社会中最微型的生活组织，同居共产共爨是这种组织最基本的特征。正是在这一点上，家庭与家族有了本质上的区别。一个亲属组织，即使

规模再大，人口再多，但只要是同居共产共爨，均可视之为家庭；一个较大的血缘亲属组织，虽然其成员可能包含了多个世代和多对夫妻，在异居别产分爨之前，它仍然属于一个家庭。因此，在家庭之中，有核心家庭、直系家庭和联合家庭等类型。相反，亲属成员即使人数不多，但只要已经异居别财分爨，就已不属于一个家庭，而只能是属于一个家族。这种对家庭、家族区分的标准，同样适合于对商代家族、家庭的分析。

据考古发现，中国古代早在原始社会时期，合族而葬已经比较普遍。到了商周时期，合族而葬仍然是普遍的习俗。唐贾公彦在《周礼·注疏》卷10中，仍以"族，犹类也。同宗者，生相近，死相迫"之语解释"族坟墓"。因此，三千多年后的今天，我们可以通过分析殷人墓葬的布局，直接了解到当时宗族和家庭的大致结构。

根据殷墟西区墓地和安阳后冈墓地的墓葬分布情况，我们可以了解到，当时殷人墓葬在平面上呈现出某种形式的聚合状态，依据血亲关系的亲疏在空间上聚合为不同规模和等级的墓群和墓组，体现了墓主人生前所属的亲属组织的不同等级。一般来说，同一墓地的埋葬者当为同一个宗族，其下的墓群则为同一个家族的埋葬者，而其中的墓组当属同一个家庭的成员。

殷墟西区墓地面积最大，坟墓数量最多。从墓葬随葬品和规格来看，绝大多数墓主人应属于平民阶层，少数即使是贵族，也是属于贵族中的中下层。因此，这一墓区所反映的应是一般殷人家族和家庭的情况。从西区墓葬分布的总体布局来看，西区墓地可划分为若干个在空间上互相分隔的墓群；同一墓群下又包括若干相对独立的更小的墓组，各墓组之间也相对分隔。这种墓群和墓组两级划分的情况表明，该墓地的墓主们生前的亲属组织相应也分为两个层次，其中墓组一级应属于家庭层面的墓葬组合，同属于这一层面的亲属成员数量较少，大致在2—4人之间。这说明当时的家庭结构主要为父母和子女组成的两代小型家庭或主干（直系）家庭，家庭规模较小。

安阳后冈殷代墓地的墓葬，在空间分布上大致可划分为相对独立的3

个墓群，属于同一宗族内 3 个相对独立的家族墓地。从墓葬随葬品和规格来看：西边墓群的墓主社会地位普遍较高，应属于宗族中地位最高的贵族墓地；中间墓群多小墓，规格低，应该为宗族中的平民墓地；东边墓群则为宗族内的一般贵族墓地。该墓葬区的情况表明：贵族所在的宗族，与殷墟西区平民墓地一样，也有"群"和"组"的划分，墓葬分布也是多层次的，与平民阶层一样，有多层次的宗族、家族和家庭亲属组织。所不同的是，后冈墓区宗族长与其近亲组成的贵族家庭，其墓葬规格明显较高，坟墓数量也较多，这与贵族生前往往多妻多子、直系亲属成员较多有直接的关系。也就是说，一般家庭规模较小，直系亲属成员少，结构较简单，而贵族家庭则规模较大，直系亲属成员多，结构较复杂。作为殷商代最高统治者的王族通常是一夫多妻家庭，家庭规模肯定更大，直系亲属成员更多，结构也更复杂。

在殷墟墓葬中，不少墓组存在并穴而葬的情况。这不仅在殷墟西区平民墓群中多见，而且在其他墓区中也都有发现。经过骨骸鉴定，并穴墓的主人通常是成年男性和成年女性，这说明并穴墓主人应为夫妻关系。夫妻并穴而葬说明，在主干（或曰直系）家庭中，由一夫一妻组成的生育单位乃是最基础的亲属关系，是一个家庭存在的最基本元素。这预示着一夫一妻及其子女所组成的核心家庭将逐渐从联合的大家庭中分离出来，分别成为一个个单独生活的小家庭。不过，在商代，核心家庭始终被笼罩在联合大家庭之下，尽管在日常生活中一夫一妻的小家庭表现出一定的独立性，但还未完全形成一个独立的生产和生活实体。

殷商甲骨文所见到的亲属称谓，也具体地反映了商代家族和家庭的结构。从这些称谓名词可知，商代人对亲属世代和行辈有了明确的分辨。例如，高祖、祖、父、兄弟、子、孙，高妣、妣、母、妻（或妇、子母、子妇）等，都十分清楚、准确地反映了亲属世代和行辈。同时，甲骨文中还有一些平辈亲属称谓，例如，大父、大母父、中父、父、小父、二父、三父、多父、公父、多公，大母、中母、母、小母、多母，小妾，三兄、四兄、多兄、多妹，大子、中子、小子、多子，二子、三子、四

子、五子，等等。这些称谓名词既有直系亲属称谓，也有旁系亲属称谓。由于这些称谓出自甲骨卜辞，而且比较复杂繁多，可以推测它们大致是属于王室贵族家庭的亲属称谓。拥有这么多复杂称谓的家庭肯定是人口较多、关系较复杂、规模大的王室贵族大家族或者大家庭。那些人口少、关系简单、规模小的平民家族或家庭，是不可能有这种情况出现的。

甲骨文还反映出，商代已经有了嫡与庶、直系与旁系的区分。当一夫多妻制出现后，必然就产生了区别正妻所生儿女与姬妾所生儿女的称谓，这就是嫡与庶、直系与旁系的区别。如甲骨文中出现"帝子""介祖""介父""介母""介子"之类的称谓。据裘锡圭研究，所谓"帝子"，应该读为"嫡子"；所谓"介祖""介父"之类，则为旁系庶支亲属。①

二、周代的宗、室和家思想

根据朱凤瀚的研究，周王族可从低和高两个层次来理解：其中低层次的王族，"是指王与其亲子（及其各自家族）组成的亲属组织，相当于直系家族"；高层次的王族则"是以低层次王族为主干的宗族"，是"以低层次的王族为核心所构成的一种政治、经济的共同体"。西周贵族家族"所含亲属范围至少包括同祖的、三代以内的近亲，即包括两个旁系，其规模较大者也可能包括同曾祖甚至同高祖的亲属，即包括三至四个旁系亲属"②。

进入春秋时期之后，礼崩乐坏，社会结构发生了巨大的变化，不同等级的家族组织处于不断分化和瓦解之中。建立在血缘关系基础上的西周宗法分封制度逐渐不能维持，王室日趋衰微，诸侯日益坐大，"礼乐征伐"逐渐不由天子出。在日趋激烈的政治斗争中，等级贵族的家族势力

---

① 裘锡圭：《关于商代的宗族组织与贵族和平民两个阶级的初步研究》，载《文史》第 17 辑，中华书局，1983 年。

② 朱凤瀚：《商周家族形态研究》，天津古籍出版社，2004 年，446 页，第447—448 页。

消长迅速，继王室衰微之后，公族势力也逐渐衰落下去。诸侯国内卿大夫专权执政、侵凌公室和互相倾轧的现象日益增多，通过篡弑作乱夺取君位、凭借权势甚至武力强占土地和招诱异氏族众的事件不断发生。与此同时，由于族众日益增多，采邑、土地封赐逐渐变得困难。春秋中期以后，分封制下的传统父系家族公社不断分化、瓦解，促进了个体小家庭的成长。在《诗经》《左传》和《国语》等古文献中，"宗""家""室"等名词屡见不鲜，反映了先秦时期家庭结构发生了巨大的变化。

据童书业研究，"一般卿大夫宗族中，有'家''室'二级，大者有'宗''家''室'三级（见《左传》昭公五年传）。'室'者家长制大家庭，为一'共财'制家族，'家'则为一政治单位，乃诸'室'所结合而以一室之长为首者。'宗'为数'家'联合之大'家'"①。也就是说，春秋时期，卿大夫的亲属组织是一种"室—家—宗"的三级血缘组织结构。

对于童书业的观点，学界虽然有不同的意见，但是就春秋时期的普遍情况来看，童书业的概括还是基本符合历史实际的。当时的"室"，一般来说，是指个体家庭，即使少数不是个体家庭，也应该是规模不大、共财同居的家庭。而且"室"是最基层的家庭，若干个"室"结合起来，并以其中一室之长为首，组织成"家"，即后世所谓的"家族"。若干个"家"再联合起来形成一个大家，就是"宗"，即后世所谓的宗族。西周时期，若干个基层家族所组成的"宗"是当时庶民阶层经济生产生活单位，这就是所谓的集体共耕，"十千维耦"②"千耦其耘"③。到了春秋时期，随着农业生产力的提高和社会结构的变迁，个体小农家庭的生产独立性也在逐步增强。这一变化和发展，我们可以从《诗经》等古文献中得到一定的了解。如《诗经》著名的《豳风·七月》大约作于西周晚期至春秋前期，就比较全面具体地反映了一个农民个体家庭的生活状况。

---

① 童书业：《春秋左传研究》，上海人民出版社，1980年，第154页。
② 《诗经·周颂·噫嘻》，台湾商务印书馆影印文渊阁四库全书本。
③ 《诗经·周颂·载芟》。

其中一处提到"室",虽然所指称的是农民的房屋居室而不是他的家庭,但有两个方面值得提出:一是"入此室处"的亲属是农民及其妻子和儿女,也就是说,在"室"中生活居住的是由夫妻及其子女组成的小家庭。二是从全诗看,农民及其妻子、儿女不仅是一个生活单位,而且同时也是一个生产单位。虽然不能说这个农民家庭是完全独立的经济个体,但至少可以说它已是一个相对独立的生产单位了。如果这种农民个体家庭在当时具有一定普遍性的话,那表明西周晚期至春秋前期,普通农民家庭规模已较之前明显缩小,并显现出较强的经济独立性。

《诗经·豳风·东山》则描写了一位下层士人因为东征被迫离开爱妻达3年之久,归家途中思绪万千,想象到家中"鹳鸣于垤,妇叹于室,洒扫穹窒"的凄凉情景。如果不是这位士人有意省略其他家庭成员的话,那么这位士的家庭也是由一对夫妻组成的个体小家庭。

《诗经》中还有不少诗篇所反映的是父母和成年儿女所组成的直系家庭的情况,说明这样的家庭在当时相当普遍。例如:《唐风·鸨羽》就描写了国家无休无止的劳役,导致了一位服役者的家庭生产无法进行,他担心家中的父母无所依靠和遭受饥饿之苦;《魏风·陟岵》中所提及的家庭成员除父母之外,还有兄弟数人,其中老三被征派服役;《郑风·将仲子》描写了一位年轻的女子劝情人仲子不要逾墙与己幽会,因为她害怕被父母和诸兄发现。以上诗篇中所描述的家庭都是由父母和已婚及未婚的成年子女所组成的直系家庭。

三、商周一夫一妻制和父权家庭

商朝建立前后已进入了一夫一妻时代。商朝建立之前的先公,如河亶、王亥亶、上甲妣甲、三匕母、示壬妣妣庚、示癸妣妣甲,夫妻关系都十分明确,一个女子完全从属于一个丈夫。商朝建立后,大乙妻妣丙、大丁妻妣戊、大甲妻妣辛等也为一妻专属一夫。这些事实表明,在商朝前期,一夫一妻的婚姻制度已经逐渐建立。这里必须指出的是,对于商

王和贵族来说，一夫一妻只是意味着妻子只能专属一个丈夫，而丈夫则往往可以有多妻。甲骨文中经常出现的"多女""多妇""多姚"，即是当时一夫多妻的反映。如见于甲骨文记载，商代列入祭祀体系之中的，商王中丁有姚己、姚癸，祖乙有姚己、姚庚，祖辛有姚甲、姚庚，祖丁有姚己、姚庚，武丁有姚戊、姚辛、姚癸。那些未列入祭祀体系的商王配偶肯定更多，如见于甲骨文记载，祖辛另有配偶曰姚壬，祖丁另有姚甲、姚辛、姚癸等。据胡厚宣考证，武丁的配偶多达数十位。[①] 从上述殷墟成年男女并穴合葬的情况看，商代一夫一妻制在平民中已经比较普遍。但平民中也有一些人可能并无专偶夫妻，仍然有不少对偶婚的情况。

西周时期，一夫一妻制在贵族阶层中最终得到确认，但是与真正意义上的一夫一妻制显然不同，即女人只能有一个丈夫，但男人却可以根据自己社会等级的高低和财产的多少拥有多个女人。当时制度规定：天子可有"六宫、三夫人、九嫔、二十七世妇、八十一御妻"[②]。诸侯一娶九女，包括妻、媵和陪嫁的侄娣。《春秋公羊传》庄公十九年载："媵者何？诸侯娶一国，则二国往媵之，以侄娣从。侄者何？兄之子也。娣者何？弟也。诸侯一聘九女。"这就是说当诸侯从一国娶妻时，妻的两个同姓国随同嫁女为媵，一妻二媵还各随带侄、娣，共计九人。对此《春秋释例》卷2有更详细具体的解释："古者诸侯之娶嫡夫人及左右媵，各有侄娣，皆同姓之国，国三人，凡九女。参骨肉至亲，所以息阴讼；息阴讼，所以广继嗣也。当时虽无其人，必待年长而送之，所以绝淫逸、塞非常也。辞称蠢愚不教，故遣大夫随之，而亦谓之媵臣，所以将谦敬之实也。夫人薨，不更聘，必以侄娣媵继室，一与之醮，则终身不二，所以重婚姻之礼、固人伦之义。人伦之义既固，上足以奉宗庙，下足以继后世，此夫妇之义也。"[③] 不过，正如《春秋释例》所说，诸侯虽可拥有

---

① 胡厚宣：《殷代婚姻家族宗法生育制度考》，载《甲骨学商史论丛初集》第一册，1944年。

② 《礼记·昏义》。

③ 《春秋左传正义》庄公十九年正文引，台湾商务印书馆影印文渊阁四库全书本。

多个配偶，但夫人只有一人，如果夫人去世，就以侄娣媵为继室，而不得再娶，即所谓"一与之醮，则终身不二"。对于这种规定，后世经学家有不少解释。如《白虎通义》说："备侄娣从者，为其必不相嫉妒也。一人有子，三人共之，若己生之。不娶两娣何？博异气也。娶三国女何？广异类也。恐一国血脉相似，俱无子也。侄娣年虽少，犹从适人者，明人者。明人君无再娶之义也。还待年于父母之国，未任答君子也。""大夫功成受封，得备八妾者，重国广继嗣也。不更聘大国者，不忘本适也。故《礼》曰：'纳女于诸侯，曰备扫洒。'天子、诸侯之世子，皆以诸侯礼娶，与君同，示无再娶之义也。"大夫除有妻之外，功成受封得备八妾，士在娶妻之外也可以有妾。《仪礼·丧服》规定：士妾为其父母服、妾为正妻服、士为庶母服。因此，周代贵族的一夫一妻制与殷商相同，即女人只能属于一个丈夫，而男人则可以拥有多个配偶。具体而言，其实际上是一夫多偶（包括妻、媵、侄娣和妾）制。据上目所引《诗经》描述的个体家庭，广大庶民实行的才是真正意义上的一夫一妻制，所以时人有"匹夫匹妇"[①] 之言。但是，西周仍然有对偶婚的残余，如郑、卫等诸侯国仍然盛行野合和淫奔之风。

中国古代自进入父系氏族公社之后，男子在经济上居于主导地位，男尊女卑思想可能已有端倪。在父权家长制下，一般来说，母亲的地位低于父亲是必然会发生的，当时这种差别在日常生活中，特别是在丧葬中都有明显的表现。在一个家庭中，儿子与女儿的地位也不同。儿子不仅要支撑家庭的生计，而且是家庭门户的继承人，女儿长大后要嫁出去，不可能成为家庭生计和家庭门户的支撑者。周代时，礼俗上已经出现生男子和生女子庆祝的内容和喜庆的程度有很大的不同。如《诗经·小雅·斯干》载："乃生男子，载寝之床，载衣之裳，载弄之璋。其泣喤喤，朱芾斯皇，室家君王。乃生女子，载寝之地，载衣之裼，载弄之瓦。无非无仪，唯酒食是议，无父母诒罹。"到了战国时期，生男生女的差别不只是喜庆程度的不

----

① 《论语·宪问》。

同，而是关乎生死的天渊之别了。《韩非子·六反》载："且父母之于子也，产男则相贺，产女则杀之。此俱出父母之怀衽，然男子受贺，女子杀之者，虑其后便，计之长利也。故父母之于子也，犹用计算之心以相待也，而况无父子之泽乎?"导致这种悬殊差别的出现，按韩非子的理解，显然主要是出于经济上的考虑，当时个体家庭独立之后，对于家庭生计的维持，男子的作用更加重要了。

由于父权制大家庭（家族）的解体，男性家长在个体家庭中的地位得到明显的强化，在家庭内部获得了独一无二的权威。《荀子·致士》云："君者，国之隆也；父者，家之隆也。隆一而治，二而乱，自古及今，未有二隆争重而能长久者。"成年男子在各自家庭中，作为儿子，必须对父母尽孝养的义务，作为丈夫，对妻子有很大的支配权。丈夫对妻子不满，可找种种理由将她休掉；父亲对子女既须尽抚养教育的责任，也可支配他们的人身，对子女有责罚乃至买卖、生杀的权力。

在家庭外部，对于农民家庭来说，在国家法律上，家长既是具有平民身份的"齐民"，又是"编户"，即个体家庭的代表。他一方面代表家庭获得国家的授田，另一方面也代表家庭承担国家征派的赋税和徭役。

总之，成年男子结婚生子建立个体家庭后，其作为家长，既是一个家庭所拥有的土地、财产的支配者，又是家庭生产的主要劳动力与生活的组织者，承担着维持家庭生计、养家糊口的重大责任，必须仰事父母，俯蓄妻子。

据笔者目前所见到的材料，至迟在春秋战国时期，妇女"未嫁从父，既嫁从夫，夫死从子"的观念已经形成。在未嫁之前，女子应对父母尽孝敬之道；出嫁之后，妇女的家庭角色和义务是多方面的：她既是丈夫的妻子，又是姑舅（公婆）的媳妇，还是子女的母亲，因此要承担中馈、织纴、洒扫、伺候姑舅、教养子女等多种职责。礼教伦理要求她必须对姑舅孝敬，对丈夫贞顺、不嫉妒，对子女则要慈爱。

无论古今，个体家庭内部的关系最重要的当是夫妻之间的关系。这一时期的夫妻关系，总体上说是夫主妇从，所以女子出嫁时，父母都叮

嘱她对丈夫要顺从无违。《孟子·滕文公下》云："女子之嫁也，母命之。往送之门，戒之曰：'往之女家，必敬必戒，无违夫子。'以顺为正者，妾妇之道也。"丈夫对妻子有很大的支配权，如果有所不满，可将妻子休掉。所谓"七出"之说在春秋战国时期是否已经出现，尚不能肯定，但休妻之事是屡见不鲜的。如孟子因其妻子坐姿不雅（踞，席地而坐，双腿像八字形分开），竟然要将其妻休掉，所幸孟母深明大义，对孟子晓之以理，予以阻止，才避免了悲剧的发生。《韩诗外传》卷 9 载："孟子妻独居，踞。孟子入户视之，白其母，曰：'妇无礼，请去之。'母曰：'何也？'曰：'踞。'其母曰：'何知之？'孟子曰：'我亲见之。'母曰：'乃汝无礼也，非妇无礼。《礼》不云乎？将入门，将上堂，声必扬；将入户，视必下，不掩人不备也。今汝往燕私之处，入户不有声，令人踞而视之，是汝之无礼也，非妇无礼也。'于是孟子自责，不敢去妇。"还有尹文子的妻子也与孟子的妻子一样，比较幸运。尹文子因为儿子不成器，十分恼怒，不仅捶杖其子，还迁怒于其妻，认为妻子"不妇"而想将她休掉。后经子思劝解，尹文子才没这样做。[①] 但是，当时并不是所有的妇女都像孟子妻、尹文子妻这么幸运，因有人相救而避免了被休掉的厄运。如当时儒家尊崇的以孝著称的曾子，因其妻"蒸藜不熟"而休掉了她。著名的军事家吴起也因其妻"织组而幅狭于度"，将她休掉了。[②] 据说，吴起甚至还有"杀妻求将"的行为。这些事实说明，春秋战国时期与西周相比，妇女在家庭中的地位明显下降，夫妻在家庭中的地位已经极不平等，父权家长制已走到了一个极端。

当然，我们必须看到当时社会上也存在着"夫妻等齐"的可贵观念，提倡双方彼此忠实，妻子对丈夫要贞顺，丈夫也不得随意弃妻。在日常生活中，家中有事要夫妻共同商量决定。《韩诗外传》卷 9 记载："楚庄王使使赍金百斤，聘北郭先生。先生曰：'臣有箕帚之使，愿入计之。'

---

① 孔鲋：《孔丛子》卷上《居卫第七》，台湾商务印书馆影印文渊阁四库全书本。
② 《韩非子·外储说右上》。

即谓妇人曰：'楚欲以我为相。今日相，即结驷列骑，食方丈于前，如何？'妇人曰：'夫子以织屦为食。食粥毚屦，无怵惕之忧者，何哉？与物无治也。今如结驷列骑，所安不过容膝，食方丈于前，所甘不过一肉。以容膝之安，一肉之味，而殉楚国之忧，其可乎？'于是遂不应聘，与妇去之。"在这个故事里，在是否应聘出仕楚国之相这件人生大事上，北郭先生与妻子商量后做出不应聘的决定。对此我们可以推测，在日常生活中，北郭先生与妻子应该是有遇事互相商量的好习惯。

第二节　周代的宗法制与分封制思想

早在商代，人们就已开始"聚族而居"。其聚居之地大抵是各地大大小小的城邑，根据其政治地位，城邑分王邑、方国邑、诸侯臣属城邑和其他邑聚。考古学家在河南郑州商城、安阳、商丘、内乡、孟州，河北藁城台西、邢台，山东平阴和北京昌平等地，都发现了商代不同时期、不同类型的城邑或邑聚。

西周至春秋时期常见的居住方式仍然是"聚族而居"，家族聚居点通常称为"邑"。大邑或至百室，甚至更多，小邑则可能只有十室。住宅的分布多以家族为单位呈聚合状态。

王国维指出："周人制度之大异于商者，一曰立子立嫡之制，由是而生宗法及丧服之制，并由是而有封建子弟之制、君天下而臣诸侯之制。"[1]也就是说，丧服之制是周代创造的，并与嫡庶制、宗法制、分封制等密切相关。这是因为嫡庶制、宗法制、丧服制、分封制都是依据与宗主血缘关系的亲疏远近来决定的，而丧服服叙制度正是严格按照与死者血缘关系的亲疏远近来划分等级的。因此可以说，丧服制度反映了当时宗法

---

① 王国维：《殷商制度论》，《观堂集林》第二册，中华书局，1959 年影印本。

制的结构，反映了当时家庭成员和亲属的关系，反映了当时家庭与家族、家族与姻族之间的关系。

一、周代丧服之制

据《仪礼·丧服》记载，周代丧服之制大体包括 3 个方面的内容：一是丧服服饰制度，二是丧服服叙制度，三是守丧制度。在上述 3 个制度中，丧服服饰制度最为根本。它将丧服划分为斩衰、齐衰、大功、小功和缌麻五等，即所谓"五服"，其具体内容为：

（1）斩衰：斩，即不缝边。衰是丧服的上衣。丧服用粗生麻布一块，衣旁及下际不缝，披身而成，戴用二尺二寸布而成的"斩衰冠"。服期三年；子为父、妻为夫、父为长子、父卒然后为祖父后者、未婚女子为父、因故回娘家的已婚女子为父、妾为丈夫等，服此服。这是丧服中最重的等级，表明是亲属关系中最亲近的人。

（2）齐衰：齐，即缝缉之意，丧服用粗麻布，缝边。服期有三年、一年和三个月 3 种。一年服又分"杖"与"不杖"两种。杖，表示悲哀的程度，如《礼记·问丧》所说："孝子丧亲，哭泣无数，服勤三年，身病体羸，以杖扶病也。"三年齐衰用于子为母、子为继母、子为父妾、母为长子等；"杖期"齐衰用于夫为妻；"不杖期"用于本人的嫡孙、庶子、本人的兄弟、兄弟之子女、祖父母、伯父母、叔父母、本人之亲姐妹、长子妻、姑母等；三个月齐衰用于曾祖父母。三个月齐衰服制衣饰隆重，但服期与最短的缌麻服同，表明虽是直系祖先但又疏远的特殊关系。但是总的来说，这一等级是丧服中仅次于斩衰的等级，表明其都是直系血缘或亲属关系。

（3）大功：丧服用粗熟布，服期 9 个月。用于本人的众媳、堂兄弟、侄媳、庶孙、未婚堂姐妹、已嫁姐妹、已嫁侄女等，这是属于同宗旁系的亲属。

（4）小功：丧服用稍粗熟布，服期 5 个月。用于本人为祖父的亲兄弟姐妹（伯叔祖父母）、从祖祖姑、父亲的堂兄弟姐妹（堂伯叔父母）、堂姑、弟妹、已婚堂姐妹，同曾祖父的再从姐妹、再从兄弟，堂侄、未婚堂侄女，本人之嫡孙媳、侄孙、未婚侄孙女等。

（5）缌麻：丧服用细熟布，服期 3 个月。用于本人曾祖父的兄弟姐妹、祖父的堂兄弟姐妹及其子女，以及这些子女的子女，本人堂兄弟之侄、侄女，堂兄弟之孙、孙女，本人兄弟之曾孙、曾孙女等。这是五服中等级最轻的丧服，用于虽是直系血亲，但是关系较为疏远的亲属。

丧服制度的原则一言以蔽之，就是按血缘关系的亲疏。正如孔颖达为《礼记·丧服小记》疏云："五属之亲，若同父则期，同祖则大功，同曾祖则小功；同高祖则缌麻，高祖外无服。"这就是亲等不同，服制则异。

在宗亲关系中，值得注意的是大功之内的关系。根据《诗经》《尚书》及金文有关资料来看，周代一般对祖父以上、孙以下的宗亲称谓，在世代区分上并不严格，而对己身三代以内亲属的世代比较关心，故祖、父、己身、子、孙这五代的称谓绝不能混淆，超过这五代范围的亲属，则不怎么计较他们的世代，使用的是一些比较笼统的称谓。这就是当时人们所说的"君子之泽，五世而斩"[①]，五代范围之外的亲属，相对于五代之内的亲属，其亲属关系就变得大不一样了。社会生活中的这种宗亲关系在礼制上也有反映。五服之内的亲疏，明确的界限在大功，它是家族共财的极限。《丧服传》规定，在"子无大功之亲"或"所适者亦无大功之亲"的情况下，"为继父同居者服期"，即儿子无大功以上的亲属，故无法定抚养人；改嫁的新夫也无大功之亲，他才能自专财贿，为其妻之子的生父立庙。可见，大功是家族共财的最大范围，所以郑玄注曰："大功之亲，谓同财者也。"至于小功，《丧服传》记载："传曰：何如则可谓之兄弟？传曰：小功以下为兄弟。"小功以下同辈皆可互称兄弟，大功以上则不能，原因在于亲疏有别，所以郑玄注云："疏者谓小功以下

---

① 《孟子·离娄下》。

也，亲者大功以上也。"五服之内的亲戚划分是以共财为准绳的，其范围在大功之内，包括堂兄弟，即同祖父的亲人，至多三四代，在古代社会，此种家庭可能还是同居共处的。

周代的丧服服叙制度不仅标识着死者与生者亲属关系的远近等差，也标识着他们之间亲属关系的属性。大体上，周代服制可划分为六大系统：一是父系男亲系统，二是父系女亲系统，三是夫亲系统，四是宗亲系统，五是母系姻亲系统，六是妻系姻亲系统；同一系统的亲属关系远近也各有等差。

周代的丧服服叙制度反映了家庭内部父亲至尊、男尊女卑、重嫡轻庶、重直系轻旁系、重长了轻众于等亲属关系原则，还反映了家庭与家族、姻族之间由近及远的血亲差序。正如王国维所指出的："丧服之大纲四：曰亲亲，曰尊尊，曰长长，曰男女有别。"① 如仔细观察，可以发现，家庭中叔、嫂虽然是直系亲属，但"叔嫂无服"，即他们之间没有丧服之制。这是儒家针对当时社会男女关系混乱而刻意设置的严男女之防。

二、商周家族谱系

殷商甲骨文中有关世系的记载，涉及"家谱刻辞"的问题。学界基本上可分为两种观点：一种观点"家谱刻辞"是伪刻，不足为凭；另一种观点认为"家谱刻辞"是真品，说明殷商时期就有中国最早的家谱。两种截然不同的观点主要围绕着美国人方法敛于1903年左右所收的一片牛胛骨，上面从右到左，刻字13短行，表示儿氏家族共13人11代的世系。此甲骨文后被录于《库方二氏藏甲骨卜辞》一书中，序号1506。陈梦家、张政烺、李学勤、于省吾、张秉权等认为此片是真品，而郭沫若、董作宾、容庚、唐兰、胡厚宣等认为是伪刻。两种观点孰是孰非，目前还没定论。除此之外，甲骨文中还有两片所谓"家谱刻辞"。一件是容庚

---

① 《殷商制度论》。

等编的《殷墟卜辞》209 片，另一件是董作宾所编的《殷墟文字乙编》4856 片。这两片中的辞例同儿氏家谱辞乙例相同，成了认定儿氏家谱刻辞是真品的例证。不过也有人认为这片甲骨不足为凭。值得注意的是，有些学者认为，甲骨文中先公先王的世系记录，说明商代史官负有专门记录的责任，《史记·殷本纪》记载的殷王世系与甲骨文中记载的先公先王名号基本相符，说明司马迁在编《史记》时，应该看到了这种殷商史官所编修的殷商王朝世系记录。

在考古发掘的商代青铜器金文中，也有关于殷商人世系的记载，其中以河北易州出土的商代的 3 个戈为代表，戈上铭文排列而成的世系是一种家族谱系。第一戈除太祖外，六祖并列，故名"六祖戈"；第二戈除一位"祖"外，列有六父，故名"六父戈"；第三戈共列有六兄，故名"六兄戈"。陈梦家认为，"铭文顺读时，刃向上，可知此等铸铭的戈不是实用的，而是陈设用的仪仗"。而且"三戈分别列祖辈、父辈、兄辈六名，六父戈的'且日乙'高于六父一辈，则六祖戈的'大且日己'可能再高于六祖，所以三世都以六为基数……同名者可能属于不同的房。若此为可能，则作器者所宗之六兄从同父的亲兄直到同高祖之父的从兄，加上同始祖的从兄，共为六世"①。

周代的史官专门从事文书工作，其中一项工作就是掌管王族家谱。《周礼·春官》记载，瞽蒙除了掌管音乐讽谏天子之外，其职责还有"世奠系"。"瞽蒙"即盲人，古代以之为乐官，"世奠系"就是辨昭穆以世之序而定帝系和诸侯、卿大夫的世系。同书还记载："小史掌邦国之志，奠系世，辨昭穆，若有事，则诏王之忌讳。"即小史掌诸侯国内的记录之事，定立周天子的世系，区分周天子世系中的血缘关系，遇到祈祭之事，告诉君王其先王的忌日、名字。

周王朝还有史官记录、掌管诸侯卿大夫的谱系。《国语·晋语九》记载，晋国卿智宣子欲立其子瑶为继承人，智果认为会发生"智宗必灭"

---

① 陈梦家：《殷墟卜辞综述》，科学出版社，1956 年，第 500 页。

的横祸，于是"智果别族于太史，为辅氏"。由此可见，当时周太史负责管理诸侯卿大夫的家族谱系事务，所以智果为了避免受到智宣子的牵连，要求自家改为辅氏，脱离智氏宗族。周朝内史也有类似太史的职能。《左传·襄公十年》记载，晋侯灭掉妘姓的偪阳国之后，"使周内史选其族嗣，纳诸霍人"，即由内史另造妘姓后嗣迁到霍地，奉妘姓之祀，以存其姓族。可见，周内史一官也掌管着各诸侯卿大夫的家族谱系事务。

周代各诸侯国也设有史官，同样具有掌管谱系的职能。在鲁国，掌管祭祀的宗有司说："夫宗庙之有昭穆也，以次世之长幼，而等胄之亲疏也……故工史书世，宗祝书昭穆。"注家认为："工，瞽师官也；史，太史也；世，世次，先后也。工诵其德，史书其言。""宗，宗伯；祝，太祝也。宗掌其礼，祝掌其位。"① 在此，宗有司说的意思是，宗庙的昭穆制度是为了分辨血缘关系中的长幼、亲疏，因此设工、史两种职官来记录血缘世系，并颂扬祖先的道德、言行，设宗、祝两种职官来记录祖先的昭穆并掌管祭祀。可见，鲁国的宗族世系由工、史和宗、祝来管理。在楚国，申叔时告诉向他请教如何教育太子的士亹："教之世，而为之昭明德而废幽昏焉，以休惧其动。"注家认为："世，先王之世系也……为之陈有明德者世显，而暗乱者世废也。"② 即申叔时传授给教育太子的太傅有关先王的世系，并向他说明有德行者位显，昏乱者被废的事例，从而教育太子向善惧废。由此可知，楚国有明确的先王谱系，并用以教育太子。

总之，周代的家谱既有周天子的也有各诸侯的，对此，司马迁在《史记》一书中都曾予以提及。他说，有关周天子的家谱，"幽厉之后，周室衰微，诸侯专政，《春秋》有所不纪，而谱牒经略"③。可见，西周时天子谱牒比较完整，东周由于王室衰微，天子谱牒记载不完整。有关诸

---

① 《国语》卷4《鲁语上》。
② 《国语》卷17《楚语上》。
③ 《史记》卷130《太史公自序》。

侯家谱，司马迁时已见不到殷商时的诸侯谱牒，周代的诸侯家谱，司马迁则颇有见过。这就是"自殷以前诸侯不可得而谱，周以来乃颇可著"①。关于周代官修谱牒的大致内容，司马迁的评价是"谱牒经略"②，"谱牒独记世谥，其辞略"③。可见周代谱牒记录简略，一般只记世次、人名。据以上记载推断，司马迁在撰写《史记》时，曾见过周代的谱牒。一般人多认为家谱起源于周代，除了因为对商代的情况无法了解外，还有就是周代已经有了专门的史官负责修纂周天子及诸侯的家谱，并且有了明确的修谱制度和谱牒。

周代官修谱牒制度与丧服制度一样，是宗法制度的一部分，即为了保证血缘亲疏关系的准确和清晰，从而更好地推行宗法制度及分封制度。

三、商周宗庙制度

（一）商宗庙制度

1. 商王朝宗庙群的构成。

宗庙是宗族祭祀祖先的场所。《说文·宀部》说："宗，从宀从示。""宀"是屋宇，"示"是神主，本义即是宗庙。《说文·广部》又说："庙，尊先祖貌也。"可见宗庙就是放置先祖画像让后代崇拜祭祀的场所。商王室宗庙是若干单独的宗庙集中在一起，以宗庙群的形式存在的。各单独宗庙都有门，整个建筑群还有一个共门，卜卦中称之为"宗门"。殷墟考古发掘也证明了商王室宗庙群的存在。已发掘的安阳小屯东北建筑基址被划分为甲、乙、丙三组，乙组为宗庙所在，丙组是社的遗址，乙组在东，丙组在西，与史籍所言左宗庙、右社稷相吻合。

殷商的宗庙群主要由三大部分构成：一是宗庙。宗庙分为先王（附

---

① 《史记》卷13《三代世表第一》。
② 《史记》卷130《太史公自序》。
③ 《史记》卷14《十二诸侯年表第二》。

先妣、母）的宗庙和高祖先公宗庙两种。先王宗庙内至少有东、西二室，其构造上是前庙后寝。二是附属于各宗庙的祭所。祭所有升、祼、旦（坛）3种：其中升分属先王、先妣，平时升中不存放神主，而藏于宗中，待举行祭祀时迁宗中神主于升中。升建于诸先王宗庙附近，位于宗门内。祼为垒土而成，与坛一类祭所相似。诸祼皆是专祭某位神主的。建于整个宗宙群的宗门之内。旦即坛，卜辞中冠以祖先日名的旦，如"父甲旦""祖丁旦"是专祭祖先的。三是独立于诸宗庙外的祭所。主要有庭和大室，其中庭是一种高台式的厅堂建筑，设有台阶。这两种建筑被用作祭祀王室先人的处所，可能坐落在诸宗庙附近，在宗庙群范围内。

2. 商先王先妣宗庙设置的特点。

其一，直系先主可有单独受祭的宗庙，并世代保存，未有毁庙之制。宗庙的设置受宗族成员间亲属关系的制约。殷商王室为先人设宗庙，是把祖先奉作善灵，以求在世的人得到他们的庇护。因此，得以受宗庙祭祀者往往是血缘关系亲近或对宗族成员有功德者。商先王先妣宗庙的设置反映了当时人们对直系先王的崇敬。这种重视分辨直系、旁系的意义主要是为了解决继嗣、承袭等问题，商王室在宗庙设置中突出直系先王的地位，主要目的自然是强调与维护商王室的直系继嗣制。

其二，为近世直系先王增设祭所。商代自武丁时出现至祖甲时完备的周祭制度，是用5种祀典轮番周而复始地祭祀先王先妣。在祖甲后除了周祭外，还为上两代近亲先王增设升、祼两种祭所之制。这反映了一种重近亲、疏远亲思想的产生与发展，并成为后世宗法思想的一条重要原则。

其三，部分近亲的先王配偶可以有自己单独的宗宙或升、祼等祭所。卜辞中女姓先人有宗者，仅小乙配妣庚、武丁配妣辛与文丁配妣癸，皆是直系先王法定的配偶，她们由于某种原因而受到子孙的特别尊崇。由于女性先人之宗只限于直系母、妣，而且又都是先王的法定配偶，可见先王配偶的宗庙等祭所是从属于先王宗庙制度的。

总之，商代宗庙的设置特点，反映了商王室的宗法祭祖思想：一是

注意维护直系先王的地位，其实就是为了维护现实政治生活中的直系继嗣权，巩固商王朝的统治。二是贯彻重近亲、疏远亲的宗法祭祖思想，其目的也是维护现实生活中按与商王的血缘亲疏远近关系来分配经济、政治上的利益。三是宗法祭祀思想是父权家长制的产物，反映了重男轻女的观念。先王无论直系、旁系，甚至虽曾立为太子，但未及继位者全都予以祭祀；先妣却是有选择地进行祭祀，而且条件很高，只有直系先王的法定配偶，并曾立为后者才能入祀，故人数极少。

3. 商王室宗庙的功能。

商王室宗庙既作为商朝的国庙，也作为王室宗族祖先之庙，发挥了多重的功能，主要有以下3个方面。

其一，举行告庙、册命之礼。所谓告庙，就是商王朝如遇到国家大事，商王要事先奉告于祖先宗庙，并且同时要缩祭祖先。告于宗庙的事情主要有：告敌方来侵，告族人征伐，告王巡省，告农事，告疾病等。殷人重鬼神，告庙的目的是乞求祖先神灵降福消灾，保佑后世子孙。所谓册命之礼是商王在宗庙举行册命诸侯等典礼，如《小屯南地甲骨》1059号即是卜问是于祖乙宗庙之门还是父丁宗庙之门举行册命商为侯的典礼。

其二，遇重大事情在宗庙进行占卜，请求祖先神灵指示。殷墟出土的大量甲骨文，绝大多数是商王室的占卜之辞。商代人重鬼神信占卜，每遇重大事情，商王习惯于到宗庙中举行卜问祭典，如商王是否亲自征伐、向先妣乞求保佑王配生育等重要事情。这表明商代人相信宗庙是祖先神灵降临之地，在宗庙里世人就可与祖先沟通，就能祈求得到祖先的保佑或指示。

其三，商王室同姓贵族宗族共同祭祖。商王室宗庙除了由商王主持王室成员参加祭祖外，子姓贵族也可在王主持下参加王室祭祀高祖、先公与先王先妣的活动。这种祭祀有子姓贵族按照王的安排单独参加王室祭礼，也有众多子姓贵族参加王举行的合祭。

在商王室的宗庙中，王作为子姓贵族宗子主持祭礼，并吸收同姓贵

族共祭共同的先祖，以加强同姓的血缘凝聚力，起到收族的作用。"商人的祭祀是非常繁多、非常复杂的，也是非常严密的。他们对自己的祖先按照一个既定的祭祀谱，几乎是每天必祭，每月必祭，每年必祭，这样日复一日，月复一月，年复一年地祭祀下去，其祭祖的目的无非是祈求鬼神保佑自己及在王室的统治。"①

总之，商王室的宗庙制度，其宗庙左祖右社、前庙后寝的布局，强调直系父子相承，重近亲、重男性轻女性的设置原则，宗庙主要发挥告庙、册命、占卜、同姓贵族共同祭祖的功能，这些都影响了中国古代历朝的宗庙制度。商王室宗庙的卜辞和建筑遗址，是探讨中国宗族庙祠起源的重要考古资料。商王室宗庙制度既是国家政治制度的一部分，又是宗族制度的一部分。同时，其祭祀制度也反映商王室在政治上利用神权统治和宗族信仰上祖先崇拜的两重性。这样的统治管理手段若没有深厚的祖先崇拜信仰的基础，是不可能维系下去的。

（二）周代的宗庙制度

周代的宗庙制度已有古文献的记载，主要见于《礼记》的《王制》和《祭法》两篇：

> 天子七庙，三昭三穆，与大祖之庙而七；诸侯五庙，二昭二穆，与大祖之庙而五；大夫三庙，一昭一穆，与大祖之庙而三；士一庙，庶人祭于寝。②

> 王立七庙，一坛一墠。曰考庙、曰王考庙、曰皇考庙、曰显考庙、曰祖考庙，皆月祭之。远庙为祧，有二祧，享尝乃止。去祧为坛，去坛为墠。坛墠，有祷焉祭之，无祷乃止，去墠曰鬼。诸侯立五庙，一坛一墠，曰考庙、曰王考庙、曰皇考庙，皆月祭之。显考庙、祖考庙，享尝乃止。去祖为坛，去坛为墠，坛墠，有祷焉祭之，无祷乃止，去墠为鬼。大夫立三庙，二坛，曰考庙，曰王考庙，曰皇考

---

① 常玉芝：《商代周祭制度》，中国社会科学出版社，1987 年，第 307 页。
② 《礼记·王制》。

庙，享尝乃止。显考祖考无庙。有祷焉，为坛祭之，去坛为鬼。适士二庙一坛。曰考庙、曰王考庙，享尝乃止。显考无庙。有祷焉，为坛祭之，去坛为鬼。官师一庙，曰考庙。王考无庙而祭之，去王考为鬼。庶士、庶人无庙，死曰鬼。①

《礼记》的这两篇记载中关于周代庙制的说法有所不同，但都反映了周朝天子、诸侯、大夫、士、庶人5个等级的祭祀制度，具体涉及不同等级的祭祀的场所、建庙的数量、祭祖的代数等，反映出他们的祭祖权力和宗庙中的昭穆制度等。

关于建庙数量的说法，《礼记》两篇均认为天子（国王）为七庙，但其他典籍有关于天子五庙说的。如杨宽据《吕氏春秋·谕大》篇引《商书》"五世之庙可以观怪"和《周礼·春官·隶仆》"掌五寝之扫除粪洒之事"的记载，认为天子五庙之说比较可信，由于天子七庙说不见于《周礼》，所以可能是稍迟的制度。②《公羊传》成公六年东汉何休《解诂》认为，天子的庙制同诸侯一样是五庙，但周代实行的则是七庙："礼，天子诸侯立五庙，受命始封之君立一庙；至于子孙，过高祖不得复立庙。周家祖有功，尊有德，立后稷、文、武庙，至于子孙，自高祖以下而七庙。"

在天子七庙说中，对七庙组成大约又有两种意见：一种是以何休、郑玄为代表，认为七庙是后稷、文王、武王与高祖以下的四座亲庙。另一种是《礼记·王制》疏中引王肃所说，七庙指"高祖之父及高祖之祖庙为祧，并始祖，及亲庙四，为七"。

与各等级建庙数量密切相关的是各等级的人祭祀祖先的代数问题。按照《礼记·王制》的说法，从天子到庶人均有祭祖权，从天子到士大夫立几庙，即意味着祭几代祖先，而对于庶人则没有说明能祭几代祖先。《祭法》的记载具体详细一些，除了在庙中祭的祖先外，还有在坛、墠祭

---

① 《礼记·祭法》。
② 杨宽：《古史新探》，中华书局，1965年，第170页。

的祖先，大致天子和诸侯主要祭五代祖先，另外，天子还需祭祀所祧之祖。大夫在宗庙中祭三代祖先，在坛中还可祭祀再上两代祖先，合为五世。适士在宗庙中祭祀两代祖先，在坛中还可祭祀再上一代祖先，合为三世。官师在宗庙中祭祀一代祖先，在坛中也祭祀上一代祖先，合为两代。《礼记》对于庶民则没有说明能祭祀几代祖先。就庶人而言，他们是社会的主体，其祭祖情况对探讨当时宗族制度是十分重要的。就祖先崇拜是当时普通的信仰来说，《祭法》反映不出民间庶人祭祖的情况，其规定显然也不符合庶人的愿望。《王制》中没有具体说明庶人能祭几代祖先。不过，从《国语·楚语下》中祭祀"士、庶人不过其祖"及《王制》中"庶人祭于寝"的记载可知，庶人虽然不能建宗庙，但可在家中祭祀祖、父两代最亲的近祖。

关于祭祀的场所，从天子到士的有身份者是在宗庙中祭祀，而庶民无权建宗庙，只能在"寝"中祭祀。东汉蔡邕在《独断》中指出："宗庙之制，古学以为人君之居，前有'朝'，后有'寝'。终则前制'庙'以象朝，后制'寝'以象寝。'庙'以藏主，列昭穆；'寝'有衣冠、几杖、象生（日常生活）之具，总谓之宫。"由此可见，周人受灵魂不死观念的影响，事死如事生，认为死人到另一个世界，如同活人一样生活和工作，所以设庙象征朝以处理政务，设寝以供饮食起居。狭义的庙指象"朝"之处，广义的庙则包括"寝"。庶人之寝，只能是其生活之居室。士以上者祭祖的场所，除了庙之外，还有祧、坛、墠之制，依照死者等级的不同，其设置和祭祀的情况也不一样。郑玄注《礼记·祭法》云："天子诸侯为坛墠，所祷谓后迁在祧者，既事，则反其主于祧。"可见，天子和诸侯坛墠设在宗庙附近以便祭祀时从祧庙中升神主于坛，再由坛升神主于墠，祭毕再返神主于祧庙中。大夫、士有坛无墠，其无建庙的祖先在坛祭祀，不能在坛或墠祭祀的祖先曰"鬼"，"凡鬼者荐而不祭"。

关于宗庙中的昭穆制度，《王制》中有"三昭三穆"的记载，指的是在自高祖之祖至父的六世祖先的宗庙中，有三世在昭组，三世在穆组。如是"二昭二穆"，指的是在自高祖至父的四世祖先的宗庙中，有二世在昭组，二世在穆组。如是"一昭一穆"，指的是在祖父与父二世祖先的宗庙中，一世为昭组，一世为穆组。在宗庙中将祖先分为昭辈和穆辈两组，表明了宗庙主的行辈。这就是所谓"宗庙之礼，所以序昭穆也"[①]。《周礼·春官·冢人》讲到墓葬中的昭穆是"先王之葬居中，以昭穆为左右"。郑玄注云："昭居左，穆居右，夹处东西。"宗庙布局也是如此，太祖居中，"左昭右穆"分列两旁。迁庙时，昭穆两组分别迁入各自的夹室。宗庙为什么要分为昭穆呢？各有各的说法，如婚级说、氏族标志说、王室内通婚集团说等，也有人认为昭穆制度的起因"应与周代嫡长子继承制的确立和宗族组织的强化有关"[②]。笔者认为昭穆制其实是为了一个宗族的世系排序，每个宗族中太祖最尊，故位居中，再依世代前后，分列于太祖左右，这样长辈后辈序列分明有序。

在时间上周代祭祖是定期举行的，而且其祭品、地点也不相同。据前引《礼记·祭法》可知，天子和诸侯的宗庙是月祭，天子祧庙和诸侯的显考庙、祖考庙、大夫的宗庙、适士的二庙是享尝。祭与享尝的区别在于祭用牲祀祖；享是上供，尝是献新谷，享尝就是进献。《礼记·王制》载："天子、诸侯宗庙之祭，春曰礿，夏曰禘，秋曰尝，冬曰烝。"可见，一年四季对祖先的祭祀是不同的。此外还有五年举行一次的禘祭和三年举行一次的祫祭。禘是专祭远祖、始祖，祫是合祭祖先于太庙。祫祭祖先比禘祭人数多，而且规格也高于禘祭。各种祭祀的仪节、祭品、祭器依等级有烦琐的规定，以此来体现等级的森严。如祭品各等级就有明显差别："天子举以太牢，祀以会；诸侯举以特牛，祀以太牢；卿举以少牢，祀以特牛；大夫举以特牲，祀以少牢；士食鱼炙，祀以特牲；庶人食菜，祀以鱼。"[③]

周代的宗庙祭祖制度是其宗法制度的重要内容。其通过宗庙祭祖制

---

① 《中庸》。
② 谢维扬：《周代的家庭》，中国社会科学出版社，1990年，第339页。
③ 《国语》卷18《楚语下》。

度，严格地规定了不同等级宗庙的建庙数量和祭祀祖先的代数，从而维护周朝的等级制度。同时，各级宗子通过宗庙和祭祖活动加强宗族的凝聚力，起到收族的作用。周朝天子和诸侯的宗庙与商朝一样，兼有国庙与家庙的双重性质。在此所举行的宗法活动，主要有冠礼、婚礼和丧礼，正如《礼记·内则》所说的："五庙之孙，祖庙未毁，虽及庶人，冠、取妻必告，死必赴，不忘亲也。"还有，如宗族中要处死族人、开除族人出宗，也要到宗庙告诉祖先。在此举行的政治活动，主要有天子、诸侯即位，任官、赏赐所行册命，诸侯觐见天子，出行前后告庙，出师受命、阅兵、凯旋告庙，献俘，打仗失败、遇到灾难或逃亡时的哭庙等。周代礼制对于庙制和祭祀制度有详细的规定，对后代宗族的家庙、祠堂制度产生了深远的影响，从而使周代宗庙祭祖制度成为中国社会宗族家庙、祠堂的基本模式。尽管历朝宗庙祭祖制度多有变化，但是其制度的整个框架基础都是以周朝礼制作为模式。因此，探讨中国宗庙、祭祖制度的内容和变化，都绕不开对周代宗庙祭祖制度的认识。

四、周代的分封制

西周至春秋中期以前，社会经济的基本形态是宗法分封制下的封建领主经济。在分封制度下，上级贵族主要根据血缘和臣属关系，赐予下级贵族以封邑和人口。获得封邑和人口的贵族得以立宗命氏，即"胙之土而命之氏"①，"致邑立宗"②。封邑领主既是某一地区的长官和土地的所有者，又是宗族长和家长。他们通过将封邑土地分赐给所属族众和下属，对他们实行政治、军事、经济和宗法等多位一体的统治。宗族长或家族长一方面对族内成员行使支配权，另一方面也负有敬宗收族的责任和义务，对族内贫困家庭和鳏寡孤独予以周济和赡养，从而形成由宗——

---

① 《左传》隐公八年。
② 《左传》哀公四年。

族（氏）—父家长制大家庭所构成的亲属集团和血缘共同体。个体家庭虽然早已出现，但是在家族组织和宗法关系的严密控制下。

占人口绝大多数的广大庶民是大小封邑上的附庸，他们从领主那里获得部分土地（私田）的使用权，同时以借耕领主"公田"的方式承担劳役地租的义务。当时的土地是根据土壤肥瘠、个体家庭的劳力多寡等因素来进行分授的。《周礼·地官司徒》云："大司徒……凡造都鄙，制其地域，而封沟之，以其室数制之：不易之地，家百亩；一易之地，家二百亩；再易之地，家三百亩。""遂人掌邦之野，以土地之图经田野，造县鄙，形体之法……辨其野之土：上地、中地、下地，以颁田里。上地，夫一廛，田百亩，莱五十亩，余夫亦如之。中地，夫一廛，田百亩，莱百亩，余夫亦如之。下地，夫一廛，田百亩，莱二百亩，余夫亦如之。"由此，个体家庭的劳动力数量因年龄和其他因素的影响会发生变化，土地必须定期重新进行分授。"民年二十受田，六十归田。"[①] 银雀山汉墓出土的《田法》也有"三岁而壹更赋（授）田，十岁而民毕易田，令皆受地美亚（恶）□均之数也"[②] 的记载，证明孟子所说的"井田制"并非向壁虚构的，只不过每个家庭的受田数量并非像他所说的是固定为100亩。事实上，由于当时农业生产技术和劳动力人数的限制，农业处于粗放的状态，同块土地长期耕种会导致地力的减退，产量下降，所以要定期休耕轮种。每个成年男子所受的土地面积如不需要休耕，就授予100亩；如要休耕1次，就授予200亩；如要休耕2次，就授予300亩。在一个家庭中，不仅作为家长的"夫"得到受田，其余成年男子即"余夫"同样被授予土地，所以每个家庭所耕种的土地一般均超过100亩之数。

从"余夫"受田的规定来看，当时家庭规模较大，常常包括多个成年男子，三代或三代从上的直系家庭可能还是较为常见，乃至包括多对

---

① 《汉书》卷24上《食货上》。

② 银雀山汉墓竹简整理小组：《银雀山竹书〈守法〉、〈守令〉等十三篇》，载《文物》1985年第4期。

已婚夫妻的联合家庭。因此，当时农业生产一般会在较大的家庭规模下进行，并且在很大程度上受到领主、家族长的指挥和支配。《周礼·地官司徒》说："遂人……以岁时稽其人民，而授之田野，简其兵器，教之稼穑。凡治野：以下剂致氓，以田里安氓，以乐昏扰氓，以土宜教氓稼穑，以兴锄利氓，以时器劝氓，以强予任氓，以土均平政。"由此可见，贵族领主不仅通过支配土地对广大庶民实施人身控制，而且对他们的生产活动直接加以指挥和约束，直系亲属个体家庭经济仍处于家族组织的支配之下。《诗经》以"十千维耦""千耦其耘"来形容当时农民集体共耕"公田"的情景。对于耕种"公田"的农民，领主或供以食物。《小雅·甫田》云："倬彼甫田，岁取十千，我取其陈，食我农人。自古有年。""公田"生产是受领主及其家臣严密监视的，如果耕种不好、收获不丰，领主就会恼怒。"今适南亩，或耘或籽，黍稷薿薿，攸介攸止，烝我髦士……曾孙来止，以其妇子，馌彼南亩，田畯至喜……禾易长亩，终善且有，曾孙不怒，农夫克敏。"与此同时，单个家庭对家族组织也存在着较大的依赖性，在日常生活和经济方面，同族亲友之间互相依存，关系仍十分密切。所以，《孟子·滕文公上》所描述的井田制下农民家庭的社会生活面貌是"死徙无出乡，乡田同井，出入相友，守望相助，疾病相扶持"。汉代韩婴的《韩诗外传》卷4也有相似的记载，且记述得更为具体："八家相保，出入更守，疾病相忧，患难相救，有无相贷，饮食相召，嫁娶相谋，渔猎分得，仁恩施行。"这些历史记载表明：在周代分封制下，土地所有者和支配者是封邑领主，被束缚在土地上的农民家庭，往往是包括"夫"和"余夫"以及其妻、子在内的大家庭，并且还不能摆脱家族组织和农村公社而取得经济上的充分独立。

在分封制度下，周王朝士以上的贵族家庭都能通过封国、食邑和公田获得经济收入，广大农夫则"持手而食"，通过农业生产来维持家庭生计。这就是《国语·晋语四》中所说的"公食贡，大夫食邑，士食田，庶人食力，工商食官，皂隶食职，官宰食加"。以宗法关系为主要纽带，由宗—族（氏）—家庭所构成的血缘共同体，成为春秋中期以前的基本

社会结构，整个周朝的政治、经济、军事、文化就是建立在宗法分封制的基础之上。

周代的宗法分封制，从土地占有形式和生产关系来说，这种"授民授疆土"的逐级分封，既决定了土地占有的形式，也决定了生产组织和产品的分配方式。在分封制度下，从"士"开始：下级贵族均从上级贵族那里获得一定数量的封地；上级贵族则在保留部分直属土地的情况下，将领地内的其余土地以采邑为单位分授给自己的亲族和臣属；在王畿内，周天子也在保留一定数量土地的情况下，将其余的土地分赐给自己的子弟和臣下。居住在封地上的人民也随同被赐给各级贵族，成为他们的附庸。受封采邑的贵族各自成为封地上的封建领主，对赐予他们土地和人民的上级贵族保持绝对服从的臣属关系，并有向上级贵族提供贡物、兵役和劳役的义务。

各级封建领主所属的封地，可耕垦种植的被划分为"公田"和"私田"，"公田"是他们自留的土地，"私田"则分授给封地内的农民家庭。依附于封邑土地上的庶民百姓，从封建领主那里分到名义上的"私田"，耕耘播殖，获得家庭所必需的生活资料，同时以集体服役的形式耕种"公田"，将其收获归领主所有。此外，农民还必须为贵族领主承担杂役，向他们提供各种贡物。

据甲骨文记载，早在商代，农业生产就以家族集体共耕为主要形式，其物质生活资料的生产以农耕为主、畜牧为辅，捕猎亦为重要的补充。在甲骨卜辞中，不仅有大量的"受年""受禾""受秋麦"之类的占卜文字，且有不少关于"藉耕"土地、积贮禾谷之类的卜问。商代人对放牧畜群也很重视，常常卜问马、牛等家畜是否会遭到灾祸，并为之进行祈禳活动。从商代人一次祭祀用牲宰杀牛多达数百上千来看，其家畜饲养规模相当可观。甲骨文还显示，商王经常率众大行田猎，一次捕获的野兽常多达数百头，所捕获的野兽经常有鹿类、野牛、野猪等数十种，甚至还捕获过大象。

周代的农家经济，已经是一种多种经营的生产结构。从《诗经》的

描述可以看到：在粮食生产方面，农民种植了多种谷物，黍和稷是当时最主要的农作物，其次是麻、菽、麦等，水源丰富的地方还栽培水稻。除栽种粮食作物外，当时农家还种植葵、韭、瓠、桃、李、梅、杏、枣、栗、瓜等多种蔬菜和水果。在衣料生产方面，种植麻类和栽桑养蚕已成为农家生产的重要项目。当时一般家庭多饲养猪、羊、鸡、犬等畜禽，有条件的家庭还会饲养牛、马等大家畜。纺织、制衣、织屦及其他多种手工业生产也是家庭重要的经济收入。采集和捕猎虽然逐渐变为家庭收入的辅助来源，但仍然为经济生活的补充，因此《诗经》中有不少篇章记载了人们采食薇蘩、荇、菲、荼之类的野生蔬菜和使用网、罟、笱等工具从事捕猎活动。伐木、采蒲之类的经济活动也时有所见。周代农民家庭农、林、牧、副、渔综合经营的经济生产结构和特色，在这一时期已经初步显露出来了。

另外，我们从《诗经》中也可看到，周代已经初步建立了中国古代传统的家庭劳动的男女分工模式，即成年男子们负责耕作、渔猎和劳役公事等，成年女子们负责烹饪、养蚕、绩织、缝纫、采集和抚养子女等。这就是后世所说的"男耕女织"的男女家庭分工模式。这种家庭分工模式，在先秦诸子文献中，已有不少的记载。如《管子·揆度》云："上农挟五，中农挟四，下农挟三。上女衣五，中女衣四，下女衣三。农有常业，女有常事。一农不耕，民有为之饥者；一女不织，民有为之寒者。"在此，《管子》主要强调男耕女织家庭生产分工的重要性，两者缺一不可。如果没有男子的耕作，就有人要挨饿；如果没有女子的纺纱织布，就有人要遭受寒冷。《墨子·非乐上》则对当时男耕女织的家庭生产活动进行了更具体细致的描述："农夫早出暮入，耕稼树艺，多聚叔粟，此其分事也。妇人夙兴夜寐，纺绩织纴，多治麻丝葛绪，捆布縿，此其分事也。"《吕氏春秋·上农》亦云："是故丈夫不织而衣，妇人不耕而食，男女贸工以长生，此圣人之制也。"也就是说，男耕女织的家庭分工，其实也是社会农业、手工业分工在家庭生产分工中的反映。一个庶民家庭，正是通过男子耕耘、女子蚕织的劳动成果的互相补充，以满足一家大小

的生活需要，这正是古代占人口绝大多数的农民家庭生计的基本特征。

在中国古代农业社会，家庭生产和生活具有明显的时令性，农家一年之中的各种生产活动，日常生活中的饮食起居，都深受时令变化的影响。在这方面，商代的情况不甚明了，但周代家庭已明显出现了比较稳定的周期性生活变化规律。如《诗经·豳风·七月》一诗就描述了一位农家一年四季不同时令里所开展的各项生产和生活活动。其中主要包括"授衣"，以耒耜耕作，采桑养蚕和整理桑树，捕猎貉、狐制裘，熏鼠，堵塞门窗以御寒风，打枣，收获稻、黍、稷、麻、菽、麦，采摘瓜瓠，采集各种野菜野果，筑场圃，为贵族从事修缮宫室之类劳役，凿冰、藏冰，以羊肉、韭菜、旨酒等飨食祖先并举行家族宴会等等。同时，贵族家庭也根据季节的变化来安排他们的政务和家庭生活，这些在《礼记·夏小正》和《礼记·月令》中都有具体详细的记载。这些都反映了当时各阶层家庭生产和生活的时令安排，已经形成了某种稳定的模式，对后世两三千年的古代社会，产生了深远的影响。

第三节　周代的夫妇之道和孝养天下思想

一、周代的夫妇之道

商朝前后，已进入了一夫一妻的时代。但是严格地说，对于商王和贵族而言，所谓一夫一妻只是妻子专属一夫，而丈夫则往往多妻，即一夫多偶的婚姻形式。到了周朝，一夫一妻制在社会上已得到普遍认可，即使周天子和贵族可以根据等级高低拥有多个女人，但是正妻只能一个，其余均为姬妾等。商周一夫一妻制的确立为夫妇之道奠定了基础。

男女两性之间建立稳定、牢固的婚姻关系，既是家庭产生的起点，

也是家庭中其他关系得以建立的基础。正如《周易·序卦》云："有天地然后有万物，有万物然后有男女，有男女然后有夫妇，有夫妇然后有父子，有父子然后有君臣，有君臣然后有上下，有上下然后礼义有所错。夫妇之道不可以不久也，故受之以恒。恒者，久也。"这已明确地指出了恒久的夫妇（婚姻）关系是父子关系形成的基础，其他如兄弟关系、婆媳关系、妯娌关系等等，也莫不因夫妇关系而产生。离开了稳定的夫妇关系，其他家庭关系是不能成立的，至少是不健全的。随着夫妻关系的建立，协调夫妇关系的伦理规范和行为准则也相应产生。它们不仅是夫妻关系稳定与和谐的保证，也是整个家庭关系稳定与和谐的基础。

夫妇之道的形成是一个十分漫长的历史过程，并非自有男女两性关系即有家庭、夫妇关系，更非有男女两性关系就有夫妇伦理。在一夫一妻制产生之前，虽然已经产生了一定的习惯和风俗，以协调男女两性关系，但由于未形成稳定的夫妻关系，也就没有产生后世所谓的夫妇伦理。对此，古人已经有所认识："昔太古尝无君矣，其民聚生群处，知母不知父，无亲戚、兄弟、夫妻、男女之别。"虽然在《吕氏春秋》著作产生的时代，华夏地区早已不是母系氏族社会，但是华夏周边不少部落尚处于"聚生群处，知母不知父"的母系氏族公社时期。因此，《吕氏春秋》作者根据对周边处于母系氏族公社部落的观察分析，推测出华夏族在远古时代的两性关系和亲属关系。

随着人类社会进入父系氏族公社时期，男女关系进一步走向固定，夏商两代至少是贵族阶层的婚姻关系进一步走向稳定，"男尊女卑"和"夫主妇从"的趋势也愈来愈明显。但是，当时夫妻之间究竟奉行什么样的行为准则以协调相互关系，我们目前因缺乏有关资料而无法予以了解。据目前所知，至迟在西周时期，随着一夫一妻的婚姻制度在贵族阶层得到完全确立，婚姻关系也形成了一套相当完整的礼制，夫妇之道就体现于这套礼制中。

按照当时礼制规定，周天子和贵族阶层，所谓的一夫一妻多媵妾之制是：正妻只能一个，否则就是严重的违礼。《释例》曰："古者诸侯之

娶适夫人及左右媵，各有侄娣，皆同姓之国，国三人，凡九女。参骨肉至亲，所以息阴讼，阴讼息，所以广继嗣也。当时虽无其人，必待年而送之，所以绝望求、塞非常也。辞称蠢愚不教，故遣大夫随之，亦谓之媵臣，所以将谦敬之实也。夫人薨，不更聘，必以侄娣媵继室，一与之醮，则终身不二，所以重婚姻、固人伦。人伦之义既固，上足以奉宗庙，下足以继后世，此夫妇之义也。"① 所谓"一与之醮，则终身不二"，正是后世夫妇伦理发展的最重要基点之一。

西周婚姻制度的另一重大发展是规定"同姓不婚"。商代婚姻关系虽然已经基本稳定，但"族内婚制"相当普遍，婚姻范围比较狭窄。到了周代，则开始严格禁止同姓通婚。《礼记·大传》记载："虽百世而昏姻不通者，周道然也。"周代不仅娶妻媵不得同姓，买妾亦不得同姓，所以《礼记·曲礼上》规定："取妻不取同姓，故买妾不知其姓，则卜之。"在当时周人看来，缔造婚姻关系"男女辨姓"是一件非常重要的事情，这一点与殷商截然不同。正如王国维所指出的"周人制度之大异于商者"有三个方面，其中之一就是"同姓不婚之制"。②

关于周代同姓不婚的原因，学界有不同说法。过去通行的说法是春秋时期的人所说的"男女同姓，其生不蕃"③。后世人据此认为，西周时期已经认识到近亲结婚不利于子亲繁衍和优生优育。对于这一说法，康学伟则有不同的解读。他认为：周人"男女同姓，其生不蕃"的观念，并非基于遗传学和优生学的认识，而是因为同姓通婚违反了礼制，"同姓之女，是亦为祖先之遗体，娶为妻、妾，是对祖先遗体不敬，有乖于孝道，有悖于宗法，更有违于娶妻告庙之义，所以生子难以昌盛"。④ 正因为如此，汉代人一般都认为之所以有同姓不娶的规定，是因为娶同姓女子为妻、妾近于禽兽。《礼记·曲礼上》郑玄注"娶妻不娶同姓"云："为其近禽兽。"《白虎

---

① 《春秋左传正义》卷26庄公十九年引。
② 《殷商制度论》，《观堂集林》第二册。
③ 《左传》僖公二十三年。
④ 康学伟：《先秦孝道研究》，中国台湾文津出版社，1992年，第97页。

通义·嫁娶》云："不娶同姓者，重人伦，防淫泆，耻与禽兽同也。"王利华则认为，"西周礼制作出'同姓不婚'的规定，最初的动机是要促进异姓通婚，而促进周族与异姓通婚则是出于政治上的需要——通过异姓通婚，可以联合周族以外的异姓力量，将他们纳入血缘政治关系的网络之中，从而维护和促进政治的稳定……使周族与异姓通过婚姻关系变得亲近起来，形成一种以亲戚关系为基础的政治联合，这是西周时期特别是其初期的政治需要。"① 王利华得出这一观点的依据主要是《礼记·郊特牲》中所说："天地合，而后万物兴焉。夫昏礼，万世之始也。取于异姓，所以附远厚别也。"同书《昏义》亦云："昏礼者，将合二姓之好，上以事宗庙，而下以继后世也，故君子重之。"所谓"附远""合二姓之好"，都是要使周族与异姓通过婚姻关系变得亲近起来，从而通过亲戚关系形成政治上的联合，实现以周族少数人口统治广阔疆域的目的。

当然，据已知的古文献资料来看，自西周至春秋前期，在人们看来，婚姻最重要的意义是生儿育女，传宗接代。这就是"上事宗庙，下继后世"，娶妻首先是为了生子，承接祖宗的血脉，为了使祭祀祖先世代有人，而不是从夫妇双方两情相悦、幸福生活来考虑的。这使夫妇伦理笼罩在尊祖敬宗的伦理之下，也使得有关夫妇伦理的礼制规定很自然地与宗庙祭祀、丧葬等礼制结合起来。《礼记·祭统》指出：助祭是婚姻的主要目的之一，其称："既内自尽，又外求助，昏礼是也。故国君取夫人之辞曰：'请君之玉女，与寡人共有敝邑，事宗庙社稷。'此求助之本也。夫祭也者，必夫妇亲之，所以备外内之官也。"正是从婚姻开始，周代形成了一套相当完整的夫妇伦理，而这种夫妇伦理是通过无所不在的"礼"来体现的。

西周至春秋时期，人们不仅将婚姻开始时的夫妻关系纳入礼的规范之中，而且还将其视作礼的起点和根本。《礼记·中庸》曰："君子之道，

---

① 王利华：《中国家庭史》第一卷《先秦至南北朝时期》，广西人民出版社，2013年，第216页。

造端乎夫妇，及其至也，察乎天地。"同书《内则》云："礼始于谨夫妇，为宫室，辨外内。"同书《昏义》更明确具体地指出：婚礼"敬慎重正，而后亲之，礼之大体，而所以成男女之别，而立夫妇之义也。男女有别，而后夫妇有义；夫妇有义，而后父子有亲；父子有亲，而后君臣有正。故曰：'昏礼者，礼之本也。'"除此，人们也明确指出：夫妇关系必须通过礼来加以规范。例如，《礼记·经解》记载了孔子"婚姻对于稳定夫妻关系具有重要性"的看法。他指出："昏姻之礼，所以明男女之别也。夫礼，禁乱之所由生，犹坊止水之所自来也。故以旧坊为无所用而坏之者，必有水败；以旧礼为无所用而去之者，必有乱患。故昏姻之礼废，则夫妇之道苦，而淫辟之罪多矣。"《礼记·礼运》亦云："父慈、子孝、兄良、弟悌、夫义、妇听、长惠、幼顺、君仁、臣忠，十者谓之人义。讲信修睦，谓之人利。争夺相杀，谓之人患。故圣人之所以治人七情，修十义，讲信修睦，尚辞让，去争夺，舍礼何以治之？饮食男女，人之大欲存焉。死亡贫苦，人之大恶存焉。故欲恶者，心之大端也。人藏其心，不可测度也，美恶皆在其心，不见其色也，欲一以穷之，舍礼何以哉？"也就是说，在每个家庭中，不仅保持父慈子孝、兄良弟悌等良好关系离不开礼，而且夫义、妇听的良好夫妇关系也离不开礼的规范。《礼记·坊记》也引用孔子的话，用以说明男女之间无媒不交往、无币不相见、非祭祀不交爵，男女授受不亲，已嫁女子回本家不与兄弟同席而坐，寡妇不夜哭等各种礼制规定，对于保持健康的夫妻关系、防止淫乱发生的重要作用。

正由于夫妇关系是从婚礼开始的，因此周代对婚姻之礼十分重视，对此制定有详细而具体的规定。男子娶妻，通常须经过纳采、问名、纳吉、请期、纳征、亲迎等6个程序，并且在每个阶段都必须严格按照礼数进行。在完成了这6个程序之后，新婚夫妇的关系仍然没有完全确定下来。成婚的次日新妇要依礼拜见姑舅，3个月后还要举行隆重的"庙见"之礼。只有经过"庙见"之礼后，新妇才算"成妇"，正式成为丈夫家中的一员。如果在"庙见"之前的3个月之内新妇不幸亡故，那么则

要归葬于本家。《礼记·曾子问》引孔子的话：如果新婚女子在婚后三个月内亡故，则"不迁于祖，不祔于皇姑，婿不杖，不菲，不次，归葬于女氏之党，示未成妇也"。自纳采之礼开始，至成妇之礼而止，3个月内这一套婚礼的程序都离不开祖先宗庙，这是周代婚礼中一个明显的特征，说明夫妇伦理从婚姻关系缔结的那一天开始，即归入"上事宗庙，下继后世"的整个家族的传宗接代框架之下。

周代婚礼规定的基本精神是"敬慎重正"。当时人们普遍认为，"敬慎重正"可使婚礼成为夫妻良好关系的开始，有利于夫妻相亲和睦，家道兴旺。例如，《礼记·昏义》认为，之所以要隆重举行婚礼，这是因为"成妇礼，明妇顺，又申之以著代，所以重责妇顺焉也。妇顺者，顺于舅姑，和于室人，而后当于夫，以成丝麻布帛之事，以审守委积盖藏。是故妇顺备，而后内和理，内和理，而后家可长久也，故圣王重之"。可见，周礼规定"敬慎重正"地举行成妇之礼，目的在于通过隆重的仪式，告诫新婚之妇要顺、和，以使新妇敬顺、亲属和睦、家道兴旺长久。这不仅对新婚夫妇双方都很重要，而且对整个家族甚至国家也都非常重要。孔子在回答鲁哀公之问时，对婚姻之礼中必须"敬重"予以特别强调："古之为政，爱人为大。所以治爱人，礼为大。所以治礼，敬为大。敬之至矣，大昏为大。大昏至矣！大昏既至，冕而亲迎，亲之也。亲之也者，亲之也。是故，君子兴敬为亲，舍敬是遗亲也。弗爱不亲，弗敬不正。爱与敬，其政之本与？"当哀公提出婚礼"冕而亲迎"是否过于郑重其事时，孔子生气地说：（婚礼）"合二姓之好，以继先圣之后，以为天地、宗庙、社稷之主，君何谓已重乎？""天地不合，万物不生，大昏，万世之嗣也，君何谓已重焉？""昔三代明王之政，必敬其妻子也，有道。妻也者，亲之主也，敢不敬与？子也者，亲之后也，敢不敬与？君子无不敬也，敬身为大。身也者，亲之枝也，敢不敬与？不能敬其身，是伤其亲；伤其亲，是伤其本；伤其本，枝从而亡。三者，百姓之象也。身以及身，子以及子，妃以及妃，君行此三者，则忾乎天下矣，大王之道也。如此则国家顺矣。"由此可见，当时婚姻之礼突出"敬重"，不仅是为了

建立亲近顺和的家庭关系，而且更是从家族关系和宗法政治来考虑的。当然，婚礼隆重举行也具有约束夫妻双方性行为的意图，所以《大戴礼记·盛德》指出："凡淫乱生于男女无别、夫妇无义。昏礼享聘者，所以别男女、明夫妇之义也。故有淫乱之狱，则饰昏礼享聘也。"总体来看，婚礼对男方的要求比对女方的多，但是女方同样也要郑重其事。如贵族女子在出嫁前3个月，先要在本家的公宫或宗室学习"四德"（妇德、妇言、妇容、妇功），以便于在夫家很好地依礼履行妇职。出嫁之日，父母要谆谆教导女儿孝敬公婆、顺从丈夫、勤谨持家等所谓妇道。① 这些，都从婚礼方面体现了夫妇关系的伦理规范与思想。

综观有关先秦文献，对周朝婚姻之礼的伦理思想及其重要性做比较全面系统论述的是《礼记·郊特牲》，兹节录如下，并略加分析。

> "天地合，而后万物兴焉。夫昏礼，万世之始也。取于异姓，所以附远厚别也。币必诚，辞无不腆。告之以直信，信，事人也，信，妇德也。壹与之齐，终身不改，故夫死不嫁。男子亲迎，男先于女，刚柔之义也。天先乎地，君先乎臣，其义一也。执挚以相见，敬章别也。男女有别，然后父子亲。父子亲，然后义生。义生，然后礼作。礼作，然后万物安。无别无义，禽兽之道也。婿亲御授绥，亲之也。亲之也者，亲之也。敬而亲之，先王之所以得天下也。出乎大门而先，男帅女，女从男，夫妇之义由此始也。妇人从人者也：幼从父兄，嫁从夫，夫死从子。夫也者，夫也。夫也者，以知帅人者也。玄冕斋戒，鬼神阴阳也。将以为社稷主，为先祖后，而可以不致敬乎？共牢而食，同尊卑也。故妇人无爵，从夫之爵，坐以夫之齿。器用陶匏，尚礼然也。三王作牢，用陶匏。厥明，妇盥馈；舅姑卒食，妇馂余，私之也。舅姑降自西阶，妇降自阼阶，授之室也。昏礼不用乐，幽阴之义也。乐，阳气也。昏礼不贺，人之序也。"

---

① 《礼记·昏义》《孟子·滕文公下》。

从这一段的论述，我们对周代夫妇伦理大致可以有以下 7 个方面的认识：一是婚姻和夫妇伦理服从于宗法家族的需要。这段较全面系统论述婚姻和夫妇伦理的文字出自《礼记》讨论宗族祭祀的《郊特牲》，正好说明了在当时的观念中，婚姻之礼和夫妇伦理的制定，必须符合"上事宗庙，下继后世"的需要，换言之，这是关系到整个宗族的大事，而不仅是成婚男女本人的事情。所以，在此文中明确指出：所娶女子并不只是丈夫之妻，更重要的是她将"为社稷主，为先祖后"，这就是说她承担着为整个家族传宗接代、延续香火的重大责任。二是明确提出了"妇德"的概念，所谓妇德指的是"信"，即妻子对丈夫要"壹与之齐，终身不改"，乃至于"夫死不嫁"，即后世的"从一而终""忠贞不二"的妇道伦理之本。三是以男子"亲御授绥"和"执挚以相见"等婚礼仪式来象征夫妇相亲而有"别"之义，并以此作为夫妇之道区别于禽兽之道的标志。四是明确了夫妇双方的基本关系是夫主妇从，并最早提出了妇女"幼从父兄、嫁从夫、夫死从子"的"三从"伦理规范。五是在强调夫主妇从的同时，提出了夫妻等齐的思想。由于所娶的女子将为本宗族的"社稷主""先祖后"，所以夫妻不仅是等齐的，而且丈夫对妻子要有敬重心。六是明确提出娶异姓女子是为了"附远厚别"，即密切周姓与异姓之间的关系，所以婚姻聘礼必须诚信、丰厚。七是将男女结合、夫主妇从与天地、阴阳关系相比附，将其上升到哲学理论高度，从而成为夫妇伦理的主导思想。

当然，周代夫妇之道并不只体现在婚姻之礼中，在祭祀、丧礼、曲礼和其他各种礼仪规定中，也不同程度地涉及夫妇伦理规范和思想，而且有些日常礼仪规范详细烦琐，没有什么思想价值。兹举《礼记·内则》有关日常生活的礼制规定，以窥一斑："男不言内，女不言外。非祭非丧，不相授器。其相授，则女受以篚，其无篚，则皆坐奠之而后取之。外内不共井，不共湢浴，不通寝席，不通乞假。男女不通衣裳，内言不出，外言不入。"这里就非常具体详细地规定了"男主外女主内"的分工原则和"男女授受不亲"的行为准则。又如《内则》还对妻子的日常言行举止以及如何对待公婆有更烦琐的规定："舅没则姑老，冢妇所祭祀宾客，每事必请于姑，介妇请于冢妇。舅姑使冢妇，毋怠，不友无礼于介妇。舅姑若使介妇，毋敢敌耦于冢妇，不敢并行，不敢并命，不敢并坐。凡妇不命适私室，不敢退。妇将有事，大小必请于舅姑。子妇无私货，无私畜，无私器，不敢私假，不敢私与……妇若有私亲兄弟，将与之，则必复请其故赐，而后与之。"可见作为妻子，在夫家必须处处小心谨慎，循规蹈矩，唯命是从，其中最重要的是对公婆要孝敬勤谨，"妇事舅姑，如事父母"。有关规定的细致具体程度，远远超过夫妇之间的事宜。显然，从某种意义上说，夫妇之道最强调的并不是男女双方相亲相爱，而是妻子如何宜于丈夫之家，特别是如何孝敬公婆。周代礼制虽然在夫妇之道中把"上事宗庙，下继后世"摆在两情相悦之上，但还是对夫妻性生活方面也予以必要的关注。特别是周代贵族阶层，男性往往是一妻多媵妾，因此更需要处理好一个丈夫同时与多个女人之间的性生活。礼制规定：周代贵族夫妇通常是别室而居，即"男子居外，女子居内，深宫固门，阍寺守之，男不入，女不出"。只有到了 70 岁以后才没有这个限制，可以"同藏无间"。另外，由于士以上的男性基本上是一妻多媵妾，所以特别通过礼制来协调一个丈夫与多个妻妾的性生活。"故妾虽老，年未满五十，必与五日之御。将御者，齐，漱，浣，慎衣服，栉縰笄，总角，拂髦，衿缨綦屦。虽婢妾，衣服饮食，必后长者。妻不在，妾御莫敢当夕。"① 从这个规定看，正妻享有性生活的优先权，但妻、媵、妾与丈夫同房的时间还是有分配的。妾的年龄未满 50 岁的，每五天有一夜与夫同房的机会。当然，礼制规定是一回事，具体做法又是另一回事，这就完全取决于丈夫的喜好了。

总之，周代的夫妇之道主要体现在两个方面：一是通过隆重繁缛的婚礼仪式，来强调男女婚姻重在"上事宗庙，下继后世"的"传宗接代，延续香火"的家族意义。至于男女双方的结合、相爱则摆在较次要的地

---

① 《礼记·内则》。

位。二是在日常生活中，强调夫主妇从，夫妻互相敬重，妇人恪守妇德、妇道等，特别要求妇对舅姑的孝敬。而且对舅姑孝敬的强调超过对夫妇双方和谐的强调。显然，周代的夫妇之道是从属于宗法制度的，而且主要针对女性做出了诸多的规范和要求。虽然在礼制中提到男女"等齐"，但实际上却是男尊女卑，男女双方极不平等。其原因是服务于男权家长制的家族和宗法制度，根本不是纯粹的夫妇之间的关系规范和准则。周代礼制中的夫妇之道思想和具体规范，对中国古代的传统社会和家庭、家族影响十分深远。

二、孝养思想

孝养思想的产生与发展：孝作为一种情感，是人类特有的一种对父母等长辈的尊敬和爱戴。动物为了繁衍后代，对子女有一种本能的爱护，但对其父母则没有孝这种爱。因此，孝是人类进化到一定的阶段，在情感上懂得感恩父母的养育之恩后才产生的。但是，人类有了孝的情感，并不意味着就形成了孝道伦理，更不意味着已经形成以父子关系为主干，包括善事尊亲的众多礼仪、原则与行为规范的孝道体系。孝道体系的形成，是人类家庭和社会发展到一定阶段的产物。

在父权制产生前的原始群阶段和母系社会阶段，一夫一妻的婚姻制度尚未建立，更没有产生个体家庭，人们只知其母而不知其父，"不独亲其亲，不独子其子"[1]，具有严格亲疏等差的孝养伦理不可能产生。对此，古人已有认识："昔太古尝无君矣，其民聚生群处，知母不知父，无亲戚、兄弟、夫妻、男女之别，无上下长幼之道，无进退揖让之礼。"[2] 此记载大致反映了这一历史事实。进入父权制社会以后，稳定的夫妻关系逐步出现，父子关系因而走向明确，子女对父亲尽孝心和形成以敬父为

---

① 《礼记·礼运》。

② 《吕氏春秋·恃君览》，新编诸子集成本，中华书局，2018年。

中心的孝道才有可能成为事实。

从古文献记载中可知，传说中国古代在舜帝时代就已经产生了孝悌伦理。舜帝本人即以孝悌闻名，《尚书·舜典》记载了他的孝行事迹。舜还任命商代人的祖先——契为司徒，"敬敷五教"①，五教之中就包括"子孝"一项。孟子则认为，孝悌伦理是尧舜时代创造的："人之有道也，饱食，暖衣，逸居而无教，则近于禽兽。圣人（指舜）有忧之，使契为司徒，教以人伦；父子有亲，君臣有义，夫妇有别，长幼有序，朋友有信。"② 他还指出："尧舜之道，孝悌而已矣。"③ 荀子也说："契为司徒，民知孝悌，尊有德。"④

从现存的古文献来看，孝的观念起源于对祖先亡灵的崇拜。据《礼记》等书的记载，早在有虞氏和有夏氏时代，就已开始祭祀祖先。商代信鬼神重祭祀，不仅祭祀天神烦琐多样，而且祭祀祖先也甚为繁复。据董作宾考证，见于甲骨文卜辞中的祭祖祀典就有近 20 种。⑤ 王国维也指出："商人祭法，见于卜辞所纪者，至为繁复。自帝喾以下，至于先公先王先妣，皆有专祭。"⑥ 祖先祭祀是亡灵崇拜的一部分，其中也包含有追念亡故先人的意思，这就是孝的一部分了。可见，祭祀先人即是孝的 3 种表现之一。孝道思想虽然发端于尧舜父系氏族社会阶段，但真正形成体系并通过一整套繁复的礼制表现出来，则是在西周时期。关于周朝孝与祖先祭祀的密切关系，《礼记》之中有不少的论述。如："礼行于祖庙，而孝慈服焉。"⑦ "祭者，所以追养继孝也。孝者，畜也。顺于道，不逆于伦，是之谓畜。是故孝子之事亲也，有三道焉：生则养，没则丧，丧毕

---

① 《尚书·舜典》。
② 《孟子·滕文公上》。
③ 《孟子·告子下》。
④ 《荀子·成相篇》
⑤ 董作宾：《殷历谱》上编卷 1《殷历鸟瞰》，四川国立中央研究院历史语言研究所 1945 年影印本。
⑥ 王国维：《殷周制度论》。
⑦ 《礼记·礼运》。

则祭。养则观其顺也，祭则观其哀也，祭则观其敬而时也。尽此三道者，孝子之行也。"① 孔子也说：所谓孝，就是"生，事之以礼；死，葬之以礼，祭之以礼"②。

从《礼记》一书中可知，在周代诸礼之中，庙祭先祖是最为重要的。因此，《礼记·祭统》云："礼有五经，莫重于祭。"人们认为，在宗庙祭祀中假设有所缺失，如昭穆不辨、祭不以时等等，则为不孝，故《礼记·王制》云："宗庙有不顺者为不孝。"《礼记》中的这些论述明确表明，在周代，人们在祖先祭祀中注入了对祖先追孝的重要精神内涵。西周初期，为了从意识形态上强化姬周的合法统治地位，周公将祭天与祭祖结合在一起，实行"配天祭祖"。具体而言，就是选择因教民稼穑而德被天下的姬周远祖后稷以配天，选择开国之君文王而配上帝，通过庄严隆重的祭祀活动，提高姬姓古圣先王的地位，将德行、神意和姬周先祖结合在一起，从而显示周天子的神授政治权威，并增强统治者的道德亲和力。对此，《孝经·圣治章》引述孔子的话："天地之性，人为贵。人之行，莫大于孝。孝莫大于严父。严父莫大于配天，则周公其人也。昔者周公郊祀后稷以配天，宗祀文王于明堂，以配上帝。是以四海之内，各以其职来祭。"由此可见，孔子认为周公创制的这种"配天祭祖"活动体现了"追孝"的意识，并达到了四海归服的效果。创立"配天祭祖"制度的目的，正是在于使后世继承者通过追思先王先圣创业之维艰，怀昊天上帝生民之德泽，以取得德化天下的政治功效。因此，《礼记·郊特牲》也说："万物本乎天，人本乎祖，此所以配上帝也。郊之祭也，大报本反始也。"于是，出于政治需要的"配天祭祖"活动，就明确注入了"追孝""报本返始"的伦理精神内涵，并首先以一种政治理念和政治伦理的面目出现。

商代人祭祀祖先，其主要意义在于对先人亡灵的崇拜，祈求得到先

---

① 《礼记·祭统》。
② 《论语·为政》。

人亡灵的指示和保佑。周代人创设了系统的宗庙制度和繁复的祖先祭祀典礼，对祭祀的精神内涵进行了深刻的转换。周代祖先宗庙祭祀的主要目的是"追孝""报本返始"，理性的人文意识大大增强，而对先人亡灵崇拜的意味则明显淡化，具有特定内涵的孝礼最终被确定下来，并且逐渐系统化。这种由祖先祭祀设计出来的孝礼，不仅直接体现于隆重的宗庙祭祀，而且逐步扩展到丧葬、婚冠、生育，以及日常对尊长的敬爱与服侍、顺从之中。更为重要的是，西周时期，"孝"被视为血缘宗法政治理念的核心，奉行孝礼和"孝（教）化天下"乃是天子和各级统治者实行宗法制度的基本手段之一。

周代的孝礼，并不只是表现在宗庙祭祖方面，还表现在父母在世时对其礼养和父母逝世时的礼葬等诸方面。如春秋战国时期，随着个体家庭的普遍化，日常生活中子女孝敬父母被提高到至高无上的位置，子女对父母的孝顺成为孝道伦理的主干，赡养父母成为体现孝的主要内容。《孟子·离娄下》指出："世俗所谓不孝者五：惰其四支，不顾父母之养，一不孝也；博弈好饮酒，不顾父母之养，二不孝也；好货财，私妻子，不顾父母之养，三不孝也；从耳目之欲，以为父母戮，四不孝也；好勇斗很（狠），以危父母，五不孝也。"这5条"不孝"，都是针对在世父母而言的，没有一条涉及已逝父母或祖辈的丧葬和祭祀方面。《孝经》中关于士和庶人的孝，也是首先立足于对父母赡养的孝。《孝经·庶人章》指出："用天之道，分地之利。谨身节用，以养父母。此庶人之孝也。"

春秋战国时期，孝养老人已经受到高度的重视，《礼记·内则》中已专门有养老礼仪的规定，不同年龄的老人享受不同的养老礼遇："凡五十养于乡，六十养于国，七十养于学，达于诸侯。八十拜君命，一坐再至，瞽亦如之，九十者使人受。五十异粻，六十宿肉，七十贰膳，八十常珍，九十饮食不违寝，膳饮从于游可也。六十岁制，七十时制，八十月制，九十日修，唯绞紟衾冒，死而后制。五十始衰，六十非肉不饱，七十非帛不暖，八十非人不暖，九十虽得人不暖矣。五十杖于家，六十杖于乡，七十杖于国，八十杖于朝，九十者，天子欲有问焉，则就其室，以珍从。

七十不俟朝，八十月告存，九十日有秩。五十不从力政，六十不与服戎，七十不与宾客之事，八十齐丧之事弗及也。五十而爵，六十不亲学，七十致政。凡自七十以上，唯衰麻为丧。凡三王养老皆引年，八十者，一子不从政，九十者，其家不从政，瞽亦如之。"赡养和照顾老人本来主要是家庭内部孝子、孝妇的职责，但是，显然《礼记·内则》对儿子、儿媳应如何照顾老年人的日常饮食起居，是从国家政府的层面对此做出了详细的规定。归纳起来，主要从老年人的社会地位、悦其心志、美其饮食、暖其衣服、安其寝处、洁其器用、关心其疾痛疴痒等各方面对不同年龄段的老人进行优待。

根据《礼记》中的《问传》和《丧大记》等篇的记载，守丧制度是在亲人去世后，以某种特殊方式为之尽"哀"，表示追孝痛悼的礼仪制度，其中主要表现在生活方面的许多改变。尤其是父母去世之后，孝子有 27 个月或 15 个月守丧期，头 3 天粒米不进，3 日后才能吃粥，3 个月后才能吃粗粮，1 年后才能进食果蔬，整个守丧期都不能饮酒食肉；守丧期间，孝子独居于草棚，不得洗澡，不得过夫妻生活，为官者也必须解职回家守丧。《仪礼注疏》卷 34《丧服》也载：父母去世，孝子"居倚庐，寝苫枕块，哭昼夜无时。歠粥，朝一溢米，夕一溢米，寝不说（脱）绖带。既虞，翦屏柱楣，寝有席，食疏食水饮，朝一哭、夕一哭而已。既练，舍外寝，始食菜果，饭素食，哭无时"。这种自虐性的艰苦守丧生活，是为了表达孝子的孝思和哀悼之情。当时，这种守丧制度主要是由儒家创立的，曾遭到墨家的强烈批评。其实，儒家虽然提出这种自虐性的守丧生活来表达对逝去父母的孝心和哀悼，但并不主张过分哀毁自苦而导致身体的伤害，更反对因守丧过度而丧命。《礼记·曲礼上》云："居丧之礼，头有创则沐，身有疡则浴，有疾则饮酒食肉……五十不致毁，六十不毁，七十唯衰麻在身，饮酒食肉，处于内。"《礼记·杂记下》也云："毁瘠为病，君子弗为也。毁而死，君子谓之无子。"

总之，周代时期的孝礼主要表现在 3 个方面："生则养，没则丧，丧毕则祭。养则观其顺也，丧则观其哀也，祭则观其敬而时也。尽此三道者，孝子之行也。"① 由于孝礼初步形成时期特殊的政治背景和历史过程，"祭之以礼"在孝礼的三大部分中最先受到统治者的重视，"孝养"与"孝葬"则较为后起。孝心本于人的天性的进化，对父母的敬爱和感恩是形成孝礼的自然感情基础，从人生的逻辑过程来说也应该是生而孝养、死而孝葬、葬毕孝祭，理应最受重视的是父母生时应敬爱善养，后世对孝道也正是这样的认识。但是，人生逻辑是一回事，历史过程又是另一回事；爱孝情感是一回事，作为一套与当时政治、宗法制度紧密结合的孝礼又是另一回事。早期文献记载给人的总体印象是：养与葬在孝道伦理形成初期所受到的重视程度，不如对"祭"的强调和重视。

西周时期，在宗法制度下，孝主要通过"礼"来体现。人们重视通过祭祀祖先来强调"配天祭祖"、追孝和"报本返始"，从而达到尊祖敬宗、敦亲睦族、强化血缘宗法统治、以"孝化天下"的作用。而且在"礼不下庶人，刑不上大夫"② 的森严等级制度下，礼是贵族阶层的专利，与庶民无关，因此通过祭祀祖先来表达孝道成为贵族阶层的特权，只能是贵族化的礼。到了春秋战国时期，由于宗法政治的崩溃，社会分化严重，贵族逐渐失去了政治、经济和宗法上的特权，甚至大量沦为自食其力的庶民，与原来的庶民阶层同为"编户齐民"。在这种"礼崩乐坏"的时代中，推动了"礼"的"俗"化，孝礼从贵族化走向庶民化，从而"孝"的内涵发生了深刻的变化。由强调"配天祭祖""报本返始""尊祖敬宗"的贵族祭祀祖先，转化为日常生活中的"以养父母""敬爱父母""和睦家庭"的庶人之孝。③ 孝的基本精神、内容和功能目标都发生了质的变化，实现了由"礼"到"俗"、由贵族化到庶民化、由宗法政治伦理到家庭伦理的转变。

在春秋战国时期，孝的思想由宗法政治伦理向家庭伦理转变的同时，

---

① 《礼记·祭统》。
② 《礼记·曲礼》。
③ 《孝经·庶人章》，台湾商务印书馆影印文渊阁四库全书本。

西周孝的伦理的政治内涵并没有完全被遗弃，而是经过儒家思想家加以合理地继承、吸收和转注，在一种新的逻辑结构中，将西周的孝悌（弟弟敬爱兄长）伦理与政治和社会重新联结起来，重新成为维护社会与政治秩序的指导思想。

其一，由于孔子、曾子、孟子等儒家思想家的理论阐释，孝悌伦理被赋予了更高层次的哲学意义，使这一理论具有更广泛的普适性，不再限制于贵族阶层在宗庙中对祖先的祭祀。春秋战国时期，儒家从天道与人性相统一的哲学高度，对孝悌伦理进行新的理论思考，在西周孝悌观念的基础上进一步发展，强化了孝悌伦理中"亲亲之情"的人性内涵和人生实践意义。同时，由于孝悌伦理以天道、人性作为其理论基础，具有更广泛的普适性，不再为贵族阶层所专有，成为每一个人都能身体力行的普遍道德，从而为新的孝悌理论的发展奠定了广泛而坚实的社会基础。如春秋时期，儒家创始人孔子的孝悌思想，既不再局限于贵族阶层，也不再着眼于重建宗法和血缘家族的凝聚力，而是转向于用贵族和平民共同认同的"人性之仁"来为孝悌伦理寻找更普适且更坚实的理论依据。他明确提出了"孝悌为仁之本"的伦理思想命题："孝悌也者，其为仁之本与。""弟子入则孝，出则悌，谨而信，泛爱众，而亲仁。"① 这样，孝悌伦理的理论基础，不再是上下等级森严、贵族阶层所专有的礼，而是人人皆备的人性之仁。曾子对孔子的"孝悌为仁之本"的思想作了进一步的推演，将"孝"视为充塞于天地、四海、古今的普遍道德。他指出："夫孝，置之而塞乎天地，溥之而横乎四海，施诸后世而无朝夕。推而放诸东海而准，推而放诸西海而准，推而放诸南海而准，推而放诸北海而准。《诗》云：'自西自东，自南自北，无思不服。'此之谓也。"② 孟子则提出了"义悌"的思想："仁之实，事亲是也；义之实，从兄是也。"③ 他

---

① 《论语·学而》。
② 《礼记·祭义》。
③ 《孟子·离娄上》。

在"性善论"的认识基础上，论述了孝悌之道的普通意义，认为孝悌本源于人的良知良能。他指出："孩提之童，无不知爱其亲者，及其长也，无不知敬其兄也。亲亲，仁也；敬长，义也。无他，达之天下也。"① 孔子、孟子的这些思想，主要是从人的本性中的仁、善来阐述孝悌伦理，尔后的《孝经》则进一步从天人的哲学高度确立了孝悌伦理形而上的"本体论"，孝悌伦理也因此不再只是具体的烦琐的"礼"，而是上升到哲学高度的天人理论依据，实现了由"礼"向"道"的理论升华。《孝经·三才章》引子曰："夫孝，天之经也，地之义也，民之行也。天地之经，而民是则之。则天之明，因地之利，以顺天下。"同书《感应章》也引"子曰：昔者明王事父孝，故事天明；事母孝，故事地察；长幼顺，故上下治。天地明察，神明彰矣。故虽天子，必有尊也，言有父也；必有先也，言有兄也。宗庙致敬，不忘亲也；修身慎行，恐辱先也。宗庙致敬，鬼神著矣。孝悌之至，通于神明，光于四海，无所不通"。总之，将孝悌上升到天地经义、民众道德准则、上下伦理、家庭和睦、修身慎行、通于鬼神的天地人之道的哲学高度。

其二，对西周孝悌伦理的政治内涵进行扬弃，为孝悌之道成为传统社会伦理的正统和核心奠定了基础。西周孝悌之礼与春秋战国时期儒家的孝悌伦理，从根本目标来说，都是为了建立和维护他们心中合理的社会与政治秩序，两者并无二致。两者的主要不同在于，西周孝悌之礼是先"尊尊"，而后"亲亲"，春秋战国时期儒家则是从家庭内部父母子女、兄弟之间自然的"亲亲之情"出发，将孝悌伦理的功能从家庭扩充到整个国家的政治和社会，其推理逻辑就是所谓的修身、齐家、治国、平天下，以期对家庭、社会和国家之间的潜在矛盾由内到外、由近而远地进行消解。《论语·学而》有子曰："其为人也孝悌，而好犯上者，鲜矣；不好犯上而好作乱者，未之有也。君子务本，本立而道生。孝悌也者，其为仁之本与！"在孔子看来：一个人如果在家里能孝敬父母、敬爱兄

———————

① 《孟子·尽心上》。

长，那么其在外很少会冒犯上司；在外不会冒犯上司的人肯定也不会作乱生事。所以说，孝悌是一个人践行仁爱的根本。因此，孔子认为，行孝悌之道同为政是统一的关系。当有人问他："子奚不为政？"孔子回答说："《书》云：'孝乎惟孝，友于兄弟，施于有政。'是亦为政，奚其为为政？"他试图将"孝"与"忠"结合起来，提出了"孝慈则忠"的思想。① 孔子和曾子都十分强调孝悌的政治教化功能，将孝悌作为政治教化的根本内容。正如《孝经·广扬名章》所指出的："君子之事亲孝，故忠可移于君。事兄悌，故顺可移于长。居家理，故治可移于官。是以行成于内，而名立于后世矣。"换言之，对父母孝敬的人，对国君就会忠诚。对兄长敬爱的人，对长官就会恭顺。能管理好家庭的人，就会将治家之道用于治国。孟子更是积极倡导"仁政"，将先王之道、仁政与孝悌紧密结合在一起，作为他理想中国家和社会的模式。他认为，人之五伦即"父子有亲，君臣有义，夫妇有别，长幼有序，朋友有信"，乃是社会共同的道德准则，其中又以孝悌最为根本。因此，他说："尧舜之道，孝悌而已矣。""入则孝，出则悌"，即是"守先王之道"。在他看来，只要人人遵守人伦准则，奉行孝悌，就可以实现人与人关系和谐、社会政治安定，"人伦明于上，小民亲于下"，"人人亲其亲，长其长，而天下平"，"未有仁而遗其亲者也，未有义而后其君者也"。②

春秋战国时期孝悌与政治、社会关系的思想，在《孝经·开宗明义章》中得到较为系统完整的阐述。其首章在引述孔子的话时即"开宗明义"地将"事亲、事君、立身"三者紧密地联系在一起，指出："夫孝，德之本也，教之所由生也……身体发肤，受之父母，不敢毁伤，孝之始也；立身行道，扬名于后世，以显父母，孝之终也。夫孝，始于事亲，中于事君，终于立身。"又如前引《孝经·广扬名章》进一步具体地将孝亲与忠君、悌兄与顺长、家理与官治对应起来，用以说明孝悌理家与管

① 《论语·为政》。
② 《孟子》一书之《滕文公上》《告子下》《滕文公下》《离娄下》。

理国家的必然关系。对于治国者来说，"教民亲爱，莫善于孝。教民礼顺，莫善于悌。移风易俗，莫善于乐"①。总之，春秋战国时期儒家孝悌与政治、社会关系的思想，对后世封建王朝统治者标榜"以孝治天下"提供了完备的理论依据，其影响十分深远。

其三，奉行孝道的具体内容。春秋战国时期儒家对如何奉行孝道做了比较具体详细的论述，大大丰富了孝道的具体内容。其中比较重要者有：如从孝道的重要性层面来划分，孝道可分为 3 个层次，即"大孝尊亲，其次弗辱，其下能养"②。可见，先秦儒家在评判孝的价值观方面，认为能使父母亲长辈等受众人尊敬是最大的孝，其次是不要让父母亲长辈等受到众人的羞辱，最下等的孝是能够赡养自己的父母。可见，自古以来，中国人最看重的是子孙能够光宗耀祖。如果从尽孝的具体内容来划分，则可分为 3 个阶段，即"生则养"，"养观其顺"；"没则丧"，"丧观其哀"；"丧毕则祭"，"祭观其敬与时"。这就是说，孝道表现在：父母在世时，赡养父母要顺从父母的意愿；父母去世后，守丧时要有哀悼之心；守丧期满后祭祀，要恭敬和按时。在春秋战国儒家思想家中对孝道论述比较多的是孟子。从《孟子》一书来看，孟子在很多场合论述了如何践行孝道，如养亲、尊亲、礼亲、悦亲、慕亲、守身、养志和怀义事亲等。在儒家看来，孝道体现在日常生活中的方方面面，不仅仅只局限于对父母的赡养，生养儿子传宗接代，爱护父母给自己的身体，谨言慎行不给父母留下恶行，父母有错婉言劝谏，甚至父亲有罪儿子为之隐瞒等等，而且在父母去世后，还要严格遵守礼制，守丧表示哀悼，丧毕则恭恭敬敬按时祭祀，等等，都是孝行。从今天的眼光看，春秋战国时期儒家留给后世最有价值的孝道思想是在日常生活中应赡养好自己的父母，敬爱父母，努力使父母安乐幸福。总之，春秋战国时期儒家对孝道做了全面广泛的论述，不仅使孝道的内容大大丰富，而且也使孝悌伦理具备

① 《孝经·广要道章》。
② 《礼记·祭义》。

了更加广泛的适用性，使之成为中国两千多年封建社会中上自帝王将相下至贩夫走卒所有社会成员共同遵循的家庭道德准则。

第四节　周代的家教思想

周代的家教包括家庭教育和家族对族中子弟的教育两个方面。商代的家庭教育因史料缺乏，目前还不清楚。到了周代，子女教育已经成为重要的家庭事务之一。据《礼记·内则》载：周王室早在孩子出生之前即行"胎教之礼"，诸侯以下虽未见有胎教的记载，但通常也从很小就开始对孩子进行各种教育。对男孩子的教育主要包括教他吃饭、穿衣、说话、数数、礼让等等。年满 10 岁则"出就外傅，居宿于外，学书计"等，13 岁之后，"学乐、诵诗、舞勺，成童舞象，学射御"。对女孩子的教育内容与男孩子有所不同，除了早期的学习吃饭、穿衣、说话、数数、礼让等与男孩子一样外，大抵 10 岁以后，即由族中年长的妇女教以"妇德""妇容""妇言""妇功"。其中"妇功"部分如同《礼记·内则》所载："姆教婉娩听从，执麻枲，治丝茧，织纴组紃，学女事以共衣服，观于祭祀，纳酒浆笾豆菹醢，礼相助奠。"即让女孩子学习在家庭中所应从事的各项事务，如沤渍麻葛、缫丝、纺织、制衣、备办祭祀物品以助祭祀等。直至出嫁之前的 3 个月，女儿仍需在本家学习"妇道"。

周代男子 20 岁、女子 15 岁，都要举行相应的成年仪式：男子行"冠礼"，女子则行"笄礼"。在特殊情况下，有关仪式也可能提前举行。男子举行"冠礼"之前，先筮卜吉日，择定日期之后，冠者父兄邀请亲友前来观礼。贵宾为成年男子加冠，并加以勉励和告诫。通常冠礼要加冠 3 次：一次加"爵弁"，一次加"皮弁"，再一次加"玄端"，三者分别为男子参加祭祀、视朔及朝会的首服。加冠之后，冠者先在家中与兄弟和母姊诸姑见礼，然后挚见于君和乡大夫、乡先生。冠礼之后，正式确立冠

者在同辈兄弟之间的次第排行，以伯、仲、季、叔命名，名中带有"甫"字，小时的名字则通常不再使用。在完成了这些仪式后，冠者就正式成为家族中的一位成年人，可以娶妻生子，即所谓"男子二十而冠，有为人父之端"①，同时具备了作为贵族社会一分子的资格，享有参加宗庙祭祀和朝会的权利。冠礼还意味着男子成年之后，其在社会和家庭中应承担起相应的责任和义务，使其更有责任感和自我约束感。女子的成年礼比较简单，主要是改变发式，但其象征意义是一样的，女子及笄之后亦标志着她已经成年，可以嫁人并承担起持家的责任。

---

① 《孔子家语·本命解》，台湾商务印书馆影印文渊阁四库全书本。

第四章
先秦经营管理思想

第一节　无为而治思想

一、老子"治大国，若烹小鲜"思想

先秦道家的"德治"主要体现在"无为"上，如少私寡欲、无言之教等等；儒家的"德治"则把功夫下在个人的修身养性上，主张修身齐家治国平天下，实行仁政；法家则认为实行严刑酷法是最大的德政，这样就可以以刑止刑、以暴制暴，使社会秩序安定；而管子的德治观念则建立在满足人民欲望，顺民意，得民心之上。

"道"是道家自然哲学的最高范畴，被道家看作宇宙万物的根源和归宿，世界上一切事物都是由它主宰和派生出来的。老子认为："人法地，地法天，天法道，道法自然。"[①] 这是说，人是效法地，地是效法天，天是效法道，而道则是效法自然的。即一切事物不能违背自然，而要顺乎自然。

————————

① 《老子》第 25 章。

老子认为人的本性是恶的，但没有明说理。他认为："五色令人目盲，五音令人耳聋，五味令人口爽。驰骋畋猎，令人心发狂。难得之货，令人行妨。是以圣人为腹不为目，故去彼取此。"① 显然老子认为人的本性是有欲、有私、贪财货的，特别受不得外界五色、五音、五味、田猎和难得之货的刺激，人类社会的一切矛盾和争斗都源于此。不言而喻，老子应属于"性本恶"范畴中的思想家。

"道法自然"是道家哲学的核心思想，在此基础上，"无为而治"成为道家管理国家的指导思想。道家认为，管理国家要顺其自然，不可强作妄为；有道的圣人"处无为之事，行不言之教"②，即以"无为"态度来处理国家大事，而不干涉民众的行为，对民众"行不言之教"。相反，"民之难治，以其上有为，是以难治"③。所以，"以身为天下，若可托天下"④，即只有主张"无为而治"的人，才可以把治理天下的重任托付于他。在老子看来，最好的政府是最不管事问事的政府，"其政闷闷，其人淳淳；其政察察，其人缺缺"⑤。其意为政治宽厚，人民就淳朴；政治严苛，人民就狡猾。"我无为，人自化；我好静，人自正；我无事，人自富；我无欲，人自朴。"⑥ 这里的"我"指的是统治阶级，或者说就是国家和政府。统治阶级如无所作为，人民就自我化育；统治阶级如贵静，即不扰民，人民自然就走上自治的轨道；统治阶级不搅扰，不干预人民的经济事务，人民自然就富足；统治阶级没有贪欲，人民自然就朴实。因此，老子寓意深刻地总结了一句治国的名言："治大国，若烹小鲜。"⑦他告诫统治者，治理国家要像烹煎小鱼那样少折腾，统治者为政要安静无扰，扰则害民；虐政害民，灾祸就要来临；若能清静无为，则人人可

---

① 《老子》第 12 章。
② 《老子》第 2 章。
③ 《老子》第 75 章。
④ 《老子》第 13 章。
⑤ 《老子》第 58 章。
⑥ 《老子》第 57 章。
⑦ 《老子》第 60 章。

各遂其生而相安无事。

老子所说的无为，并不是说不为，而是顺其自然，依据事物自身的必然规律运行和发展，动合无形，而不凭借任何外来的力量。老子的无为是作为一个政治管理理念提出的，他认为"法物滋彰，盗贼多有"①，因此国家要减少颁布法令规章，实行政简刑轻，反对以繁复苛重的政治、法律手段来治理国家。

老子的管理理念中最著名的是"无为而治"。他说，"圣人之治……为无为则无不治"②，"圣人之道，为而不争"③。老子的"无为"与"有为"其实都是"为"的表现形式，他认为"无为"的效果比"有为"好，即在管理国家中把采用有形的干预更多地转变为通过无形的手进行调节，充分发挥人和万物自身的积极性、能动性，从而达到天下大治。这就是老子管理思想中的最高境界："道常无为而无不为，侯王若能守，万物将自化。化而欲作，吾将镇之以无名之朴。无名之朴，亦将不欲。不欲以静，天下将自正。"④

中国古代自先秦开始，已初步形成两种政府管理模式：一是采取放任主义的善因论，主张政府尽量不管、少管，尤其把社会经济活动看成私人的事情，听任私人按自己的意愿、按经济规律进行。二是采取干涉主义的轻重论，主张政府尽量依靠行政手段，用法令、禁罚来管理民众，加强对社会经济活动的调控和干预。先秦道家提倡无为，是放任主义的先驱，主张尽量减少国家政权的活动，包括经济管理活动；先秦法家是干涉主义的先驱，主张法治，加强对民众的管制，使百姓除从事农战外别无出路。

道家的无为和道法自然思想，在战国末至秦汉之际形成了黄老之学，并在西汉初期一度占据了主导地位，对当时经济的恢复和发展发挥了很

---

① 《老子》第 57 章。
② 《老子》第 3 章。
③ 《老子》第 81 章。
④ 《老子》第 37 章。

大的积极作用，并为后世一些朝代，在战后不同程度地推行"与民休息"的政策，产生了深远的积极影响。

二、《管子》"不烦不扰，而民自富"思想

《管子》是先秦时期各学派的言论汇编，大约成书于春秋战国时代至秦汉时期，内容很庞杂，包括法家、儒家、道家、阴阳家、名家、兵家和农家的观点。《管子》一书内容博大精深，基本上是稷下道家推尊管仲之作的集结，即以此为稷下之学的管子学派。管子是我国古代重要的政治家、思想家、军事家，其思想集中体现于《管子》一书。《管子》是研究我国古代特别是先秦学术文化思想的重要典籍。

同样是人性好利的基础理论，但《管子》则得出了与商鞅截然相反的政策主张。《管子》认为，人们由于利己心的驱使，会自动选择最适当的方式进行生产、流通等经济活动，取得和积累私人财富，完全不需要国家采取人为的办法实行干预和控制。这就是"不推而往，不引而来，不烦不扰，而民自富——如鸟之覆（孵）卵，无形无声，而唯见其成"①。因此，他们主张，国家在制定政策时，必须顺应和允许私人追求财利的活动，不要任意干预，否则就会束缚和妨碍私人正常的经济活动，不利于富国富民。"政之所兴，在顺民心；政之所废，在逆民心"②，"不事心，不劳意，不动力，而土地自辟，囷仓自实，蓄积自多"③。总之，管理国家"无为者帝"④，对私人经济活动应采取"无为"的政策。

《管子》的无为与道家的无为有明显的不同：道家的无为是让人安于简单、原始的自然状态，同寡欲、无欲联系在一起；《管子》的无为则着眼于社会经济的发展与进步，通过减少对百姓经济活动的干扰以利于发

---

① 《管子·禁藏》。
② 《管子·牧民》。
③ 《管子·任法》。
④ 《管子·乘马》。

挥他们的生产积极性，把较多的人力、物力和财力用于发展生产，这种无为以承认人的欲望并顺应人的欲望为前提。

《管子》主张在管理国家时尽可能使用经济的手段，引导人民自动地遵循，而少采用强制性的行政手段。《管子·轻重丁》载：

> 桓公曰："五衢之民衰然多衣弊而屦穿，寡人欲使帛、布、丝、纩之贾贱，为之有道乎？"管子曰："请以令沐途旁之树枝，使无尺寸之阴。"桓公曰："诺。"行令未能一岁，五衢之民皆多衣帛完屦。桓公召管子而问曰："此其何故也？"管子对曰："途旁之树未沐之时，五衢之民，男女相好往来之市者，罢市，相睹树下，谈语终日不归。男女当壮，扶辇推舆，相睹树下，戏笑超距，终日不归。父兄相睹树下，论议玄语，终日不归。是以田不发，五谷不播，桑麻不种，玺缕不治。内严一家而三不归，则帛、布、丝、纩之贾安得不贵？"
> 桓公曰："善。"

这一事例不一定是历史事实，但它说明了《管子》中管理国家的理念。《管子》的作者看到当时齐国人民衣弊履穿的原因是百姓不分男女老少喜欢在树阴下聊天嬉戏终日，因而耽误了农活和纺织，他巧妙地采取令人剪掉树枝的方法，使树没有一尺一寸的遮阴，人们就无法再在树阴下聊天嬉戏终日了，从而引导人民致力于农活和纺织。果然不到一年，五衢之民就都穿上完好的衣服和鞋子了。

第二节　君主利民思想

一、君主必须为民众兴利思想

先秦时期，君主利民思想比较流行，成为君主管理国家的一种理念。早在商代，盘庚就把自己标榜为民利的代表者，他在迁都殷发布的训辞中，一方面说是上帝的旨意，另一方面又讲"视民利用迁"[①]。西周初期，周公也常常以"保民"为己任。

春秋时期，君主利民思想有了进一步发展，其中较具典型意义的是邾文公的言论。《左传》文公十三年载：邾文公卜问迁都，史曰："利于民而不利于君。"邾文公对此答道："苟利于民，孤之利也。天生民而树之君，以利之也。民既利矣，孤必与焉。"由此可见，邾文公视民利高于君利，而且立君是为了利民，因此，邾文公做出了利民的选择。当然，这一时期的君主们是否真的会把利民放在首位还很难说，但至少在口头上、宣传上表达了这种思想。

当时，除了君主之外，一些著名思想家在不同程度上也表达了这一思想。孔子认为具备"五美"才可以从政，而"五美"之首便是"因民之所利而利之"[②]。他的学生子贡曾问他："如有博施于民而能济众，何如？可谓仁乎？"孔子回答说："何事于仁，必也圣乎！尧、舜其犹病诸。"[③] 可见他是相当重视利民的，把尊重和照顾民利的统治者誉为圣人，

---

① 《尚书·盘庚中》。
② 《论语·尧曰》。
③ 《论语·雍也》。

并且认为利民是君主们应该做而难于做的事。

墨子认为："天子者，固天下之仁人也。"① 而仁人最主要的品质是"必务求兴天下之利，除天下之害"②。墨子还指出："民，生为甚欲，死为甚憎，所欲不得，而所憎屡至，自古及今，未尝能有以此王天下、正诸侯者也。"③ 墨子从正反两方面阐述了他的君主利民思想，君主作为仁人，必须为天下民众兴利，如果不为民众兴利，违背了他们的意愿和利益，就可能失去天下。

战国时期，孟子的"仁政"论则更深入地论述君主应该以利民为己任。同"以德服人"相联系，孟子还提出"以佚道使民"的主张，其内容包括 3 个方面：其一，"取于民有制"④，对租税徭役的征发应依制度而行，并有一定的限制；其二，"勿夺其时"或"不违农时"⑤，对徭役的征发应避开农忙季节，不打乱正常的农业生产上的时间安排；其三，"制民之产"⑥，就是要让普通民众拥有一定的私有产业，使其"仰足以事父母，俯足以畜妻子，乐岁终身饱，凶年免于死亡"⑦，能有最低的生活保障。如能做到这 3 个方面对民有利的事，就能得民心，百姓"虽劳不怨"⑧。

二、君主以利导民思想

先秦儒家主张效法自然，既要尽人之性，亦要尽物之性。《中庸》云："唯天下至诚，为能尽其性；能尽其性，则能尽人之性；能尽人之性，则能尽物之性；能尽物之性，则可以赞天地之化育；可以赞天地之

---

① 《墨子·尚同中》。
② 《墨子·兼爱下》。
③ 《墨子·尚贤中》。
④ 《孟子·滕文公上》。
⑤ 《孟子·梁惠王上》。
⑥ 《孟子·梁惠王上》。
⑦ 《孟子·梁惠王上》。
⑧ 《孟子·尽心上》。

化育，则可以与天地参矣。"此处的"天"就是大自然，天道就是自然法则。"性"即是天道，"尽其性"亦就是顺乎自然法则。孔子说："天何言哉？四时行焉，百物生焉，天何言哉！"① 又说："取法于天。"② 这些言语反映了孔子推崇自然法则、效法自然的思想。

在效法自然哲学观的基础上，儒家认为对国家的管理应"因民之所利而利之，斯不亦惠而不费乎"③。可见，他们已认识到对国家的管理应以对民有利的政策措施进行引导，这样就既能给民众带来实惠，又能大大节约管理成本。

先秦儒家在承认基本人性"自利"的基础上，主张统治者在管理国家时应顺应这种天性，善于引导，把人类劣根性化为推动社会的原动力，使社会趋向和谐。孟子曰："天下之言性也，则故而已矣。故者以利为本。所恶于智者，为其凿也。如智者，若禹之行水也，则无恶于智矣。禹之行水也，行其所无事也。如智者亦行其所无事，则智亦大矣。"④ 可见孟子也认为对民众要因势利导，天下众人对人性的探讨，只要能推求其所以然就行了。推求其所以然，基础在于顺其自然之理。我们厌恶使用小聪明的人，因为使用小聪明的人容易陷于穿凿附会。假如使用小聪明的人能像大禹使水运行一样，那就不必对使用小聪明的人有所厌恶。大禹的使水运行，就是行其所无事，即顺其自然，因势利导。假如使用小聪明的人能行其所无事，那就不是小聪明而是大聪明了。

荀子认为政府必须与人民合作，做一些对人民有益的事，才能把国家管理好，反之，其政权可能不稳固，甚者被人民所推翻。他说："马骇舆，则君子不安舆；庶人骇政，则君子不安位。马骇舆，则莫若静之；庶人骇政，则莫若惠之。选贤良，举笃敬，兴孝悌，收孤寡，补贫穷。如是，则庶人安政矣。庶人安政，然后君子安位。传曰：'君者，舟也；

---

① 《论语·阳货》。
② 《礼记·郊特牲》。
③ 《论语·尧曰》。
④ 《孟子·离娄下》。

庶人者，水也。水则载舟，水则覆舟。'此之谓也。"① 荀子把君、民关系比作舟、水关系，这已成为至理名言，对后世历朝统治者影响深远。

正由于荀子看到国君与人民的这种舟水关系，因此他主张国君必须爱民、利民，才能使人民为己所用，为己而死。他指出："故有社稷者而不能爱民，不能利民，而求民之亲爱己，不可得也。民不亲不爱，而求其为己用，为己死，不可得也。民不为己用，不为己死，而求兵之劲，城之固，不可得也。兵不劲，城不固，而求敌之不至，不可得也。敌至而求无危削，不灭亡，不可得也。"② 荀子还进一步提出，国君管理国家，必须依次争取达到 3 个层面："君人者，欲安，则莫若平政爱民矣；欲荣，则莫若隆礼敬士矣；欲立功名，则莫若尚贤使能矣。"③ "故人主欲强固安乐，则莫若反之民；欲附下一民，则莫若反之政。"④ 在荀子看来，君主只有爱民、利民，人民才能为其所用，为其所死，从而使兵力强劲，城郭坚固。君主如果要使国家强固、安乐，就不如回过头来看看自己的人民；如果愿意依靠臣下、统一人民，就不如回过头来看看自己的政令。由此可以看出，荀子认识到统治者管理国家不能离开老百姓，所谓"用国者，得百姓之力者富，得百姓之死者强，得百姓之誉者荣"⑤。因此，统治者就必须实行一些"惠民""裕民"的"宽政"，要"生民则致宽，使民则綦理"⑥，这样就能使"生民宽而安"⑦，"庶人安政，然后君子安位"⑧。这就是老百姓安定下来，统治者才能安于其统治地位。

荀子基于君舟民水、君木民鸟的认识，十分重视君主处理爱民与使民的关系。与其他儒家相同，他主张对民先爱之利之而后使之。《荀子·

---

① 《荀子·王制》。
② 《荀子·君道》。
③ 《荀子·王制》。
④ 《荀子·君道》。
⑤ 《荀子·王霸》。
⑥ 《荀子·王霸》。
⑦ 《荀子·致士》。
⑧ 《荀子·王制》。

富国》中分析了君主对民的三种不同态度和不同后果："不利而利之，不如利而后利之之利也。不爱而用之，不如爱而后用之之功也。利而后利之，不如利而不利者之利也；爱而后用之，不如爱而不用者之功也。利而不利也，爱而不用也者，取天下矣。利而后利之，爱而后用之者，保社稷也。不利而利之，不爱而用之者，危国家也。"其大意是不给人民利益而向人民索取，不如先给人民利益而后再向人民索取更有好处。不爱护人民而使用人民，不如先爱护人民而后再使用人民更有功效。给了人民利益而向人民索取，不如给了人民利益而不向人民索取更有好处；先爱护人民而后再使用人民，不如先爱护人民而后不使用人民更有功效。给了人民利益而不向人民索取，爱护人民而不使用人民的，这是取得天下的君主；给了人民利益而后向人民索取，爱护人民而后使用人民的，这是保有社稷的君主；不给人民利益而向人民索取，不爱护人民而使用人民的，这是危害国家的君主。

《管子》主张在管理国家中，政府通过实施对民有利之事来引导民众，使民众按照政府的政策命令行事。《管子·形势解》云："民，利之则来，害之则去。民之从利也，如水之走下，于四方无择也。故欲来民者，先起其利，虽不召而民自至。设其所恶，虽召之而民不来也。"《管子·形势解》还云："人主之所以令则行、禁则止者，必令于民之所好，而禁于民之所恶也。民之情，莫不欲生而恶死，莫不欲利而恶害。故上令于生、利人，则令行；禁于杀、害人，则禁止。令之所以行者，必民乐其政也，而令乃行。故曰：贵有以行令也。"所以，《管子》提出政府制定政令，必须考虑是否对人民有利，因为对人民有利，才能得到他们的拥护，才能够贯彻执行，即"民之所利立之，所害除之，则民人从"[①]。

《管子》之所以提出以利引导民众的主张，是基于其法自然的哲学观。他们认为："凡将立事，正彼天植……法天合德，象地无亲，参于日

---

① 《管子·幼官》。

月，佐于四时。"① "版法者，法天地之位，象四时之行，以治天下。"② 这种哲学观应用于管理国家，在政治上，就是要顺应民心："政之所兴，在顺民心；政之所废，在逆民心。民恶忧劳，我佚乐之；民恶贫贱，我富贵之；民恶危坠，我存安之；民恶灭绝，我生育之。"③ 因此，善于管理国家者，应顺势而为，善于因势利导，这样政府就能以最少的管理而达到最好的管理效果。正如《管子·禁藏》所云："故善者，势利之在，而民自美安，不推而往，不引而来，不烦不扰，而民自富。如鸟之覆卵，无形无声，而唯见其成。"

第三节　通过财政性政策工具治国思想

一、通过赋役制度调节控制经济活动

先秦时期，人们已经知道政府通过财政性的政策工具对社会经济活动实行调节、控制。如《周礼·地官司徒》载："凡宅不毛者有里布，凡田不耕者出屋粟，凡民无职事者出夫家之征。"这里，国家通过赋税杠杆来督促老百姓勤于生产劳作，促进经济发展。政府法令规定：宅旁不种桑麻之家，就必须向国家额外交纳"里布"；某家有田不耕种，任其荒废，就要向国家额外交纳"屋粟"；某家如有劳动力而任其游手好闲，就要向国家额外交纳赋税或服徭役。总之，政府通过对不生产者实行一定的赋役制裁来督促引导这些人从事必要的生产劳动，正如东汉郑玄在注

---

① 《管子·版法》。
② 《管子·版法解》。
③ 《管子·牧民》。

文所云："欲令宅树桑麻，民就四业，则无税赋，以劝之也。"

《周礼》设计的国家管理机构与政策、措施相当完备、系统，其国家管理思想倾向于干涉主义的轻重论。但《周礼》的干涉主义思想与先秦法家的又有明显不同，除主张采用行政、法律手段外，也重视通过经济手段，如价格、赋税、借贷等市场性、财政性政策工具对国家进行管理。如前所述，《周礼》对工商业的管理主张采用政府颁布法规，设置市场，限定物价，检查商品质量，征收赋税等进行管理，并不主张单纯依靠禁罚，政府也不直接参与经商牟利。政府对农业的管理也只是管颁田、修水利等为生产提供条件的活动以及进行技术指导、奖勤罚懒等，并不直接参与组织具体农业生产。

春秋时期，管仲的"相地而衰征"思想，进一步完善公平合理征税。他提出："相地而衰征，理道之远近而致贡，通流财物粟米，无有滞留，使相归移也。"[①] 这里明确提出了国家征收贡赋不仅要考虑到土壤的肥瘠，还要考虑到被征地区离京都的远近，并且征收贡赋应不影响全国粮食、货物的流通。

同一时期，郑国子产的第二项改革是"作丘赋"，即原由每甸（64 井田）负担的军马、粮草、兵甲等军赋现由每丘（16 井田）负担。这一方面意味着人民军赋负担加重了 4 倍，另一方面也意味着"作丘赋"改革使私田的土地所有权得到了进一步的承认，地主和自耕农的社会政治地位有所提高。

这一时期，齐国晏子提出"幅利"的思想，对统治者追求财富的活动加以限制，使其不超过一定的界限或幅度。他主张："且夫富如布帛之有幅焉，为之制度，使无迁也。夫民生厚而用利，于是乎正德以幅之，使无黜嫚，谓之幅利。"[②] 同时，他把节俭作为限制统治者追求财富和减轻对民众的剥削的前提，大力加以倡导。他认为，如果统治者纵欲无度，

---

① 《荀子·王制》。
② 《左传》襄公二十八年。

就必然会不断加重百姓的赋税徭役，"用力甚多，用财甚费"①，就会激化社会矛盾。因此，他要求统治者要"薄于身而厚于民"，"约于身而广于世"②，即"冠足以修敬，不务其饰；衣足以掩形御寒，不务其美"③，"身服不杂彩，首服不镂刻"④。

二、老子寡欲崇俭思想

老子反对纵欲，排斥对奢侈品的欲望，指出："五色令人目盲，五音令人耳聋，五味令人口爽，驰骋田猎令人心发狂，难得之货令人行妨。"他主张"为腹不为目"⑤，即消费是为了维持生存和健康而不是为了享乐，以满足人生理的、自然的基本需要为止。正因为如此，老子把"俭"作为他"持而保之"的"三宝"之一⑥。

老子主张寡欲、崇俭，要求从统治者做起，主张统治者以俭率下。只有统治者率先少私寡欲，"去奢去泰"⑦，以此对百姓"行不言之教"⑧，才能在整个社会中形成寡欲、崇俭、素朴的风气。这就是"我无欲而民自朴"⑨。

先秦诸子在消费问题上几乎都主张节用或崇俭，但他们又各有自己的特点：儒家以礼作为节用的标准，墨子以小生产者劳动力再生产的需要为节用的标准，老子的节用则以回复到最简单、最原始的自然生活需要为依归。

---

① 《晏子春秋·内篇谏下》，台湾商务印书馆影印文渊阁四库全书本。
② 《晏子春秋·内篇问上》。
③ 《晏子春秋·内篇谏下》。
④ 《晏子春秋·内篇谏下》。
⑤ 《老子》第 12 章。
⑥ 《老子》第 67 章。
⑦ 《老子》第 29 章。
⑧ 《老子》第 2 章。
⑨ 《老子》第 57 章。

《老子》没有正面提出薄税敛的主张，但从他对厚敛进行的猛烈抨击，斥责当政者如同大盗可以看出，他是反对厚敛而主张薄税敛的。他指出："民之饥，以其上食税之多，是以饥。"① 民众遭受饥饿，是因为政府征收过高的粮食税。"朝甚除，田甚芜，仓甚虚，服文采，带利剑，厌饮食，财货有余，是为盗夸。"②

三、孔子、孟子轻徭薄赋思想

孔子认为，当时妨碍民富的一个重要原因是人民的赋税负担过重，因此他提出："薄赋敛则民富。"③ 他反对鲁国执政季康子"用田赋"的政策，主张恢复"周公之籍"。他提出："先王制土，籍田以力，而砥其远迩；赋里以入，而量其有无；任力以夫，而议其老幼。于是乎有鳏寡孤疾，有军旅之出则征之，无则已。其岁收田一井，出稯禾秉刍缶米，不是过也，先王以为足。若子季孙欲其法也，则有周公之籍矣，若欲犯法则苟而赋，又何妨焉。"④ 从这段记载我们可以了解到，孔子对国家赋税的征收在具体措施上也有许多科学合理的想法：其一，国家征收赋税时，必须考虑到被征地区距离的远近，田地的肥瘠以及人丁的数量和年龄的老幼；其二，对于鳏寡孤疾，国家必须予以照顾，平时不征，有战争时才征；其三，征税按"井"为单位进行计算。

孔子强调治国要"节用而爱人"，个人生活应该是俭胜于奢，因为"奢则不孙（逊），俭则固；与其不孙也，宁固"⑤。

孔子的赋税思想的主要特点是反对重税，主张轻税，提出"敛从其

---

① 《老子》第 75 章。
② 《老子》第 53 章。
③ 《说苑·政理》。
④ 《国语》卷 5《鲁语下》。
⑤ 《论语·述而》。

薄"① 的主张，在税率方面坚持"彻"法，十分取一②。

管仲把"无夺民时"作为国家政策的指导思想，孔子则在限制徭役方面提出"使民以时"的观点，两者是一脉相承的。

在农时征调民众从事徭役，必然会影响在农业生产中劳动力的投入，从而对农业造成一定程度的破坏。这不仅对农民的生产和生活造成困难和损害，也会破坏国家的财政基础，甚至可能激化社会矛盾，危及统治秩序。因此，孔子"使民以时"的主张，对于保证农民的基本生活和农业生产的正常进行，减轻农民负担，缓和社会矛盾，维护国家和谐安定，具有积极的意义。

孔子"百姓足，君孰与不足"的思想，已较为明确地指出富民是富国的基础；而"因民之所利而利之"，则已在一定程度上把富民和富国联系起来。

孔子的轻徭薄赋思想对后世影响深远，成为两千余年封建社会中一个不容置疑的"圣训"，是历代王朝施行仁政的一项不可缺少的政策措施。

孟子一再提倡的仁政是："昔者文王之治岐也，耕者九一，仕者世禄，关市讥（稽）而不征，泽梁无禁，罪人不孥。"③ 显而易见，他的仁政内容与商鞅施政思想几乎是相反的："耕者九一"主张农民交纳十分之一税后可拥有十分之九的劳动所得，这与商鞅的"家不积粟"④ 相左；"仕者世禄"认为"仕者"有世袭的职业与俸禄，与商鞅主张通过农战得到爵禄，即"粟爵粟任"，"武爵武任"⑤ 以及"宗室非有军功论，不得为属籍"⑥ 格格不入；"关市讥而不征"⑦ 主张工商业者不纳税，不收关市

---

① 《左传》哀公十一年。

② 《论语·颜渊》。

③ 《孟子·梁惠王下》。

④ 《商君书·说民》，新编诸子集成本，中华书局，2018 年。

⑤ 《商君书·去强》。

⑥ 《史记》卷 68《商君列传》。

⑦ 《孟子·梁惠王下》。

之税，"则天下之旅皆悦而愿出于其路矣"①，有利于招徕天下商旅，这同商鞅"重关市之赋"② 的抑末政策截然不同；"泽梁无禁"主张解除虞、衡等采伐渔猎的禁令，与商鞅"壹山泽"③ 的政策背道而驰；而"罪人不孥"恰是同商鞅的严刑峻法针锋相对。

孟子把老百姓有自己的"恒产"作为"仁政"的基础和首要条件。他的所谓"恒产"，具体说就是维持一个 8 口之家（一般指 1 个男丁和他的父、母、妻与 4 个子女）所需要的百亩之田、五亩之宅、若干株桑树以及五母鸡、二母猪等。如每个农户有了这样的恒产，就可以达到"老者衣帛食肉，黎民不饥不寒"的仁政。

孟子轻徭薄赋思想的原则是"取于民有制"④。所谓"取于民有制"就是国家的赋税征收、徭役的摊派必须有明确的规定，不能由统治者任意而为。孟子认为合理的赋税应是十一之税，并按不违农时的原则征派徭役。如他提出："易其田畴，薄其税敛，民可使富也"⑤；"不违农时，谷不可胜食也"⑥；"百亩之田，匹夫耕之，八口之家足以无饥矣"⑦。

孟子一再提出薄税敛是一个政府施行仁政的重要内容："省刑罚，薄税敛，深耕易耨"⑧；"是故贤君必恭俭，礼下，取于民有制"⑨。究竟怎样的税敛才算薄，才算取民有制呢？孟子遵循孔子的主张，认为什一税制最为适中。他既不赞成重于什一之税，但也反对轻于什一之税。《孟子·告子下》载：有个周人名叫白圭，他问孟轲："吾欲二十而取一，何如？"孟子曰："子之道，貉道也……夫貉，五谷不生，惟黍生之。无城

---

① 《孟子·公孙丑上》。
② 《商君书·垦令》。
③ 《商君书·垦令》。
④ 《孟子·滕文公上》。
⑤ 《孟子·尽心上》。
⑥ 《孟子·梁惠王上》。
⑦ 《孟子·尽心上》。
⑧ 《孟子·梁惠王上》。
⑨ 《孟子·滕文公上》。

郭宫室宗庙祭祀之礼，无诸侯币帛饔飧，无百官有司，故二十取一而足也。今居中国，去人伦，无君子，如之何其可也……欲轻之于尧舜之道者，大貉小貉也。欲重之于尧舜之道者，大桀小桀也。"可见，孟子把轻于什一之税视为大貉、小貉之类少数民族的税制，那城郭、宫室、宗庙祭祀、政府机构等都因无经费开支而不存在了。这在中国是行不通的。反之，如重于什一之税，那就像夏桀一样重敛百姓，使他们无法生存，不得不揭竿而起。以后，儒家把什一税制思想奉为经典。如《春秋公羊传》在解说"初税亩"时说："什一者，天下之中正也。多乎什一，大桀小桀，寡乎什一，大貉小貉。什一者，天下之中正也，什一行，而颂声作矣。"①

四、荀子开源节流、轻徭薄赋思想

荀子的理财基本原则是"开源节流"，即"必谨养其和，节其流，开其源，而时斟酌焉"②。荀子所说的"开源"，不仅包括财政收入之源，即以各种手段增加赋税，更重要的是指广开社会财富之源，即通过大力发展社会生产，培养财源，以增加国家的财政收入。他说："田野县鄙者，财之本也；垣窌仓廪者，财之末也；百姓时和、事业得叙者，货之源也；等赋府库者，货之流也。"③ 显然，此处荀子所说的"田野县鄙""百姓时和""事业得叙"指的是社会生产；而"垣窌仓廪""等赋府库"则是贮藏国家钱粮的场所，即指国家财政。只有社会生产发展了，社会财富才会增加，国家才有可靠的财政收入来源，"潢然使天下必有余，而上不忧不足"④。荀子所说的"节流"，则更直接明确地指节约财政开支，以保证轻徭薄赋政策的实施，防止上层统治者奢侈靡费而横征暴敛、赋役繁苛，

---

① 《春秋公羊传》宣公十五年。
② 《荀子·富国》。
③ 《荀子·富国》。
④ 《荀子·富国》。

从而促进社会经济的发展。他认识到"士大夫众则国贫"①，上层统治者在"声色、台榭、园囿"方面奢靡无度必然"伤国"②。因此，他主张"天子诸侯无靡费之用"③，治国要"使衣服有制，宫室有度，人徒有数，丧祭械用皆有等宜……莫得不循乎制度数量然后行"④。总之，荀子把社会生产看作是国家财富的"本"和"源"，那些堆积国家财富的"仓廪""府库"则是"末"和"流"。只有在增加社会生产的基础上才能增加整个国家的财富，从而实现"上下俱富，交无所藏之"⑤ 的广义上的富国。

荀子对"富国"的定义是"兼足天下"或"上下俱富"⑥，即既包括"足君"或"上富"，又包括"足民"或"下富"。其中"足君""上富"即"富国库"，这是狭义的富国；"足民""下富"即"富民"，这其实也是富国的另一方面。真正广义的富国应是既富国库又富民，即"兼足天下""上下俱富"。荀子以其广义的富国概念把富国与富民统一起来。

荀子继承了孔子"百姓足，君孰与不足"的思想，主张藏富于民："王者富民，霸者富士，仅存之国富大夫，亡国富筐箧，实府库。筐箧已富，府库已实，而百姓贫，夫是之谓上溢而下漏。"⑦ 要富国，首先要富民，富民的根本就是要发展农业生产，增加社会财富，那么国家的财政收入就有了保证。因此，荀子提出："下贫则上贫，下富则上富……潢然使天下必有余，而上不忧不足，如是，则上下俱富，交无所藏之，是知国计之极也。"⑧

基于藏富于民的指导思想，荀子同孔子、孟子一样，主张轻征农业税，不征关市商税，开放山林泽梁不收税，少征徭役。他说："王者之

---

① 《荀子·富国》。
② 《荀子·王霸》。
③ 《荀子·君道》。
④ 《荀子·王霸》。
⑤ 《荀子·富国》。
⑥ 《荀子·富国》。
⑦ 《荀子·王制》。
⑧ 《荀子·富国》。

法：等赋、政事、财（裁）万物，所以养万民也。田野什一，关市几而不征，山林泽梁以时禁发而不税"①；"轻田野之税，平关市之征，省商贾之数，罕兴力役，无夺农时，如是则国富矣。夫是之谓以政裕民"②。总之，轻徭薄赋，放水养鱼，让老百姓先富起来，积极从事社会生产，那国家就有充足的税源，不言而喻，国家肯定也会富起来。

荀子认为农业是最主要的社会生产，是"财之本"，社会财富的多少，国家、人民的贫富，主要取决于农业生产的好坏，因而首先必须确保农业生产，尽力"强本"，才能达到富国的目标。他发现如果工商业发展过快，从事工商业的人太多，就势必会与农业生产争夺劳力，使农业因劳动力不足而受到负面影响。因此，为保证农业生产的优先发展，他提出"省工贾，众农夫"③，"省商贾之数"④ 的主张，通过限制工商业的发展规模和从业人数，以保证农业生产有足够的劳动力。

荀子与他之前的儒家代表人物一样，也主张国家必须制定和执行轻徭薄赋政策，其主要目的是减轻农民的负担，保证农民有足够的时间和财力发展农业生产。他提出"轻田野之税……罕兴力役，无夺农时"⑤，"田野什一……山林泽梁以时禁发而不税"⑥。在征税的具体方法上，荀子也主张删繁就简，废除"须熟尽察"的烦琐手续，采取"宽饶简易"的办法⑦，以减少征收活动对农业生产时间的影响。

对于富国的路径，荀子提出"强本节用"的政策。所谓"强本"就是发展社会生产，主要指发展农业生产。他认为"田野县鄙"是"财之本"；所谓"节用"就是节约各种费用。他一再强调："务本节用财无

---

① 《荀子·王制》。
② 《荀子·富国》。
③ 《荀子·君道》。
④ 《荀子·富国》。
⑤ 《荀子·富国》。
⑥ 《荀子·王制》。
⑦ 《荀子·富国》。

极"[1]，"强本而节用，则天不能贫……本荒而用侈，则天不能使之富"[2]。荀子是中国历史上第一个把"节用"同生产的发展和增长联系起来进行考察的思想家[3]。他认为："节用裕民，而善臧（藏）其余。节用以礼，裕民以政。彼裕民，故多余。裕民则民富，民富则田肥以易；田肥以易，则出实百倍……不知节用裕民则民贫，民贫则田瘠以秽；田瘠以秽，则出实不半。"[4] 荀子认识到，统治者节省费用，就可以减轻百姓的赋税徭役负担，使他们富裕起来，将钱财用于生产性投资，改良土壤，改善生产条件，就会获得"出实百倍"的效益，从而大大增加社会财富。反之，统治者如不知道节省费用，就会加重百姓的负担，使他们贫困，无力改良土壤，田地瘠薄荒秽，则只能得到原收益的一半，社会财富当然就会大大减少。

《大学》中也提出了薄税敛、以得民心的思想："得众则得国，失众则失国。"如果统治者能"薄税敛"和"以义为利"，深得民心，就能使国家安定巩固；相反，如统治者重税敛，通过搜刮百姓来充实国库，就会丧失民心，使国家动乱危亡。因此，《大学》劝诫统治者应意识到"财聚则民散，财散则民聚；是故言悖而出者亦悖而入，货悖而入者亦悖而出"的道理，痛斥"长国家而务财用"的统治者为"小人"，靠聚敛以充实国库的理财官为"聚敛之臣"。甚至认为一个国家"与其有聚敛之臣，宁有盗臣"。盗臣盗窃国库，有损于国，但还不至于损害普通百姓，丧失民心，以至国家危亡；聚敛之臣搜刮百姓，失民心而动摇国家根本，危害更大更严重。

《论语·子路》载：孔子治国的主要目标是使国家"庶"和"富"，即人口繁衍和百姓富足，这是政治修明、国家兴旺的标志，但是，如何使国家"庶"且"富"，孔子没有提出具体的措施。

---

① 《荀子·成相》。
② 《荀子·天论》。
③ 赵靖：《中国经济思想通史》第1卷，北京大学出版社，1991年，第332页。
④ 《荀子·富国》。

战国时代的荀子，在《荀子·富国》中提出了"开源节流"的主张，认为社会生产是国家财政之源，社会生产发展了，国家财源自然充裕，与此同时，注意节省国家财政开支，就可达到富国的目标。但是，荀子的"开源节流"主张仍然没有具体化。

《大学》提出的"生之者众，食之者寡，为之者疾，用之者舒"，正是荀子"开源节流"主张的进一步具体化，所谓"生之者众""为之者疾"就是要增加社会生产以开其源，"食之者寡""用之者舒"则是要通过控制消费和支出以节其流。

五、墨子"生财密、用之节"的富国思想

春秋战国时期，兼并战争不断，极大地破坏了社会经济，许多人丧失了最起码的衣食之利。墨子指出："饥者不得食，寒者不得衣，劳者不得息"①，是人民的三大患。他大声疾呼，应该给人民以食、衣、息的起码条件，并针对"民生为甚欲，死为甚憎；所欲不得，而所憎屡至"② 的情况，强烈要求统治者保障人民基本的生存权。

墨子的兼爱思想希望社会做到"强不执弱，众不劫寡，富不侮贫，贵不傲贱，诈不欺愚"③。其非攻思想则指责"攻伐邻国"的战争，"春则废民耕稼树艺，秋则废民获敛"，使"百姓饥寒冻馁而死者不可胜数"，使"丧师多不可胜数"，使为战争从事各种后勤徭役的百姓劳累饥饿以及"疾病而死者不可胜数"。战争除征调百姓外，还从百姓处强征大量的牲畜作为战马和运输动力，结果"牛马肥而往，瘠而反，往死亡而不反者，不可胜数"④。

墨子继承了孔子要使百姓"庶"和"富"的思想，把"国家富"和

---

① 《墨子·非乐上》。

② 《墨子·尚贤中》。

③ 《墨子·兼爱中》。

④ 《墨子·非攻中》。

"人民众"作为治国的两项目标。他一再说："古者王公大人为政于国家者，皆欲国家之富，人民之众"①；"天下贫，则从事乎富之；人民寡，则从事乎众"②。

墨子说的富国，主要指增加国民财富，即增加一国财富的总量。同时，也指增加国库的收入，如"收敛关市山林泽梁之利，以实仓廪府库"③，并把这看作是国家公职人员守职尽责的表现。墨子富国的途径是"生财密，其用之节"④，主张一方面多增加生产，另一方面节约消费。具体而言，墨子的"生财"是指增加食衣住行各种生活必需品的生产，主要指"耕稼树艺""纺绩织纴"等食衣之财的生产。墨子尤其重视粮食的生产，认为粮食丰裕是国家政治稳定的基础："凡五谷者，民之所仰也，君之所以为养也。故民无仰，则君无养；民无食，则不可事，故食不可不务也，地不可不力也。"⑤

在当时的科技条件下，墨子的增加生产（"生财密"）主要通过"强从事"和增加一国的人口两种办法。"强从事"指延长劳动日和增加劳动强度，如他所说的"早出暮入，耕稼树艺，多聚菽粟"，"夙兴夜寐，纺绩织纴，多治麻、丝、葛、绪、綑布、縿"以及"竭股肱之力"等⑥。墨子认为"强从事"是"生财密"的主要途径，是否"强从事"是能否致富的关键："强必富，不强必贫；强必饱，不强必饥……强必暖，不强必寒。"⑦ 同时，他认为增加一国的人口也会增加农业生产。在当时地旷人稀的历史背景下，人口多，劳动力就多，因而就可以"生财密"。墨子是先秦思想家中最强烈主张增殖人口的。

墨子靠"强从事"和增加一国的人口等办法来增加生产，其效果是

① 《墨子·尚贤上》。
② 《墨子·节葬下》。
③ 《墨子·非乐上》。
④ 《墨子·七患》。
⑤ 《墨子·七患》。
⑥ 《墨子·非乐上》。
⑦ 《墨子·非命下》。

有限的。从理论上说，增加生产最有效最科学的办法是提高生产力，即改进生产工具和生产技术。墨子自身在手工技术方面技艺高超，甚至赢过当时最著名的能工巧匠鲁班（公输般），但遗憾的是他似乎没有觉察到可以通过提高劳动生产率来作为"生财密"的主要办法。

墨子富国途径的另一方面是"用之节"，即节用。墨子十分重视节用，在《墨子》一书中，《节用》《节葬》《非乐》《七患》《辞过》等篇都涉及节用问题。

墨子认为节用可以富国，即"因其国家，去其无用（之费），足以倍之"①，这就是依靠本国已有的财富，去掉不该用的费用，就可实现财富的成倍增加。墨子为节用规定的标准是"有用"，认为财富使用在"有用"的地方就符合节用原则，否则就是奢侈、淫僻。如在饮食方面，节用的标准是"足以充虚继气，强股肱，耳目聪明，则止。不极五味之调，芬香之和，不致远国珍怪异物"②。在衣服方面，节用的标准是"冬以圉（御）寒，夏以圉暑"；"冬加温，夏加清"③；"适身体，和肌肤……非荣耳目而观愚民也"④。相反，他认为当时的君主在衣饰方面"为锦绣文采靡曼之衣，铸金以为钩，珠玉以为珮，女工作文采，男工作刻镂……单（殚）财劳力，毕归之于无用也"⑤。在居住方面，节用的标准是"高足以辟润湿，边足以圉风寒，上足以待雪霜雨露"⑥，而不可追求"台榭曲直之望，青黄刻镂之饰"⑦。在交通工具方面，节用的标准是"完固轻利，可以任重致远"，而不可"饰车以文采，饰舟以刻镂"⑧。墨子所谓"有用"不仅指人们食、衣、住、行等各方面，还包括用于防御战争，如制

---

① 《墨子·节用上》。
② 《墨子·节用中》。
③ 《墨子·节用上》。
④ 《墨子·辞过》。
⑤ 《墨子·辞过》。
⑥ 《墨子·辞过》。
⑦ 《墨子·辞过》。
⑧ 《墨子·辞过》。

造甲盾、五兵的费用等。

墨子把节用作为对社会上各阶层人物的共同要求：既反对"奢侈之君"，也谴责"淫僻之民"①；既劝告"圣王""人君"做到"其用财节，其自养俭"②，也要求平民百姓不可"恶恭俭""贪饮食"③。在当时贫富差距悬殊、统治者生活骄奢淫逸的背景下，墨子的节用论主要是针对上层阶层。他认为：统治阶级的奢侈，不但会使"左右皆法象之"④，上行下效，造成奢靡的社会风气，而且必然导致"厚作敛于百姓，暴夺民衣食之财"⑤，使广大民众更加贫困。他指出实现节用的关键在上不在下，因此特别要求统治阶级在生活享用方面实行全面的节俭："为宫室不可不节"，"为衣服不可不节"，"为饮食不可不节"，"为舟车不可不节"⑥。由此可见，墨子的节用主张主要还是针对统治阶级、社会上层的奢侈淫逸而提出的。他主张国家要限制上层统治者的奢侈浪费行为，把统治者节制消费的财物用在人民的生活上，以增加普通百姓的生活必需品："去大人之好聚珠玉、鸟兽、犬马，以益（百姓）衣裳、宫室……舟车之数。"⑦他还进一步提出，统治阶层除在平时要注意节用节俭外，如遇到灾荒歉收的年份，国家应降低他们的生活享用标准，根据受灾程度的不同，以行政手段分不同等级减少他们的俸禄。墨子把歉收年景分成五等，即馑、罕（旱）、凶、馈、饥。在正常年份，官吏的俸禄可以照发，若遇灾荒之年，就要采取相应的减俸措施："岁馑，则仕者大夫以下皆损禄五分之一；旱，则损五分之二；凶，则损五分之三；馈，则损五分之四；饥，则尽无禄，禀（赐谷）食而已矣。故凶饥存乎国，人君彻鼎食五分之

---

① 《墨子·辞过》。
② 《墨子·辞过》。
③ 《墨子·非命中》。
④ 《墨子·辞过》。
⑤ 《墨子·辞过》。
⑥ 《墨子·辞过》。
⑦ 《墨子·节用上》。

三。"① 这种设想，在当时虽然很难实现，但荒年官吏减俸，与人民同甘共苦，即使是国君本人，也要把自己享有的菜肴减少3/5，对后世仍然产生了一定的积极影响。

墨子的节用思想还体现在实行节葬、非乐等方面。当时统治阶级及上层社会在丧葬方面追求厚葬久丧，务求"棺椁必重，葬埋必厚，衣衾必多，文绣必繁，丘陇（坟墓）必巨"②。丧期短者数月，长者数年，造成人力、物力、财力的极大浪费。王公贵族为了追求音乐上的享受，不惜耗费大量钱财，去制造大钟、鼓、琴、瑟、笙、竽等乐器。湖北随县曾侯乙墓葬中编钟和其他大量乐器的出土就是当时厚葬及"繁饰礼乐以淫人"③ 的真实写照！

对于这种现象，墨子予以深刻的批判："厚葬久丧，实不可以富贫众寡，定危治乱"，如果以"厚葬久丧者为政，国家必贫，人民必寡，刑政必乱……衣食之财必不足"④。而追求音乐上的享受，耗费大量的钱财、人才，"将必厚措敛乎万民"，"废君子听治"，"废贱人之从事"⑤。因此，墨子提出实行薄葬短丧，甚至大胆主张火葬："亲戚死，聚柴薪而焚之。"并缩短丧期，"死者既已葬矣，生者必无久丧，而疾而从事"⑥。墨子认为葬后不服丧，赶快从事自己的工作，这才是"不失死生之利"的圣王之道。显然，墨子把节葬看作是符合人民利益的仁义之举。墨子提出的"非乐"，系指反对有害之乐，是反对追求无用奢侈之乐给人民财产造成的浪费，因为追求奢侈有害的音乐享受，上"不中圣王之事"，下"不中万民之利"⑦。

崇俭黜奢是我国古代的优良传统，也是先秦诸子百家最普遍的主张

---

① 《墨子·七患》。
② 《墨子·节葬下》。
③ 《墨子·非儒下》。
④ 《墨子·节葬下》。
⑤ 《墨子·非乐上》。
⑥ 《墨子·节葬下》。
⑦ 《墨子·非乐上》。

之一。不过，墨子是先秦各学派中对节俭论述最多的，节用抑奢在其整个思想中具有突出的地位，并带有鲜明的特色。正如《史记·论六家之要旨》中对墨子所评价的："要曰强本节用，则人给家足之道也。此墨子之所长，虽百家弗能废也。"

墨子在《墨子·节用》篇开宗明义地指出治国安天下，要在发展生产的同时实行节用，才能使社会财富成倍地增长。他说："为政一国，一国可倍也；大之为政天下，天下可倍也。其倍之，非外取地也。因其国家，去其无用（之费），足以倍之。"在当时生产力水平较为低下的条件下，单靠"强从事"还很难达到使财富"倍之"（即增加一倍）的目标，只有再加上"节用"，才有可能实现财富倍增。因此，墨子说："去无用之务，行圣王之道，天下之大利也。"[①] 由此可知，墨子的管理思想是既重视增长、开源，又重视节用、节流，二者是同一事物不可分割的两个方面，彼此相辅相成，才能达到社会财富的成倍增长。

墨子还认为节用不仅可以实现社会财富的成倍增长，而且还可以由此带来国家的长治久安。因为如果国家财用充足，人民生活富裕，国家刑政就可得到很好的治理；如果国家财用匮乏，"富贵者奢侈，孤寡者冻馁，虽欲无乱，不可得也"[②]。

先秦其他学派的节用、崇俭主张，多是从维持政治、社会秩序，防止矛盾激化，或者留有储备，以备灾害饥荒等方面考虑的。墨子的节用论自然也有这些方面的考虑，但他与众不同的是还有更深一层次的考虑，即保证小生产者的简单再生产能正常进行，达到劳动力、生产资源能较合理地配置。他之所以提倡节用，反对奢侈，是因为要防止"男子离其耕稼，而修刻镂""女子废其纺织，而修文采"[③]。他指责王公大人们在丧葬方面的奢侈耗费了巨大财富和占用众多的劳动力，致使农夫们"不能

---

① 《墨子·节用上》。
② 《墨子·辞过》。
③ 《墨子·辞过》。

早出夜入，耕稼树艺"，使妇人"不能夙兴夜寐，纺绩织纴"，使百工"不能修舟车，为器皿"①。他指责王公大人们在声色方面纵欲无度，不但要"夺民之衣食之财"来置"大钟、鸣鼓、琴瑟、竽笙"，还要挑选大批"耳目之聪明""股肱之毕强"的青年男女从事乐舞，供王公大人们欣赏。这些本来是最优秀的青壮年劳动力，不用于社会最需要的农业、手工业生产，而用于为贵族享乐服务，还要向其他劳动者征收财物以保证他们的"甘食美服"，这必然会对社会再生产造成破坏，即"废丈夫耕稼树艺之时"，"废妇人纺绩织纴之事"②。

综上所述，墨子提倡节用，认为生产发展了，但消费还要节用。他的"节用"思想主要有 3 个方面的内容：其一，消费以满足生活的基本需求为宜。《墨子·节用中》对此做了具体说明：比如饮食："足以充虚继气，强股肱，使耳目聪明，则止。"衣服："冬服绀緅之衣，轻且暖。夏服絺绤之衣，轻且清，则止。"器用："凡天下群百工，轮车鞼匏，陶冶梓匠，使各从事其所能。曰：凡足以奉给民用诸，加费不加民利则止。"除此之外，墨子还对宫室住宅、交通工具、军器等做了具体规定和说明。其二，消费要有利于再生产。墨子提出："圣王为政，其发令兴事，使民用财也，无不加用而为者"③；"加费不加民利者，圣王弗为"④。可见，墨子认为：圣明的君主主持政务，发布命令，兴办事业，使用民力和钱财，必定是能增加财富才肯去干；如果所增加的费用，对人民没有利益，圣明的君主是不会去做的。其三，节用是积财之道。《墨子·节用上》说："圣人为政一国，一国可倍也。大之为政天下，天下可倍也。其倍之，非外取地也，因其国家，去其无用（之费），足以倍之。"这就是说圣人主持一国的政治，这个国家就可以得到加倍的利益；如扩大起来主持天下，天下也可得到加倍的利益。得到加倍利益的原因，并非向

---

①《墨子·节葬下》。

②《墨子·非乐上》。

③《墨子·节用上》。

④《墨子·节用中》。

外扩展土地，而是就本国内，省去无谓的费用，就足够增加一倍的利益。由此可知，墨子认为节省费用其实也可增加国家和民众的收入。

六、商鞅利用经济手段推行重农抑商思想

商鞅（约前390—前338），姬姓，公孙氏，名鞅，卫国国君后代，战国时期的政治家、改革家、思想家、军事家，法家代表人物。商鞅辅佐秦孝公，积极实行变法，使秦国成为富裕强大的国家，史称"商鞅变法"。政治上，他改革了秦国户籍、军功爵位、土地制度、行政区划、税收、度量衡以及民风民俗，并制定了严酷的法律；经济上，他主张重农抑商、奖励耕战；军事上，他统率秦军收复了河西之地，被秦孝公赐予商、於十五邑，号为"商君"，史称商鞅。公元前338年，秦孝公死后，商鞅被公子虔诬为谋反，战败死于彤地（今陕西省渭南市华州区西南）。尸身被运至咸阳车裂，全家被杀。

战国时期，秦国商鞅也很懂得利用财政性政策工具和市场性政策工具来推行他的重农抑商国策。他以鼓励与限制相结合的手段，引导民众从事农战，其鼓励限制措施主要有以下8个方面。

其一，以官爵鼓励农战。他说："善为国者，其教民也，皆作壹而得官爵。"当时，取得官爵意味着可以免除徭役和享受廪食，并有很高的政治荣誉和社会地位，可以光宗耀祖，是人人都渴望得到的。因此，商鞅认为："凡人主之所以劝民者，官爵也"。他反对"今民求官爵，皆不以农战，而以巧言虚道"，主张用官爵来鼓励农战，对民众有巨大的诱惑力[1]。

其二，对生产粮食、布帛多者免除徭役。商鞅主张："僇力本业，耕织致粟帛多者，复其身。"[2] 在当时，徭役对广大民众来说是一项沉重的

---

[1] 《商君书·农战》。

[2] 《史记》卷68《商君列传》。

负担，不仅影响民众的农业生产时间，而且使服役者苦不堪言，甚至家破人亡。因此对生产粮食、布帛多者免除徭役，使其有更多的时间从事农业生产，其诱惑力不亚于赐予官爵。

其三，提高粮食价格，刺激更多农民种植谷物。商鞅认为当时"农之用力最苦，而赢利少"，不言而喻，人们当然不愿从事农业生产。因此，必须改变从事农业艰苦而获利少的不合理局面。他提出："欲农富其国者，境内之食必贵……食贵则田者利，田者利则事者众。"① 粮食价格高了，种田人的收入就多了，自然种田的人就会多起来。

其四，利用国家租税政策使民众积极从事农业。商鞅主张对农业税征收实物并实行较轻的税率，即"征不烦，民不劳，则农多日。农多日，征不烦，业不败，则草必垦矣"②，以直接鼓励更多的人从事农业生产。

其五，督促农民分家以发展小农经济。商鞅规定每户有两个以上成年男子的必须分家，否则就要加倍征收他们的口赋，以此促进小农经济的发展。

其六，商鞅主张对游手好闲之人征收重税，迫使他们务农。他不主张："禄厚而税多，食口众者，败农者也。则以其食口之数，贱而重使之，则辟淫游惰之民无所于食。民无所于食则必农，农则草必垦矣。"③对游手好闲之人征收重税，使他们缺乏粮食，就会迫使他们从事农业；从事农业生产的人多了，农田就被开垦得越来越多，农业也就发展了。

其七，商鞅用加重商人赋税、徭役的办法来抑制商人。他指出："重关市之赋，则农恶商，商有疑惰之心。农恶商，商疑惰，则草必垦矣。"④因为关市征税高了，经商无利可图，农民就不会弃农经商，商人也对经营商业产生怀疑，那从事农业的人就多了，农田必定会开垦得越来越多。商鞅还主张对出售酒、肉征收重税，使酒、肉价格提高 10 倍，借此来打

---

① 《商君书·外内》。
② 《商君书·垦令》。
③ 《商君书·垦令》。
④ 《商君书·垦令》。

击酒、肉商人，并使农民因酒、肉价格高而少饮酒作乐，把更多的时间与精力投入农业生产。

其八，商鞅通过徭役杠杆来抑制商人。其具体做法是："以商之口数使商。"即商人家中所有的人口，包括奴隶、仆役在内都要服徭役，做到"农逸而商劳"①，从而鼓励人们从事农业而不愿经营商业，促进农业的发展。

七、《管子》薄税敛和市场带动生产思想

《管子》已有意识地把财政作为政策性工具来管理国家。他们认为好的财政政策有利于生产的发展，并能同时增加百姓和国家的收入。如"予无财，宽政役，敬百姓，则国富而民安矣"②。因为赋税徭役减轻，"民恶忧劳，我佚乐之；民恶贫贱，我富贵之"③，就能使百姓有较多的劳动力和财富用在农业生产上。生产发展了，社会财富增加了，国家财政就有了丰厚的来源。相反，不好的财政政策一味搜刮敛取民财，就会对生产力造成破坏。这就是"国地大而野不辟者，君好货而臣好利者也；辟地广而民不足者，上赋重、流其藏者也"④。因为"取于民无度"⑤ 的赋税徭役，不仅"竭民财""罢民力"⑥，在经济上破坏了百姓进行再生产的条件，而且会加剧社会矛盾。正如《管子》作者所指出的："地之生财有时，民之用力有倦，而人君之欲无穷。以有时与有倦，养无穷之君，而度量不生于其间，则上下相疾也。是以臣有杀其君，子有杀其父者矣。"⑦ 总之，《管子》认为：财政作为政策性工具，"取于民有度，用之

---

① 《商君书·垦令》。
② 《管子·小匡》。
③ 《管子·牧民》。
④ 《管子·八观》。
⑤ 《管子·权修》。
⑥ 《管子·正世》。
⑦ 《管子·权修》。

有止，国虽小必安；取于民无度，用之不止，国虽大必危"①。

《管子》也主张"薄税敛，轻徭役"，认为如对人民征收重税，会造成 4 个方面的负面影响：其一，"凡农者，月不足而岁有余者也。而上征暴急无时，则民倍贷以给上之征矣"②。农民一年只收成一次，从全年来看可能有余，从一月来看则可能不足，国君征税暴急无时，农民被迫要借年息高达一倍的高利贷来交纳统治者的征敛。其二，"关市之租，府库之征，粟什一，厮舆之事，此四时亦当一倍贷矣"③。3 种赋税加上徭役负担，百姓等于又借了一次高利贷。其三，"舟车饰，台榭广，则赋敛厚矣。轻用众，使民劳，则民力竭矣。赋敛厚，则下怨上矣；民力竭，则令不行矣。下怨上，令不行，而求敌之勿谋己，不可得也"④。从上引其一、其二可知，赋税征敛重对人民的第一个负面影响是赋税徭役负担重，征税暴急无时，加上高利贷盘剥，造成农民的贫困。从上引其三可知，第二个负面影响是使"民力竭"，破坏农业生产。第三个负面影响是造成"下怨上"，加剧政府与民众之间的矛盾。第四个负面影响是使"令不行"，削弱了国家的战斗力，给敌国以可乘之机。由于厚赋敛会带来这 4 个方面的负面影响，威胁到国家政权的巩固，因此，《管子》告诫统治者要"取于民有度，用之有止"。"用之有止"是"取于民有度"的前提，统治者只有节约了开支，才有可能实行薄赋敛的政策。

《管子·轻重》也很重视政府财政性政策工具的使用，特别强调征税对社会经济的消极作用。《管子·国蓄》说："夫以室廪籍，谓之毁成；以六畜籍，谓之止生；以田亩籍，谓之禁耕；以正人籍，谓之离情；以正户籍，谓之养赢。"可见，《管子》反对政府向民众征收太多的赋税，除担心遭到民众的反对外，更是从对社会经济发展不利来考虑，即如：征收屋税会使人们毁坏房屋；征六畜税会使人们屠杀六畜，不再饲养；

---

① 《管子·权修》。
② 《管子·治国》。
③ 《管子·治国》。
④ 《管子·权修》。

征田亩税会使人们不肯耕种，更不用说开垦荒地；征收人头税会使人们隐瞒人口；征收户口税会使穷人依附于大户，扩充大户实力。

《管子·权修》云：地力与民力有一定限度，而人君之欲望是无穷的，"以有时与有倦，养无穷之君，而度量不生于其间，则上下相疾也。是以臣有杀其君，子有杀其父者矣"。由于资源有限，君主向民众索取必须有个限度，如超出这个限度，君主与民众的矛盾就会激化，从而导致国家的危亡。同书《正世》篇亦云："治莫贵于得齐。制民，急则民迫，民迫则窘，窘则民失其所葆；缓则纵，纵则淫，淫则行私，行私则离公，离公则难用。故治之所以不立者，齐不得也。齐不得，则治难行。故治民之齐，不可不察也。"这里的"齐"，与上文的"度量"意思基本相同，大意指限度或平衡点，即君主在管理国家中必须掌握好向民众索取的限度或平衡点，即不能使民穷困得无法生存，又不能使民富裕得不听从政府管理。

《管子》多处阐述"藏富于民"的思想，认为"民富，君无与贫；民贫，君无与富"①。取民之所以要适度，是因为生产者被看作是税源，如果取民无度，将会造成劳动力再生产过程的中断，从而使税源枯竭。在这种思想的指导下，《管子》主张"薄税敛，毋苟于民"②，因为征敛无时，诛求不止，只能伤农害本，带来严重的后果。"薄税敛"体现了取民有度的财政收入原则，所谓薄征，实质上是要求税额不要超过纳税人可以容忍的限度。《管子》一书中多处提到减轻各种税率，虽然各处所提的税率不尽一致，但都主张轻征。如一种是主张"田租百取五"③，另一种则主张"二岁而税一，上年什取三，中年什取二，下年什取一，岁饥不税"④。

《管子》在征收赋税中还主张按财富消费累进交纳不同数量的租税，即财富多、消费大者多交，财富少、消费小者少交。《管子·山国轨》

① 《管子·山至数》。

② 《管子·五辅》。

③ 《管子·幼官》。

④ 《管子·大匡》。

云："以租其山：巨家重葬其亲者，服重租；小家菲葬其亲者，服小租。巨家美修其宫室者，服重租；小家为室庐者，服小租。上立轨于国，民之贫富如加之以绳，谓之国轨。"《管子》作者主张大户人家重葬和修建豪华住宅要加重征收租税，小户人家薄葬和盖普通住房租税则应少收。统治者对一切都有条条框框的规矩，把老百姓束缚得紧紧的，就像是用绳子捆绑着一样，使他们贫也贫不下去，富也富不起来，这就叫国家按经济规律办事。

八、韩非子薄税敛思想

韩非（约前 280—前 233），又称韩非子，战国末期韩国新郑（今河南）人，中国古代思想家、散文家，法家学派代表人物。韩非是法家思想之集大成者，集商鞅的"法"、申不害的"术"和慎到的"势"于一身，为后世留下了大量言论及著作。其学说一直是中国封建社会时期统治阶级治国的思想基础。韩非著有《孤愤》《五蠹》《内储说》《外储说》《说林》《说难》等文章，后人收集整理编纂成《韩非子》一书。

韩非与先秦其他思想家一样，主张薄税敛。他的薄税敛的理由与别人有所不同。他说："夫吏之所税，耕者也；而上之所养，学士也。耕者则重税，学士则多赏，而索民之疾作而少言谈，不可得也。"[1] 韩非认为农民辛辛苦苦耕作却要承担重税，而学士靠君主供养还能免税领取奖赏，这太不合理了，因此君主要求农民辛勤耕作而少说话少抱怨，是做不到的。其实，韩非的这一理由是带有片面性的，学士从事管理国家、文化教育等是脑力劳动，并非无所事事白白靠君主供养。韩非薄税敛的另一理由是"人主乐美宫室台池，好饰子女狗马以娱其心，此人主之殃也。为人臣者尽民力以美宫室台池，重赋敛以饰子女狗马，以娱其主而乱其

---

① 《韩非子·显学》。

心，从（纵）其所欲，而树私利其间，此谓'养殃'"①。韩非的第二个理由倒是切中了当时重赋敛的弊端，即一些奸邪之臣为了邀宠获赏，迎合君主奢靡玩乐之心，不惜用重敛的收入来满足其纵欲之需。他告诫君主要注意防范，因为这其实是为君主埋下祸殃。

第四节　通过市场性政策工具调控经济活动思想

一、许行、孟子价格思想

许行（约前372—约前289），约与孟子同一时代，战国时期著名农学家、思想家，楚国之随人。在《孟子·滕文公上》记载有许行其人"为神农之言"，所以被归为农家，后世也将许行视为先秦时代农家的代表人物。但因没有著作流传于世，详细思想内容与其他事迹皆不可考。

战国时，农家许行主张对物价进行管理，提出商品按数量进行定价，即"布帛长短同，则贾相若；麻缕丝絮轻重同，则贾相若；五谷多寡同，则贾相若；屦大小同，则贾相若"。许行实行物价管理统一定价的目的，是要达到"市贾不贰，国中无伪。虽使五尺之童适市，莫之或欺"。可见，许行的物价管理，不仅仅只是出于经济上的考虑，更重要的是想使社会风气诚实淳朴。对此，孟子进行批评，认为许行按商品数量定价是行不通的，不但达不到使社会风气诚实淳朴的目的，反而会使社会"相率而为伪"，根本管理不好国家。因为"夫物之不齐，物之情也。或相倍蓰，或相什百，或相千万"。如果强求价格一致，就会"乱天下"②。例如，同样大小的鞋子

---

① 《韩非子·八奸》。
② 《孟子·滕文公上》。

会有粗糙和精细的差别，如果价格相同，谁还愿意造精细的鞋子呢？因此，孟子主张应按照商品质量的好坏来定出不同的价格。

二、《管子》通过价格、消费调控经济活动思想

《管子》已认识到供求决定价格："有余则轻"，"不足则重"，或者"多则贱，寡则贵"①。这就是说当市场上的商品太多而有剩余、供过于求之时，价格就会下降；而当市场上的商品太少而匮乏、供不应求之时，价格就会上涨。在供求决定价格的基础上，《管子》对日常生活中某些物价的变化有了清楚的认识。如年成的丰歉在很大程度上影响粮食的价格："岁有凶穰，故谷有贵贱。"② 当遇到歉收年份，农民收获少，粮价就会上涨；反之遇到丰收年份，农民收获多，粮价就会下跌。因此，国家应储备大量货币和粮食，操纵市场，贱买贵卖，以此来平衡粮价，稳定社会。又如《管子》还认识到政府法令可以左右物价，"令有缓急，故物有轻重"③，即国家征调某种物资愈急，时间愈紧迫，百姓就会纷纷抢购这种物资，这种物资价格就会暴涨；反之，征调某种物资愈缓，时间愈宽裕，百姓就不必抢购这种物资，这种物资价格就会下跌。还有一些人为的聚散、藏发因素，也会造成市场上某种商品的供求关系变化，从而引起价格的涨跌。如把某种商品囤积起来，使之供不应求，价格就会上涨；相反，如把某种商品大量抛售，使之供过于求，价格就会下跌。这就是"藏则重，发则轻"④，"守之以物则物重，不守以物则物轻"⑤。

除此，《管子》还认识到价格影响供求："重则见射，轻则见泄。"⑥

---

① 《管子·国蓄》。
② 《管子·国蓄》。
③ 《管子·国蓄》。
④ 《管子·揆度》。
⑤ 《管子·轻重甲》。
⑥ 《管子·山权数》。

在市场活动中，当某种商品的价格呈上升趋势时，人们往往就会抢购、囤积这种商品，待价格上涨到更高水平时出售，以获取高额利润，这就是"重则见射"。人们争相"见射"，就会使市场需求猛增，导致这种商品供不应求。而当某种商品的价格呈下降趋势时，人们为了避免进一步跌价带来的更大亏损，就会争着向市场抛售自己手中的这种商品，这就是"轻则见泄"。人们争相"见泄"，就会使市场上需求萎缩锐减，导致这种商品供过于求。

《管子·国蓄》对物价波动的因素、影响以及国家对物价调节的必要性进行了比较深入的论述："岁有凶穰，故谷有贵贱。令有缓急，故物有轻重。然而人君不能治，故使蓄贾游市，乘民之不给，百倍其本。分地若一，强者能守。分财若一，智者能收。智者有什倍人之功，愚者有不赓本之事。然而人君不能调，故民有相百倍之生也。"由此可见，《管子》认为引起物价波动的主要因素是年景有丰穰与凶歉、政府的法令有缓有急。如果国家对此不予有效干预，那么富商巨贾就会乘机哄抬物价，进行投机兼并，从而扩大贫富差距。《管子》建议君主必须实行调节政策予以干预："夫民有余则轻之，故人君敛之以轻。民不足则重之，故人君散之以重。敛积之以轻，散行之以重。故君必有什倍之利，而财之橖可得而平也。"[1] 当市场上商品的价格低贱时，国家要进行收购；而当市场上商品的价格上涨时，国家就进行抛售。这样，国家既可大获其利，又可使市场的物价保持平稳。

《管子》在价格与供求相互关系的基础上，进一步提出在市场经济中，政府必须充分利用价格的杠杆作用，对商品经济活动进行调控。这就是"以重射轻，以贱泄平（贵）[2]"。当市场上某种商品过剩而价格下跌时，政府商业机构为稳定价格，维护正常的市场秩序，就会以略高于市价的价格及时收购这种商品，使市场上这种商品减少，价格有所回升。

---

① 《管子·国蓄》。
② 《管子·国蓄》。

当市场上某种商品短缺而价格上涨时，商人往往囤积居奇，以图继续哄抬价格，牟取更大暴利。这时，政府商业机构就把过去收购进来的这类商品以略低于市价的价格大量抛售，阻止价格上涨。

鉴于商业行情瞬息万变，《管子》进一步指出，政府在调节市场物价时，必须注意把握有利时机，"物发而应之，闻声而乘之"①。即随着市场供求状况的变化，政府应及时做出反应，对物价进行调节。如不"乘时进退"②，当物价下跌时，还不愿及时大量收购，当物价上涨时，也不肯及时大量抛售，那就会坐失良机，失去对市场和物价控制的主动权，从而"重而不能轻"，"轻而不能重"，最终导致"不能调民利者，不可以为大治；不察于终始，不可以为至矣"③。因此，《管子》主张："善者委施于民之所不足，操事于民之所有余。夫民有余则轻之，故人君敛之以轻。民不足则重之，故人君散之以重。"④ 这样政府既能获得巨额财政收入，又能控制、调节市场物价，遏制富商大贾操纵市场，"杀正商贾之利"⑤。

《管子·国蓄》主张国家在向广大民众征敛钱物以增加财政收入时必须采取"见予之形，不见夺之理"。这就是说国家向民众征敛应充分注意方式，尽力做到虽然实际上是征夺，但要让百姓察觉不出自己被征夺了，反而认为是国家给予了自己。这种形式上的给予，并不妨碍征夺，反而更有利于征夺，甚至能够征夺得更多或更顺利，而且不会引起民众的抵制和反抗。他们认为，政府本身如以工商业经营者的身份进入市场，通过向广大百姓销售官营商品的形式，巧妙地寓税于价格之中，从而"不见夺之理"，而政府通过经营工商业可获得巨额的财政收入。这种征夺在"商品交换"外衣的掩护下，具有较强的隐蔽性，不易被广大民众发现。因为这种征夺表面上看来是一种商品交换关系，国家并没有像强制征税

① 《管子·轻重甲》。
② 《管子·山至数》。
③ 《管子·揆度》。
④ 《管子·国蓄》。
⑤ 《管子·轻重乙》。

那样夺而不予，而是在交换中也给予了百姓一定的商品。从广大民众的心理角度分析，"民予则喜，夺则怒，民情皆然"①，民众对于国家给予自己东西总是高兴的，而对于自己的钱物被国家白白征夺走总是不满、怨恨的，因此通过商品不等价交换的形式寓税于价，可以在一定程度上避免财政收入上的只夺不予而引起的各种形式的抵制和反抗。而在当时，社会上"盗暴之所以起，刑罚之所以众也"②的一个重要原因就是政府在财政收入上的只夺不予。

在君主专制主义国家里，政府直接经营工商业，不可避免地会凭借手中的权力，运用行政命令、强制性规定和下达指令性任务等行政手段，来达到自己的政治、经济目的。如当时《管子》作者所说的"籍于号令"，即国家通过政令对百姓进行征籍。国家通过这种手段，不但可增加财政收入，还可以使某些阶层百姓得利、某些阶层百姓吃亏甚至破产，从而达到"予之在君，夺之在君，贫之在君，富之在君"③的调通民利的目的。《管子·轻重乙》载：国家为了抑压商人资本、推动农业生产而发布命令，强迫卿、诸侯、大夫、富商大贾都要储存粮食，"使卿、诸侯藏千钟，令大夫藏五百钟，列大夫藏百钟，富商蓄贾藏五十钟"。这些人为了执行命令，纷纷争购粮食，使粮价上涨，"农夫辟其五谷三倍其贾，则正商失其事，而农夫有百倍之利矣"。

《管子》作者还认识到国家通过行政手段，还可以左右物价，操纵控制市场。如前所述，他们看到"令有徐疾，物有轻重"④，政令的缓急可以人为地操纵物价的涨跌。如《管子·国蓄》就记载了这种现象："今人君籍求于民，令曰十日而具，则财物之贾什去一。令曰八日而具，则财物之贾什去二。令曰五日而具，则财物之贾什去半。朝令而夕具，则财物之贾什去九。"

---

① 《管子·国蓄》。
② 《管子·巨乘马》。
③ 《管子·国蓄》。
④ 《管子·地数》。

　　管子学派在治理社会经济活动中，重视调查统计的作用。他们认为："不通于轨数，而欲为国，不可。"① 换言之，就是如要把国家管理好，就必须"通于轨数"，即必须对有关社会经济情况进行周密精细的调查统计。然后政府根据所掌握的资料数据，运用各种手段，在经济领域进行宏观控制、调节，以保持健康有序地运行，即"国轨布于未形，据其已成，乘令而进退，无求于民"②。从《管子》轻重诸篇中可以看出，《管子》作者主张对当时全国的许多经济指标都要进行相当具体细致的调查统计和记录，如全国土地的数量、肥硗情况，人口数量及构成，粮食产量和价格，粮食消费量及余粮数量，妇女中能从事纺织的人数、纺织品的产量、需要量和剩余量，各地对货币的需求量等。《管子》对全国社会经济各项指标的调查统计与记录，其目的是力求政府在制定各项经济政策或规划采取各种具体措施时，提供可靠的数据参考。

　　难能可贵的是《管子》看到市场在经济活动中的刺激作用："国富而鄙贫，莫尽如市。市也者，劝也，劝者所以起。本善而末事起，不侈，本事不得立。"③ 他们认为，国都富裕而乡村贫穷，是因为国都发挥市场的作用。市场对生产来说是一种刺激鼓励因素（某种商品在市场上走俏，生产者就会尽量多生产），由于受到市场的刺激，生产便发展了。农业发展了，工商业便会被带动起来随之趋于繁荣。

　　《管子》不仅看到市场对经济活动有刺激鼓励作用，而且还认为消费能带动就业与生产，《管子·侈靡》有两处表达了这一思想。其一，"富者靡之，贫者为之"。校正云："言富者能不恤其财，则贫者不惮其劳也。"意即富人生活侈靡会给穷人带来就业机会。二是该篇云："长丧以毁其时，重送葬以起身财。一亲往，一亲来，所以合亲也，此谓众约。问：用之若何？世瘗培，所以使贫民也。美垄墓，所以文明也。巨棺椁，

---

① 《管子·山国轨》。
② 《管子·山国轨》。
③ 《管子·侈靡》。

所以起木工也。多衣衾，所以起女工也。犹不尽，故有次浮也。有差樊，有瘗藏，作此相食，然后民相利，守战之备合矣。"《管子》提倡丧期延长和厚葬可以带动就业和生产，因为墓坑尽量挖大一点，使贫民多了活干；墓道、墓壁尽量装饰得美一点，使艺术工匠多了活干；棺椁尽量制作得大一点，使木工多了活干；衣饰服装尽量多一些，使女工多了活干。这还不算，还有各种各样的殉葬仪仗、器物及用品等。富有者为着厚葬必须花费大量钱财，钱财便因此分散而流通开来。百姓借此赚得衣食，所以，对百姓是有利的；百姓有了衣食，便对卫国和出战也都有好处了。

《管子·乘马数》甚至主张，即使在凶荒之年也要鼓励消费，如大兴土木工程，以促进就业与提高所得："若岁凶旱水泆，民失本则，修宫室台榭，以前无狗、后无彘者为庸。故修宫室台榭，非丽其乐也，以平国策也。"这就是在因水旱而歉收的坏年景里，农业生产搞不成了，便修建宫室亭台楼阁，雇佣那些连狗和猪也喂养不起的贫民去做工，使贫民可以从做工中得到报酬维持生计。所以，有时国君大兴土木，并非为着奢侈淫乐，而是在执行平稳物价的政策，通过以工代赈来救助贫民。

《管子》虽然认为消费会刺激就业和生产，但是有限制的，即富国与大国可以如此，贫国与小国、危国则不可行，这一思想见于《事语》中管子与齐桓公的对话："桓公曰：'秦奢教我曰：帷盖不修，衣服不众，则女事不泰。俎豆之礼不致牲，诸侯太牢，大夫少牢，不若此，则六畜不育。非高其台榭，美其宫室，则群材不散。此言何如？'管子曰：'非数也。'桓公曰：'何谓非数？'管子对曰：'此定壤之数也。彼天子之制，壤方千里，齐诸侯方百里，负海子七十里，男五十里，若胸臂之相使也。故准、徐疾赢不足，虽在下也，不为君忧。彼壤狭而欲举与大国争者，农夫寒耕暑芸，力归于上，女勤于缉绩徽织，功归于府者，非怨民心，伤民意也。非有积蓄，不可以用人；非有积财，无以劝下。泰奢之数，不可用于危隘之国。'桓公曰：'善！'"[1] 在这里，秦奢的消费能刺激经济

---

① 《管子·事语》。

发展的观点与管仲是相一致的：君主如不把车的帷幔和顶盖修饰得豪华一些，如果不制作许许多多的衣服，那么女工纺织便发展不起来；君主在举行祭祀仪式时如果不宰杀牲畜，即诸侯杀牛、大夫杀羊，六畜便不必繁衍；君主如果不把亭台及游乐场所尽量修建得高大一些，宫殿居室尽量装点得华丽一点，那么各种建筑材料便会积压。这是发展生产、繁荣经济的最佳途径，没有比这更好的办法了。但是，《管子》作者认为秦奢所说的办法只是在一定范围内适用。因为按照制度，天子管辖的地区方圆远达千里，诸侯国地区方圆百里，滨海地区的子爵 70 里，男爵 50 里。天子统治的区域广阔，诸侯统治的区域狭小；天子指使诸侯就如同躯体运用臂膀那样得心应手，有必要时，无论是缓是急，是积压是不足，需用的物资即使是分散在下面，也可以随时征调上来，不耽误应用，君主完全用不着担忧。但是那些小国地域狭小，而且又必须应对大国的争夺，君主把农夫一年到头不避寒暑辛勤劳动所得全部收归己有，把妇女们用丝麻纺织成的布帛织物全部纳入国库，并非故意伤害民情人心，而是因为君主手中如果没有储备物资便无法任用人，没有钱财就无法鼓励下级。因此，秦奢用高消费刺激生产的办法对形势险恶且国土狭小的国家来说，财力上根本负担不起，所以是行不通的。换言之，只有大国、富国，财力雄厚，才能像秦奢所说通过高消费刺激生产。

　　除此之外，《管子》作者提出通过大兴土木来刺激经济、以工代赈来救助贫民也是有条件的，那就是要不失民时："今至于其亡策乘马之君，春秋冬夏，不知时终始，作功起众，立宫室台榭。民失其本事，君不知其失诸春策，又失诸夏秋之策数也。民无馈卖子，数也。猛毅之人淫暴，贫病之民乞请，君行律度焉，则民被刑僇而不从于主上，此策乘马之数亡也。"[①] 可见，《管子》作者认为：某些不懂得筹算经济的国君，不顾季节时令，无论春夏秋冬都在调集民众兴建宫室亭台，弄得老百姓春天播不上种，夏天地里没庄稼，秋天无收成，把作为国家根本的农业生产全

① 《管子·乘马数》。

耽误了。没有粮食吃，许多人只好鬻儿卖女。性格凶猛刚烈的人便铤而走险，侵淫暴虐；贫困有病的人只好去乞讨要饭。君主仍在执行法度律令，于是人民遭受刑罚但并不听从君主。这就是经济离开了正常轨道，缺乏应有政策所造成的结果。

《管子》虽有通过消费刺激就业和发展生产以及在灾荒之年大兴土木、以工代赈等思想，但总体来看，其思想基本上还是主张政府应该节约其消费性支出。管子提出："国侈则用费，用费则民贫，民贫则奸智生，奸智生则邪巧作。故奸邪之所生，生于匮不足；匮不足之所生，生于侈；侈之所生，生于毋度。故曰：审度量，节衣服，俭财用，禁侈泰，为国之急也。不通于若计者，不可使用国。"① 由此可知，《管子》作者认为某些奸邪行为之所以会产生，乃是由于社会财富物资匮乏，奢侈无度则是造成匮乏的原因之一。所以说，量入为出，节用禁侈，是管理国家最要紧的，不懂得这一点的人就不能让他管理国家。

《管子·法法》也提出："明君制宗庙，足以设宾祀，不求其美；为宫室台榭，足以避燥湿寒暑，不求其大；为雕文刻镂，足以辨贵贱，不求其观。故农夫不失其时，百工不失其功，商无废利，民无游日，财无砥墆。故曰：俭其道乎！"显然，《管子》作者这里主张英明的君主规划宗庙，只要能够设立牌位和举行祭祀仪式就行了，不要求十分美观；修建宫殿住室亭台楼阁，只要能够避燥湿暑热和抵御寒冷就行了，不要求过分宽大；在服装、居室、用器上织绣雕刻花纹，能够显示出高贵身份就行了，不要求外表美观。君主能在宗庙、宫殿、服装、用器等方面珍惜民力，便可使农夫不耽误农时，工匠能正常做工，商贩不必停业，民间没有闲人，财货能流通而不阻滞。所以说，节俭是一件具有原则性的重大事情，是关乎治国与为人之道的重大事情。

综上所述，管子学派重视研究社会经济运行的规律性，并把它们作为政府管理国家经济的指导。他们提出管理国家经济应以经济手段为主，

---

① 《管子·八观》。

不能单纯依靠暴力和行政命令，必须把经济手段同行政手段、法律手段相结合对社会经济进行管制、控制和调节。他们主张通过政府对社会经济活动的调控，调节各阶层的利益分配，缓和因贫富过于悬殊而引起的社会矛盾，达到长治久安。他们在对国家经济的管理中，把粮食和货币作为最主要的对象，通过价格杠杆保持供求关系的平衡，稳定市场经济秩序。他们提出财政收入不可损害社会生产力，要在发展社会经济的基础上增加财政收入，并通过寓税于价，避免因增加赋税而遭到民众的抵制和反抗，使社会矛盾激化。他们注重调查统计，为政府制定各项经济政策和规划，提供可靠的资料数据参考。总之，所有这些思想和主张，都具有积极的意义。

但是，我们也必须看到，管子学派的经济管理思想也存在一些局限性。如他们过分夸大了政府在调控社会经济活动中的作用。他们主张利用粮食和货币作为控制整个社会经济的杠杆，设想通过官营商业和高利贷把全国余粮大部分掌握在国家手中，使"谷十（七）藏于上，三游于下"①，再利用粮食支配万物，并靠大幅度提高粮价以增加国家财政收入。这种思想其实不符合当时的社会现实，不具有可操作性。众所周知，古代中国是自给自足的自然经济占统治地位，货币与商品粮的作用很有限，国家也无法把70％的余粮集中到自己手中，更遑论利用粮食支配万物。

从政策工具的视角看，《管子》对粮食、货币与各种商品之间的比价关系、供求与价格之间的关系等的认识，为国家进入商品流通领域、控制和干预社会经济活动提供了理论上的依据和实践中的指导。

《管子》既重视行政、法律手段在管理国家经济中的作用，更重视经济手段的作用，主张以经济手段为主，把经济手段和行政、法律手段密切结合加以使用。这比起其他法家单纯注重用行政、法律手段管理国家经济，显然是一大进步。因为如果单纯依靠行政、法律手段来管理国家经济，那主要是靠直接的暴力强制来维持，必然会引起政府与民众的矛

---

① 《管子·山至数》。

盾不断升级，甚至激化为武装冲突，使社会处于动荡不安之中。而且强制的实施范围是十分有限的，它不能调动广大民众主动积极地参与，无形中大大增加了政府的管理、监督成本。而《管子》以经济手段为主，则会避免或缓和靠直接暴力强制带来的政府与民众的矛盾，并使广大民众在经济活动中有某种程度的主动性和积极性，就会大大减少政府的管理、监督成本。

当然，另一方面我们也必须看到《管子》的所谓经济手段也不同程度地存在着强制性。作为一个君主专制主义的国家，不可能同任何私人经济活动者保持地位上的平等。无论是政府对社会经济活动的宏观管制、控制与调节，还是政府以商品流通当事人和商品生产者的身份，直接进入商品流通领域以至部分商品的生产领域，亲自在市场上从事经营工商业的活动，政府都是保持着强势的地位。因为政府的经济力量远远大于民间的任何个人，即使它在商品市场上完全按照商品交换的原则办事，不强买强卖，但它对商品价格和供给、需求所产生的影响，不是任何个人所能比拟的。如政府的经济手段同行政、法律手段相结合，那就更带有强制性了。譬如国家要保持对盐、铁等的垄断经营，就必须运用行政、法律手段强行禁止民众经营，违反者将受到严厉的制裁和惩罚。

三、芮良夫反专利思想

芮良夫是芮国国君，西周时人，厉王大臣。芮，畿内姬姓诸侯，在今陕西大荔朝邑镇南。厉王重用荣夷公为卿士，实行专利，芮良夫曾极力劝谏，认为荣夷公好利，如任用他，周朝会败落。厉王却专任荣夷公掌管政事。3年后，国人暴动，周厉王出奔。

《国语·周语上》载西周末年，周厉王以荣夷公为卿士，遭到贵族们的反对。其中大夫芮良夫批评荣夷公"好专利而不知大难"，提出了利不可专的思想："夫利，百物之所生也，天地之所载也，而或专之，其害多矣。"如果国家实行专利政策，必然导致"所怒甚多"，将会影响周王朝

的统治，使其不能长久。他说："夫王人者，将导利而布之上下者，使神人百物无不得其极（中），犹日怵惕，惧怨之来也。"芮良夫认为"布利"和"惧怨"使周王朝长治久安，如实行专利，就会招致祸乱。"匹夫专利，犹谓之盗。王而行之，其归鲜矣。"天子实行专利政策，将不得人心，归附的人就会很少。因此他预言："荣公若用，周必败。"

由于史籍记载简略，荣夷公"好专利"之"利"究竟具体指的什么利，后世不很清楚。但从芮良夫所云"夫利，百物之所生也，天地之所载也"可以推断，其"利"当指山泽之利。芮良夫主张周王朝应该布利于上下，调节好各种利益关系，这样就会避免招来各种怨恨，从而巩固自己的统治。他甚至把"专利"尖锐地批评为是一种强盗行为，也是不无道理，因为这些"利"是天地所生，每个人都有权享用，而不能被周王室所独占。如果周王室独占，不言而喻，就是一种强盗行为，必然会遭到各阶层人的共同反对，最终导致周王室的灭亡。芮良夫的预言最后得到证实，周厉王的倒施逆行遭到国人反对，导致发生"国人暴动"，推翻了厉王的统治。

芮良夫反专利思想对后世影响深远，后来者反对国家专卖政策、反对专山泽之利的言论，无不从中得到启发，有的甚至还直接引用，作为后世应该予以吸取的历史教训。

四、郑国诸侯与商人合作的思想

西周末年，周宣王封地立郑国时，把一些属于商族后人的商业奴隶分给了郑桓公。郑桓公率领这批商人开发了分封的郑地（今陕西华县一带）。可见，郑国的创建与商业有十分密切的关系，商人在创业中做出了一定的贡献。

尔后，郑桓公破例给了这批商业奴隶一系列优惠政策：一方面解除了他们的奴隶身份，让他们有了自由民的地位；另一方面给他们一定的经营自主权，减少对他们的直接控制。为了正确处理国家与商人的关系，

郑桓公还与商人订立了一个盟约："尔无我叛，我无强贾，毋或丏夺。尔有利市宝贿，我勿与知。"① 意思是说只要商人不背叛郑国，郑国就不强买或夺取商人的货物，也不干涉商人的经营活动。

这个盟约在先秦时期具有重要的意义，表明郑国与商人之间基本上是平等友好的合作关系，这在当时是比较罕见的。其后，在郑国，诸侯与商人一直合作得很好，郑国公室与商人互相依存、互相支持。其中，著名的弦高犒师之事就说明这一盟约发挥了积极的作用，郑国惠商、与商人平等合作的政策与思想是相当进步和难能可贵的。公元前 627 年，秦国发兵偷袭郑国，商人弦高正准备去洛阳做生意，路上遇到秦军。弦高料定秦军要去偷袭郑国，于是一面派人回郑国报警，一面拿出牛和皮革，假装奉郑国君之命前来犒师。秦国将领一听郑国有了准备，便不再进攻，打道回府。由此可见，由于郑国平时与商人平等合作，关系友好，因此商人在危急关头能以郑国利益为重，不顾安危，不计小利，为郑国排忧解难；也正由于郑国平时对商人采取宽松的惠商政策，使商人的活动能力很大，所以才有可能假国君之命犒师而使秦军放弃进攻郑国。

郑国著名国君子产（前 574—前 522）执政 20 余年，思想开明，继续坚持国家与商人平等友好合作，执行惠商和保护商业的政策，注意保护商人的权利和利益。《左传》载晋国使者韩起于公元前 522 年专门谒见郑国国君子产，请求他为其向郑国一位商人索取一只玉环以拼成一对。面对大国使者的这一要求，子产向韩起强调 200 多年前郑国先君与商人立盟的规定，说明自己不能背弃盟约，不能强买商人手中的宝物，从而委婉拒绝了晋国使者的要求，保护了商人利益。这件事虽小，但说明郑国与商人的盟约，与商人平等合作、互利共赢的关系，对商人利益的重视与保护，从郑桓公至子产，坚持了 200 多年没有改变。

当然，郑国对商业及商人的保护也是有条件的。郑国扶植的是正当经营的商业，对买卖中的欺骗行为是不允许的。如子产执政期间就严禁

---

① 《左传》昭公十六年。

商人在市场上操纵价格，欺诈民众。史载子产为相"二年，市不豫贾。三年，门不夜关，道不拾遗"①。

从上述"市不豫贾"的记载也可看出，春秋时期，子产对商人的经营既采取严禁其不法经商，又采取自由放任的态度，包括对市场价格也不干预。这就是政府不事先规定价格，让其根据市场的情况而自由波动，这个政策在当时是有利于商人的，对商品经济的发展也是有利的。

五、孔子、孟子、荀子对商业、手工业采取宽松政策思想

孔子虽然很少谈商品经济和商业问题，但不反对商业，并主张自由通商，发展商品流通。他的高足子贡（端木赐）就是一个善于经营的商人，孔子称赞说："赐不受命，而货殖焉，亿则屡中。"② 孔子还曾反对鲁大夫臧文仲设置"六关"征收商品税，把这列为臧文仲"三不仁"③ 行为之一，提出"关讥市廛皆不收赋"④ 的主张。

战国时代的孟子对商业的态度比孔子更为积极，提出把"市廛而不征""关讥而不征""泽梁无禁""天下之商皆悦而愿藏于其市"等列为"王道"或"仁政"的一个重要内容⑤。孟子把放松对商业的管制看作是治国的最高境界——"王道""仁政"的重要内容之一，这在当时必须具有卓越的见识和非凡的勇气。他之所以有这种思想，是因为他认为手工业、商业与农业一样，对社会经济生活具有不可替代的作用。"通工易事"可"以羡补不足"，如果"不通工易事"，则会造成"农有余粟，女有余布"，这对双方都是不利的⑥，从而肯定了农业和手工业之间分工、

---

① 《史记》卷119《循吏·子产列传》。

② 《论语·先进》。

③ 《孔子家语》卷5《颜回》。

④ 《孔子家语》卷1《王言解》。

⑤ 《孟子·公孙丑上》。

⑥ 《孟子·滕文公下》。

交换的必要性，即肯定了商品交换的必要性。

荀子主张对商业、手工业和农业均采取宽松的政策，这样就会使它们得到正常的发展："关市几而不征；质律禁止而不偏，如是，则商贾莫不敦悫而无诈矣。百工将时斩伐，佻其期日，而利其巧任，如是，则百工莫不忠信而不楛矣。县鄙将轻田野之税，省刀布之敛，罕举力役，无夺农时，如是，则农夫莫不朴力而寡能矣。""商贾敦悫无诈，则商旅安，货通财，而国求给矣。百工忠信而不楛，则器用巧便而财不匮矣。农夫朴力而寡能，则上不失天时，下不失地利，中得人和，而百事不废。"①由此可见，荀子对商业、手工业和农业所采取的宽松政策的主要内容是：政府对于关口和集市，只纠察坏人，而不征收赋税；买卖的券书契约法律是用来禁止奸人作假而做到不偏差，这样，商人就无不老老实实而无诈骗行为了。政府要求百工按季节砍伐树木，放宽他们的期限，有利于他们发挥技术，这样，手工业者就没有不忠信诚实而不会制作质量差的产品了。县官要减轻田地的租税，减少钱财的征敛，少征发劳役，不耽误农民的耕作时间，这样，农民就没有不实实在在地致力耕作的，而很少有逞能争斗的。商人老老实实，没有诈骗行为，那就贸易有序，财货通畅，国家财物充足。手工业者忠诚信实，而不制作质量差的产品，那就器用精巧便利，而财用不匮乏了。农民实实在在地出力耕作，而很少逞能争斗，那就出现天时地利人和的局面，各种事情均不会废弛。

战国时期，荀子通过反对墨家节用的观点，也提出了与《管子》重视消费颇有相通之处的思想。他说："我以墨子之非乐也，则使天下乱；墨子之节用也，则使天下贫……墨子大有天下，小有一国，将蹙然衣粗食恶，忧戚而非乐，若是则瘠，瘠则不足欲，不足欲，则赏不行。墨子大有天下，小有一国，将少人徒，省官职，上功劳苦，与百姓均事业，齐功劳，若是则不威，不威则罚不行。赏不行，则贤者不可得而进也；罚不行，则不肖者不可得而退也。贤者不可得而进也，不肖者不可得而

---

① 《荀子·王霸》。

退也，则能不能不可得而官也。若是，则万物失宜，事变失应，上失天时，下失地利，中失人和，天下敖然，若烧若焦。墨子虽为之衣褐带索，啜菽饮水，恶能足之乎?"① 可见，荀子认为墨子的否定音乐，会促使天下混乱；墨子的节约物用，则会促使天下贫穷。墨子如果权势大得掌管了天下，或小一些统治了一个国家，他将会忧心忡忡地穿粗布衣、吃劣质食品，忧愁地反对音乐。这样，人们就必然享受微薄；享受微薄，就不能满足人们的欲望；不能满足人们的欲望，有功的人就得不到应有的赏赐。墨子如果权势人得掌管了天下，或小一些统治了一个国家，他将会减少用人，精简官职，上层人实行劳动，和百姓的工作完全等齐。这样做，上层人就失去了威严；失去了威严，有功和有罪的人就得不到应有的赏罚。奖赏不能实行，贤人就不可能得到提拔任用；刑罚不能实行，不贤能的人就不可能得到罢免贬斥。贤人得不到提拔任用，不贤能的人得不到罢免贬斥，那么有才能的人和没才能的人就不可能得到与其才能相称的职事。这样，万物就得不到适当的利用，突发事件就得不到相应的处理。在上方，失掉了天时；在下方，失掉了地利；在中间，失掉了人和。天下人民愁眉苦脸的，就像被烧过了，烧焦了一般。墨子即使为此身穿粗布衣，腰束绳索，吃野菜，喝白开水，又怎么能够使天下富足起来呢？

先秦儒家多主张免征商税，如孟子、荀子都把"关市几而不征"作为统治者实行"仁政"或"王政"的一项重要内容。《周礼》作为儒家的经典，虽然不主张免征商税，而是既征关税又征市税，但其对商业的态度基本上与孟子、荀子是一致的，即不抑商。《周礼》对商业和市场的管理，并收取一定的关税、市税，其主要目的不在于抑商和牟利，而在于使商业经营和活动能正常进行。如上述《周礼》设官禁止奸商出售伪劣商品、操纵物价，只是打击不法商人，而不是抑商。这些措施不仅不会限制或妨碍商品经济和商业的发展，实际上反而会保障和促进商品经济

———————

① 《荀子·富国》。

和商业健康有序地发展。泉府收购滞销货物和发放贷款，虽然政府带有营利的性质，但主要还是利用协调性的政策工具，来稳定物价和限制私人高利贷活动。

第五章
先秦国家管理思想

第一节　人口与土地管制思想

一、《尚书·禹贡》按土地类型征收不同贡赋思想

《尚书·禹贡》是先秦时期总结性的地理记载，把当时人们所能达到的疆域算作"天下"，而根据地理来划分区域，是希望统治者对于各州的土地都能好好地利用和整治，各地会把拥有的特产进贡到中央。田赋则是根据各州土地的肥瘠来决定等次。

《禹贡》中根据各州土地的肥瘠来决定等次并征收不同数量贡赋的思想与管子的"相地而衰征"是一脉相承的。作者在文中具体地分别九州土壤种类、田地等级、赋税高下、地方特产、贡物品种等。《禹贡》开宗明义地说："禹别九州，随山浚川，任土作贡。"孔安国注：任土作贡，即"任其土地所有，定其贡赋之差"。孔颖达疏曰："郑玄云'任土谓定其肥硗之所生'，是言用肥瘠多少为差也。"并说："不言作赋而云作贡

者，取下供上之义也。"① 从《禹贡》文中所述可知，其划分的田地等级
虽然主要指土质肥瘠，但还包括九州治水先后次序及地势高下和运输便
利情况等。正如司马迁所说的："禹乃行相地宜所有以贡，及山川之便
利。"② 以下根据《禹贡》所述九州土壤种类、田地肥瘠等级、赋税高下
及贡物品种列表说明当时对全国土地进行管理的思想。

地区	土壤种类	田地肥瘠等级	赋税高下	贡物品种
冀州	白壤	中中	上上，有时上中	入谷不贡
兖州	黑坟	中下	下下	漆丝等
青州	白坟	上下	中上	盐绨等
徐州	赤埴坟	上中	中中	五色土等
扬州	涂泥	下下	下上，有时中下	金三品等
荆州	涂泥	下中	上下	羽毛齿革等
豫州	壤、坟垆	中上	上中，有时上上	漆枲绨纻等
梁州	青黎	下上	下中，有时下上、下下	璆铁银镂砮磬等
雍州	黄壤	上上	中下	球琳琅玕等

从表中我们可以看出，各州赋税高下的等级，与土地肥瘠的等级并
不十分一致，有的差别还很大。如冀州土地只是中等的，而赋税却是最
高的；雍州的土地是上等的，而赋税却是中下的；荆州的土地是下中等
的，而赋税却是上下的。对于这种不一致，历代研究者有不同说法。其

---

① 《尚书·禹贡》。
② 《史记》卷 2《夏本纪》。

中比较有代表性的说法主要有两种：一是各州赋税多少不单取决于土地肥瘠状况，还取决于农业劳动力多少、垦田多少和生产总量多少。如宋人夏僎认为："夫田之高下既分九等，则赋亦当称是。今乃有异同者，盖田有高下，地有广狭，民有多少，则其赋税之总数自有不同，不可以田之高下准之。"① 二是各州距帝都远近与贡赋品类不同也影响赋税高下的等级。如日本学者田崎仁义就认为："冀州田五等，赋一等及二等，豫州田四等，赋二等及一筹，以距帝都最近，运输甚便也。雍州田虽一等，但以地远，运送不便，故赋为六等。"② 尽管众人对《禹贡》中赋税高下等级与土地肥瘠等级并不一致的解释各不相同，但有一点是一致的，即《禹贡》中对土地肥瘠划分等级的目的是为划分赋税等级提供一项主要的依据。

二、《周礼》对户籍、土地和赋役管制思想

《周礼》是儒家经典十三经之一。其成书年代聚讼纷然达千余年，至今仍人言人殊，但目前史学界一般认为是战国或西汉时期的作品。经学大师郑玄为《周礼》作了出色的注。《周礼》在汉代最初名为《周官》，记载先秦时期社会政治、经济、文化、风俗、礼法诸制，所涉及之内容极为丰富。《周礼》、《仪礼》和《礼记》合称"三礼"，是古代华夏礼乐文化的理论形态，对礼法、礼义作了最权威的记载和解释，对历代礼制的影响最为深远。

中国古代很早就注意人口的管理，殷墟卜辞中就有人口数的记载。《国语·周语上》载：周宣王三十九年（前789），"宣王既丧南国之师，乃料民于太原"。"料民"就是调查统计人口数量。据《周礼·司寇上》记载，当时政府设有管理户籍的官员——司民，"掌登万民之数，自生齿

---

① 夏僎：《尚书详解》卷6，台湾商务印书馆影印文渊阁四库全书本。
② 田崎仁义：《中国古代经济思想及制度》，王学文译，山西人民出版社，2015年。

以上，皆书于版"。三年大比之期，将民数上报司寇，由司寇报告天子，存于天府。当时，政府已按行业对人口做了细致的分类。《周礼·冢宰上》云："以九职任万民；一曰三农，生九谷；二曰园圃，毓草木；三曰虞衡，作山泽之材；四曰薮牧，养蕃鸟兽；五曰百工，饬化八材；六曰商贾，阜通货贿；七曰嫔妇，化治丝枲；八曰臣妾，聚敛疏材；九曰闲民，无常职，转移职事。"

《周礼·司徒》中《小司徒》《乡师》《闾师》《乡大夫》《族师》《闾胥》《县师》《媒氏》《职方氏》以及《司寇》中的《司民》等，从不同角度谈到户籍管理。综合起来，主要有以下5个方面的思想值得注意：

其一，每年都要进行户口检查，三年进行一次普查，并把普查情况汇集并报告国王。

其二，在人口普查中，必须掌握的人口一般情况包括性别、年龄、社会地位（贵贱）、智能情况（贤、能）、健康状况（残病）、生死、族别等。

其三，政府掌握户口情况的一个重要目的是征派力役，因此特别关注全国符合服役条件的人数。如国中"自七尺以及六十"，野中"自六尺以及六十有五"皆征之[1]。

其四，了解和掌握每家的财产，其财产主要指牲畜、器物。《周礼》中没有把土地作为个人财产的记录。

其五，婚姻管理关系到人口的繁衍，《周礼》鼓励男女婚配多育。如提出男子在30岁以前，女子在20岁以前必须婚配，过时则加重征税；春天男女之会不限，其他时间要进行管理，严禁私通。

与户口管理、土地分配相互配套的是纳税和服役。《周礼》中有关收税与征役的方式各处记载也不一致。

就土地税而言，凡属受田或受封者，必须交税和进贡。《载贡》规定，场圃交1/20税，近郊交1/10税，远郊交3/20税，甸、稍、县、鄙

---

[1] 《周礼·乡大夫》。

之田不超过 2/10 税，漆林交 5/20 税。《司徒·均人》则主张以年成好坏收不同数量的税。《司徒》中的闾师、委人条有关于征收实物税的记载，经营什么则交纳什么。

关于征派力役，主要包括徭役、师役、田（猎）役三大项。《大司马》中记载"凡令赋，以地与民制之"，即按土地与劳力情况征发。《司徒·均人》则主张征派力役按年成好坏确定天数多少："凡均力政，以岁上下。丰年则公旬用三日焉，中年则公旬用二日焉，无年则公旬用一日焉。凶札则无力政，无财赋。"

此外，《周礼》还记载有"口赋"。《太宰》中的"九赋"，《乡大夫》中关于对国中身高七尺以上、年龄六十以下，野中身高六尺以上，年龄六十五以下的人皆征之，指的都是口赋。《载师》《廛人》《司关》讲到国中之廛布，指的是征收房屋税；《遂人》则载农民也有受廛收税之事。可见，当时国、野均要征收房屋税。

根据巫宝三的研究，《周礼》的租赋思想又较《管子》《尚书·禹贡》大大发展了，其主要依据有以下 3 个方面：

第一，《周礼》同样认为制定赋税制度，必须辨明土地等次及物产状况。《周礼·大司徒》载："以土均之法，辨五物九等，制天下之地征。"此与管仲的"相地而衰征"，《管子·乘马数》所说的上壤、间壤、下壤，"相壤定籍"，《禹贡》定九州之田为九等，原理完全相同。上文《周礼》中的"五物"指山林、川泽、丘陵、坟衍、原隰五地所生之物，"九等"谓骍刚、赤缇等九类土壤。上引"土均之法"不仅考虑到土地好坏的因素，还考虑到劳动力多寡的因素。

第二，《周礼》中关于赋税的制度，也考虑到土地位置远近的因素。《周礼·大司徒》载师条规定："国宅无征，园廛二十而一，近郊十一，远郊二十而三，甸稍县都皆无过十二。"此规定虽然是轻近而重远，与《禹贡》重近而轻远相反，但不管如何，毕竟在征收赋税时也已考虑被征地区位置远近因素。据郑玄解释，"周税轻近而重远，近者多役"①。

第三，《周礼》已比较详细地论述了税率问题，是对管仲"相地而衰征"的进一步具体化，而《禹贡》则没有提到税率。如上文所引《载师》职文中，就记载十税一、十税二、二十税一、二十税三等多种税率②。

《周礼》中与户口管理相配合的是土地分配思想，书中有关土地分配主要有4种方案：

其一，《大司徒》中以"家"为单位的分配法："不易之地，家百亩；一易之地，家二百亩；再易之地，家三百亩。"不易之地即每年都可耕种的好地，一易之地即两年轮耕之地，再易之地即三年轮耕之地。总之，每家每年均耕种一百亩田地。

其二，《小司徒》中以"夫"为单位的分配法：一夫百亩，九夫为一井，四井为一邑，四邑为一丘，四丘为一甸，四甸为一县，四县为一都。这里的"夫"即一家之长，其实与以家为单位进行分配是一样，不同处主要在分配方式上，这种井田式的分配土地方法与行政组织合而为一。

其三，《小司徒》中还有另一种分配法，即按劳动力状况为单位分配："上地，家七人，可任也者家三人；中地，家六人，可任也者二家五人；下地，家五人，可任也者家二人。"这就是7口之家有3个壮劳动力给上地，6口之家有2个半劳动力给中地，5口之家有2个劳动力的给下地。每家中壮劳动力为"正卒"，其他为"羡卒"。

其四，《遂人》中把家庭与劳动力状况统一起来，综合计算分配。上地：每"夫"廛一处，田百亩，莱五十亩，余夫亦如之。中地：每"夫"廛一处，田百亩，莱百亩，余夫亦如之。下地：每"夫"廛一处，田百亩，莱二百亩，余夫亦如之③。这里每"夫"之夫为一家之长，"余夫"则为一家之长之外的劳动力。可见，这种方法与上文第一种以"家"为

① 《周礼·载师》职注。

② 中国社会科学院经济研究所中国经济思想史组编：《中国经济思想史论》，人民出版社，1985年，第30—32页。

③ 《周礼·大司徒》。

单位与第二种以"夫"为单位分配土地方法的主要不同在于除作为一家之长的"夫"分配到土地之外，余夫也与"夫"一样同样分配到土地。此外，分配到的土地更加细化、准确，分为居住地、不用轮耕地、轮耕地3种。

三、孔子、孟子人口土地思想

春秋战国时期的孔子、墨子、孟子、商鞅和管子学派等都认为人多是国富兵强的基础。如孔子到卫国，看到卫国人口众多，称赞说："庶矣哉!"并主张在"庶"的基础上再求"富"。之后，"富庶"成为国家兴盛的标志，"庶"就是指人口众多。

这一时期，儒家学派的代表人物孟子也主张人多为好。他指出："广土众民，君子欲之。"[①] 即土地广大，人民众多，这是国君们都想要达到的目标。

孔子、孟子人多为好的思想后来在儒家的《大学》中得到了发扬："有德此有人，有人此有土，有土此有财，有财此有用。"其意是说统治者如能以德治国就可以得到人民的拥戴，有了人民就有了土地，有了土地就有了财富，有了财富就有了国家的用度。说明人口多少是国家贫富、强弱的关键因素。

在先秦诸子中，孟子最先从国家政策的角度思考土地问题。他认为："夫仁政，必自经界始。经界不正，井地不均，谷禄不平，是故暴君污吏必慢其经界。经界既正，分田制禄可坐而定也。"[②] 孟子把划定各户耕地的疆界作为统治者实行仁政的开始，而把不实行"经界"的统治者斥为"暴君污吏"，其理由是如不划清各户耕地的疆界，就会导致耕田不能平等分配，自然收获物也不能平均。

----

① 《孟子·尽心上》。
② 《孟子·滕文公上》。

四、墨子、勾践增殖人口思想

1. 墨子增殖人口思想。

墨子针对春秋时期诸侯兼并战争不断、人口急剧减少、土地荒芜的状况，提出了增殖人口的措施。如（1）提倡早婚，"使民早处家"①，可以使人口成倍地增加。（2）实行"非攻"，停止战争，既可降低死亡率，又可提高出生率，使人口增殖。（3）不聚敛百姓。因为统治者如横征暴敛，"使民劳，其籍敛厚，民财不足，冻饿死者不可胜数"②。如不聚敛百姓，民众基本温饱，人口就会增殖。（4）提倡节葬。墨子揭露：当时丧葬"天子杀殉，众者数百，寡者数十。将军大夫杀殉，众者数十，寡者数人"③，造成了劳动力的巨大损失。而且由于丧期太长，居丧名目太烦琐，使得居丧之人"面目陷陬，颜色黧黑，耳目不聪明，手足不劲强"，严重摧残身心健康，以致"作疾病死者不可胜计也，此其为败男女之交多矣"④。因此，墨子认为提倡"节葬"，也有利于人口增殖。（5）节制"蓄私"。墨子云："当今之君，其蓄私也，大国拘女累千，小国累百。是以天下之男多寡无妻，女多拘无夫。男女失时，故民少。""蓄私"造成一方面社会上男多于女，男人找不到妻子；另一面统治者大量蓄养婢妾，使许多女人不能嫁人。总之，严重妨碍了男女的正常婚嫁，影响了人口的增殖。因此，他提倡学习"上世至圣，必蓄私不以伤行，故民无怨。宫无拘女，故天下无寡夫。内无拘女，外无寡夫，故天下之民众"。因此，"君实欲民之众而恶其寡，当蓄私不可不节"⑤。

---

① 《墨子·节用上》。
② 《墨子·节用上》。
③ 《墨子·节葬下》。
④ 《墨子·节葬下》。
⑤ 《墨子·辞过》。

2. 勾践增殖人口思想及实践。

勾践（？—前464），姒姓，本名鸠浅（越国与中原各国语言不同，音译为勾践），会稽（今浙江绍兴）人，春秋时期越国君主（前496—前464）。前496年，越王勾践即位，同年，在槜李大败吴师。越王勾践三年（前494），被吴军败于夫椒，被迫向吴求和。三年后被释放回越国，返国后重用范蠡、文种，卧薪尝胆使越国国力渐渐恢复起来。越王勾践十五年（前482），吴王夫差兴兵参加黄池之会，以彰显武力率精锐而出。越王勾践抓住机会率兵而起，大败吴师。越王勾践十九年（前478），勾践再度在笠泽之战中三战三捷大败吴军主力。越王勾践二十四年（前473），破吴都，迫使夫差自尽，灭吴称霸，成为春秋时期最后一位霸主。

中国历史上，较早提出鼓励人口增殖思想并予以实践的是越王勾践。《国语·越语上》载："（勾践）命壮者无取老妇，令老者无取壮妻。女子十七不嫁，其父母有罪；丈夫二十不取，其父母有罪。将免者以告，公令医守之。生丈夫，二壶酒，一犬；生女子，二壶酒，一豚。生三人，公与之母；生二人，公与之饩。当室者死，三年释其政；支子死，三月释其政，必哭泣葬埋之如其子。令孤子、寡妇、疾疹、贫病者，纳宦其子。其达士，洁其居，美其服，饱其食，而摩厉之于义。四方之士来者，必庙礼之。"勾践的这些鼓励人口增殖政策是否能全部付诸实施，的确值得怀疑，但其所反映的思想理念值得注意。其一，勾践采取一系列鼓励生育的措施，即规定壮年男子不许娶老妇，老年男子不许娶壮妻，这样可避免许多男女因年龄不合适而导致婚后无法生育。还规定女子到了17岁、男子到了20岁，如还没有嫁娶，那他们的父母就有罪。通过这一规定可督促年轻男女早婚早育。同时，政府对已生育者采取奖励措施。勾践为了达到多生育的目标，一反古代重男轻女的习俗，对生育女孩的奖励多于生育男孩，即生育女孩、男孩同样都奖励2壶酒，但另外奖励生女孩的1头猪，而生男孩则只奖励1只狗。而对于生育多胎的则额外再予以优惠，如生育3胎者，官府为之雇乳母；对于生2胎者，官府再额外给予粮食津贴。其二，为了提高幼儿成活率和人口质量，国家规定：凡无

男性家长照顾或有家长而疾病贫穷者，其子归官府照顾，其中具有才能者对其衣食住特加优待并给以教育。其三，为了招徕国外人口，对四面八方来越国效劳的人，朝廷予以隆重的招待。

五、商鞅对人口、土地管制思想

先秦时期，法家主张对户口实行严密的管制。前375年，秦国建立了"户籍相伍"① 的制度，以五家为一伍。前356年，商鞅变法，进一步实行什伍连坐法：五家为伍，十家为什；一家有罪，如不举发，则十家连坐。

商鞅时，已实行户籍制度。其一，对健在的人口实行户籍登记。如《商君书·境内》载："四境之内，丈夫、女子皆有名于上，（生）者著，死者削。"同书《去强》篇也载："举民众口数，生者著，死者削。"其二，通过户籍管理推行小家庭制。如规定："民有二男以上不分异者，倍其赋。"② 其三，在户籍管理中实行性别、年龄、职业统计。如《去强》篇中提出"强国之十三数"，对全国13个项目进行统计，其中很多项目是有关户籍内容的，如户口、壮男、壮女、老者、弱者、官吏、士卒、游士、富民等。同书《垦令》篇也提出对从事商业的人口进行统计："以商之口数，使商，令之厮舆徒重者必当名。"其四，对流动人口的管制。《史记·商君列传》载，商鞅晚年遭贵族迫害逃亡，欲宿客舍，客舍人曰："商君之法，舍人无验者坐之。"可见，投宿客舍之人必须携带有关证件，否则客舍主人如同意让无证件之人投宿，将遭到处罚。

战国时期，商鞅也重视人口按各种类型加以统计，这为政府制定各项政策提供依据，使政策符合本国人口的实际情况。他说："强国知十三数：境内仓、口之数，壮男、壮女之数，老、弱之数，官、士之数，以

---

① 《史记》卷6《秦始皇本纪》。
② 《史记》卷68《商君列传》。

言说取食者之数，利民之数，马、牛、刍藁之数。"商鞅所谓的要使国家强盛，统治者必须掌握的 13 项统计数字中有关各种人口的统计数字占了 9 项。他认为统治者如不掌握这些数字，那管理国家就会陷入盲目性，国势就会削弱。这就是"欲强国，不知国十三数，地虽利，民虽众，国愈弱至削"①。

商鞅认为当时秦国人口太少，影响了农业生产和兵力的征发。他说："凡世主之患，用兵者不量力，治草莱者不度地。故有地狭而民众者，民胜其地；地广而民少者，地胜其民。民胜其地，务开；地胜其民者，事徕。"② 商鞅已清楚地认识到当时人地矛盾的两个方面：一是地狭民众，二是地广民少。对此，商鞅提出了"制土分民"的主张，使人口和土地必须保持一定的平衡对比关系。他还对人地的合理比例关系进行量化，指出"先王制土分民之律"是"地方百里者，山陵处什一，薮泽处什一，溪谷流水处什一，都邑蹊道处什一，恶田处什二，良田处什四，以此食作夫五万"③。这就是方圆百里之地，一般良田占 40％，恶田占 20％，山陵占 10％，湖泊占 10％，河流占 10％，城镇、道路占 10％，按当时的生产力水平，可以容纳 5 万个农业劳动力。商鞅以此标准来衡量当时的秦国，得出了秦国地广民少，地胜其民的论断，因此主张实行"务徕"政策。他深知"民之情，其所欲者，田宅也"，而田宅，"晋之无有也信，秦之有余也必"④。因此，他主张秦国以田宅、免兵役等为诱饵，招徕三晋农民到秦国专务耕织。这就是历史上著名的"徕民"政策。商鞅认为一个国家如农业人口占绝大多数，这个国家就会强大，即所谓"百人农，一人居者王。十人农，一人居者强。半农半居者，危"⑤。

商鞅认为，人口与土地应有适当比例，过与不及，都有不利之处。

---

① 《商君书·去强》。
② 《商君书·算地》。
③ 《商君书·徕民》。
④ 《商君书·徕民》。
⑤ 《商君书·农战》。

他在《商君书·算地》中指出："民过地，则国功寡而兵力少；地过民，则山泽财物不为用……故民众而兵弱，地大而力小。"这就必须对人地比例进行调节平衡，"民胜其地，务开；地胜其民者，事徕"。也就是当人口多田地狭小时，就从事开荒，尽力多垦辟田地；当人口少田地广阔时，就以优厚条件招致其他国家的人民前来耕作。在当时的生产技术条件下，商鞅设计了一套国土规划："为国任地者，山林居什一，薮泽居什一，溪谷流水居什一，都邑蹊道居什四（亦当为什一），此先王之正律也。"如文中的"都邑蹊道"与同书《徕民》篇中所云"都邑蹊道处什一"相同的话，那剩余的十分之六土地即为农田。其中"恶田处什二，良田处什四"①。如此规划后，"为国分田数小，亩五百足待一役，此地不任也。方土百里，出战卒万人者，数小也。此其垦田足以食其民，都邑遂路足以处其民；山林、薮泽、溪谷足以供其利，薮泽堤防足以畜，故兵出粮给而财有余，兵休民作而畜长足，此所谓任地待役之律也"②。商鞅的兵制，是以家庭为单位，所以要"数小"，即鼓励小家庭；每一家庭所受土地，约比以前多 5 倍，故农民生活可以温饱；每家一兵，也可"干戈备具"③，所以说"亩五百，足待一役"。由于商鞅推行小家庭制，"民有二男以上不分异者，倍其赋"④，所以，可使同样的土地，多出 1/3 士卒，即上文所引"方土百里，出战卒万人者，数小也"。

商鞅主张人尽其力，惩罚懒惰。商鞅对于"怠而贫者，举以为收孥"⑤。《商君书·垦令》中反复强调对懒惰者采取各种惩罚限制措施，以使他们能从事生产，尤其是努力耕作。如使"辟淫游食之民，无所于食"，"窳惰之农勉矣"；"私交疑农之民不行"，"轻惰之民不游军市"等等。

---

① 《商君书·徕民》。
② 《商君书·算地》。
③ 《汉书》卷 23《刑法志》。
④ 《史记》卷 68《商君列传》。
⑤ 《史记》卷 68《商君列传》。

六、《管子》对人口、土地管制思想

管仲对于人口严格管制的一项著名措施为"四民分业"，提出要用严格的行政制度把士农工商四民分开，用户籍法严格控制。如"制国以为二十一乡"，其中"工商之乡六"，"士（农之）乡十五"。农处田野，规定"三十家为邑"，"十邑为卒"，"十卒为乡"，"三乡为县"，"十县为属"，整个齐国分为"五属"①。

《管子·小匡》亦云："士农工商，四民者，国之石民也，不可使杂处。杂处则其言咙，其事乱。是故圣王之处士必于闲燕，处农必就田壄，处工必就官府，处商必就市井。"管仲将全国居民按士农工商分成 4 大类，让同行同业者居住在一起，禁止他们相杂而居。在当时交通与信息交流受到极大限制的条件下，四民分业、同业相聚有利于专业分工，有利于同业之间交流生产经验，互相切磋技艺，取长补短，提高生产技术水平和劳动生产率。这就是"相语以事，相示以巧，相陈以功"②。而且规定士之子恒为士，农之子恒为农，工之子恒为工，商之子恒为商。各业子孙世世代代相承祖业，不得随意变更自己的行业。父子相承，能使子弟在耳濡目染中学到生产技术。父兄教授，耳提面命，可减少子弟学习的盲目性，少走弯路。古代，许多技术是保密的，传子不传女，父子相承使许多技术不至于失传。

当然，从当代人才培养的角度来看，管子的"四民分业"、同业相聚、父子相承主张极大限制了人才的自由发展，对广泛培养各种人才、人尽其用是极其有害的。

这一时期，《管子》所主张的对全国人口的分类调查统计比商鞅的"十三数"更为具体详细，实在令人惊叹！这在中国古代是极为罕见的。

---

① 《国语》卷 6《齐语》。
② 《国语》卷 6《齐语》。

《管子·问》提出对人口调查应"问独夫、寡妇、孤寡、疾病者几何人也?……问邑之贫人,债而食者几何家?问理园圃而食者几何家?人之开田而耕者几何家?士之身耕者几何家?……士之有田而不使(仕)者几何人?……士之有田而不耕者几何人?身何事?群臣有位而未有田者几何人?外人之来而未有田宅者几何家?国子弟之游于外者几何人?贫士之受责(债)于大夫者几何人?……外人来游在大夫之家者几何人?乡子弟力田为人率者几何人?国子弟之无上事,衣食不节,率子弟不田、弋猎者几何人?……问人之贷粟米有别券者几何家?……问士之有田宅、身在陈(阵)列者几何人?余子之胜甲兵、有行伍者几何人?问男女有巧伎、能利备用者几何人?处女操工事者几何人?冗国所开口而食者几何人?问一民有几年之食也?"《管子·问》对人口调查所询问的项目虽然有如此之多,但归纳起来大致有以下数项,其目的是针对不同类型的人口制定不同的政策。一是调查鳏寡孤独疾病之人的数量,"其不为用者,辄免(免徭役)之;有锢病不可作者,疾(按病人对待)之"①。二是调查社会上贫穷到靠借债为生的人有多少,对于这些人,"可省(少)作者,半事(服半役)之"②。三是调查百姓之家在服兵役的有多少人,"行以定甲士当被兵之数,上其都"③。四是调查有田不耕、游手好闲者有多少人,对于这些人国家将采取行政措施强迫他们从事生产。五是调查开垦田地、从事农耕之人有多少家,对这些人国家应采取鼓励措施。六是调查外来之人在本国的有多少,本国人的儿子兄弟等在外面的有多少,国家应关注这些人的动向。

《管子》在管理国家方面,除了提出"四民分业"居住和对全国人口进行分类调查统计之外,还主张对人口与土地进行严密的管制。首先,政府设立严密的户籍,定时登记核查。"春曰书比,立夏曰月程,秋曰大

---

① 《管子·度地》。
② 《管子·度地》。
③ 《管子·度地》。

稽，与民数得亡。"① "常以秋岁末之时，阅其民，案家人比地，定什伍口数。"② 从上述《乘马》篇所云春季公布税率，夏季核查，秋季归总，然后统计民众增加或减少之数来看，当时对户口的登记核查是与征收赋税密切相关的。其次，政府按一定的组织形式将人口强制编制起来。如有的以家为单位进行组织编制："十家为什，五家为伍，什伍皆有长焉。"③ "五家而伍，十家而连，五连而暴，五暴而长，命之曰某乡，四乡命之曰都，邑制也。"④ 另外有的以百姓居住的范围或生产活动组织将百姓编制起来："方六里命之口暴，五暴命之曰部，五部命之曰聚……五聚命之曰某乡，四乡命之曰方，官制也"⑤；"四聚为一离，五离为一制，五制为一田，二田为一夫，三夫为一家，事制也"⑥。由此可见，《管子》主张广大民众按各种不同组织形式编制起来，以便于政府征收赋税、摊派徭役、组织生产等，其对人口的管制相当严密。再次，用行政、法律的手段禁止民众迁徙、流亡。"（冬）五政曰：禁迁徙，止流民，圉分异"⑦，"逃徙者刑"⑧。由此可见，《管子》主张如民众违反禁令随意迁徙、流亡等，必须受到严厉的惩罚。为了严防民众迁徙、流亡，《管子》提出必须在百姓聚居地修筑围墙，统一出入通道，里门要指定专人看管，定时开关启闭，注意观察出入人等，有发现情况及时报告里尉，严格限制人们的出入，密切监视人们的行动。《立政》篇规定："审闾闬，慎筦键。筦藏于里尉，置闾有司，以时开闭……凡出入不时，衣服不中，圈属群徒，不顺于常者，闾有司见之，复（里尉）无时。"

《管子》在田地管制方面：首先，主张按"夫"或"户"进行授田。

---

① 《管子·乘马》。
② 《管子·度地》。
③ 《管子·立政》。
④ 《管子·乘马》。
⑤ 《管子·乘马》。
⑥ 《管子·乘马》。
⑦ 《管子·四时》。
⑧ 《管子·治国》。

"一农之量，壤百亩也。"① "地量百亩，一夫之力也。"② "百乘为耕田万顷，为户万户"③，"方一里，九夫之田也"④。其次，为了使所授之田得到国家的保护，《管子》提出设立严密的田界系统。"三岁修封，五岁修界，十岁更制，经正也"⑤；"（春）四政曰：端险阻，修封疆，正千（阡）伯（陌）"⑥。显然，政府应定时组织对田界系统进行维持与修正，其目的在于维护一夫一户所受田亩的确定面积。再次，实行"相地而衰其政（征）"⑦，即观测评估土地，以区分土地的肥瘠好坏，评出等级，然后根据土地的等级征收赋税。《乘马数》篇载："有一人耕而五人食者，有一人耕而四人食者，有一个耕而三人食者，有一人耕而二人食者。此齐力而功地，田策相圆。此国策之时守也。""郡县上腴之壤守之若干，间壤守之若干，下壤守之若干。故相壤定籍，而民不移。"由此可见，《管子》学派主张国家必须对不同地区高低不同的劳动生产率加以区分，实行不同的政策。因为不同地区、不同条件，收成多少大不相同。有一个劳动力耕种所得可供 5 人食用的，有可供 4 人食用的，有可供 3 人食用的，有只可供 2 人食用的。善于管理经济的人，必须对各个地区（郡、县）土地肥沃者规定一个征收赋税的定额，中间者规定一个定额，贫瘠者规定一个定额，这样，老百姓就不会都往土地较肥沃的地区迁移。总之，正如管仲在当时所精辟概括的："相地而衰征，则民不移。"⑧ 即通过区分土地的肥瘠好坏，然后按等级征收赋税，这样农民就会安心耕作而不思迁徙。当时人们已认识到土地之肥力不同，使产量各不相同，而且差别甚大，即同样的劳动力投入，而其产出不同。"故相壤定籍，而民不移。振

---

① 《管子·巨乘马》。
② 《管子·山权数》。
③ 《管子·揆度》。
④ 《管子·乘马》。
⑤ 《管子·乘马》。
⑥ 《管子·四时》。
⑦ 《管子·小匡》。
⑧ 《国语·齐语》。

贫补不足，下乐上。故以上壤之满，补下壤之众。章四时，守诸开阖，民之不移也。"① 上述"相壤定籍"其实与"相地而衰征"都是把土地分等级而征收不同的赋税。但是不同的是"相壤定籍"比"相地而衰征"还多了一项措施，即用上等土质地区的盈余补救下等土质地区的亏空，这样，人民便会安居乐业。

这一时期，《管子》认为："地大国富，人众兵强，此霸王之本也。"② 可见，他们把"地大""人众"作为成就霸王之业的条件之一。但是，《管子》还进一步指出：地大、人口多并不一定就是好事，统治者必须对土地、人口进行适当的治理，否则，可能会走向反面，导致国家的败亡。《管子·霸言》载："地大而不为，命曰土满；人众而不理，命曰人满；兵威而不止，命曰武满。三满而不止，国非其国也。"

《管子》认为土地和人力是财富生产过程中的两个主要因素，这两者必须很好地配置，才能使社会经济发展，财富得到增长。《管子·八观》载："彼民非谷不食，谷非地不生，地非民不动，民非作力毋以致财。"同时，人口与耕地之间必须保持适当的比例关系，否则就会妨碍农业生产的发展，不利于富国富民。地广人稀和地狭人稠都同样使资源得不到很好的配置，对生产不利："地大而不耕，非其地也"，"无土而欲富者忧"③。《管子》根据当时的生产力水平，对人地两者的比例做了估计：

> 夫民之所生，衣与食也……所以富民有要，食民有率。率三十亩，而足于卒岁。岁兼美恶，亩取一石，则人有三十石。果蓏素食当十石，糠秕六畜当十石，则人有五十石。布帛麻丝，旁入奇利，未在其中也。故国有余藏，民有余食。④

由此可见，《管子》认为人均 30 亩耕地是当时人口与土地比例适当，两者得到较好配置的结合点，就能达到"国有余藏，民有余食"，从而实

----

① 《管子·乘马数》。
② 《管子·重令》。
③ 《管子·霸言》。
④ 《管子·禁藏》。

现富国富民。

管子学派认为生产是富民富国的基础，因此，把"强本事"（即发展生产）放在治国的首位。他们认为：生产发展了，产品丰富了，百姓的生活自然就富足了；"务五谷则食足，养桑麻育六畜则民富"①。同时，生产也是国家财政的来源，生产发展了，社会财富增长了，国家的财政收入就有了充足的来源。这就等于国家财政"积于不涸之仓，藏于不竭之府"②，富国便有了可靠的基础。

七、老子、韩非子对人口过度增殖的批判

但是，在先秦思想家中也有少数人对人口多持批判的态度。老子就不主张人口多，以"小国寡民"为理想社会。还有法家之集大成者韩非在这一问题上的认识与其前辈商鞅也不一致。他认为："古者，丈夫不耕，草木之实足食也；妇人不织，禽兽之皮足衣也。不事力而养足，人民少而财有余，故民不争。是以厚赏不行，重罚不用，而民自治。今人有五子不为多，子又有五子，大父（祖父）未死而有二十五孙。是以人民众而货财寡，事力劳而供养薄，故民争。虽倍赏累罚而不免于乱。"③韩非将人口增长与生活资料的增长联系起来，认为人口的增长快于生活资料的增长，故形成当时人口多、财富少的现象，这是人与人之间争斗屡禁不止、社会动乱的原因。韩非的论述虽不够科学严谨，但相当深刻，在当时可谓独树一帜。

---

① 《管子·牧民》。
② 《管子·牧民》。
③ 《韩非子·五蠹》。

第二节　货币与粮食管制思想

一、单旗、孙叔敖的货币价值论

单旗，即单穆公，姬姓，单氏，名旗，春秋时期周室大臣，单国君主，伯爵。曾劝谏周景王，又曾支持周悼王、敬王对抗王子朝。前524年，周景王"将铸大钱"，他表示反对，所提出的子母相权论是中国最早的货币理论。

单旗在中国历史上第一次较为清楚地阐明了古代关于货币问题的两对基本范畴——轻重和子母的含义。所谓轻重有两层意思：一是指货币与商品交换时的相对价值，如当时一旦"天灾降戾"，农业歉收，农产品的价值就会升高，同样的货币就会表现出比原来的"资"减少，货币的相对价值就显得低了，因此出现"民患轻"的情况。二是指货币金属本身所具有的价值，如他批评周景王铸大钱"废轻而作重"，这里的废轻作重就是指铸铜币时用重量大、价值高的钱来代替原来重量小、价值低的钱。所谓"子母"其意则是重币、大币称为母，而轻币、小币称为子。其中"子权母而行"，指在铸造轻币后，以原来流通的重币作为标准衡量轻币，把轻币作为重币的一定成数来行使；而"母权子而行"，则是指铸造重币后，以原来的轻币为标准，把重币折合为轻币的一定倍数来行使。

当时，周景王之所以要铸重币，是为了"实王府"，即解决周王室的财政困难。单旗反对这种做法，认为国家是否增铸货币，是铸重币还是轻币，必须根据商品、货币流通的实际需要。如果"民患轻"，则"为之作重币以行之"；"若不堪重"，则"多作轻（币）而行之"。如为了解决财政困难而滥发货币，这是搜刮民财以充实国库，"绝民用以实王府"，

结果只会是破坏财政基础，使财政危机更加严重，最终必将导致"民离而财匮，灾至而备亡"的危亡局面。①

孙叔敖（约前630—前593），芈姓，蒍氏，名敖，字孙叔，郢都（今湖北荆州）人，春秋时期楚国令尹，历史上的治水名人。距今2600多年前，淮河洪灾频发，孙叔敖主持治水，倾尽家资。历时三载，终于修筑了中国历史上第一座水利工程——芍陂，借淮河古道泄洪，筑陂塘灌溉农桑，造福淮河黎民。孙叔敖辅佐楚庄王施教导民，宽刑缓政，发展经济，政绩赫然，主张以民为本，止戈休武，休养生息，使农商并举，文化繁荣。因出色的治水、治国、军事才能，孙叔敖后官拜令尹（宰相），辅佐庄王独霸南方，楚庄王成为春秋五霸之一。

孙叔敖在经济方面制定和推行各项政策措施时，始终遵循百姓"各得其所便"②的原则。如他主张政府对商品交换和货币流通的管制必须按照市场的实际情况办事，反对违背经济规律人为地加以干扰。楚庄王曾认为楚国的货币价值太低，"更以小为大"，结果使"民莫安其处，次行不定"。孙叔敖发现这一情况后，立即请求楚庄王"遂令复如故"③，即废除大钱而恢复小钱。三日后，市场秩序恢复正常。

二、计然、李悝的粮价跌涨及影响思想

计然（生卒年不详），辛氏，名钘，字文子（一说名文子），又称计倪、计研，号计然、渔父，春秋时期宋国葵丘濮上（今河南民权）人，著名谋士、经济学家，著作有《文子》《通玄真经》。其博学无所不通，尤善计算。南游越国时，收越国大夫范蠡为徒，授范蠡七计。范蠡辅佐越王勾践，用其五计而灭吴国。

---

① 《国语》卷3《周语下》。
② 《史记》卷119《循吏列传》。
③ 《史记》卷119《循吏列传》。

春秋末年，计然看到粮价的跌涨如超出了一定的范围就会对社会不同行业的人造成很大的负面影响，从而不利于社会经济的发展。他指出：在丰收之年，如粮价跌到每石 20 钱以下，就会"病农"，"农病则草不辟"，即粮价太低使农民收入减少，从事农业赚不到钱，农民自然就没有了种田的积极性；而歉收之年，如粮价涨到每石 90 钱，那就会"病末"，"末病则财不出"，即粮价太高使一般手工业者、商人买不起粮食，不利于手工业生产和商品的流通。因此，他主张由国家进行干预，调节粮食价格，即丰收之年收购粮食，歉收之年抛售粮食，使粮价每石"上不过八十，下不减三十，则农末俱利"。由于古代粮食在各种商品中具有特别重要的地位，关系到国计民生，粮价稳定会带来其他商品价格的稳定和供求平衡，促进社会经济平衡有序发展，因此计然认为："平粜齐物，关市不乏，治国之道也。"①

李悝（前 455—前 395），又名李克，战国时期法家代表人物，战国初期魏都安邑（今山西夏县）人，曾任魏文侯相，主持变法。经济上推行"尽地力"和"善平粜"的政策，鼓励农民精耕细作，增加产量，国家在丰年以平价购买余粮，荒年以平价售出，以平粮价；主张同时播种多种粮食作物，以防灾荒。政治上实行法治，废除贵族的世卿世禄制度，奖励对国家有功的人，使魏国成为战国初期强国之一。他汇集当时各国法律编成《法经》，是我国古代第一部比较完整的法典，现已失传。其"重农"与"法治"结合的思想对商鞅、韩非影响极大。

战国初期，魏国李悝分析了粮食价格过贵或过贱的严重后果，指出："粜甚贵伤民，甚贱伤农；民伤则离散，农伤则国贫。故甚贵与甚贱，其伤一也。"② 李悝的这一思想与春秋末年计然的粮价低"病农"、粮价高"病末"思想基本相同，他把"病末"改为"伤民"，把对工商业者不利扩大为对非农业人口均不利，似乎更符合当时的现实。并且李悝对粮价

---

① 《史记》卷 129《货殖列传》。
② 《汉书》卷 24 上《食货上》。

过贵过贱的后果在认识上更深入一层，即粮价过贵伤害到非农业人口，会使他们流离失所；而粮价过贱伤害到农民，不仅会影响他们生产的积极性，而且会进一步使国家贫穷。对此，李悝设计了一个"平籴"方案。这套方案中虽然有些数字问题重重，但其反映的理念还是值得注意："善平籴者，必谨观岁有上中下孰。上孰其收自四，余四百石；中孰自三，余三百石；下孰自倍，余百石。小饥则收百石，中饥七十石，大饥三十石。故大孰则上籴三而舍一，中孰则籴二，下孰则籴一，使民适足，贾平则止。小饥则发小孰之所敛，中饥则发中孰之所敛，大饥则发大孰之所敛，而粜之。故虽遇饥馑水旱，籴不贵而民不散，取有余以补不足也。行之魏国，国以富强。"① 根据《汉书·食货上》的记载我们大致可了解李悝平籴思想的 4 个方面特征：一是"平籴"方案是在年景假设为上中下（或大中小）熟和大中小饥 6 种情况下实施；二是政府根据上中下熟不同情况收购不同数量的粮食，然后将其储备，待发生大中小饥年份时，再根据受灾程度不同出售储备粮；三是由于上熟储粮以备大饥之年，中熟储粮以备中饥之年，小熟储粮以备小饥之年，所以基本上能达到"取有余以补不足""籴不贵而民不散"的效果；四是这一方案曾在魏国实施，取得较好的效果，使社会经济发展，国家走向富强。

三、《管子》的粮食为"司命"、货币为"通施"思想

《管子》提出在对国家经济的治理中，把粮食和货币作为控制工商业和整个国民经济最主要的对象。《管子·国蓄》云："五谷食米，民之司命也；黄金刀币，民之通施也。"在中国古代社会，农业是最基本的生产部门，粮食是人们最根本的生活资料，是生存之本。在商品流通中，货币作为一切商品的等价物，比任何其他商品都更为重要。国家如掌握了粮食和货币，不但能控制市场，而且对支配整个社会经济生活、安定社

---

① 《汉书》卷 24 上《食货上》。

会秩序，都将起着关键的作用。因此，《管子》把粮食视为"司命"，即命运的支配者；把货币视为"通施"，即通用的流通手段。《管子》把粮食和货币作为"以轻重御天下"①的两个主要对象，正是基于上述的认识。

《管子》提出，在以粮食和货币为治理国家经济活动的主要对象中，通过粮食和货币比价变化的关系、货币与各种商品的相互关系、粮食与其他商品的相互关系、供求决定价格、价格影响供求等，对工商业乃至整个社会经济进行管制、控制和调节。

《管子》认识到："粟重黄金轻，黄金重而粟轻。"②其意为处于流通中的粮食数量减少而货币相对数量增多，则表现为粮食价格上涨而货币购买力降低；相反，如果处于流通中的货币数量减少而粮食相对数量增多，则表现为货币购买力提高而谷物价格下跌。

在此基础上，《管子》还进一步认识到："币重而万物轻，币轻而万物重"③；"谷重而万物轻，谷轻而万物重"④。这就是作为一般等价物的货币同各种商品之间的比价以及作为最基本生活资料的粮食同其他各种商品之间的比价共同表现出轻重、贵贱相反的关系，其变化是此消彼长或彼消此长。

由于在社会经济生活中，粮食和货币起决定性的作用，因此，国家如能够通过操纵、调节和改变这两者的比价关系，就能控制、影响其他各种商品的价格和供求。《管子》提出"执其通施，以御其司命"⑤，作为管制、控制和调节全国经济的总原则。也就是说，国家首先必须掌握作为流通手段的货币，利用它来控制和调节作为民众最基本生活资料的粮食的价格和供求，进而影响一切商品的价格和供求。这样，既可平抑物

---

① 《管子·山至数》。
② 《管子·轻重甲》。
③ 《管子·山至数》。
④ 《管子·乘马数》。
⑤ 《管子·国蓄》。

价，使"贵贱可调"①，又能把剩余产品集中到国家手中，增加国家的财政收入，"民力可得而尽"，"而君得其利"②。总之，政府通过控制货币和粮食这两种最关系重大的商品来取得和保持在经济领域中的举足轻重之势，"人君操谷、币、金衡而天下可定也，此守天下之数也"③。

《管子》的所谓"执其通施"，就是由国家掌握货币的铸造和发行，即"人君铸钱立币"④。所谓"御其司命"，就是国家必须在全国范围内控制粮食的价格和供求。其具体措施是"布币于国"⑤，乘百姓青黄不接之时，春借秋还，把粮食收集到国家手中。

《管子》还提出国家通过货币可以调节不同商品的价格："谷贱则以币予食，布帛贱则以币予衣，视物之轻重，而御之以准，故贵贱可调，而君得其利。"⑥ 除此之外，必须指出的是《管子》为了国君"得其利"，通过行政手段人为地制造物价波动，对国民经济和人民生活造成严重的后果，有时甚至是对民众的掠夺。如他主张国家通过"发号出令"，使"物之轻重相什而相伯"⑦，造成物价成十倍百倍地涨，从而获利。如政府下令征收货币赋税，"令曰十日而具，则财物之贾什去一。令曰八日而具，则财物之贾什去二。令曰五日而具，则财物之贾什去半。朝令而夕具，则财物之贾什去九"⑧。可见，货币赋税征收的期限越短，农民就会越急于出卖农产品而换取货币纳税，这就使农产品的价格下跌越严重。

《管子》作者认识到货币的作用并不仅限于经济，同时还有政治上的意义，即"以守财物，以御民事，而平天下也"⑨。这就是君主如果垄断

---

① 《管子·国蓄》。
② 《管子·国蓄》。
③ 《管子·山至数》。
④ 《管子·国蓄》。
⑤ 《管子·山至数》。
⑥ 《管子·国蓄》。
⑦ 《管子·轻重乙》。
⑧ 《管子·国蓄》。
⑨ 《管子·国蓄》。

了货币，就能据有财货物资，控制人民从事的各项活动，并使物价平稳。因此，作者主张国家必须垄断货币的铸造与发行。《管子·国蓄》一再强调君主必须掌握铸币权："人君铸钱立币"，君主"自为铸币"。《管子·山权数》则从历史角度强调铸币权要由君主垄断："汤以庄山之金铸币……禹以历山之金铸币。"所以当时"君有山，山有金，以立币"①。这是自夏、商朝开始即如此，君主垄断铸币权，天经地义。国家掌握了铸币权其实也就掌握了发行权。《管子·山至数》说"布币于国"，即国家掌握了货币发行，也就能控制利途。正如《管子·国蓄》所云："黄金刀币，民之通施也。故善者执其通施，以御其司命，故民力可得而尽也。"《管子》作者还提出，国家在垄断货币过程中，关键要把握住币值。《管子·揆度》说："币重则民死利，币轻则决而不用，故轻重调于数而止。"这里的币重指货币购买力高，币轻指货币购买力低。作者认为过高或过低都有弊病，币值上涨，人们会为着得到货币而不惜性命；货币贬值，购买力下降，不值钱了，人们就会弃而不用。因此，君主在管理国家中必须把物资和币值的上涨或下降都调整到合适的水平上。

第三节　重农抑商思想

一、李悝"尽地力"和"禁技巧"思想

战国初期，法家先驱者李悝曾向魏文侯和武侯，提出了"尽地力之教"的国策②。他建议，一方面"治田勤谨"，即发挥农业生产者的积极

---

① 《管子·山至数》。
② 《汉书》卷 24 上《食货上》。

性，提高单位面积产量；另一方面"禁技巧"，认为"雕文刻镂，害农事者也，锦绣纂组，伤女工者也，农事害则饥之本也，女工伤则寒之原也……故上不禁技巧则国贫民侈"①。在这里，"尽地力"就是指要重视农业，充分发挥土地的潜力；而"禁技巧"则是指抑制当时华而不实的手工业，这些产品基本上是作为奢侈品出售的，因此就必然抑制商业。李悝虽然没有明显提出重农抑商的概念，但从其"尽地力"和"禁技巧"的思想可以推断，重农抑商的思想在战国初期已有了雏形。

二、商鞅"事本禁末"思想

先秦时代第一个比较明确提出"重本抑末"并予以实践的是战国时期秦国的商鞅。商鞅在变法令中规定："僇力本业，耕织致粟帛多者复其身；事末利及怠而贫者，举以为收孥。"② 这是我国古代文献中比较早记载的"本业"与"末利"相对应的一对概念。尔后在后人编纂的《商君书》中，商鞅进一步提出"事本而禁末"："治国能抟民力而壹民务者强，能事本而禁末者富。"③ 商鞅所说的"本业"与"事本"，可以比较肯定地认为指的是农业，而这里"末利""禁末"的"末"则必须予以具体分析。

商鞅是中国经济思想史上最先提出"本末"概念的人。他比墨子更明确地把当时男耕女织的农业称为"事本""本业"，而他对于"末业"没有明确的界定。商鞅虽有时把游谈、辩说之士也称作末，但从他禁末的做法"苟能令商贾、技巧之人无繁"来看，其所谓"末业"显然主要是指工商业。

商鞅也是最先明确提出"事本禁末"口号的人，认为"能事本而禁

---

① 《说苑·反质》。
② 《史记》卷 68《商君列传》。
③ 《商君书·壹言》。

末者富"①。在中国封建社会延续了两千多年"重本抑末"的政府主导治理思想，商鞅的影响是极其深远的。

商鞅禁末，并不意味着他真的对商业的作用一概否定。他把商人和农民、官吏相提并论，认为是"国之常官也"②。对于社会生活来说，农、商、官各有不同的作用："农辟地，商（致）物，官法民。"③商鞅之所以禁末，主要是他认为从事工商业的"商贾、技巧之人"是妨碍贯彻农战政策的人，故必须予以限制打击。商鞅把一切不从事农耕的人都看作白吃饭的人，只会耗费国家的粮食财富，因此只有使农民多而工商业者少，国家才会富起来，相反，"苟能令商贾、技巧之人无繁，则欲国之无富，不可得也"④。

商鞅的"事本禁末"也并非完全禁止工商业，而主要是限制工商业的规模及工商业者的人数，就是使"今商贾、技巧之人无繁"。这种做法在当时的历史条件下，有一定的合理性。从理论上说，当时的社会生产力还相当低，农业的发展主要还是靠众多的劳动力的投入，如太多的人脱离农业而去从事工商业，将会影响农业，减少国家粮食的生产，从而妨碍农战政策的实施，就难以达到富国强兵。他们认为农业和非农业人口的比例决定国家的贫富，农业人口在国家总人口的比例越大越好："百人农，一人居者，王；十人农，一人居者，强；半农半居者，危。"⑤他们甚至认为非农业人口是农业的害虫："今夫螟螣蚼蠋，春生秋死，一出而民数年乏食。今一人耕而百人食之，此其为螟螣蚼蠋亦大矣。"⑥因此，千方百计压缩非农业人口。从实践上说，当时的秦国按照商鞅的农战政策的确达到了富国强兵，最终打败六国，统一了中国。但是从长远的眼

①　《商君书·壹言》。
②　《商君书·去强》。
③　《商君书·弱民》。
④　《商君书·外内》。
⑤　《商君书·农战》。
⑥　《商君书·农战》。

光来看，"事本禁末"政策没有充分正确地估计商业对社会经济发展的重大促进作用，甚至错误地把商业与农业对立起来，认为："金生而粟死，粟死而金生……国好生金于竟（境）内，则金粟两死，仓府两虚，国弱。国好生粟于竟（境）内，则金粟两生，仓府两实，国强。"① 在这种认识指导下，政府过分极端地打击工商业，对封建社会经济的发展带来了严重的负面影响。

商鞅等法家之所以重农，除经济原因外，还有一部分是政治原因，另一部分是军事原因。在政治上，农民淳朴而易于统治；在军事上，把农民束缚在土地上，使他们不易迁徙，平时务农，战时出征，为战争出物出力。

法家霸道尚力，商鞅就指出："国之所以重，主之所以尊者，力也"②；"治国能令贫者富，富者贫，则国多力，多力则王"③。韩非则以进化的史观说明当时社会"尚力"的必然性："上古竞于道德，中世逐于智谋，当今争于气力。"④ 他认为治国必须尚力，因为"力多则人朝，力寡则朝于人，故明君务力"⑤。可见，实力决定一个国家的地位，即实力强者接受别国的朝贡，而实力弱者则要朝贡强国。

商鞅霸道尚力的具体政策措施是耕战，即通过耕战而增加国力。他说：耕战"二者，力本，而世主莫能致力者，何也？使民之所苦者无耕，危者无战"⑥。可见，商鞅看到由于人民害怕吃苦所以不去耕田，害怕危险所以不去打仗，要改变人民恶农畏战的局面，必须用名利诱使人民务农作战。他提出："犯其所苦，行其所危者，计也。故民生则计利，死则虑名，名利之所出，不可不审也。利出于地，则民尽力；名出于战，则

① 《商君书·去强》。
② 《商君书·慎法》。
③ 《商君书·去强》。
④ 《韩非子·五蠹》。
⑤ 《韩非子·显学》。
⑥ 《商君书·慎法》。

民致死。"① 一旦人民从事于农战，其结果是"入使民尽力，则草不荒；出使民致死，则胜敌。胜敌而草不荒，富强之功，可坐而致也"②。

总之，商鞅制定政策的目标是政府使用权力遏制其他职业，使人民无所选择，要想获得名利，只能通过耕战这一途径。他观点鲜明地指出："故吾教令：民之欲利者，非耕不得；避害者，非战不免。境内之民，莫不先务耕战，而后得其所乐……能行二者于境内，则霸王之道毕矣。"③而且就耕战二者来说，首先是要使人民务农，因为务农才能使国家富强，才能为战争奠定雄厚的物质基础；务农才能使农民淳朴，容易听从国家的指挥参加战斗。这就是"明君修政作壹，去无用，止浮学事淫之民，壹之农，然后国家可富，而民力可抟也"④。

商鞅治国的核心思想是农战，把农战作为国家富强的基本国策，要求全国人民把力量都动员起来，集中到农业生产与战争中，因此，提出"利出一孔"，人们求名求利都只有通过农战这"一孔"。"利出于地"，"利出于战"，利用人们追求名利的本性，"先行其所恶"，从事辛苦的农和危险的战。在农与战两者之间，商鞅更强调战，而把农看作是为战服务的。他认为为了加强战斗力和保证战争的供给，必须重视农业生产："国不农，则与诸侯争权，不能自持也，则众力不足也。"⑤ 这是商鞅重农思想的一个突出特点。

商鞅主张治理国家不提倡奖赏，而注重用刑罚："治国刑多而赏少，故王者刑九而赏一，削国赏九而刑一。"⑥ 但是，为了鼓励农战，他不仅主张奖赏，而且还强调"壹赏"，即只对在农战两方面有建树的人给予奖赏。如商鞅建议用法令的形式鼓励与保障在农战方面的有功者对土地和

---

① 《商君书·算地》。
② 《商君书·算地》。
③ 《商君书·慎法》。
④ 《商君书·农战》。
⑤ 《商君书·农战》。
⑥ 《商君书·开塞》。

其他财物及农奴或依附农民的所有权。如商鞅变法规定在战争中"能得甲首（敌军中有爵位的人的头颅）一者，赏爵一级，益田一顷，益宅九亩，一（级）除庶子（农奴或依附农民）一人"①。

商鞅的农战论是一种封建时代的国民经济军事化的政策和理论。国民经济军事化总是具有破坏各领域社会分工的正常关系，造成国民经济畸形发展的消极作用。商鞅的"利出一孔"论对农业以外的其他行业均强调加以限制和打击，这对工商业及文化发展的不利影响自不必说；即使对农业本身来说，这种理论也是过分狭隘的。商鞅强调重农，但他关于农业的概念，只限于"粟帛"，其他农作物以及林、牧、渔业都不在内。他们提出了"壹山泽"，即由国家垄断山泽禁限人们采伐的主张，垄断的目的不是像汉代以后那样为了增加财政收入，更不是为了保护自然资源防止滥加采伐，而是为了堵塞农战以外的其他谋生之路，使民除农战之外"无所于食"。

商鞅还主张采取一些限制与强制手段，防止民众脱离农业生产。其一，商鞅颁布法令，规定"事末利及怠而贫者，举以为收孥"②，即从事工商业及怠于农业以至于贫穷者，收为官奴。

其二，商鞅提出："无以外权爵任与官，则民不贵学问又不贱农……民不贱农……勉农而不偷，则草必垦矣。"③ 战国时代，有学问的人常常通过游说诸侯，依靠其他诸侯国的势力获得官爵。商鞅反对授予这些人官爵，这样就会使人民不重视学问而不轻贱农业。民众不轻贱农业，则土地必得到开垦。

其三，商鞅主张："声服无通于百县，则民行作不顾，休居不听。休居不听，则气不淫；行作不顾，则意必壹。意壹而气不淫，则草必垦矣。"商鞅主张禁止各县声色娱乐，使民众精神不游荡，心意专一，则土

---

① 《商君书·境内》。
② 《史记》卷68《商君列传》。
③ 《商君书·垦令》，以上至"其七"，引文均见于此。

地就能得到开垦。

其四，商鞅主张："废逆旅……逆旅之民无所于食，即必农。农，则草必垦矣。"他认为废旅店，使游历之人无所寄食，那他们就得回乡务农。

其五，商鞅认为："使民无得擅徙，则诛愚……农静、诛愚，乱农之民欲农，则草必垦矣。"这就是禁止农民随意迁徙，他们就会安土重迁，愚昧无知，一心务农。

其六，商鞅认为："国之大臣诸大夫，博闻、辩慧、游居之事，皆无得为，无得居游于百县，则农民无所闻变见方……愚农不知，不好学问，则务疾农。"他建议达官贵人、文人学士不得游居各县，那农民就不会听到什么奇谈怪论了。农民愚昧无知，不喜欢学习知识，就会致力于农业。

其七，商鞅提出："令军市无有女子……轻惰之民不游军市，则农民不淫，国粟不劳，则草必垦矣。"这就是命令军内集市不许游女、流氓等逗留，以避免农民变得荒淫，这样土地就会得到开垦。

商鞅着眼于农战政策，把从事工商业的"商贾、技巧之人"看作是妨碍贯彻农战政策的人，应加以限制打击。在商鞅看来，工商业之所以妨碍农战政策的贯彻，不仅在于工商业者不生产粮食，却要消耗粮食，还在于工商业者的存在，会诱使农民脱离农战。因为农业"用力最苦而赢利少"，而工商业则容易致富，农民见"商贾之可以富家也，技艺之足以糊口也"，"则必避农"[1]。"避农，则民轻其居。轻其居，则必不为上守战也。"[2]

商鞅对工商业采取抑制政策，主要措施有4个方面：

其一，用赋税、徭役手段加以抑制。一方面对从事农战有较大作用的人，给予减免赋税、徭役作为鼓励。如对努力从事农业生产"耕织致粟帛多者复其身"，对三晋来秦国开荒务农的人"利其田宅，而复之三

---

① 《商君书·农战》。

② 《商君书·农战》。

世"和"不起十年（之征）"①，对立有军功的人免除他们一部分"庶子"对国家的徭役等。另一方面对不从事农战的人则以重税、重役加以限制、打击。如在赋税方面"不农之征必多，市利之租必重"②，"重关市之赋"③。在徭役方面使"农逸而商劳"④。对农尽量"征不烦，民不劳"，使"农多日"以垦草务农；对商则"以商之口数使商，令之厮舆徒重者必当名"⑤。

其二，运用价格政策使民众弃商事农。商鞅认为"食贱则农贫，钱重则商富"⑥，因此主张政府应提高粮价而降低货币的购买力，这样就会"食贵则田者利，田者利则事者众。食贵，籴食不利，而又加重征，则民不得无去其商贾、技巧，而事地利矣"⑦。

其三，限制商人的经营范围，尤其禁止商人经营粮食，"使商无得籴"⑧，以抑制商业对封建农业的分解作用。

其四，给商人设置经营的障碍，如"废逆旅""贵酒肉之价"⑨，使商人外出做买卖遇到住宿与饮食的困难。

三、《管子》事农禁末思想

《管子》亦主张重农抑商，其思想与商鞅相类似。其一，把重农作为富国安民强兵的治国战略。他说："农事胜则入粟多，入粟多则国富，国富则安乡重家。"相反，如"上不利农则粟少，粟少则人贫，人贫则轻

① 《商君书·徕民》。
② 《商君书·外内》。
③ 《商君书·垦令》。
④ 《商君书·垦令》。
⑤ 《商君书·垦令》。
⑥ 《商君书·外内》。
⑦ 《商君书·外内》。
⑧ 《商君书·垦令》。
⑨ 《商君书·垦令》。

家，轻家则易去，易去则上令不能必行，上令不能必行，则禁不能必止，禁不能必止，则战不必胜，守不必固矣"①。

其二，把"禁末"作为重农的必要手段。《管子》指出："末产不禁则野不辟"②，"末作文巧禁，则民无所游食，民无所游食，则必事农，民事农则田垦，田垦则粟多，粟多则国富，国富者兵强，兵强者战胜，战胜者地广"③。可见，不禁末就无法达到重农国富兵强。

其三，禁末并不意味着完全取缔商业。商鞅虽然主张抑商，但并不否认商业的作用，而且把商与农、官并列为国家三种不可少的职能。《管子》亦肯定商业在社会经济中的作用，因为商业可以"起本事"，即促进农业的发展，还可以满足人们日常生活的需要，否则"无市则民乏"。因此，要实现社会经济的全面协调发展，农工商不可偏废，"农夫不失其时，百工不失其功，商无废利，民无游日，财无砥滞"④。

《管子》重视农业生产，因为他们认为粮食是人们赖以生存的最基本条件，"民非谷不食"⑤；粮食是国家财政的重要收入，"积于不涸之仓者，务五谷也"⑥；粮食又是决定战争胜负的关键因素，"地之守在城，城之守在兵，兵之守在人，人之守在粟"⑦。同时，《管子》也看到工商业在社会经济生活中也是不可或缺的。他们认为，手工业者生产的劳动工具和生活用品，有利于农业生产，能够使人们"毋乏耕织之器"⑧；商业则可以互通有无、广泛交流，"以其所有，易其所无，买贱鬻贵。是以羽旄不求而至，竹箭有余于国，奇怪时来，珍异物聚"⑨。如果没有市场流通，商

---

① 《管子·治国》。
② 《管子·权修》
③ 《管子·治国》。
④ 《管子·法法》。
⑤ 《管子·八观》。
⑥ 《管子·牧民》。
⑦ 《管子·权修》。
⑧ 《管子·幼官》。
⑨ 《管子·小匡》。

品物资就会缺乏，即"无市则民乏"①，人们的需求就难以得到满足。

鉴于这种认识，《管子》主张首先必须保证农业生产，然后在不妨碍农业生产的前提下发挥工商业的作用。《管子》针对当时人们"悦商贩而不务本货"的情况，又提出了"务本去末"或"强本禁末"的政策。他们主张从政治上和社会风气上抑商，禁限"商贾之人"②做官，不使"百工商贾"③穿羔皮和貂皮做的衣服等，而且从经济上使"百货贱"，使商人不能获得高额利润，对工商业加以限制。这样，弃农经商的人少了，满足农业对劳动力的需求，农业就会得到发展，"百利不得则百事治"④。他们甚至认为，维护自给自足的自然经济是国家治理之道："市不成肆，家用足也……治之至也。"⑤

由于《管子》看到一般工商业在社会经济生活中的作用，因此他们的"务本去末"或"强本禁末"政策打击的对象主要是奢侈品工商业。《管子·重令》中指出："菽粟不足，末生不禁，民必有饥饿之色，而工以雕文刻镂相稚也，谓之逆。布帛不足，衣服毋度，民必有冻寒之伤，而女以美衣锦绣纂组相稚也，谓之逆。"显然，《管子》主要把"雕文刻镂""美衣锦绣纂组"之类奢侈品的生产与流通当作"末"。由于奢侈品的生产比一般生活生产用品的生产要投入更多的人力、物力和财力，因此会严重影响社会人力、物力和财力对农业生产的投入。"今工以巧矣，而民不足于备用者，其悦在玩好。农以劳矣，而天下饥者，其悦在珍怪，方丈陈于前。女以巧矣，而天下寒者，其悦在文绣。"⑥ 同时奢侈品的生产与消费，会使社会形成竞相侈靡的风气，并产生贫困奸邪等问题。"主上无积而宫室美，氓家无积而衣服修，乘车者饰观望，步行者杂文采"⑦，

---

① 《管子·乘马》。
② 《管子·八观》。
③ 《管子·立政》。
④ 《管子·乘马》。
⑤ 《管子·权修》。
⑥ 《管子·五辅》。
⑦ 《管子·八观》。

其结果是"国侈则用费,用费则民贫,民贫则奸智生,奸智生则邪巧作"①。不言而喻,奢侈品工商业必须予以禁止、限制,以保证农业生产不受影响,从而达到富国富民。

先秦法家多数主张凭借国家的政权力量,运用行政手段,实行严刑峻法,对国家经济进行管制、控制。同时,先秦法家在思想理论上轻视乃至否定工商业在国家经济中的作用与地位,因而在实践中不主张国家自身直接经营工商业。《管子》继承了法家对国家经济实行严格管制与控制的思想,但在具体的操作手段上与法家又有所不同。他们不仅重视行政、法律手段的运用,更重视将经济手段与行政、法律手段密切配合,对国家经济实行管制与协调。所谓经济手段指国家进入商品流通领域乃至部分商品的生产领域,充分研究和利用商品货币流通规律,直接参与经营工商业与市场经济活动,以控制工商业,并进而对整个国家经济实行管制、控制和调节,在社会经济活动中取得举足轻重的支配地位,巩固君主专制政权。

《管子》认为,封建国家不仅在政治上要实行专制,而且在经济上也要实行管制,掌握控制、支配经济上的轻重之势,君主专制统治才能得以真正强大巩固。《管子》一书中多处表达了这种思想。如《管子·山至数》云:"圣人理之以徐疾,守之以决塞,夺之以轻重,行之以仁义,故与天壤同数,此王者之大辔也。"同书《国蓄》篇云:"国有十年之蓄,而民不足于食……是皆以其事业交接于君上也。故人君挟其食,守其用,据有余而制不足,故民无不累于上也。"同书《乘马数》篇则云:"出准之令,守地用、人策,故开阖皆在上。"由此可见,《管子》把国家对经济活动的控制与支配看作是"王者之大辔",是能使"开阖皆在上""民无不累于上"的"国权""君柄",君主只有在经济上掌握了控制、支配大权,在政治上的统治才能得以巩固。国君只有支配了广大民众的生活

---

① 《管子·八观》。

命脉，形成"予之在君，夺之在君，贫之在君，富之在君"① 的态势，才会使广大民众不得不服从国家的意志，听从君主的驱使。这就是《管子·揆度》所指出的："善为天下者，毋曰使之，使不得不使；毋曰用之，使不得不用。"显而易见，这种经济上的强制，要比政治上直接的暴力强制更少遭到民众的反抗，更少遇到阻力，因此其结果更有实效。

《管子》认为，国家在实行经济管制中，首当其冲的对象是富商大贾。富商大贾是国家经济的主要破坏力量。他们囤积居奇、操纵市场，"物适贱，则半力而无予，民事不偿其本。物适贵，则十倍而不可得，民失其用"②；直接剥削和兼并农民，"蓄贾游市，乘民之不给，百倍其本"③。结果造成"贫者失其财"，"农夫失其五谷"④。总之，富商大贾凭借自己的巨额财富，控制和操纵工商业活动，严重威胁政府的统治："万乘之国有万金之贾，千乘之国有千金之贾，然者何也？国多失利，则臣不尽其忠，士不尽其死。"⑤ 为了抑制、打击富商大贾的势力，《管子》主张国家要依靠行政权力，从他们手中夺取对经济的控制权："故豫夺其途则民无遵，君守其流则民失其高（下）。故守四方之高下，国无游贾，贵贱相当，此谓国衡。以利相守，则数归于君。"⑥ 甚至《管子》还进一步要求"杀正商贾之利"⑦，在用国家权力限制富商大贾的同时，由政府直接进入商品流通过程，参与市场活动并经营工商业，对"大贾蓄家"进行排挤，使"大贾蓄家不得豪夺吾民"⑧，才能确保国家的轻重之势。总之，《管子》主张不止是依靠政治、法律手段，而主要是使用经济手段；不止是消极地抑制富商大贾，而是积极地发展官商来排挤私商，分割富

---

① 《管子·国蓄》。
② 《管子·国蓄》。
③ 《管子·国蓄》。
④ 《管子·轻重甲》。
⑤ 《管子·国蓄》。
⑥ 《管子·揆度》。
⑦ 《管子·轻重乙》。
⑧ 《管子·国蓄》。

商大贾的商业利润。这体现了《管子》对国家经济活动已不像法家所主张的一味地依靠政治、法律手段实行严厉的管制，而是更多地依靠经济手段和官商的直接参与来进行控制、排挤或分割。

《管子》认为国君在治理国家中，如对富商大贾不加以控制、排挤或分割，那么经济大权将会旁落，并使国家财源枯竭，"委积则虚"，"下富而君贫"，还会进一步损害国计民生，造成贫富分化严重，富者为富不仁，贫者饥饿困穷。其后果是"民富则不可以禄使也，贫则不可以罚威也"①。这就是国家的赏罚在富人与穷人面前作用都很有限，因为很富有的人不会把国家的一点奖赏看在眼里，不肯为得到俸禄、赏赐而为国家卖力效命；反之，因过于贫穷而无法生存的人，会为生计而被迫铤而走险，干出违法乱纪的事来。因此对于这些很富有的人，国家的奖赏很难起到劝勉的作用；而对于那些贫困之人，国家的刑罚是不容易起到禁戒的作用。总之，贫富分化太严重，形成太富或太贫的阶层，就会影响政府对社会的管理，从而造成社会的动荡不安，动摇国家的统治。这就是"法令之不行，万民之不治，贫富之不齐也"②。因此，国家必须通过对富商大贾的控制、排挤或分割，做到"调通民利"，防止贫富悬殊太严重，从而使赏罚发挥作用，达到长治久安。

《管子》对先秦法家的"利出一孔"之说有重大的发展，虽然他们也说："利出于一孔者，其国无敌。出二孔者，其兵不诎。出三孔者，不可以举兵。出四孔者，其国必亡。"③ 但是，这里的"利出一孔"不是法家所主张的通过赏罚手段驱使人民从事农战这条唯一途径获取名利，而是要求国家对社会经济活动进行直接干预和严格的控制，"塞民之养，隘其利途"④，使人民只能在国家绝对控制、支配下的经济领域从事经济活动，获得财富或生产资料，而不得经由国家不允许的"利途"。这就是所谓的

---

① 《管子·国蓄》。

② 《管子·国蓄》。

③ 《管子·国蓄》。

④ 《管子·国蓄》。

"为笼以守民"①，这里的"笼"特指经济领域的"牢笼"，因此《管子》指出，治理国家者如"不通于轻重，不可为笼以守民"②。换言之，治理国家者必须精通商品流通和市场活动的情况，熟悉商业经营之道，才能很好地在经济领域管理民众。

商鞅与《管子》"事本禁末"思想的异同主要有：商鞅与《管子》都主张重本、务本或强本作为富国的基本方略，把发展农业生产放在富国的首要位置。但在采取的政策工具上，两者则大不相同。商鞅强调国家政权对社会经济活动的管制和干预，较多地采用行政、法律的手段；《管子》则主张国家政权尽量"无为"，对社会经济活动较少地人为控制、干涉，较多地顺应人的自利、求利本性。

在重农的同时，商鞅与《管子》都主张抑末，但其程度有所不同。商鞅主要通过重税、重役、严刑以及其他行政手段强行禁限，打击工商业，削弱商人的经济力量，迫使他们"归心于农"③。《管子》在肯定一般工商业对社会经济的作用下，主要对奢侈品工商业予以禁止、限制，并在不影响农业生产的前提下，对一般工商业发展给予一定的鼓励和保护。

四、韩非子的农本工商末思想

法家的集大成者韩非明确提出了"农本工商末"的概念。他在《韩非子·诡使》中说："仓廪之所以实者，耕农之本务也，而綦组锦绣刻画为末作者富。"他在同书《五蠹》篇中又说："夫明王治国之政，使其商工游食之民少而名卑，以寡趣（舍）本务而趋末作。"由此可见，韩非把农业作为"本务"，而把手工业、商业作为"末作"。甚至，他还把"工商之民"与讲仁义的学士、纵横家、侠士、侍从之臣等统称为"五蠹"，

---

① 《管子·国蓄》。
② 《管子·国蓄》。
③ 《商君书·农战》。

即危害社会的五种害虫，必去之而后安。

韩非作为法家的集大成者，继承了商鞅的耕战思想，并且亦从名利观点谈耕战。他说："仓廪之所以实者，耕农之本务也……名之所以成，城池之所以广者，战士也。"① 韩非还认为，耕战是国家富强的途径："能越（趋）力于地者富，能起力于敌者强。"② 其方式仍是使人民无事时在家务农，战时应征作战。其结果是"无事则国富，有事则兵强"③。

韩非与他之前的法家一样，都主张对国家的治理主要应采取刑赏的手段。他说："明于治之数，则国虽小，富；赏罚敬信，民虽寡，强。赏罚无度，国虽大兵弱者，地非其地，民非其民也。"④ 因此，他主张通过刑赏来"显耕战之士"，使耕战之士在财富和地位方面都高于社会士的各色人等。这就是通过刑赏使耕战之士得以富贵："夫耕之用力也劳，而民为之者，曰可得以富也；战之为事也危，而民为之者，曰可得以贵也。"⑤ 只有厉行法治，信赏必罚，"使民以力得富，以事致贵，以过受罪，以功致赏"⑥，才能使百姓愿意投入耕战，连原来脱离耕战的人也会回到耕战上来，即"官行法，则浮萌（氓）趋于耕农，而游士危于战陈（阵）"⑦。

韩非认为当时耕战的政策之所以收获不大，是因为社会上还存在着"无耕之劳而有富之实，无战之危而有贵之尊"⑧ 的途径，因此，他发展了商鞅"利也一空"的思想，主张堵塞除农战之外一切可能得到富贵的途径。他在《五蠹》篇中列举了五种无益耕战而可能得富贵的人："学者"、"言谈者"、"带剑者"、"患（串）御者"和"商工之民"，称他们为"五蠹"，如"人主不除此五蠹之民，不养耿介之士，则海内虽有破亡之

---

① 《韩非子·诡使》。
② 《韩非子·心度》。
③ 《韩非子·五蠹》。
④ 《韩非子·饰邪》。
⑤ 《韩非子·五蠹》。
⑥ 《韩非子·六反》。
⑦ 《韩非子·和氏》。
⑧ 《韩非子·五蠹》。

国，削灭之朝，亦勿怪矣”。

韩非与商鞅都主张通过刑赏、"利出一空"使民众趋于耕战，从而国富兵强，但是韩非在制定具体奖赏政策上与商鞅有所不同。商鞅主张对有战功的人既可赏给爵位，也可赏给官职，即"斩一首者爵一级，欲为官者为五十石之官；斩二首者爵二级，欲为官者为百石之官"①。韩非则反对以官职来奖赏战功，认为这种政策"未尽善也"②。因为他认为从事战争的勇敢和能力，同从事国家管理的知识与才干是性质不同的两种事物，让有战功的人担任文官，让军功大的人做大官，他们未必能够胜任："今有法曰：'斩首者令为医、匠'，则屋不成而病不已。夫匠者手巧也，而医者齐药也，而以斩首之功为之，则不当其能。今治官者，智能也；今斩首者，勇力之所加也。以勇力之所加而治智能之官，是以斩首之功为医、匠也。"③

韩非反对徭役多和重："徭役多则民苦，民苦则权势起，权势起则复除重，复除重则贵人富。苦民以富贵人，起势以藉人臣，非天下长利也。故曰：'徭役少则民安，民安则下无重权，下无重权则权势灭，权势灭则德在上矣。'"④ 韩非主张轻徭役，这在先秦法家思想中是比较少见的。因为先秦法家均主张农战政策，在不断对外战争的情况下，兵役和战争供给等是最主要的徭役，因此主张轻徭役是不可能做到的。韩非在谈到轻徭役时回避其与耕战政策的关系，而把它与"权势""贵人"联系在一起，则未免脱离了当时的现实情况，因此也就无法提出任何施行轻徭役的具体做法。

韩非继承了商鞅的重本抑末论，并在某些方面有所继承或改造。一是商鞅规定"大小僇力本业耕织致粟帛多者复其身"，把本业同农户耕织连在一起，比较广义地指男耕女织的自给自足的自然经济，而韩非的

---

① 《韩非子·定法》。
② 《韩非子·定法》。
③ 《韩非子·定法》。
④ 《韩非子·备内》。

"本"则比商鞅更集中地指农业中的粮食生产，"重农"就意味着"贵粟"。二是商鞅虽然强调商贾、技艺同"本业"的对立，但始终未明确、直截了当地称工商业为"末"，而韩非则明确地把工商称作"末"，并主张予以抑末；"夫明王治国之政，使其商工游食之民少而名卑，以寡趣（舍）本务而趋末作"①。三是商鞅的"事本禁末"既从经济方面也从军事方面寻找依据：从经济上看，农民用力苦而获利少，工商业者尤其是商人用力少而得利多，因此国家如任其自然发展，人们将纷纷弃农从事工商业，那势必影响农业生产；从军事上看，农民安土重迁、朴实听话，国家易于驱使征调，而商人见多识广、复杂灵活，不易驱使征调。因此，只有实行"事本禁末"，国家的农战政策才能得以推行。韩非的"重本抑末"则主要从经济方面寻求依据：首先，他指责商人和手工业者对农民的剥削和掠夺；"其商工之民，修治苦窳之器，聚弗（浮）靡之财，蓄积待时而侔农夫之利"，因此，主张对一切"无耕之劳而有富之实"② 的行业加以限制，也就是实行商鞅的"利出一空"政策。其次，他把工商业者比作"磐石"和"象人"，认为不能给国家带来富强："磐石千里，不可谓富，象人百万，不可谓强。石非不大，数非不众也，而不可谓富强者，磐不生粟，象人不可使距敌也。今商官技艺之士，亦不垦而食，是地不垦与磐石一贯也。"③ 因此，如果"商官技艺之士"越多，社会上不生产的劳动者就越多，社会财富的产出就会越少，从而使国家越来越贫弱，所以，国家必须重本抑末，"使商工游食之民少而名卑"④，社会财富的产出就会越多，从而使国家越来越富强。

<hr />

① 《韩非子·五蠹》。
② 《韩非子·五蠹》。
③ 《韩非子·显学》。
④ 《韩非子·五蠹》。

第四节　市场管制与垄断经营盐铁思想

一、《周礼》对市场管理思想

《周礼·司徒下》①中已有十分详尽严密的市场管理思想。政府设市之官，"掌市之治教政刑量度禁令，以次叙分地而经市，以陈肆辨物而平市，以政令禁物靡而均市，以商贾阜货而行布，以量度成贾而征价，以质剂结信而止讼，以贾民禁伪而除诈，以刑罚禁虣而去盗，以泉府同货而敛赊。大市日昃而市，百族为主；朝市朝时而市，商贾为主；夕市夕时而市，贩夫贩妇为主。凡市入，则胥执鞭度守门，市之群吏，平肆，展成，奠贾……凡万民之期于市者，辟布者，量度者，刑戮者各于其地之叙……凡治市之货贿六畜珍异，亡者使有，利者使阜，害者使亡，靡者使微"。司市作为管理市场的最高长官，对管理市场负有总的责任：掌理市场的治、教、政、刑以及量度与禁令。根据地区，设置"次"作为市官处理事务的处所，设置"叙"作为胥长处理事务的处所，并依据次叙的方位，分划土地，作为市的经界。按照货物的种类，分别陈列在肆中，容易区别比较，以平定货物的价格。用禁令禁止奢侈细巧的物品在市中买卖，以稳定一般货物的行情，招致商贾充实市中的货品，而使货币大量流通；依照度量标定货物的价格，以招徕顾客；用券书作为信用的凭证以免除争讼，用胥师、贾师等市吏以防止出售伪假的货物与虚诈。以刑罚禁止凶暴，去除盗贼；以泉府的货币，用敛赊的方式，调节货物的供需。大市在午后开始交易，以百姓为主；朝市在早晨交易，以商贾

---

① 本目以下引文未注出处者，均见于此。

为主；夕市在下午交易，以贩夫贩妇为主。每当市场开始交易，人们进入的时候，胥手里拿着鞭杖守在肆门，市中群吏要检查肆中的货物是否名实相符，成交的货物价格是否与规定的相符。凡百姓约定日期在市中交易的，或商场上有银钱纠纷的，或量度上有争执的，都要在叙中解决。司市在整治市中六畜珍异货物的方法是：增加那些实用而利于民的货物，去除品质低劣而不堪用的货物，尽量减少奢侈细巧的货物。总而言之，司市主要负责稳定市场货物价格，维护市场交易秩序，解决市场交易中的纠纷等。

司市之下还设有一些下属官吏，协助其管理市场。如"质人，掌成市之货贿、人民、牛马、兵器、珍异。凡卖价者质剂焉，大市以质，小市以剂。掌稽市之书契，同其度量，壹其淳制，巡而考之。犯禁者，举而罚之"。质人掌理市中货物、奴婢、牛马、兵器、车辇用器以及珍奇稀有货物的估价。凡货物的买卖，以券书作为凭证，大宗买卖用长券，小宗买卖用短券。稽查市中取予货物的书契，划一度量，规定布匹的广长，随时巡行加以稽查。如果有不合规定违反禁令的，那就没收他们的货物，并处罚他们。由此可见，质人主要协助司市管理市场物价的估定以及交易中的券书凭证。

"胥师，各掌其次之政令，而平其货贿，宪刑禁焉。察其诈伪饰行价慝者而诛罚之，听其小治、小讼而断之。"胥师掌理均平各肆的货物，并在市门公布市中的刑罚与禁令。如发现有以伪劣品假冒良货出售而欺骗顾客的，就要加以处罚；市肆中有小纠纷小争讼，可以直接处理。由此可见，胥师主要协助司市处理出售伪劣假冒商品和交易中的小纠纷。

"贾师，各掌其次之货贿之治，辨其物而均平之，展其成而奠其贾，然后令市。凡天患，禁贵价者，使有恒贾。四时之珍异，亦如之。凡国之卖价，各帅其属而嗣掌其月。"贾师掌理市肆货物的整治，并分别货物的种类等级使其均平，展视成交的货物，核定它们的价格，然后使他们完成交易。如遇天灾，禁止抬高货物的价格，维持平时的价格。四时所产珍奇异物也是一样。官府有剩余物资出卖，贾师主要协助司市分别市场货物的种类等级并核定价格。

"司虣，掌宪市之禁令，禁其斗嚣者，与其虣乱者，出入相陵犯者，以属游饮食于市者。若不可禁，则搏而戮之。"司虣掌理公布市中的禁令，禁止争斗与大声吵闹、使用暴力而扰乱市场秩序、出入市场互相侵犯以及在市场聚众闲游与饮食。若是有不听禁令的，那就逮捕他们加以惩罚。由此可见，司虣主要协助司市维持市场秩序，对扰乱者予以逮捕处罚。

"司稽，掌巡市，而察其犯禁者，与其不物者而搏之。掌执市之盗贼以徇，且刑之。胥各掌其所治之政，执鞭度而巡其前，掌其坐作出入之禁令，袭其不正者。凡有罪者，挞戮而罚之。"司稽掌理巡行市场，检查是否有触犯禁令的，或穿着奇装而持有怪物的，如发现便加以逮捕。并负责拘捕市中盗贼，按其情节，巡行示众，或再加以刑罚。胥掌理所属二肆的政务，拿着鞭杖巡行肆前近市门的地方，取缔那些不按时交易与流动的小贩，即时拘捕不守法度的人。凡有犯罪的，挞击他们并处以罚金。由此可见，司稽主要协助司市逮捕市场上的盗贼以及触犯禁令者，并加以处罚。

"肆长，各掌其肆之政令，陈其货贿，名相近者相远也，实相近者相尔也，而平正之，敛其总布，掌其戒禁。"肆长掌理本肆的政令，陈列肆中的货物。名称相近而实质不同的，不要陈列在一起；实质相同的，可以陈列在一起。代收肆中的货物税，掌理肆中的戒禁。由此可见，肆长主要协助司市管理市场货物的排列，并代收货物税。

廛人负责征收商税，如对有店肆的坐商征收"絘布"，对摆摊的小商征收"总布"，对违反契约及其他商业管理法规的征收"质布""罚布"等。泉府将廛人转来的商税和罚款用于收购滞销的货物，以原价购进，然后把这些货物贴上标签，再待机售出，即"泉府掌以市之征布，敛市之不售，货之滞于民用者，以其价买之物楬而书之，以待不时而买者"。另外，泉府也把商税和罚款用于贷款："凡赊者，祭祀无过旬日，丧纪无过三月。"这是一种给贫民的短期借款，不用于经营求利，故一般不收利

息，只规定还本期限，祭祀用的不能超过 10 天，丧事用的不能超过 3 个月。还有一种是用于生产或经营的贷款，"凡民之贷者，与其有司辨而授之，以国服为之息"。用于生产或经营求利的贷款则要会同他们的地方长官验明品质与数目，然后发给他们，按为国服事的各种税率收取利息，如漆林之征"二十而五"，就是向泉府借款经营漆林，要纳 25％的利息。由此可见，泉府主要协助司市调节市场物品的供求，并负责赊买和借贷事务。

总之，从《周礼》中司市以及其属官质人、胥师、贾师、司虣、司稽、肆长、廛人、泉府等职掌可以看出，先秦时期对市场管理的思想已相当细致严密，从政策工具的视角来看，其主要应用管制性的工具。在市场管理中，首先，要维护市场交易秩序的稳定有序，这样交易才能正常进行。当时对市场的开放时间分为午后、早晨与傍晚，分别形成大市、朝市与夕市，对不同的交易者开放。当时规定市场上出售的货物，必须按不同种类和等级摆放清楚，有利于人们的挑选和购买。市场严禁出售假冒伪劣商品，严禁扰乱市场，对违反禁令者、盗贼等犯罪分子予以拘捕和严厉惩罚。其次，市场交易中的一个关键环节是货物价格的制定，政府派专官对货物进行估价，然后又派专官对价格进行核定，严禁随意改变价格，对擅自改变货物价格者予以惩罚。再次，重视对商业信用的管理。政府派专官对交易中的券书凭证等进行管理，还派专官负责赊买、借贷等信用交易，严格规定贷款、赊买的还款日期，并收取一定的利息。西周管理市场的法令规定："凡治市之货贿六畜珍异……靡者使微。"也就是对于那些带有奢侈性的商品要使其减少。由此可以推测，西周时期社会上奢侈风气比较严重，因此政府察觉到单纯依靠口头上倡导节俭反对奢侈收效甚微，倒不如在市场上就限制出售奢侈品，断绝了买主，也就没有人再生产这些奢侈品，即通过市场限制手段促成禁奢崇俭。

政府除在市场管理中主要采取管制性的工具之外，还部分采取协调性的工具进行治理，如派专官协调市场中货物的供求关系，政府收购滞销商品，抛售供不应求的一些商品，以达到供求平衡。又如派专官协调

市场交易中出现的一些小纠纷、小诉讼等。

二、《礼记·王制》对市场出售商品管制思想

《礼记》是中国古代一部重要的典章制度书籍，儒家经典著作之一。该书是西汉戴圣对秦汉以前各种礼仪著作加以辑录，编纂而成，共 49篇。《礼记》大约是战国末年或秦汉之际儒家学者托名孔子答问的著作。

《礼记·王制》十分注意对市场中所出售的商品的管理："有圭璧、金璋，不粥于市；命服命车，不粥于市；宗庙之器，不粥于市；牺牲不粥于市；戎器不粥于市；用器不中度，不粥于市；兵车不中度，不粥于市；布帛精粗不中数，幅广狭不中量，不粥于市；奸色乱正色，不粥于市；锦文珠玉成器，不粥于市；衣服饮食，不粥于市；五谷不时，果实未孰（熟），不粥于市；木不中伐，不粥于市；禽兽鱼鳖不中杀，不粥于市。"这些禁卖规定，反映了如下 4 个方面的思想：

其一，禁止出售礼制物品。先秦礼制中有森严的等级制度，圭璧金璋、命服命车、宗庙之器、祭祀牺牲等代表着帝王贵族不同的身份、地位，不能随便僭越。因此，为维护这种等级制度，保护帝王贵族的专用权，国家规定不能在市场上出售这些物品，只能由官府手工业或其他官府机构生产和供给。

其二，禁止出售伪劣商品。《礼记·王制》重视出售商品的质量，民间日常所用的布帛、用器等必须合乎质量要求，即"中度""中数""中量"才允许出售，而那些"不中度""不中数""不中量"的劣质商品是禁止上市的。

其三，禁止出售衣服饮食。国家为防止广大民众脱离生产劳动，禁止将人们所需的最基本消费品"衣服饮食"在市场上出售，以促使普通百姓必须自己动手生产劳动，才能达到丰衣足食。

其四，禁止出售属于滥捕猎滥采伐的动植物。国家为保护动植物资源，从源头上制止滥捕猎滥采伐现象的发生，禁止市场上出售未成熟的

果实、五谷，未达到砍伐标准的树木，未达到捕杀标准的幼小禽兽鱼鳖等。

三、《管子》政府垄断经营盐铁思想

《管子》除了主张国家必须控制粮食、货币外，还强调国家应对一些重要的自然资源加以垄断。他们认为对山海的垄断关系到一个国家的兴亡成败。"为人君而不能谨守其山森、菹泽、草莱，不可以立为天下王。"① 因此，一再呼吁国家对山海资源要"谨封而为禁"，绝不容许百姓染指，"使乘者下行，行者趋"，"有动封山者，罪死而不赦。有犯令者，左足入，左足断，右足入，右足断，然则其与犯之远矣。此天财、地利之所在也"②。

在中国古代社会，自然经济占统治地位，男耕女织，自给自足，只有盐铁等少数物品，农民无法自己生产，必须依靠市场上的商品交换来获得。因此《管子》认为"官山海"③"官天财"④ 的主要对象应是盐和铁。国家通过垄断盐铁资源，就可以"去其田赋，以租其山"⑤，通过加价的办法寓税于价，以增加国家的财政收入。

《管子》提出国家实行"官山海"政策，即对盐铁进行专卖，其理由主要有两个方面：一是盐铁是人们生活的必需品，需求量很大，政府如经营盐铁，可以增加很多财政收入。如"十口之家十人食盐，百口之家百人食盐"，政府只要略微加一点价，积少成多，加起来就是一笔很可观的收入。《管子》算了一笔账，一个一千万人口的万乘大国，每天要消费盐一千钟（一钟为一千升），如每升加价两钱，每天就可多收入两百万

---

① 《管子·轻重甲》。
② 《管子·地数》。
③ 《管子·海王》。
④ 《管子·山国轨》。
⑤ 《管子·山国轨》。

钱，一个月就增收六千万钱。而对成年男子征收的人头税，每人每月征三十钱，以应征人口一百万计算，总共也只有三千万钱，只抵食盐加价收入的一半。二是政府如果采取提高税收的办法增加财政收入，那会遭到人民的强烈反对，而如实行食盐加价的办法，人人都要吃盐，"无以避此者"①，无形中等于每人都加了税，财政收入会更多，又不易被民众觉察。而且政府直接垄断经营盐铁，把富商大贾排除在外，这是对他们势力的极大削弱和沉重打击。

《管子》所主张的盐铁专卖，并不是由国家直接全过程垄断经营。国家不直接从事盐铁的生产，而是通过对盐铁生产的组织及对产品的统一销售，严禁私人经营，来获取超额利润。《管子》根据盐铁生产、销售的各自特点，采取了不同的垄断经营方式。对于盐，政府不仅垄断其流通、销售，还控制其生产，由政府组织人力"伐菹薪煮沸水以籍于天下"②，然后由官府"正（征）而积之"③。即由政府组织民众砍伐柴草，煮海水为盐，尔后征购积存起来，再进行统一销售，而禁止百姓自行"聚庸而煮盐"④。这种专卖形式既可以调动食盐生产者的积极性，又能把售盐利润全部控制在政府手中。对于铁，政府只在流通、销售领域进行垄断，而不直接垄断铁的生产。因为政府如垄断铁的生产，管理困难，生产者不是逃亡就是怨声载道，生产效益差。由于铁矿的开采、冶炼劳动强度大、危险性高，如征发刑徒、奴隶开采、冶炼，会造成刑徒、奴隶的大批逃亡；如征发民众开采、冶炼，则会使他们产生怨恨，一旦有战争爆发，这些人是很危险的因素。正如《管子·轻重乙》所云："今发徒隶而作之，则逃亡而不守；发民则下疾怨上，边境有兵，则怀宿怨而不战。未见山铁之利而内败矣。"因此，《管子》主张，让私人自行开矿和制作铁器，政府既能通过与生产者分成来获取财政收入，又能发挥生产者的

---

① 《管子·海王》。
② 《管子·地数》。
③ 《管子·地数》。
④ 《管子·地数》。

劳动积极性："善者不如与民量其重，计其赢，民得其十（七），君得其三，有（又）杂之以轻重，守之以高下。若此，则民疾作而为上虏矣。"①

《管子》提出官营工商业，官山海、官天财等，为后世许多封建王朝所仿效。综观古代中国历史，其效果差强人意。官营工商业必然带来高投入、高成本和低效率、低质量，浪费、损公肥私、腐败、寻租等现象严重，并出现官府依靠权力强买强卖，破坏了市场经济的正常运作，给民众带来灾难。

第五节　法术势管制思想

一、政府立法管制思想

（一）夏商立法管制思想

中国古代自出现国家开始，就有了制定刑法对全国进行严厉管制的思想。《左传》昭公六年载："夏有乱政，而作禹刑；商有乱政，而作汤刑；周有乱政，而作九刑。"由此可见，中国最早刑法的出现，是基于对"乱政"的治理，刑法主要体现了管制性政策工具的导向。

据古籍记载，舜继位后，命皋陶作刑。《左传》昭公十四年载："己恶而掠美为昏，贪以败官为墨，杀人不忌为贼。《夏书》曰：'昏、墨、贼，杀。'皋陶之刑也。"可见，中国从出现第一个奴隶制国家——夏朝开始，国王就把刑法作为管制性政策工具的一个重要手段，对官吏进行严格的管理。当时如果官吏犯了作恶还要以美德掩饰、贪污腐败、杀人而不害怕三项中的一项，就要遭到处以死刑的惩罚。

---

① 《管子·轻重乙》。

商朝时，商王实行重法，对全国实行严厉的管制。如《尚书·盘庚中》载：不管任何人，如"不吉不迪"、"颠越不恭"或"暂遇奸宄"等，"我（指商王盘庚）乃劓殄灭之无遗育，无俾易种于兹新邑"。意思是说，如有人行为不善，不按正道行事，狂妄放肆，违法乱纪，不服从国王的命令，诈伪、奸邪，犯法作乱，都将遭到处以死刑、灭绝其全家的严酷处罚。

《吕氏春秋·孝行》引《商书》说："刑三百，罪莫重于不孝。"商朝重祭祀，讲究宗法，因而刑法以不孝罪为最重者。孝的内容即要求孝顺父母，从此加以引申就是要尊祖敬宗，维护宗法制度，最终达到巩固商王统治的目的。

总之，从《尚书·盘庚中》和《吕氏春秋·孝行》的记载可知，商朝时立法、执法的指导思想之一是对犯上作乱、威胁王权的一切行为予以残酷的惩罚，动辄处死，灭绝全家。

《尚书·伊训》载：商代曾"制官刑，儆于有位：曰敢有恒舞于宫，酣歌于室，时谓巫风；敢有殉于货色，恒于游畋，时谓淫风；敢有侮圣言，逆忠直，远耆德，比顽童，时谓乱风。惟此三风十愆，卿士有一于身，家必丧；邦君有一于身，国必亡。臣下不匡，其刑墨，具训于蒙士"。可见，商朝已专门制定了惩治生活作风奢靡、道德品质败坏的官吏的刑法。卿士、诸侯君只要触犯其中的一条，就有亡国丧家的危险。臣下不予匡正，也要受到面或额刺上黑色标记的墨刑。

《尚书·盘庚上》还透露商代的另一重要治国思想是"正法度"。该篇文中云"先王有服"，意为先王的旧制度；"以常旧服，正法度"，即日常遵循旧制度，统治者行为要规范化，不可任意行事。

（二）西周立法管制思想

西周时，把刑法作为国家管制性政策工具的手段又有进一步的发展。其一，与商朝一样，臣民不从王命或造谣惑众等对王权构成威胁的犯罪行为均要遭到严酷的惩处。如《尚书·多方》载，周公代表成王发布诰令："乃有不用我降尔命，我乃其大罚殛之。"《国语·周语上》载，周宣

王时，樊仲山父曰："犯王命必诛，故出令不可不顺。"总之，臣民不服从王命，就一定会遭到诛杀的严厉惩罚。还有，臣民如通过讹言惑众，或另搞一套政策，欺骗民众及下属官吏，也要依法处以死刑。如《尚书·康诰》载，周公告诫说：对于"乃别播敷，造民大誉"的大臣官吏，"乃其速由兹义率杀"。

其二，重惩盗窃罪。《尚书·康诰》："凡民自得罪，寇攘奸宄。"对于这类侵犯财产所有权的重罪，国家往往予以重惩，动辄处死。

其三，重惩杀人越货罪。《尚书·康诰》："凡民自得罪……杀越人于货。"杀人并抢夺财物是侵犯生命与财产安全的重罪，一般都处以死刑。

其四，重惩群饮罪。周朝统治者吸取商朝饮酒作乐、终致亡国的教训，禁止周人聚众饮酒。法律规定：如有聚众饮酒者，不要放纵他们，要把他们尽行逮捕处死。《尚书·酒诰》载："群饮。汝勿佚，尽执拘以归于周，予其杀。"

周代，在立法、执法上强调慎刑罚，周公对此有比较系统的认识。

其一，周公强调要依据成法成典用刑。《尚书·康诰》说："敬哉！无作怨，勿用非谋非彝。"其大意是周公反对采用不属于"常典""正刑"的刑罚，以防止招致民怨民叛。

其二，周公提出用刑要注意犯罪者的态度。《尚书·康诰》说："人有小罪，非眚，乃惟终，自作不典，式尔，有厥罪小，乃不可不杀。"其大意是说，一个人犯小罪，但他还不反省，坚持不改，继续干下去，这样即使罪不大，也必须把他杀掉。反之，一个人犯了大罪，但不是一贯如此，而只是由过失造成的灾祸，这是偶然犯罪，便可饶恕其不死。这就是"乃有大罪，非终，乃惟眚灾，适尔，既道极厥辜，时乃不可杀"[1]。

其三，周公指出用刑之心要出于善，且不可借机肆虐。《尚书·康诰》云："乃大明服，惟民其敕懋和。"其意为用刑必须能使民心诚服，民就会安于本分，勤劳从事生产，不敢轻易犯法；"若有疾，惟民其毕弃

---

① 《尚书·康诰》。

咎",大意是民有罪,居官者也有责任,就像自己有过错一样,民被感动就会自动改正;"若保赤子,惟民其康乂",大意为对民如保赤子,民被感化,就会得到治理。如果对民怀着这种爱护之情,即使统治者杀人、割人鼻子,民众也会理解,因为这不是出于私怨,而是这个人罪不容赦,非杀非割不可。

其四,判决罪犯时切忌匆忙草率。《尚书·康诰》说:"要囚,服念五六日,至于旬、时,丕蔽要囚。"其意为判决罪犯时,谨慎思考五六天,乃至十天、三个月,以免错判。

其五,周公在强调慎刑的同时主张对一些犯罪要严厉予以惩处。如"凡民自得罪,寇攘奸宄,杀越人于货,暋不畏死,罔弗憝"①。大意为凡民众犯有强盗抢劫、杀人取货之罪者,强横不怕死,民愤极大,要坚决处死。此外,对于不孝不友、不从王命者以及违法乱纪的官吏,也都要严加处罚。

总之,周公在商周朝代更替中,鉴于商代乱罚招致民怨民叛的历史教训,提出了用刑必须慎而不滥,以德施刑,重视民心向背等思想,其对后世的影响是相当深远的。②

(三)李悝《法经》管制思想

战国时期,魏国李悝进行变法,著《法经》。《法经》共有《盗》《贼》《囚》《捕》《杂》《具》6篇。《法经》已佚,其详细内容目前不得而知,但从《七国考·魏刑法》中可知,李悝主张严刑重罚,通过管制性政策工具治理国家。《法经》中主张予以严惩的犯罪有以下6类:

其一,《杂律》规定:"盗符者诛,籍其家;盗玺者诛;议国法令者诛,籍其家及其妻氏,曰狡禁。越城,一人则诛,自十人以上夷其乡及族,曰城禁。"这里盗符者、盗玺者、议国法令者、越城者(尤其是10人以上集体越城者)都有谋反不轨之嫌疑,因此必须予以严惩,不仅当

---

① 《尚书·康诰》。
② 《中国政治思想史集》第1卷《先秦政治思想史》,第28—29页。

事人要处死，有的甚至还要连坐家属，甚至同族、同乡。

其二，《法经》规定："杀人者诛，籍其家，及其妻氏；杀二人，及其母氏。大盗戍为守卒，重则诛。窥宫者膑，拾遗者刖，曰为盗心焉。"当时严重的罪行除谋反罪外，其次就是杀人、盗贼之罪了。因此，杀人者必须偿命，必须处以死刑，如果情节严重，杀的不止一人，那还要连坐妻子、母亲家族。一般的强盗罪罚其去戍守边疆，如罪行严重的，也要处死。即使是窥视别人的宫室，拾到别人遗失的东西不还，也作为有盗窃之心论处，前者处以膑刑（削去髌骨的酷刑），后者处以刖刑（砍掉脚的酷刑）。

其三，《杂律》规定："丞相受金，左右伏诛；犀首以下受金则诛；金自镒以下罚，不诛也，曰金禁。"《法经》已十分重视对官员受贿的惩罚，丞相接受贿赂，其左右侍从要处死；犀首（将军）以下受贿，则当事人要处死；如数量少于一镒以下，虽然不处死，但要接受其他形式的惩罚。

其四，《杂律》规定："博戏罚金三币，太子博戏则笞，不止则特笞，不止则更立，曰嬉禁。"其大意是法律禁止赌博，如参与赌博者必须罚款，如是太子参与赌博那要加重处罚，必须处以鞭笞的刑罚。

其五，《杂律》规定："群相居一日以上则问，三日、四日、五日则诛，曰徒禁。"由此可知，《法经》对民众的日常行为予以严密的控制，禁止民众聚在一起。如群聚在一起一天，就要处以盘问；如群聚达三日以上，就有图谋不轨的嫌疑，那就要处以死刑。

其六，《杂律》规定："夫有一妻二妾"，就要受到割去耳朵的肉刑，"夫有二妻则诛；妻有外夫则宫，曰淫禁"。由此可知，《法经》主张一夫一妻制，多妻多夫则被视为淫乱，必须受到割去耳朵或阉割生殖器的酷刑，直至处以死刑。

从《法经》残存的内容可知，李悝的立法体现了法家重刑主义的思想原则，主张通过严厉的管制对国家进行治理。其一，凡属于威胁君主统治的行为，如盗符、盗玺、越城、群相居等，不仅当事人动辄处死，甚至要夷族夷乡。其二，"王者之政莫急于盗贼"，杀人盗窃罪严重威胁人们的生命财产安全，影响社会的稳定有序，故对于杀人盗贼之罪亦予以重惩。其三，官吏受贿之罪，这是吏治腐败的主要表现，严重者影响国家政权的稳定。因此，对于此类犯罪，必须根据受贿数额大小予以不同惩处，重者也要处死。其四，即使一些轻微的犯罪，如赌博、拾遗、一夫多妻等，有的也要受到重罚，如一夫二妻就要处死，拾遗则要受到砍掉脚的酷刑。

李悝的重刑主义思想对于以后的商鞅、韩非都产生了很大的影响，以至成为法家理论的重要组成部分。如商鞅就将这种思想发展成"以刑去刑"的理论。韩非曾对此加以诠释："且夫重刑者，非为罪人也，明主之法揆也"①，"重一奸之罪，而止境内之邪，此所以为治也。重罚者，盗贼也；而悼惧者，良民也。欲治者奚疑于重刑"②。正如后人所云："卫鞅受之（即李悝《法经》），入相于秦。是以秦、魏二国，深文峻法相近。"③

二、商鞅法治思想

（一）法治是政治管理思想的核心

"法治"是商鞅政治管理思想的核心。他认为"仁义之不足以治天下也"，既反对以仁义治天下，也对儒家所谓"文武之政，布在方策，其人存，则其政举；其人亡，则其政息"④ 的"人治"观点，持摒弃的态度。他一再强调："明主任法"⑤，"法制不明，而求民之行令也，不可得也"。"故明主慎法制。言不中法者，不听也；行不中法者，不高也；事不中法

① 《韩非子·六反》。
② 《韩非子·六反》。
③ 董说：《七国考》引桓谭《新书》，台湾商务印书馆影印文渊阁四库全书本。
④ 《礼记·中庸》。
⑤ 《商君书·修权》。

者，不为也。"① 可见，商鞅把"法治"看成是治理国家、维护统治秩序的大政方针。

商鞅在"法治"中坚持有法必依，赏罚分明，无论何人一旦作奸犯科，即行治罪。无论是任何人，即使是"有功于前"，只要"有不从王令，犯国禁、乱上制者"②，便决不赦免。正由于他"罚不讳强大，赏不私亲近，法及太子，黥劓其傅"，遂使秦国出现了"道不拾遗，民不妄取，兵革大强，诸侯畏惧"③ 的局面。

商鞅在这种"法治"思想的指导下，对广大民众实行严格的管制。如为了把尽可能多的人束缚在土地上，专心致志地从事农业生产，他颁布了一些禁令：其一，"废逆旅"，禁止开设旅店，让流亡人口无所居留；其二，"使民无得擅徙"，禁止民众自由搬迁，尤其是从农村迁往城镇；其三，"声、服无通于百县"，禁止县以下的各种声色娱乐活动，避免农民分心影响农业生产④。

但是，由于商鞅过分强调严刑酷法，百姓动辄触禁，身陷囹圄，不可避免地导致了社会矛盾的尖锐和激化。正如汉代刘歆在《新序论》中所指出的："今卫鞅内刻刀、锯之刑，外深铁、钺之诛，步过六尺者有罚，弃灰于道者被刑。一日临渭而论囚七百余人，渭水尽赤，号哭之声动于天地。畜怨积仇比于丘山，所逃莫之隐，所归莫之容，身死车裂，灭族无姓，其去霸、王之佐亦远矣。"⑤

（二）民众知法才能守法

商鞅还提出，要实行以法治国，必须让官民都知道法律的内容和要求，这样官吏才能依法执法，民众才能知法守法，达到法治的目的。他说："吏民（欲）知法令者，皆问法官。故天下之吏民无不知法者。吏明

---

① 《商君书·君臣》。
② 《七国考》卷 12《秦刑法》。
③ 《战国策》卷 3《秦策一》。
④ 《商君书·垦令》。
⑤ 《西汉文纪》卷 22，中华书局，2020 年。

知民知法令也，故吏不敢以非法遇民，民不敢犯法以干法官也。遇民不修法，则问法官。法官即以法之罪告之。民即以法官之言正告之吏。吏知其如此，故吏不敢以非法遇民，民又不敢犯法。如此，天下之吏民虽有贤良辩慧，不能开一言以枉法。虽有千金，不能以用一铢。故知诈贤能者皆作而为善，皆务自治奉公。"① 这里，商鞅主张官吏与民众要知道法令的内容，可以求教于法官，所以普天之下的官吏和民众都知晓法令。官吏知道民众懂法律，就不敢用非法的手段对待人民，人民自己也不敢犯法。一旦遇到官吏以非法手段对待人民，人民可以问法官；法官要把法令规定的罪名告诉人民，人民就会用法官的话警告官吏。这样，官吏就不能用非法的手段对待人民了。官吏和人民中虽然有贤良善辩和智慧的人，但也不能说一句违背法令的话；虽然有的人钱财很多，但也不能使用金钱达到违法的目的。无论是狡诈之徒，还是贤能的人，都会努力自治，奉公守法。

　　商鞅进一步提出，要使臣民都能够知法守法，还必须具备两个条件：一是法律条文本身必须明确易懂。"故圣人为法，必使之明白易知，名正，愚知遍能知之。"② 即法律条文要简明易懂到让最愚钝的民众也能理解，这才算达到全体臣民知晓。二是要培养一批熟知法律的官吏普及法律。"为置法官，吏为之师，以道之知。"③ 商鞅认为，做官吏的首要条件是熟悉法律条文，能够做教授民众法律知识的老师，同时，向民众宣传普及法律是官吏的职责，做不到这点便是失职。

　　总而言之，商鞅认为，法律公开，是使法治能够公正实现的根本保证，因为如民众人人都知晓法律，那么官吏在民众的监督下，就不敢明目张胆地徇私枉法；同时，民众知法也使他们能更好地守法，不敢轻易以身试法。

---

① 《商君书·定分》。
② 《商君书·定分》。
③ 《商君书·定分》。

（三）法律在治国中的作用

商鞅重视法治，主张通过以法治国而达到天下大治。他认为治理国家不可一日无法，法是治国的根本。"法令者，民之命也，为治之本也，所以备民也。为治而去法令，犹欲无饥而去食也，欲无寒而去衣也，欲东西行也。"① 具体而言，法律在治国中主要有以下 3 个方面的作用。

其一，法律能够定分。《商君书·定分》说："一兔走，百人逐之，非以兔（为可分以为百，由名之未定）也。夫卖（兔）者满市，而盗不敢取，由名分已定也。故名分未定，尧、舜、禹、汤且皆如鹜焉而逐之；名分已定，贪盗不取。今法令不明，其名不定，天下之人得议之。其议，人异而无定……大名分定，势治之道也；名分不定，势乱之道。"商鞅这里所说的名分，用现代的话来说就是产权。商鞅认为，之所以产生百人逐兔的现象，根本原因在于所追逐的对象，其所有权不确定。因此，制止社会动乱的根本途径是通过法律来确定每个人的产权，即定分。所以，商鞅主张"立法明分"②，而反对以私害法。

《商君书·定分》引用了慎到百人逐兔的例子来论述"明分"的重要："名分未定，尧、舜、禹、汤且皆如鹜焉而逐之；名分已定，贪盗不取。""名分定，则大诈贞信，民皆愿悫（诚实）。"由此可见，作者把"定分"视为治国的不二法门，即使尧、舜、禹、汤那样的圣明君主，如在"名分未定"的情况下，也不可能把国家治理好。"名分定，势治之道也；名分不定，势乱之道也。"所有权得到确定，国家就得到治理，安定有序；所有权得不到确定，国家就难以治理，陷入混乱无序。

其二，法能够胜民。商鞅明确指出："民胜法，国乱；法胜民，兵强。"③ 其意是法律如能起到管制民众的作用，国家就会强盛；相反，法律如不能起到管制民众的作用，国家就会混乱。他的这一见解，是基于

---

① 《商君书·定分》。
② 《商君书·修权》。
③ 《商君书·说民》。

所有的臣民都是奸民的认识，所以"以良民治，必乱至削；以奸民治，必治至强"①。如果君主把臣民都当作良民来治理，不采取严厉的管制，那么国家必然混乱而至削弱；如果君主把臣民都当作奸民来治理，严厉进行管制，那么国家必然安定而至强大。

其三，法律是实行富国强兵政策的保证。在《商君书》中，法律常常是与耕战紧密联系的。《商君书·壹言》说："治法明则官无邪，国务壹则民应用，事本抟则民喜农而乐战，夫圣人之立法化俗，而使民朝暮从事于农也，不可不变也。"商鞅认为专制国家设立法制的目的，就是为了使民众服从国家通过耕战而达到富国强兵的需要。"故圣人之为国也，入令民以属农，出令民以计战……民生则计利，死则虑名。名利之所出，不可不审也。利出于地，则民尽力；名出于战，则民致死。入使民尽力，则草不荒；出使民致死，则胜敌。胜敌而草不荒，富强之功可坐而致也。"②

（四）以法治国应遵循的原则

在以法治国中，商鞅主张必须遵循以下3条原则：

其一，要刑无等级。商鞅认为，法律的基本精神是公，不以私害法是国家达到治理的根本保证。因此，他强调"刑无等级，自卿相、将军以至大夫、庶人，有不从王令，犯国禁，乱上制者，罪死不赦"③。由于法律至公的性质，法律必须为全体臣民所共守。在执行法律的过程中，除君主外，任何人都不能逃脱法律的制裁，爵禄不得抵刑，功不得抵过，善不可当恶。"有功于前，有败于后，不为损刑；有善于前，有过于后，不为亏法。"如果国家的执法官吏在执法过程中有违法行为，则要加重处罚，"罪死不赦，刑及三族"④。

其二，要明法利民。商鞅认为，实行法治，就必须公布法律条文，

---

① 《商君书·说民》。

② 《商君书·算地》。

③ 《商君书·赏刑》。

④ 《商君书·赏刑》。

让全体臣民知晓，以便于他们遵守。"古之明君，错法而民无邪，举事而材自练，赏行而兵强。此三者，治之本也，夫错法而民无邪者，法明而民利之也。"① 这里的"错法"，也就是明法。将法律公之于众，使"天下之吏民无不知法"，民众就能够"知所避就"，"避祸就福，而皆以自治也"。这样，"吏不敢以非法遇民，民不敢犯法以干法官也"②，从而使全国臣民都成为知法守法者。

其三，要轻罪重罚。商鞅是法家中主张重刑最给力的一派，主要反映在 3 个方面：一是主张轻罪重罚。《商君书·说民》云："行刑重其轻（罪）者，轻者不生，则重者无从至矣。此谓治之于其治也。"《商君书·画策》亦云：国家有了法之后之所以还有犯法者，是由于"轻刑"造成的。"轻刑"等于无法。其理由是，轻罪重罚使人不敢犯轻罪，那自然不敢犯重罪了。二是国家在立法中罚要多于赏。商鞅主张在治理国家中赏罚并用："夫人情好爵禄而恶刑罚，人君设二者以御民之志，而立所欲焉。"③ 但是他又提出，在赏与罚两者中，主张应多使用罚的手段，而少用赏的手段。《商君书·去强》云："王者刑九赏一，强国刑七赏三，削国刑五赏五。"《商君书·开塞》更是提出："治国刑多而赏少，故王者刑九而赏一，削国赏九而刑一。"其理由是"夫刑者所以禁邪也，而赏者所以助禁也"④，赏是罚的补充，主要应通过罚来禁止不法行为，这是强国的重要手段。三是刑于将过，即只要有犯罪的征兆就应进行刑罚。《商君书·开塞》说："刑加于罪所终，则奸不去。赏施于民所义，则过不止。刑不能去奸，而赏不能止过者，必乱。故王者刑用于将过，则大邪不生；赏施于告奸，则细过不失。"将惩罚加于即将犯罪，对告奸者予以奖赏，其目的是将犯罪消灭于萌芽状态，防患于未然。

商鞅之所以主张重刑，其目的是轻罪重罚，还未犯罪先罚，人民就

---

① 《商君书·错法》。
② 《商君书·定分》。
③ 《商君书·错法》。
④ 《商君书·算地》。

不敢犯罪了；人民不敢犯罪，自然就无须用刑了，这就叫作"以刑去刑，刑去事成"①。《商君书·画策》也说："不刑而民善，刑重也。刑重者，民不敢犯，故无刑也。而民莫敢为非，是一国皆善也。"因此，"以战去战，虽战可也；以杀去杀，虽杀可也；以刑去刑，虽重刑可也"。商鞅的这一理论对后世影响很大，历朝主张严刑、重刑者均从此寻找依据。但是历史证明，仅通过严厉管制、残酷镇压往往会适得其反，引起更尖锐的社会矛盾，爆发更猛烈的武装冲突，最终导致王朝的覆灭。

（五）重视法、信、权关系和法、君主、官吏关系

在以法治国中，商鞅十分重视法与信、权的关系。他指出："国之所以治者三：一曰法，二曰信，三曰权"，"法者，君臣之所共操也；信者，君臣之所共立也；权者，君之所独制也。人主失守则危，君臣释法任私必乱。故立法明分，而不以私害法，则治"②。由此可见，商鞅认为一个国家之所以得到很好的治理，取决于法、信、权三个方面。其中法是君臣所共同遵守的，信是君臣共同建立的，而权则是国君所独有。君臣抛弃法律，而听任个人意志办事，国家必定混乱。所以立法必须明确，而不能以个人意志损害法律，那么国家就会治理好。

商鞅认为人性的核心是追名逐利："民之性，饥而求食，劳而求佚，苦则索乐，辱则求荣，此百姓之情也。"人们追求名利是无所顾忌的："今夫盗贼上犯君上之所禁，而下失臣子之礼，故名辱而身危；犹不止者，利也。其上世之士，衣不暖肤，食不满肠，苦其志意，劳其四肢，伤其五脏，而益裕广耳。非生之常也，而为之者，名也。"③ 这种追名逐利导致了人与人之间的矛盾冲突和纷争，"亲亲则别，爱私则险。民众，而以别险为务，则民乱"④。商鞅认为，从古至今人们都在设法解决这样的"乱"，但是道德规范却不能消灭人的自私本性，"民众而无制，久而

---

① 《商君书·靳令》。
② 《商君书·修权》。
③ 《商君书·算地》。
④ 《商君书·开塞》。

相出为道，则有乱"。在这种情况下，只有通过设立君主、职官、国家以及法令制度等予以规范、禁止。

《商君书·开塞》云："天地设而民生之，当此之时也，民知其母而不知其父，其道亲亲而爱私。亲亲则别，爱私则险。民众，而以别险为务，则民乱。当此时也，民务胜而力征。务胜则争，力征则讼。讼而无正，则莫得其性也。故贤者立中正，设无私，而民说仁。当此时也，亲亲废，上贤立矣。凡仁者以爱为务，而贤者以相出为道。民众而无制，久而相出为道，则有乱。故圣人承之，作为土地、货财、男女之分。分定而无制，不可，故立禁。禁立而莫之司，不可，故立官。官设而莫之一，不可，故立君。既立君，则上贤废而贵贵立矣。"《商君书》作者的观点与荀子有相似之处，即人类社会纷争、混乱而使国家产生成为必要；《商君书》提出了"分"的概念，但其认为仅仅"分定"还不足以使社会秩序安定，必须制定法律予以禁戒；有了法律如果没有官员管理，还是不足以治理好国家，因此必须设置官员进行管理；如果有了官员而没有君主统治，那官员的行动很难统一，因此必须在官员之上立君主进行统领。

三、申不害和慎到的术、势思想

（一）申不害驭臣之术思想

申不害（前 385—前 337），亦称申子，郑国京邑（今荥阳东南京襄城）人，战国时期法家重要创始人物之一，思想家。《史记》说他专攻"黄老之术"。以"术"著称，著有《申子》，是春秋战国时期百家争鸣中的代表人物。韩国灭掉郑国后，韩昭侯重用他为丞相，在韩国主持改革，"内修政教，外应诸侯"，帮助韩昭侯推行"法"治、"术"治，使韩国的君主专制得到加强，贵族特权受到限制，百姓生活渐趋富裕，国治兵强，国家逐渐强盛起来。

申不害之所以特别重视君主统驭臣下之术，是因为他认为威胁君主

地位的主要危险来自左右大臣。"妒妻不难破家，乱臣不难破国。"① 申不害的驭臣之术主要有以下两个方面：

其一，正名责实之术。申不害指出："昔者尧之治天下也，以名，其名正则天下治；桀之治天下也，亦以名，其名倚而天下乱，是以圣人贵名之正也。主处其大，臣处其细，以其名听之，以其名视之，以其名命之。"② 这里，申不害强调君主治理国家应注意两个方面：一是君主要正名，即凡事要有明确具体规定，有章可循；二是君主要抓大事，抓住了大事，就能控制小的，控制住臣下。申不害还认为君主不应把精力放在论人忠奸上，重要的是按规定对官吏进行检查、考察和评估。"为人君者，操契以责其名。名者，天地之纲，圣人之符。张天地之纲，用圣人之符，则万物无所逃矣。"③

其二，静因无为之术。申不害认为国君治理国家要"无为"。"无为"的关键就是国君要把自己深藏起来，对任何事情都不要在事情未决断之前表示自己的好和恶、是和非、知与不知。因为君主只要有任何倾向性的表示，臣下都会钻空子投机。他说："上明见，人备之；其不明见，人惑之。其知见，人饰之；不知见，人匿之。其无欲见，人司（伺）之；其有欲见，人饵之。"如果君主不动声色，没有任何表示，臣下便无机可乘，君主也不会受臣子的左右和利用。君主如果能做到"无为"，就可以洞察一切，即"惟无为可以规（窥）之"④。

（二）慎到君主权势论

慎到，尊称慎子，古慎国（今河南正阳）人。《史记》记载，在齐宣王时，他曾长期在稷下讲学，是稷下学宫中最具影响力的学者之一。著作有《十二论》《慎子》，很多都已失传了。清朝时，钱熙祚将其著作合编为七篇，刻入《守山阁丛书》。此外，还有佚文数十条，近代出土慎到

---

① 《意林》卷2《申子三卷》，台湾商务印书馆影印文渊阁四库全书本。
② 《申子·大体》。
③ 《申子·大体》。
④ 《韩非子·外储说右上》。

佚篇《慎子曰恭俭》。

慎到对所谓"势"的解释就是政治上足资凭借的权势、势位："腾蛇游雾，飞龙乘云。云罢雾霁，与蚯蚓同，则失其所乘也。故贤而屈于不肖者，权轻也。不肖而服于贤者，位尊也。尧为匹夫，不能使其邻家；至南面而王，则令行禁止。由此观之，贤不足以服不肖，而势位足以屈贤矣。"①

慎到从历史和现实中认识到：在政治上谁服从谁，不是以才能、是非和道德为标准，而是要看权势的大小。贤人之所以屈服于不肖者，是因为贤人权势轻也；不肖者能使贤人服从其统治，是因为其势位尊贵也。尧为平民时，不能使唤其邻家；到他南面称王时，则令行禁止。由此观之，贤人的才德不足以使不肖者服从，而不肖者的势位足以使贤人屈服。从理论上看，慎到的思想是权力决定论，即权力高于一切，这未免太绝对化，具有片面性。但在当时，这种说法是符合历史实际的。综观中国古代，臣民中，无论是才能还是道德都超过君主的，大有人在。然而他们仍然必须服从君主，君主所依恃的就是权势。所以慎子说，这种权势是须臾不可离开君主的。正如腾蛇、飞龙不可离开云雾一样，一旦云消雾散，失去依靠，就会立刻掉下来，只能与蚯蚓同类。君主也是一样，一旦失去权势，只能与匹夫为伍。

正是由于权势对于君主如此重要，因此，慎到对君主如何确保权势提出了自己的看法。他认为，权力和平等不能并存，"两贵不相事，两贱不相使"②。如果有并行的权力，那么在其上则要有一个更高的权力加以统领。"臣有两位者国必乱。臣两位（而）国不乱者君在也，恃君（而）不乱矣。"③ 一国之内只能有一个君主，"多贤不可以多君，无贤不可以无君"④。在政治体制上，慎到主张一元化的君主专制，反对二元化或多元

---

① 《慎子·威德篇》钱熙祚本。
② 《慎子·君人》。
③ 《慎子·德立》。
④ 《慎子·佚文》。见《喻林》卷110，台湾商务印书馆影印文渊阁四库全书本。

化，即同一种权力有"两"，因为"两则争，杂则相伤"①。

君主要实现专制统治，最关键的是自己的权势一定要超过一切臣属。"君臣之间犹权衡也。权左轻则右重，右重则左轻。轻重迭相橛，天地之理也。"② 君主要使自己的权势大于臣下，必须"得助于众"③。他说："民杂处，而各有所能者不同，此民之情也。""下之所能不同，而皆上之用也。是以大君因民之能为资，尽包而畜之，无能取去焉。是故必执于方以求于人，故所求者无一足也。大君不择其下故足。不择其下则为下易矣。易为下，则莫不容。容故多下。多下之谓太上。"④ 这里，他提出两个方面的看法值得注意：一是处理好"民能"与"君用"的关系。民各有所长，各有其短，君主要善用其长处，兼蓄而择其能用之。二是处理好"上"与"下"的关系。君主作为"上"，应善于兼容各种各样的"下"，这样"下"就多。因为君主拥有作为"下"的臣民越多，那他作为"上"的权势就越大，地位也就越稳固，故"多下之谓太上"。

总之，慎到一方面特别强调权势要集中于君主之手，君主要大权独揽；另一方面又指出君主应善于使用臣民之所长，努力拥有尽可能多的臣民。这样，就能拥有绝对优势的权势，从而巩固自己对国家的管理地位。

慎到认为，君主要巩固自己的权势，必须采取以下3个方面的措施：

其一，不尊贤。慎到一反先秦诸子中儒家、墨家的尊贤和尚贤主张，提出不尊贤："立君而尊贤，是贤与君争，其乱甚于无君。"⑤ 因为如果君主尚贤，其结果必然是使贤人在民众中养成声望，在客观上君主为自己树立了一个敌手，那样，人民将只知有贤人而不知有君主，只知尊贤而

---

① 《慎子·德立》。

② 《慎子·佚文》。见（元）何犿注《韩非子》卷17《难势》，台湾商务印书馆影印文渊阁四库全书本。

③ 《慎子·威德》。

④ 《慎子·民杂》。

⑤ 《慎子·佚文》。见《太平御览》卷638，台湾商务印书馆影印文渊阁四库全书本。

不知尊君，贤与君争的结果是不如无君。

其二，君主应该获得民众的支持。《慎子·威德》说："爱赤子者，不慢于保；绝险历远者，不慢于御。"民众对于君主来说，就像赤子的保姆与驾车的御夫一样重要，只要得助于民众，君主的统治地位才能稳固。君主要使自己手中的权力不至于旁落，很重要的一点是设法使自己在民众中树立威信，通过得到民众的支持来制约臣下。

其三，君主无为以治臣下。慎到认为，君主为了巩固自己的权力，必须善于运用权术驾驭臣下。慎到所说的权术，即"君逸乐而臣任劳"的统治术。也就是说，君主管理国家，自己应该处于安逸清闲的境况，坐收其利，而尽量发挥臣下的作用，让臣下操劳，办理各种繁杂事务。相反，"人君自任而独为善以先下，则是代下负任蒙劳也，臣反逸矣"①。这就是如果君主事必躬亲，包揽一切事务，这并不说明君主的勤政和精明强干，反而是君主治国无能的表现。因为君主如代替臣下处理各种事务，一方面，臣下就会没有事情可做，这样，君主无形中便降到臣下的位置上，即代替臣下操劳，而且如果处理事务出现差错，还要替臣下承担责任；另一方面，臣下无事可做，却在暗中观察君主的一举一动，甚至幸灾乐祸于君主处事出差错。总之，君臣如此易位，难免出现祸乱。

（三）慎到反对"身治"思想

慎到在治理国家中主张实行法治，反对"身治"（即人治）。他指出"身治"有两大弊端：一是"身治"无一定标准，主观随意性大，赏罚不公。"君人者，舍法而以身治，则诛赏予夺，从君心出。"君主以主观好恶进行赏罚，结果"受赏者虽当，望多无穷；受罚者虽当，望轻无已"。那将使臣属对君主赏罚抱有一种侥幸的心理，因为凭主观好恶赏罚，只要一转念，其赏罚可能就会差之千里。这就会造成"君舍法以心裁轻重，则同功殊赏，同罪殊罚矣"。赏罚不公，"怨之所由生也"②。二是人治使

---

① 《慎子·民杂》。
② 《慎子·君人》。

国家政事系于一人是危险的。慎到认为，人治使"国家之政要在一人之心矣"①，一个人无论多么英明，其对世上纷繁复杂的事物的认识也是有限的。"一人之识识天下，谁子之识能足焉？"② 因此，把国家政事系于一人是危险的。

四、《管子》法治思想

（一）法在治国中的作用

法的最基本的规定性在于"分"。君主行法就要紧紧抓住这个"分"字。《管子·乘马》说："圣人之所以为圣人者，善分民也。圣人不能分民，则犹百姓也。于己不足，安得名圣。"圣人之所以与一般百姓不同，正是由于他善于"分"。《管子·明法解》也提出，"察于分职"是明君的标志之一。

《管子》书中对"法"先后界说不一，虽含义不尽相同，归纳概括起来，大致包括以下 4 个方面：

其一，"法"是规范臣民行为的准则："法者，上之所以一民使下也"③；"尺寸也，绳墨也，规矩也，衡石也，斗斛也，角量也，谓之法"④。

其二，"法"是判断臣民行为是非曲直的标准："法者，天下之仪也，所以决疑而明是非也。"⑤

其三，"法"是君主对臣民进行赏罚的依据："法者，所以兴功惧暴也"⑥；"法制不议"，"刑杀毋赦"，"爵禄毋假"，"三者藏于官则为法"⑦；

---

① 《慎子·威德》。
② 《慎子·佚文》。
③ 《管子·任法》。
④ 《管子·七法》。
⑤ 《管子·禁藏》。
⑥ 《管子·七臣七主》。
⑦ 《管子·法禁》。

"制断五刑，各当其名，罪人不怨，善人不惊，曰刑"①。

其四，"法"是君主用于规定社会各阶层的职责与义务、协调社会关系的法律条文："律者，所以定分止争也。令者，所以令人知事也。"②

尽管以上总结的《管子》中对"法"4个方面的界定含义不尽相同，但相同之处是都从"法"的作用、功能方面着眼。正由于"法"有这4个方面的主要功能，因此，君主治理国家必须依靠"法"，才能使社会安定有序；相反，如"不法法则事毋常"③，社会就会陷于混乱，国家必然衰亡。

《管子》主张法治，其有关以法治国的理念与论述，在先秦诸子百家中是相当突出的。

《管子》认为，法是管理国家和规范上下的基本依据。"法者，天下之程式也，万事之仪表也。"④ "法者，不可恒也，存亡治乱之所从出，圣君所以为天下大仪也。"⑤ 管子学派主张以法治国要贯穿于君、臣、民之中。《管子·任法》云："夫生法者，君也。守法者，臣也。法于法者，民也。君臣上下贵贱皆从法，此谓为大治。"可见，《管子》认为：法是由君主制定产生的，这不仅包括公之于众的法律，还包括君主决策性质的号令等。君主握有立法权，国家权力由君主掌握，高度集中。从中央到地方的各级官吏的职责是守法，即通过遵守君主制定的法律来统治、管理人民。广大民众必须服从由国君制定、由各级官吏执行的各项法令政策，不准违抗。总之，如能达到"君臣上下贵贱皆从法"，就是天下大治了。

先秦时期，各诸侯国君主可以根据自己的需要随意立法或废法，因此，虽然各国颁布有法律，但仍是人治而不是法治。对此，《商君书·画

---

① 《管子·正》。

② 《管子·七臣七主》。

③ 《管子·法法》。

④ 《管子·明法解》。

⑤ 《管子·任法》。

策》深刻指出："国皆有法，而无使法必行之法。"

（二）法的特征

《管子》在强调法在治国中的重要性的基础上，认为法有 4 大特征：

其一，法具有规范性。《管子·禁藏》认为："法者，天下之仪也，所以决疑而明是非也，百姓所悬命也。"《管子·七法》也认为："尺寸也，绳墨也，规矩也，衡石也，斗斛也，角量也，谓之法。"《管子》从法律的 3 种职能强调了法作为规范的意义："夫法者，所以兴功惧暴也。律者，所以定分止争也。令者，所以令人知事也。法律政令者，吏民规矩绳墨也。"[①]《管子》认为法不仅对人民、官吏有规范作用，而且对君主也有约束作用，这是十分难能可贵的。"夫矩不正，不可以求方。绳不信，不可以求直。法令者，君臣之所共立也。"[②]

其二，法具有公正性。《管子》认为："宪律制度必法道……此正民之经也。"[③] 这里所谓的"道"，指的是天地自然、天常地则，无亲疏厚薄，公正无私，一视同仁。他们主张：圣君"任公而不任私……不知亲疏远近，贵贱美恶，以度量断之……以法制行之，如天地之无私也……上以公正论，以法制断，故任天下而不重也"[④]。如果所有的社会阶层及国家的活动都能置于法律的约束之下，从法的公正性出发，即使是君主也不例外，那么天地万物、平民百姓都会得到好处。这就是"天不为一物枉其时，明君圣人亦不为一人枉其法。天行其所行而万物被其利，圣人亦行其所行而百姓被其利"[⑤]。否则，如"为人君者，倍道弃法而好行私，谓之乱"[⑥]；"行法不道众，民不能顺"[⑦]；"舍公而好私，故民离法而

---

① 《管子·七臣七主》。

② 《管子·七臣七主》。

③ 《管子·法法》。

④ 《管子·任法》。

⑤ 《管子·白心》。

⑥ 《管子·君臣下》。

⑦ 《管子·禁藏》。

妄行"①。可见，国君如违背了法的公正性，就会招致民众的反对，导致社会上出现违法乱纪的行为，甚至引发祸乱。

其三，法具有公开性。《管子》认为，必须让老百姓人人知晓法律，才能要求广大民众遵守，真正起到约束民众的作用。《管子》指出："宪律制度必法道，号令必著明，赏罚必信密，此正民之经也。"② "凡将举事，令必先出，曰事将为，其赏罚之数，必先明之。立事者谨守令以行赏罚，计事致令，复赏罚之所加。有不合于令之所谓者，虽有功利，则谓之专制，罪死不赦。首事既布，然后可以举事。"③ 这里，《管子》特别强调，凡是开展一项较重大的工作，开始实施前必须公布有关的政策法令，说明事件将怎样具体进行，明确有功必赏、有过必罚的具体标准。这样，就能使主持工作的人能严格遵循规定进行赏罚。如果法令上所规定的，实际上并没有照办，行事与法令不相符合，即使也有一定成绩，仍然应称之"专制"，是犯了不可宽赦的死罪。开展某项工作的第一道法令公布以后，方才可以按照法令实施行动。

其四，法具有功用性。《管子》认识到，法是约束规范人们的行为、维护社会制度、君主用于治理国家的工具。"凡人主莫不欲其民之用也。使民用者，必法立而令行也。故治国使众莫如法，禁淫止暴莫如刑。"④《管子》还进一步比较了以法治国和不以法治国的利弊，以及所带来的截然不同的两种结果："圣君任法而不任智，任数而不任说，任公而不任私，任大道而不任小物，然后身佚而天下治。失君则不然，舍法而任智，故民舍事而好誉；舍数而任说，故民舍实而好言；舍公而好私，故民离法而妄行；舍大道而任小物，故上劳烦，百姓迷惑，而国家不治。"⑤

---

① 《管子·任法》。
② 《管子·法法》。
③ 《管子·立政》。
④ 《管子·明法解》。
⑤ 《管子·任法》。

（三）法的原则

《管子》作者认为，君主制定、实施法制，必须坚持必信、有常、无私3项原则。所谓必信原则，《管子·七臣七主》指出"民信其法则亲"，也就是人民如信赖法度律令则能紧密团结而不致涣散。正因为"民信其法"如此重要，因此"明王知其然，故见必然之政，立必胜之罚。故民知所必就，而知所必去。推则往，召则来，如坠重于高，如淡水于地"。这就是说，英明的君主很懂得必须使民相信法的道理，所以凡是颁布政令，下面便必须推行，确立刑罚便一定要实施。让人民知道什么事情可以做，什么事情不能做，推之则往，招之必来，就像是悬在高处的重物必然往下坠落，把水泼在地上必然会渗透开那样。

所谓有常原则，《管子·法法》指出："号令已出又易之，礼义已行又止之，度量已制又迁之，刑法已错又移之。如是，则庆赏虽重，民不劝也；杀戮虽繁，民不畏也。故曰：上无固植，下有疑心，国无常经，民力必竭，数也。"如果君主制定颁布法律朝令夕改，号令已经发出又任意更改，礼法规范已在推行又忽然停止，制度标准已经确定又加以变动，刑罚法律已经制定却又游移动摇。这样，即使奖赏再重，人民也不会自我勉励；杀戮再频繁，人民也不会畏惧。所以说，上层缺乏坚定明确的意志，下层存在着疑惑犹豫的心理，朝廷没有正常稳定的法制，民力必将枯竭，乃是必然的趋势。不言而喻，朝廷必须有正常稳定的法制，坚持不懈地予以执行，持之以恒，才能把国家治理好。

所谓无私原则，就是君主在实行法治时，必须公正无私。《管子》作者指出："天不为一物枉其时，明君圣人亦不为一人枉其法"[1]，"不知亲疏、远近、贵贱、美恶，以度量断之。其杀戮人者不怨也，其赏赐人不德也，以法制行之，如天地之无私也"[2]。其大意是天不会因为于某一事物有利或有害而改变其运行规律；明君圣人也如同天道那样，不会因为

---

[1] 《管子·白心》。
[2] 《管子·任法》。

于某个人有利或有害而不执行正常法度。治世的明君对人对事从来不会因亲疏、远近、贵贱、美恶不同而有所区别，一律以法制、法度为是非标准而作出判断，因罪而被判处死刑的人也不会有怨恨，因功而获得赏赐的人也不会认为那是君主个人对他的私恩。按法制行事，就如同天地对待万物那样，一视同仁，不偏无私。

相反，如果"为人上者，释法而行私，则为人臣者，援私以为公"①。君主"离法而听贵臣，此所谓贵而威之也。富人用金玉事主而来焉，主离法而听之，此所谓富而禄之也。贱人以服约卑敬悲色告诉其主，主因离法而听之，（此）所谓贱而事之也。近者以逼近亲爱有求其主，主因离法而听之，此所谓近而亲之也。美者以巧言令色请其主，主因离法而听之，此所谓美而淫之也"。"此五者不禁于身，是以群臣百姓人挟其私而幸其主。彼幸而得之，则主日侵，彼幸而不得，则怨日产。"② 这就是君主在管理国家时抛开法制而行私，那就有可能听从贵臣；富人用金玉一类的财富来奉承讨好君主，君主就可能抛开法度而听从富人；贱人装出一副谦卑恭敬的可怜相向君主诉苦，君主就可能抛开法度而听从贱人；左右亲近而宠爱的人对君主提出不正当的要求，君主就可能抛开法度而听从他们；外貌美丽的人运用花言巧语和妖冶媚态迷惑君主，君主就可能抛开法度而听从美者。这 5 个方面，君主自己不能自觉预防和禁止，于是令群臣和百姓有机可乘，大家都怀着私心而去接近君主，向他邀宠。倘若他们有求必得，达到了目的，那么，君主的权柄地位便会日益遭到侵蚀；倘若他们有求而不得，没有达到目的，那么，对君主的怨恨便会日益增长。

在此基础上，《管子》作者进一步指出，大凡曲法行私，多在贵近之臣。然而"令之行也，必待近者之胜也，而令乃行。故禁不胜于亲贵，罚不行于便嬖，法禁不诛于严重而害于疏远，庆赏不施于卑贱，而求令

---

① 《管子·君臣上》。
② 《管子·任法》。

之必行，不可得也"①。要做到有令必行，就必须坚持该禁止的即使是亲属权贵也必须禁止，该惩罚的即使是亲信近臣也必须惩罚。如果诛戮只限于疏远者，而奖赏则把卑贱者排除在外，法令就推行不开。不言而喻，明君之治必以去私为务，而且必须从君主的亲属权贵、亲信近臣做起，才能做到有令必行，真正把法治落到实处。这就是"君臣上下贵贱皆从法，此谓为大治"②。

（四）赏罚并举

《管子·君臣下》云："古者未有君臣上下之别，未有夫妇妃匹之合，兽处群居，以力相征。于是智者诈愚，强者凌弱，老幼孤独不得其所。故智者假众力以禁强虐，而暴人止……是故国之所以为国者，民体以为国。君之所以为君者，赏罚以为君。"《管子》作者认为国家和君主的产生是为了制止社会上机巧的欺诈愚笨的，强壮的凌虐弱小的，使老幼孤独之人有容身之地。所谓的国家是由人们结合而成的整体，所谓的君主即是在人群整体中实施赏善罚恶的人。

《管子》主张治国必须赏罚并举：治国有三器，"曰号令也，斧钺也，禄赏也"③。他们认识到刑罚本可以使人产生畏惧而退却不前，但过于严厉的刑罚却容易让人走向反面，铤而走险，那就是"刑罚不足以畏其意，杀戮不足以服其心"④。因此，必须赏罚结合，相辅相成："明主之道，立民所欲，以求其功，故为爵禄以劝之；立民所恶，以禁其邪，故为刑罚以畏之。故案其功而行赏，案其罪而行罚。"⑤

《管子》作者也主张赏罚须重而必信，乃能生效。"赏薄则民不利，禁轻则邪人不畏"⑥，故赏罚宜重也。"见必然之政，立必胜之罚，故民知

---

① 《管子·重令》。
② 《管子·任法》。
③ 《管子·重令》。
④ 《管子·牧民》。
⑤ 《管子·明法解》。
⑥ 《管子·正世》。

所必就，而知所必去"①，"用赏者贵诚，用刑者贵必"②，故赏罚贵必也。尤其是刑罚，如能"正法直度，罪杀不赦，杀僇必信，民畏而惧"③。

《管子》作者主张明赏罚，即在法令执行前，必须先让民众知晓；在实施过程中，必须严格按照法令规定执行。《管子·立政》云："凡将举事，令必先出，曰：事将为，其赏罚之数，必先明之。立事者谨守令以行赏罚，计事致令，复赏罚之所加。有不合于令之所谓者，虽有功利，则谓之专制，罪死不赦。首事既布，然后可以举事。"其大意是凡是开展一项较重大的工作，实施行动之前都必须公布有关的政策法令。主持工作的人应严格遵循规定实行赏罚；在向上级报告工作进展情况及法令执行情况时，也应包括赏罚情况。如行事与法令不相符合，即使也有一定成绩，仍然应叫作"专制"，是犯了不可宽赦的死罪。

《管子》也主张对人民实行管制，国君对民众可通过6种手段进行掌控。《管子·任法》云："明王之所操者六：生之，杀之；富之，贫之；贵之，贱之。"《管子·国蓄》亦云："先王知其然，故塞民之养，隘其利途。故予之在君，夺之在君，贫之在君，富之在君。"在此，生、富、贵、予是赏，杀、贫、贱、夺是罚，归根结底，这8种手段仍然是遵循赏罚并举。

（五）法治必须以君主意志为转移

《管子》主张在对民众管制中，必须以君主的意志为转移："御民之辔，在上之所贵。道民之门，在上之所先。召民之路，在上之所好恶。故君求之，则臣得之；君嗜之，则臣食之；君好之，则臣服之；君恶之，则臣匿之。"④ 他们认为，国君统治人民的权柄，就如同驾驭马的缰绳，人民往哪边走取决于统治者所重视的是什么，所轻视的是什么。引导人民朝哪个方向努力，取决于统治者把什么放在优先的地位，把什么放在

---

① 《管子·七臣七主》。
② 《管子·九守》。
③ 《管子·版法》。
④ 《管子·牧民》。

次要的地位。促使人民走什么样的道路，取决于统治者喜好什么，厌恶什么。凡为君主所孜孜追求的，臣也会希望能得到；君主所喜欢吃的，臣也会想尝一尝；君主有怎样的爱好，臣也会有怎样的爱好；君主所厌恶的，臣即使原本并不厌恶，也会设法加以隐瞒，不敢在君主面前公布表露出来。总之，一切以君主为马首是瞻。

《管子》还主张在对人民的管制中，必须重视统一民众的思想，即以国君一人之思想，要求臣民和同之，服从之。他们说："昔者，圣王之治人也，不贵其人博学也，欲其人之和同以听令也。《泰誓》曰：'纣有臣亿万人，亦有亿万之心。武王有臣三千而一心。故纣以亿万之心亡，武王以一心存。'故有国之君，苟不能同人心、一国威、齐士义，通上之治，以为下法，则虽有广地众民，犹不能以为安也。"① 其意是说以前的圣王对待人才，所最重视的并非博学，而是看他是否善于与旁人和睦同心，行动是否与当今正在施行的法度一致。就像《泰誓》上所说的那样，纣王有亿万人，但没有统一的思想，所以灭亡了；武王只有臣三千人，但有共同思想，结果便胜利了。所以说，统治国家的君主倘若不能使人心统一，使国家的权威集中于君主一身，使臣民有共同的是非标准，上面怎么行事下面就遵奉为规范，那么，国土虽广，人口虽多，仍然未必是高枕无忧的。这里必须指出的是，上引《泰誓》中武王的所谓"一心"，是以民意统一思想，而非以统治者的己意统一思想，所以众心是同于德，同于义，而非"和同以听"统治者之"令"也。《管子》之"一心"，是出自君主的发号施令，辅以威胁利诱使之服从，"非号令毋以使下，非斧钺毋以威众，非禄赏毋以劝民"②。可见，春秋战国时的国君即使在统一思想中也是一手执斧钺，一手持禄赏，大有"顺我者昌，逆我者亡"之势！

《管子·形势解》说："人主之所以令则行、禁则止者，必令于民之

①　《管子·法禁》。
②　《管子·重令》。

所好，而禁于民之所恶也。"《管子·明法解》也说："明主之道，立民所欲，以求其功……立民所恶，以禁其邪。"法令的制定与执行，必须顺应人民的好恶，符合民心的向背，才能得到顺利地贯彻。如果违背了民情，法令虽然十分威重，但失去执法的基础，就很难得到贯彻。《管子·权修》就指出："赋敛厚，则下怨上矣；民力竭，则令不行矣。"《管子·版法》也指出："民不足，令乃辱；民苦殃，令不行。"

《管子·七法》指出："言是而不能立，言非而不能废，有功而不能赏，有罪而不能诛，若是而能治民者，未之有也。是必立，非必废，有功必赏，有罪必诛，若是安治矣？未也。是何也？曰：形势器械未具，犹之不治也。形势器械具，四者备，治矣。"《管子》作者认为，正确的不能采纳，错误的不能抛弃，有功劳的得不到奖赏，犯罪的得不到诛罚，像这样的想治理好民众，是不可能的。只有把正确的树立起来，把错误的抛弃，有功劳的能得到奖赏，有罪的能得到惩罚，再加上有利的发展条件和充足的武器装备，那么就可以真正安治了。由此可见，《管子》作者把是非观，信赏必罚法制看作是治国的基础，如果是非观混乱，民众对什么是对的什么是错的都搞不清，而且该奖赏的不奖赏，该受到惩罚的没有得到惩罚，那这样的国家肯定是一片混乱，迟早要亡国的。

（六）人人都要守法

《管子》提出法一经制定颁布，所有的人（包括君主）都必须遵守。"法令者，君臣之所共立也。"① 只要人人都守法，就可使社会秩序安定，国家长治久安。正如《管子·任法》中所说的："君臣上下贵贱皆从法，此谓为大治。"《管子》认为法是规范化了的规定，君主的命令是行使权力的表现，由于君主也要守法，因此，法应高于命令，君主的命令应以法为依据。《管子·君臣上》提出："君据法而出令，有司奉命而行事，百姓顺上而成俗。"更为难能可贵的是，《管子》为了使法能得到顺利实施，特别强调君主要以身作则，从自身做起，做事以法为准，而不凭自

---

① 《管子·七臣七主》。

己的好恶。《管子·法法》指出："明君知民之必以上为心也，故置法以自治，立仪以自正也。故上不行，则民不从。彼民不服法死制，则国必乱矣。是以有道之君，行法修制，先民服也"，"禁胜于身则令行于民矣"。① 可见，《管子》作者认为君主如能做出守法的表率，那民众就会纷纷仿效而守法。

《管子》认为法的基本作用在于"分"，如用现代人的语言说，就是明确规定社会各阶层人的社会地位、权利与义务等。《管子·君臣上》说："上有法制，下有分职。"《管子·小问》指出："明分任职，则治而不乱，明而不蔽矣。"具体而言，法在以下几个方面做了明确规定，让人遵守，而使国家得到治理，不致产生混乱。即法"立朝廷者"，以分贵贱；法"用民力者也"，以重禄赏，加有功；法"用民能者也"，以授官通理；法"用民之死命者也"，以审刑罚。②

（七）量刑要适中

在《管子》一书中，对量刑的轻重大体有 3 种不同的看法：

其一，主张"轻刑"，反对重禁。如《管子·霸刑》就主张轻刑、轻税。《管子·七臣七主》也提出："刑法繁则奸不禁，主严诛则失民心。"意为刑法太烦琐则奸邪更禁止不了，太严厉的诛罚则会失去民心。

其二，主张严刑重罚。《管子·重令》指出："行令在乎严罚。罚严令行，则百吏皆恐。"持这种观点的作者特别强调不能赦小过，因此"上赦小过，则民多重罪，积之所生也"③。即对小过进行惩罚，可防止民众犯大罪；如对小过不进行惩罚，其实是害了民众，纵容他们今后犯大罪。正如《管子·法法》所说的："赦出则民不敬，惠行则过日益。惠赦加于民，而囹圄虽实，杀戮虽繁，奸不胜矣。故曰邪莫如早禁之"，"凡赦者，小利而大害者也，故久而不胜其祸"。

---

① 《管子·法法》。
② 《管子·权修》。
③ 《管子·法法》。

其三，主张用刑要"平和"。《管子·形势解》云："明主犹羿也，平和其法，审其废置而坚守之，有必治之道，故能多举而多当。"《管子》作者认为英明的君主应如同古代善射者羿调节弓弦和箭杆一样，把法度调整得平正谐和，认真仔细地审定什么是应该提倡的，什么是应该反对的，就能合乎治国的道理，兴办多种事业并能获得成功。至于如何才算达到"平和其法"，《管子》作者没有具体说明。

（八）君主要拥有权势

《管子》指出，君之所以为君，在于有势："凡人君之所以为君者，势也。"① 如果失去权势，也就不成其为君主了，"故人君失势，则臣制之矣……故君臣之易位，势在下也"②。在此认识的基础上，《管子》进一步揭示维持君臣之间的关系不是靠忠孝、信义，而是以权势为转移。臣"非爱主也，以畏主之威势也"，"百姓之争用，非以爱主也，以畏主之法令也"③。因此，君主在治理国家中，权势不可假人，必须牢牢掌握在自己手中。《管子·七臣七主》说："法令者，君臣之所共立。权势者，人主之所独守也……罪决于吏则治，权断于主则威。"《管子·明法》也指出："威不两错，政不二门，以法治国"，"君臣共道则乱"。

君主一方面要有权势，另一方面还必须有"必治之势"。《管子·明法解》指出："明主操必胜之数，以治必用之民。处必尊之势，以制必服之臣。"所谓"必治之势"就是君主对于臣民，要使自己的权势必定有效，令行禁止，臣民绝对服从。

五、荀子法治思想

（一）良法与君子

荀子重视法治，认为："公平者，职之衡也；中和者，听之绳也。其

---

① 《管子·法法》。
② 《管子·法法》。
③ 《管子·明法解》。

有法者以法行，无法者以类举。"① 他把"法"看成和"公平""中和"一样，认为公平可以权衡政事的轻重，宽严得当可以成为听察的准绳。有法令规定的，就必须依法办事；没有法令规定的，就按照法律的规定加以类推。凡是法律制定得不公平以及法令没有规定到的地方，就会造成社会秩序的混乱。

荀子还认为，有了好的法律，还必须靠好的执法者来贯彻执行。虽有良法，如不得人而执行之，亦属无效。因为法律再好再严密公正，也要靠人来执行，如执行的人营私舞弊，徇私枉法，再好的法律也难发挥作用。他说："羿之法非亡也，而羿不世中；禹之法犹存，而夏不世王。故法不能独立，类不能自行，得其人则存，失其人则亡……有君子，则法虽省，足以遍矣；无君子，则法虽具，失先后之施，不能应事之变，足以乱矣。"② 如果有法不依，执法不严，再好的制度也会形同虚设，国家就得不到治理，社会秩序将遭到破坏。因此，他主张实行法治要"正法以齐官"③，"庆赏刑罚，欲必以信"④，即必须制定公正的法律，选好执法官吏，赏罚分明，信赏必罚。

（二）教、诛、赏、类并举

在治理国家中，荀子对管制性政策工具与协调性政策工具两者的关系做了深刻的论述。他把两种政策性工具具体分为教、诛、赏、类4项，它们之间的关系是："不教而诛，则刑繁而邪不胜；教而不诛，则奸民不惩；诛而不赏，则勤属之民不劝；诛赏而不类，则下疑、俗俭（险）而百姓不一。"⑤ 这里有两层意思：其一，教、诛、赏在治国中缺一不可，三者相互为用。如果不教育人民，而单单用刑罚，那刑罚就会趋于繁乱，而奸邪之事也会越来越多；如果只教育人民，而不用刑罚，那犯法的奸

① 《荀子·王制》。
② 《荀子·君道》。
③ 《荀子·富国》。
④ 《荀子·议兵》。
⑤ 《荀子·富国》。

民就得不到惩罚；如果只用刑罚，而不用赏赐，那勤恳的人民就得不到劝勉奖励。其二，刑罚、赏赐必须适当。如果刑罚、赏赐不适当，那就会使下层民众感到疑惑，无所适从，社会风气就会险恶，那么百姓的行为就得不到统一。

（三）处胜人之势，行胜人之道

法家把权势看得高于一切，认为权势可以指挥一切。荀子也重视权势，但他认为权势须与道理结合在一起使用，才能处于不败之地。他一方面指出，君主之所以为君主，首先因权势在握，"人主者，天下之利势也"①。另一方面又认为，君主权势固然不可松手，但更重要的是必须以善服人："聪明君子者，善服人者也。人服而势从之，人不服而势去之。"② 荀子根据是非曲直，把权威分为 3 种："威有三：有道德之威者，有暴察之威者，有狂妄之威者。"3 种威有 3 种不同后果，前者王，中者危，后者亡；不能恰当使用权威，只能为自己的垮台创造条件③。荀子还举了历史事例进行说明。他说："处胜人之势，行胜人之道，天下莫忿，汤武是也。处胜人之势，不以胜人之道，厚于有天下之势，索为匹夫不可得也，桀纣是也。然则得胜人之势者，其不如胜人之道远矣。"④ 可见，荀子虽然看重权势，但更看重道义，道义高于权势。

（四）从道不从君

法家认为君臣关系是虎狼关系、利害关系，荀子则认为君臣关系应提倡道义为上。当道义和君主的做法发生矛盾时，"从道不从君"⑤。臣在君主面前决不可以顺为上，要敢于表明自己的观点，"君子立志如穷，虽天子三公问，正以是非对"⑥。

---

① 《荀子·王霸》。
② 《荀子·王霸》。
③ 《荀子·强国》。
④ 《荀子·强国》。
⑤ 《荀子·臣道》。
⑥ 《荀子·大略》。

基于对君臣关系的这种认识，荀子提倡臣下要力做谏臣、争臣、辅臣、拂臣："君有过谋过事，将危国家，殒社稷之惧也，大臣、父兄有能进言于君，用则可，不用则去，谓之谏；有能进言于君，用则可，不用则死，谓之争；有能比知同力，率群臣百吏而相与强君挢君，君虽不安，不能不听，遂以解国之大患，除国之大害，成于尊君安国，谓之辅；有能抗君之命，窃君之重，反君之事，以安国之危，除君之辱，功伐足以成国之大利，谓之拂。故谏、争、辅、拂之人，社稷之臣也，国君之宝也，明君所尊厚也，而暗主惑君以为己贼也。"① 但是，荀子也清醒地意识到，在君主专制主义统治之下，臣下要成为谏臣、争臣、辅臣、拂臣是很难的，有时要付出沉重的代价，甚至身家性命。面对残酷的现实，他又不得不提出忠告："事圣君者，有听从无谏争；事中君者，有谏争无谄谀；事暴君者，有补削无挢拂。迫胁于乱时，穷居于暴国，而无所避之，则崇其美，扬其善，违（讳）其恶，隐其败，言其所长，不称其所短，以为成俗。"② 这里，荀子提出了臣子保护自身之术：首先，对各种君主应采取不同的态度。事奉圣明之君的，有听从，没有谏净；事奉中流之君的，有谏净，没有谄媚；事奉残暴之君的，有修治，没有纠正。其次，如臣子身处残暴之国，那就说好话，不要说坏话。即迫胁在昏乱的时代，穷居在残暴的国家，可是无所逃身，那就尊崇这个国家的美好，宣扬这个国家的善良，避讳这个国家的丑恶，隐蔽这个国家的腐败，谈论这个国家的长处，不揭露这个国家的短处，将这些作为自己的习惯。

六、韩非子法、术、势思想

（一）治国必须实行法治

《韩非子·难三》对法的明确定义为："法者，编著之图籍，设之于

---

① 《荀子·臣道》。
② 《荀子·臣道》。

官府，而布之于百姓者也……故法莫如显。"据此，韩非所理解的法律有如下3个特征：

其一，法律是用文字形式肯定下来的成文法；其二，法律统治的对象是民众；其三，法律要公开，使人人知晓。

韩非认为，法律对于治理国家来说，是十分重要的。首先，法律是全体臣民的行为规范，"一民之轨莫如法"①。只有在法律的规范限制下，全体人民才能有统一的行动。其次，法律是制止社会动乱的有力工具，只有实行法治，才会避免人与人之间的争夺。《韩非子·守道》指出："法分明，则贤不得夺不肖，强不得侵弱，众不得暴寡，托天下于尧之法，则贞十不失分，奸人不侥幸。"再次，法律是惩治犯罪行为的准绳。韩非认为，以法律为准绳惩治犯罪，即使是受到法律制裁的人也心服口服，"以罪受诛，人不怨上"②。如不按法律办事，则将导致罚罪不当，滥杀无辜，民众怨恨，即"释法制而妄怒，虽杀戮而奸人不恐。罪生甲，祸归乙，伏怨乃结"③。

韩非反对贤人政治，以为"人存政举，人亡政息"不是长治久安之策。他说："且夫尧舜桀纣，千世而一出……中者上不及尧舜，而下亦不为桀纣。抱法处势则治，背法去势则乱。今废势背法而待尧舜，尧舜至乃治，是千世乱而一治也。抱法处势而待桀纣，桀纣至乃乱，是千世治而一乱也。"④

基于上述认识，韩非认为，治理国家必须实行法治。如果以法治国，任何事情都能办好，"以法治国，举措而已矣"⑤。如果把治国的希望寄托于贤人身上，难免要发生社会动乱，"废常上贤，则乱"⑥。而且，如离开

① 《韩非子·有度》。
② 《韩非子·外储说左下》。
③ 《韩非子·用人》。
④ 《韩非子·难势》。
⑤ 《韩非子·有度》。
⑥ 《韩非子·忠孝》。

法律，即使是贤人也无法治国："释法术而任心治，尧不能正一国；去规矩而妄意度，奚仲不能成一轮；废尺寸而差短长，王尔不能半中。使中主守法术，拙匠执规矩尺寸，则万不失矣。"① 如果按法律办事，国有常法，即使是中等能力的人也可以治国。

（二）以法治国的原则

韩非认为，君主在实行以法治国中，必须遵循以下 5 点原则：

其一，法一而固。由于法律是全体臣民的行为准则，因此，韩非认为，法律必须统一，全国只能有一个法律；同时，法律要有相对的稳定性："法莫如一而固。"② 如果法律彼此矛盾，朝令夕改，民众将无所适从，也就无法达到治理国家的效果。韩非在评论申不害时，就阐述了"法不如一而固"的弊端："申不害，韩昭侯之佐也。韩者，晋之别国也。晋之故法未息，而韩之新法又生；先君之令未收，而后君之令又下。申不害不擅其法，不一其宪令，则奸多……故托万乘之劲韩，七十年而不至于霸王者，虽用术于上，法不勤饰于官之患也。"③

其二，以其所重禁其所轻。韩非认为，实行严刑峻法，符合人民趋利避害的本性，使人们不敢以身试法，这样就可以禁止违法奸邪，使国家安宁。"夫严刑者，民之所畏也；重罚者，民之所恶也。故圣人陈其所畏以禁其邪，设其所恶以防其奸，是以国安而暴乱不起。"④ 因此，实行严刑峻法，以其所重禁其所轻是治国的根本途径："古之善守者，以其所重禁其所轻，以其所难止其所易。故君子与小人俱正，盗跖与曾史俱廉。何以知之？夫贪盗不赴溪而掇金，赴溪而掇金则身不全。贲、育不量敌而无勇名，盗跖不计可则利不成。"⑤

其三，法要公平合理。韩非对孔子下述的话是赞赏的："善为吏者树

---

① 《韩非子·用人》。
② 《韩非子·五蠹》。
③ 《韩非子·定法》。
④ 《韩非子·奸劫弑臣》。
⑤ 《韩非子·守道》。

德，不能为吏者树怨。概者，平量者也；吏者，平法者也。治国者，不可失平也。"① 由此可见，他主张在法律面前，全体臣民都是平等的，任何人都必须守法，不得枉法。国家官吏的根本任务，就是公平地去执行国家的法令，公平或不公平，对于国家的治与乱是至关重要的。官吏对于法律来说，只能是因循而不得有任何的主观能动性。"法也者，官之所以师也。"② 要做到执法公平，首先，必须坚持"法不阿贵"，这就是"法之所加，智者弗能辞，勇者弗敢争。刑过不避大臣，赏善不遗匹夫"③。其次，在用人上要"其任官者当能"④，"官贤者量其能，赋禄者称其功"⑤。他反对任人唯亲，主张用人唯贤，认为"亲臣进而故人退，不肖用事而贤良伏。无功贵而劳苦贱，如是则下怨，下怨者可亡也"⑥。

其四，法要信赏必罚。先秦法家都主张信赏必罚，韩非亦如此，而且有过之而无不及，走到了一个极端。《韩非子·外储说右下》载："秦大饥。应侯请曰：五苑之草著蔬菜橡果枣栗，足以活民，请发之。昭襄王曰：吾秦法，使民有功而受赏，有罪而受诛。今发五苑之蔬果者，使民有功与无功俱赏也。夫使民有功与无功俱赏者，此乱之道也。夫发五苑而乱，不如弃枣蔬而治。一曰：令发五苑之蓏蔬枣栗，足以活民，是使民有功与无功互争取也。夫生而乱，不如死而治，大夫其释之。"在大饥荒之年，秦昭襄王为维护君主的信赏必罚、赏罚分明的治国原则，宁可让货弃于地，而不愿以此救济饥民，并说"生而乱，不如死而治"，为了巩固自己的统治，宁可让老百姓饿死也在所不惜，这是何等的残忍与愚昧！

韩非认为在对民众的严厉管制中，刑重并不一定能制止百姓的违法

① 《韩非子·外储说左下》。
② 《韩非子·说疑》。
③ 《韩非子·有度》。
④ 《韩非子·六反》。
⑤ 《韩非子·八奸》。
⑥ 《韩非子·亡征》。

乱纪行为，有罪必罚比刑重更具有威慑力，因为当人铤而走险进行犯罪时，总抱着侥幸的心理，希望能逃避政府的追捕惩罚。只有对一切犯罪都能毫无遗漏地进行严惩，才能有巨大的威慑力量，使民众不敢以身试法。《韩非子·内储说上》载："荆南之地，丽水之中生金，人多窃采金。采金之禁，得而辄辜磔于市。其众，壅离其水也……而人窃金不止。夫罪莫重辜磔于市，犹不止者，不必得也。"韩非以此来说明，私自采金，其处罚已达到最重的"磔"刑，但仍禁止不了私采，主要原因是好多私采者并没有被抓到而处死。因此，他最后得出这样的结论："予汝天下而杀汝身，庸人不为也！夫有天下，大利也，犹不为者，知必死。故不必得也，则虽辜磔，窃金不止。"

其五，法因人情，法不两适。韩非认为立法还必须遵循两条原则：一是立法必须考虑人情。他说："凡治天下，必因人情。人情者有好恶，故赏罚可用；赏罚可用则禁令可立，而治道具矣。"[1] 这是因为人的天性是自利、自为的，只有制定顺应自为、好利恶害的人性和制约君臣异利、君民异利的法律，才能起到治理臣民、管理好国家的目的。二是法律不能同时迎合公私双方。韩非提出"法不两适"[2]，即在君民异利、君臣异利时，法律不能同时维护对立双方的利益，法律应首先保护以君主为代表的国家利益，对侵犯国家利益的则予以制裁。

（三）法的特征

韩非重视法治，对立法、执法、守法中的一些特性有较深刻的认识，其中主要者有以下6点：

其一，公开性。韩非说："法者，编著之图籍，设之于官府，而布之于百姓者也……故法莫如显……是以明主言法，则境内卑贱莫不闻知也。"[3] 可见，韩非主张国家制定法律条文，必须在官府存档，向全国百

---

① 《韩非子·八经》。

② 《韩非子·问辩》。

③ 《韩非子·难三》。

姓公布，大张旗鼓地宣传，做到家喻户晓，深入人心，这样法律才能最广泛地发挥其治民治国的作用。

其二，公平性。韩非说："法平，则吏无奸。"① "吏者，平法者也。治国者，不可失平也。"② 这里韩非指出，一方面，法治公平无偏，那么官吏就难以违法乱纪、营私舞弊。另一方面，各级官吏是执法者，法律的公平要靠他们才得以执行。总之，立法、执法公平，才能把国家治理好。

其三，两面性。韩非认为："法立而有难，权其难而事成，则立之；事成而有害，权其害而功多，则为之。无难之法，无害之功，天下无有也。"③ 这就是说立法有时是有困难的，因为某条法律或某项事业往往有两面性，即有利也有弊。因此，他主张拟定的法律即使有害，但是权衡之后如利大于弊，能够成就某项事业，那就把它定下来并加以执行。事实上，没有弊端的法律，没有害处的事业，世界上是不存在的。

其四，易行性。韩非指出："法省而民讼简……明主之法必详事。"④ 意思是说法令简洁明了，民众的诉讼就会减少，条令要详细完备，文字没有歧义，准确无误，这样在实践中就容易操作执行。

其五，稳定性。韩非主张："法莫如一而固，使民知之。"⑤ 这就是法令不可朝令夕改，使人失去规范行为的准则，应该让人民知道统一而相对稳定的法，以保持社会安定和国家政权的稳固。

其六，适时性。韩非说："法与时转则治，治与世宜则有功。故民朴，而禁之以名，则治；世智，维之以刑，则从。时移而治不易者乱，能治众而禁不变者削。"⑥ 可见，韩非具有朴素的辩证法思想，以变化发

---

① 《韩非子·饬令》。
② 《韩非子·外储说左下》。
③ 《韩非子·八说》。
④ 《韩非子·八说》。
⑤ 《韩非子·五蠹》。
⑥ 《韩非子·心度》。

展的观点来看：法随时代的发展而变化，治理国家的方略与社会情况相适宜，就能达到民众淳朴，天下大治；如有世人智巧奸诈，那就必须用刑罚予以制裁，才能使之服从。所以时代发展了，仍然墨守旧法不变革，智巧奸诈的人多了不予惩罚，社会一定会混乱，国家必然会削弱。

（四）实行三禁，以法为本

韩非主张对人民实行严厉的管制，采用残酷的高压手段，以小罪诛民，把一切威胁君主统治的犯罪消灭在萌芽状态，而不至于使之酿成大的祸患。他说："明君见小奸于微，故民无大谋；行小诛于细，故民无大乱。此谓图难者于其所易也，为大者于其所细也。今有功者必赏，赏者不得（德）君，力之所致也；有罪者必诛，诛者不怨上，罪之所生也。民知诛罚之皆起于身也，故疾功利于业，而不受赐于君。"[1]

韩非为了达到对人民的严厉管制，还提出三禁："太上禁其心，其次禁其言，其次禁其事。"[2] 其一，所谓"禁其心"，就是禁止思想自由，主张通过"教""训"，使人民以统治者之心为心："期而致，使而往，百姓舍己，以上为心者，教之所期也……一人服之，万人从之，训之所期也。"[3] 为了达到这一目的，他认为具体的措施是"明主之国，无书简之文，以法为教；无先王之语，以吏为师；无私剑之捍，以斩首为勇"[4]。即不要学习历史、文化，只要以当代官吏为师，学习法律政令就行。

其二，所谓"禁其言"，就是禁止人民言论上的自由，主张"境内之民，其言谈者必轨于法"[5]；要求民众少说话多做事，"境内之民皆言治，藏商管之法者家有之，而国愈贫；言耕者众，执末者寡也。境内皆言兵，藏孙吴之书者家有之，而兵愈弱，言战者多，被甲者少也。故明主用其

---

① 《韩非子·难三》。
② 《韩非子·说疑》。
③ 《管子·立政》。
④ 《韩非子·五蠹》。
⑤ 《韩非子·五蠹》。

力不听其言，赏其功必禁无用"①。韩非尤其主张禁止那些与国家法令、君主思想不相符合的言论，称其为"乱国之俗"，"其学者则称先王之道，以藉仁义，盛容服而饰辩说，以疑当世之法而贰人主之心"②。

其三，所谓"禁其事"，则是大致上对人民的就业及行为的限制，其中最主要的当指去除"五蠹"之民。"五蠹"之民中第一蠹即上引"学者"，其四蠹是："其言古者，为设诈称，借于外力，以成其私，而遗社稷之利。其带剑者，聚徒属，立节操，以显其名而犯五官之禁。其患御者，积于私门，尽货赂而用重人之谒，退汗马之劳。其商工之民，修治苦窳之器，聚弗靡之财，蓄积待时而侔农夫之利。此五者，邦之蠹也。人主不除此五蠹之民，不养耿介之士，则海内虽有破亡之国，削灭之朝，亦勿怪矣！"③ 这"五蠹"之中的"学者"，似指儒墨之徒；"言古者"似为"言谈者"，指纵横家；"带剑者"则是武人；"患御者"应作"近御者"，即接近权力中心者。再连同"商工之民"，依韩非主张，悉须禁止其行为④。

为了维护封建专制统治，韩非主张必须把全国人民的言论和思想统一到法令上来。他提出："境内之民，其言谈者必轨于法"⑤，"言行而不轨于法令者，必禁"⑥。韩非之所以要把人民的言论与思想统一到法令上来，是因为他认为在治理国家中"禁奸之法，太上禁其心，其次禁其言，其次禁其事"⑦。

为了让全国人民所有的思想与行为都"以法为本"⑧，他认为政府不

---

① 《韩非子·五蠹》。
② 《韩非子·五蠹》。
③ 《韩非子·五蠹》。
④ 侯家驹：《先秦法家统制经济思想》，联经出版事业公司，1985 年，第 204 页。
⑤ 《韩非子·五蠹》。
⑥ 《韩非子·问辩》。
⑦ 《韩非子·说疑》。
⑧ 《韩非子·饰邪》。

仅要颁布法令，还要宣传法令，使妇孺皆知。"法者，编著之图籍，设之于官府，而布之于百姓者也。"① 这样，就能做到"明主言法，则境内卑贱莫不闻知也"②。而且，为了使法令深入人心，韩非主张把遵守法令与学习结合为一体，民众接受教育应"以吏为师"③。

韩非认为法家之学与诸子之学，特别是儒、墨之学，应视为不可两立、不可并存的两种思想体系。因此，对儒、墨进行了猛烈的抨击，主张予以禁绝。

总之，韩非言轨于法、以吏为师、禁绝百家的思想把以法治国的法家学说推向了一个极端，从根本上扼杀了人们的精神生产活动，把教育沦为政治驯化的工具，遏制了人们对知识的追求与探讨，把政府管制性政策工具推向非常严酷的专制主义。

（五）君主要善于用术驭臣

《韩非子·定法》对"术"的明确定义为："术者，因任而授官，循名而责实，操杀生之柄，课群臣之能者也。此人主之所执也。"这里，韩非所谓的"术"主要是指君主对官吏的选任、监督、考课以及赏罚。有关这方面的内容，在本章第八节《先秦人才选任、监察、考核思想》中阐述，兹略。

法与术同为君主统治臣下的工具，但在运用中有较大的差别：首先，法是用来统治全体臣民的，而术的对象仅限于官吏，是君主驾驭官吏的手段。其次，法律向全体臣民公布，让人知晓，具有公开性；而术藏于君主胸中，是驾驭群臣的秘诀，不可以让任何人窥视知道，使臣下无法揣度，具有隐秘性。所以韩非说："术者，藏之于胸中，以偶众端，而潜御群臣者也。故法莫如显，而术不欲见"，"则亲爱近习莫之得闻也"④。

韩非告诫君主说，君主最危险的敌人是左右近习、后妃、大臣以及

---

① 《韩非子·难三》。
② 《韩非子·难三》。
③ 《韩非子·五蠹》。
④ 《韩非子·难三》。

弟兄、显贵。"乱之所生六也：主母、后姬、子姓、弟兄、大臣、显贤。"① 这些人无时无刻不在觊觎君主的权势，最有可能做出弑君篡权的事来。《韩非子·难四》指出："臣主之间，非兄弟之亲也。劫杀之功，制万乘而享大利，则群臣孰非阳虎也？事以微巧成，以疏拙败。群臣之未起难也，其备未具也。群臣皆有阳虎之心。"在韩非看来，臣下都是犯上作乱的阳虎一类的人，群臣如果不犯上作乱，也是由于"备未具"，如果时机成熟，人人都有犯上作乱的可能。所以，"知臣主之异利者王，以异为同者劫，与共事者杀"②。君主对于臣下绝对不能信任，信任就是受制于人的前提。"人主之患在于信人，信人则制于人。"③ 唯一可行的办法，就是用术愚弄臣下④。由此可见，在君主专制制度下，"术"又必然包含着君主驾驭臣下的权术。

正由于如此，韩非又认为要治理好国家，除了用法与势之外，还要善于用术。首先，他认为：凡术也者，"人主之所执也"⑤。这就明确界定了术是君主专有的统治权术，人臣不得与闻。其次，韩非深刻揭示出君主用术的特点是深深地藏在君主心中而不表露，即使是自己身边的亲信也不让知晓。再次，韩非提出君主要"观人，不使人观己"⑥，对群臣下属的言行进行细致缜密的观察，其忠直奸邪、功过是非也就了解得清清楚楚了；反之，要使自己隐蔽诡秘、变幻莫测，不使人观己，使臣下无法揣度，不能觉察。杜绝臣下或部属投上之所好而弄虚作假，使"道在不可见，用在不可知。虚静无事，以暗见疵"⑦。

在君主权术的具体应用上，韩非提出了六微、七术、八奸。所谓六微是指君主必须审察的 6 种隐蔽而微妙的情况，如"权借在下"，即不能

---

① 《韩非子·八经》。

② 《韩非子·八经》。

③ 《韩非子·备内》。

④ 曹德本：《中国政治思想史》，高等教育出版社，2004 年，第 108—109 页。

⑤ 《韩非子·定法》。

⑥ 《韩非子·观行》。

⑦ 《韩非子·主道》。

使臣下借用君主的权势；"利异外借"，即禁止臣下借助外国的势力谋取私利；"托于似类"，即不许臣下依托类似的事情欺骗君主；"利害有反"，即君主从利害关系观察和思考问题；"参疑内争"，君主应关注臣下的争权夺利；"敌国废置"，君主应警惕敌对国家插手大臣的任免。

韩非的所谓七术是指君主统治臣下的 7 种策略，如"众端参观"，即君主观察证验臣下言行；"必罚明威"，即君主对于犯罪一定要予以惩罚，就可树立威严；"信赏尽能"，即君主一定要兑现奖赏，就可让人尽力发挥才能；"一听责下"，君主要一一听取臣下意见并予以督责；"疑诏诡使"，君主发出猜疑的命令和诡诈的差遣，以迷惑敌人；"挟知而问"，即君主故意拿自己已知道的事来询问臣下，以考查部属是否忠诚，并进一步弄清事实；"倒言反事"，即君主故意说与本意相反的话，做与本意相反的事，来验证臣下对某事的真实态度。

韩非的所谓八奸是揭露奸邪之臣的 8 种阴谋手段和诡计，如"同床"指奸邪之臣利用美女、枕边风等手段，"在旁"指奸邪之臣利用君主身边的侍从和亲信，"父兄"指奸邪之臣利用君主的兄弟、儿子、权贵大臣等，"养殃"指奸邪之臣通过满足君主的淫乐奢靡来达到目的，"民萌"则指奸邪之臣通过挥霍国家财物来讨好民众，"流行"指奸邪之臣通过说客的花言巧语向君主进言，"威强"指奸邪之臣通过豢养一批亡命之徒为自己效劳，"四方"指小国、弱国的奸邪之臣通过勾结大国来诱惑或恐吓自己的君主。

郭沫若在其所著的《十批判书》中，对韩非的"术"做了如下的概括，可供参考。其一，多设耳目；其二，权势不可假人；其三，深藏不露；其四，把人当成坏蛋；其五，毁坏一切伦理价值；其六，厉行愚民政策；其七，罚须严峻，赏需审慎；其八，必要时不择手段。打个浅近的比喻，人君就得像一只蜘蛛。耳目的特种网是蜘蛛网，这个网便是人君权势所借。有了这张网，做人君的还须像蜘蛛一样藏匿起来，待有饵物时继之以不容情的宰割。

（六）明主治国任其势

韩非认为人的天性是自利的，是谓人性自为。人人都在谋划自身的利益，甚至于"父母之于子也，犹用计算之心以相待也，而况无父子之泽乎？"① 所以韩非提出"圣人之治国也，固有使人不得不爱我之道，而不恃人之以爱为我也。恃人之以爱为我者危矣，恃吾不可不为者安矣"②，告诫人们"恃人不如自恃"，"明于人之为己者，不如己之自为也"③，从而形成韩非的管理臣民自恃尚力论，主张"明君务力"，"力多则人朝，力寡则朝于人"④。

对于"势"，韩非从不同侧面加以比喻和说明："威势者，人主之筋力也"；"势重者，人主之爪牙也"⑤；"国者，君之车也；势者，君之马也"⑥。归根结底，"势者，胜众之资也"⑦，即制伏臣民和战胜对手的条件。所以，古今中外的各种政治、军事斗争，无一不是为了"得势位"⑧，以赢得"胜众之资"，从而实现自己的治国理念与施政纲领。因此，韩非认为在治国中"势"非常重要，是管好民众、治理国家的必要条件。他说："凡明主之治国也，任其势。势不可害，则虽强天下无奈何也……其势可害也，则不肖如如耳、魏齐及韩、魏犹能害之。"⑨ 这就是说英明的君主治理国家，凭借的是势位和掌握的权力。君主的势位如果不可侵犯，那么，即使是强大的各国联盟对这样的君主也无可奈何；反之，如果君主的势位可以侵犯，那么即使是无能之辈及弱国，也能侵害这样的君主。

在势、法、术三者之中，韩非更注重势。因为他认为君主之所以能

---

① 《韩非子·六反》。
② 《韩非子·奸劫弑臣》。
③ 《韩非子·外储说右下》。
④ 《韩非子·显学》。
⑤ 《韩非子·人主》。
⑥ 《韩非子·外储说右下》。
⑦ 《韩非子·八经》。
⑧ 《韩非子·功名》。
⑨ 《韩非子·难三》。

统治整个国家，是由于他拥有势："凡明主之治国也，任其势。"① 君主如失去了势，也就失去了统治国家的权力："主失势而臣得国。"② "有材而无势，虽贤不能制不肖。"③ 不言而喻，君主如失去了统治国家的权力，那么法、术也无由说起。

韩非认为"势"是国君进行统治的必要条件，如果失去"势"，其统治就不可能进行，他指出："无威严之势，赏罚之法，虽尧、舜不能以为治"④；"尧为匹夫，不能治三人，而桀为天子能乱天下，吾以此知势位之足恃，而贤智之不足慕也"⑤。这是因为"民者固服于势，势诚易以服人"⑥，民众之所以服从君主的统治，是君主拥有"势"而使人民被迫服从。

韩非重"势"的结果，是导致君主专制的建立。一是君主要求臣民绝对地服从。"先王之法曰：臣毋或作威，毋或作利，从王之指；毋或作恶，从王之路。"⑦ 二是君主必须铲除异己。"君所以治臣者有三。势不足以化，则除之。"⑧ 这里，"势不足以化"指的是"赏之誉之不劝，罚之毁之不畏。四者加焉不变，则除之"⑨。换言之，君主的赏罚如对某人不起作用，那他就是一位特行独立之士，是对君主至高无上威势的严重挑战，必须予以铲除。正如《韩非子·外储说右上》所载姜太公诛狂矞兄弟："太公望东封于齐，齐东海上有居士，曰狂矞、华士昆弟二人者。立议曰：吾不臣天子，不友诸侯，耕作而食之，掘井而饮之，吾无求于人也。无上之名，无君之禄，不事仕而事力。太公望至于营丘，使吏执杀之，

---

① 《韩非子·难三》。
② 《韩非子·孤愤》。
③ 《韩非子·功名》。
④ 《韩非子·奸劫弑臣》。
⑤ 《韩非子·难势》。
⑥ 《韩非子·五蠹》。
⑦ 《韩非子·有度》。
⑧ 《韩非子·外储说右上》。
⑨ 《韩非子·外储说右上》。

以为首诛。周公旦从鲁闻之，发急传而问之曰：夫二子，贤者也，今日飨国而杀贤者，何也？太公望曰：……彼不臣天子者，是望不得而臣也；不友诸侯者，是望不得而使也；耕作而食之，掘井而饮之，无求于人者，是望不得以赏罚劝禁也。且无上名，虽知不为望用；不仰君禄，虽贤不为望功。不仕则不治，不任则不忠，且先王之所以使其臣民者，非爵禄则刑罚也。今四者不足以使之，则望当谁为君乎？不服兵革而显，不亲耕耨而名，又所以教于国也……自谓以为世之贤士，而不为主用，行极贤而不用于君，此非明主之所臣也，亦骥之不可左右矣，是以诛之。"

在如何应用好"势"来管理国家方面，韩非有两点看法：其一，要善于任势。他说，"善任势者国安，不知因其势者国危。"① 这就是善于运用自己的权势，使其发挥最佳效应，国家就会长治久安；如不知道运用自己的权势，国家就会处于危险之中。其二，要"抱法处势"。他说："抱法处势则治，背法去势则乱。"② 韩非指出：君主依既定的法律办事，决不随心所欲，滥用权力，稳固地保有自己的权势，国家就能得到治理。如果君主违背既定的法律行事，背离或抛弃自己的势力，那国家必将动乱。

韩非发展了慎到的学说，按获取势位的途径不同，把势分为"自然之势"和"人之所得势"，即人为之势。自然之势指来自世袭或其他形式的授权所拥有的职位及权势，即客观既成条件之下对权力的掌握；人为之势则指运用各种手段造成的新权势，即可能条件下能动地对权力的掌握。《韩非子·难势》云："势必于自然，则无为言于势矣。吾所为言势者，言人之所设也。今日尧、舜得势而治，桀纣得势而乱，吾非以尧、舜为不然也。虽然，非一人之所得设也。夫尧、舜生而在上位，虽有十桀、纣不能乱者，则势治也；桀、纣亦生而在上位，虽有十尧、舜而亦不能治者，则势乱也。故曰：势治者则不可乱，而势乱者则不可治也。

---

① 《韩非子·奸劫弑臣》。
② 《韩非子·难势》。

此自然之势也，非人之所得设也。若吾所言，谓人之所得设也；若吾所言，谓人之所得势也而已矣。"可见韩非认为，对于君主而言，自然之势不是主要的，因它是既成的，真正的势应是人为之势，那是君主利用立法和行术，经过精心运作才能掌控的。所以，韩非注重的是人为之势，其用意在于充分发挥君主的能动作用，从而更好地通过掌握人为之势来治理国家。

韩非认为人为之势大致可分为两个方面：一是"聪明之势"。《韩非子·奸劫弑臣》指出："明主者，使天下不得不为己视，使天下不得不为己听。故身在深宫之中，而明照四海之内。"君主深居宫中，不可能亲自看到、听到天下的事情，只有善于借助天下之聪明为自己之聪明，借助天下人之耳目为自己之耳目，就能不出宫阙，尽知天下事。二是"威严之势"。《韩非子·显学》指出："严家无悍虏，而慈母有败子，吾以此知威势之可以禁暴，而德厚之不足以止乱也。"韩非认为，治理国家必须依靠威势来制止暴力、动乱，而德厚是制止不了的。这是因为"威势者，人主之筋力也"①，"威者，所以行令也"②。

依韩非之见，君主如果掌握了"聪明之势"与"威严之势"，就可以治理国家了。

在"势"的基础上，韩非进一步提出国君在治理国家中必须集中权势，不应容忍其他权力中心的存在，对于威胁自己统治的其他权力，必须予以铲除。他说："为人君者，数披其木，毋使木枝扶疏。木枝扶疏，将塞公闾，私门将实，公庭将虚，主将壅围。数披其木，无使木枝外拒；木枝外拒，将逼主处。"③国君就好像是树木的主干，臣民则是枝叶，枝叶不能超过主干，否则将危及君主的权势。

为了维护国君作为全国的唯一权力中心，韩非甚至主张不准富人放

---

① 《韩非子·人主》。
② 《韩非子·诡使》。
③ 《韩非子·扬权》。

贷给贫民："毋富人而贷焉。"① 这并非保护贫民免受高利贷盘剥，而是担心富人示惠于民，与国君争取民心，成为与国君竞争和对抗的另一权力中心。韩非特别以田氏取代姜氏成为齐国君主的历史故事来说明这一思想："夫田成氏甚得齐民，其于民也，上之请爵禄行诸大臣，下之私大斗斛区釜以出贷，小斗斛区釜以收之……故市木之价，不加贵于山；泽之鱼盐龟鳖蠃蚌，不加贵于海。君重敛而田成氏厚施。齐尝大饥，道旁饿死者，不可胜数也，父子相牵而趋田成氏者，不闻不生。故周秦之民，相与歌之曰：讴乎，其已乎！苞乎，其往归田成子乎！"②

（七）法、术、势三位一体

韩非作为法家学派的集大成者，最突出的治国理论是为了强化君主专制统治，在总结以往法家思想的基础上，继承并加以发展，系统提出了法、术、势三者有机结合的管理思想体系。首先，推崇商鞅的"法"，认为治国必须奉法。他说："奉法者强，则国强，奉法者弱，则国弱。"其次，他吸收了申不害的"术"和慎到的"势"来补充商鞅的以法治国。他指出：商鞅变法，使秦国达到富国强兵的目的，但只讲法不讲术和势也不行。因为君主治理一个国家，如不知"术"，就不能很好地察知奸邪。这就是"无术以知奸"，"主无术于上之患也"③。韩非还认为，治理国家知道"法"和"术"还不够，如不知慎到的"势"，则国君、国家在关键时刻仍有身亡国倾之危，"法"和"术"就无法得到实行。因此，国君必须拥有主宰一切的权威，牢牢掌握压倒、控制手下一切人的权力，而且绝对不允许任何人分享，这就是"势"。国君只有这样，才能把"势"与"法"结合，制定严明的法令，使臣民遵守，"抱法处势则治，背法去势则乱"④。这表明，单有法还不够，还要把势与法有机结合，君主依靠权势实施法治，才能达到管好民众、长治久安的目标。同时使用

---

① 《韩非子·扬权》。
② 《韩非子·外储说右上》。
③ 《韩非子·定法》。
④ 《韩非子·难势》。

术，有利于君主选拔、任用、监督、考核臣下。"术以知奸"，使用各种权术以伺察臣下对君主的忠诚程度，有利于识奸、防奸、除奸，不失君主之势。在法制中使用术，可以加强法治的威力、管理的力度。只有这样，才能把国家治理好，保持和加强君主的统治。

韩非认为，法、术、势三者是相辅相成的，"人主之大物，非法则术也"①，"势者，胜众之资也"②。也就是说，法和术是人主统治臣民的工具，而势则是运用法术的前提和条件。

韩非的法治重在加强君权，以法防奸。他认为任何人都靠不住，臣下都属虎狼之辈，时刻都想篡权。因此君主必须牢牢把权势掌握在自己手中，一刻也不可放松。"人臣之于其君，非有骨肉之亲也，缚于势而不得不事也。"③ 君主一定要看清臣下觊觎君主权势之心，特别要提防阿谀奉承者。韩非指出："凡奸臣皆欲顺人主之心，以取信幸之势者。"④ 韩非甚至还认为君主不能尚贤，因为如果尚贤，"臣将乘于贤以劫其君"⑤。君主唯一可依靠的是法。君主通过颁布法令，要求人人遵从，臣下的作用是贯彻法令。这就是"明主之国：令者，言最贵者也；法者，事最适者也。言无二贵，法不两适，故言行而不轨于法令者必禁"⑥，"吏者，平法者也"⑦，"法也者，官之所以师也"⑧。

韩非认为君主与民众之间的关系是君主用权势使民众无条件地接受君主的统治，无条件地遵守国家各项法规，并为君主所用。《韩非子·外储说右下》记载了这样一则寓言：秦襄王有病，而百姓为之祈祷，秦襄王知道后，"訾其里正与伍老屯（罚）二甲"。事后，秦襄王解释道："彼

---

① 《韩非子·难三》。
② 《韩非子·八经》。
③ 《韩非子·备内》。
④ 《韩非子·奸劫弑臣》。
⑤ 《韩非子·二柄》。
⑥ 《韩非子·问辩》。
⑦ 《韩非子·外储说左下》。
⑧ 《韩非子·说疑》。

民之所以为我用者，非以吾爱之为我用者也，以吾势之为我用者也……故遂绝爱道也。"君主利用手中掌握的资源，让民众为其卖力效死："夫上所以陈良田大宅，设爵禄，所以易民死命也。"① "君上之于民也，有难则用其死，安平则尽其力。"②

总之，韩非的法、术、势三位一体，相辅相成，共同构成法家的治国理念。其中法是关键，只有依法治国，才能管好民众，达到长治久安。势是必要条件，立法、执法者必须拥有势，即君主在治理国家中要集权于一身，必须居于至高无上的地位，法才能得到顺利的贯彻执行。否则，如果权力分散而失去势，国君就很难维持统治了，那法也得不到贯彻执行。术则是谋略、方法，它能使势得到巩固，使法发挥更大的作用。

第六节　政府劝勉调节思想

一、民本思想

（一）重民思想

先秦儒家重视民众、民心在国家治理中的重要作用，认为这关系到一个国家的治乱安危。《尚书·五子之歌》就提到"民惟邦本，本固邦宁"，人民是国家的根本，只有这个根本稳固了，国家才能得到安宁，长治久安。

《尚书·盘庚中》有数处记载反映了重民的思想："重我民"，即重视我民之意；"罔不惟民之承"，意为无不承顺民意；视"民利用迁"，即根

---

① 《韩非子·显学》。
② 《韩非子·六反》。

据民利迁都迁邑;"用奉畜汝众",大意是说迁邑为了养育你们。总之,最高统治者在做出重大决策时,均考虑到是否对广大民众有利,有无违背广大民众的意愿,这种重民思想其实际施行程度如何不好评估,但至少说明最高统治者在理论上、言论上是一再标榜的。

春秋时期,当政者对民的认识有了进步。在神与民关系上有一种比较开明的看法是,认为民是神之主,先民而后神。随季梁说:"夫民,神之主也。是以圣王先成民而后致力于神……今民各有心,而鬼神乏主。"① 宋公要用人祭,司马子鱼说:"民,神之主也。用人,其谁飨之?"② 有的人甚至认为民的行为决定神的态度,曹刿就指出:"民和而后神降之福。"③

在民重于神、民先于神、民决定神的认识基础上,这个时期一些当政者对民十分重视,把对民政策作为治理国家成败的关键。虢国的史嚚说:"国将兴,听于民;将亡,听于神。"④ 陈逢滑对陈君说:"臣闻,国之兴也,视民如伤,是其福也;其亡也,以民为土芥,是其祸也。"⑤ 周单穆公在总结历史经验教训之后说:"以言德于民,民歆而德之,则归心焉。上得民心,以殖义方,是以作无不济,求无不获,然则能乐。"反之,"上失其民,作则不济,求则不获,其何以能乐?"⑥

当政者之所以重视对民政策,是因为他们看到民心的向背决定治国的成败。如楚灭了六、蓼之后,鲁国臧文仲评论道:"德之不建,民之无援,哀哉!"⑦ 梁伯因"沟其公宫而民溃",被秦灭亡。尔后楚国沈尹戍在讨论其灭亡的原因时指出:"民弃其上,不亡何待?"⑧ 因此,君主在制定

---

① 《左传》桓公六年。
② 《左传》僖公十九年。
③ 《国语·鲁语上》。
④ 《左传》庄公三十二年。
⑤ 《左传》哀公元年。
⑥ 《国语·周语下》。
⑦ 《左传》文公五年。
⑧ 《左传》昭公二十三年。

对民政策时，重点关注如何收买民心，如抚民、亲民、恤民、安民、利民、惠民、以德和民等。正像楚子西说吴王一样，"吴光新得国，而亲其民。视民如子，辛苦同之，将用之也"①。晋士芬也说："夫民，让事、乐和、爱亲、哀丧，而后可用也。"② 一些有识之士还认识到君主、贵族等个人的政治抱负只有得到民众的支持才有可能实现，否则必将失败。如宋国乐祁在议论鲁季氏逐其君，鲁昭公企图复国这个问题时说："政在季氏三世矣，鲁君丧政四公矣。无民而能逞其志者，未之有也。国君是以镇抚其民。《诗》曰：'人之云亡，心之忧矣！'鲁君失民矣，焉得逞其志？靖以待命犹可，动必忧！"③

当时更激进人胆的言论是人民可以抛弃、推翻侵害百姓的残暴君主。如当时卫国人民赶跑卫君，晋侯说："卫人出其君，不亦甚乎？"师旷回答说：良君"养民如子"，"民奉其君，爱之如父母"。如果君主是"困民之主"，民众赶走他是合乎天理的。"天之爱民甚矣！岂其使一人肆于民上，以从其淫，而弃天地之性？必不然矣！"④ 有的人更是公开宣扬如得到民众的支持，就可犯上作乱。前515年诸侯会盟，讨论鲁昭公回鲁问题。晋范献子不赞成，理由是："季氏甚得其民，淮夷与之，有十年之备，有齐、楚之援，有天之赞，有民之助，有坚守之心。"与会者听了范献子的议论，只好作罢。⑤ 前510年鲁昭公死于晋，赵简子对史墨说，季氏逐君，不准复国，死于异乡，这样做是否有点过分？史墨回答说："鲁君世从其失，季氏世修其勤，民忘君矣。虽死于外，其谁矜之？"⑥ 从师旷、范献子、史墨的言论可以看出，得到民众支持，就可犯上作乱的思想还是得到不少人的认可的。

---

① 《左传》昭公三十年。
② 《左传》庄公二十七年。
③ 《左传》昭公二十五年。
④ 《左传》襄公十四年。
⑤ 《左传》昭公二十七年。
⑥ 《左传》昭公三十二年。

战国时期，重民思想又有明显的发展，其中较为突出的是孟子与荀子的有关言论。孟子对民十分重视，其中最有名的一句言论是："民为贵，社稷次之，君为轻。"① 关于这句话，人们有不同的解释，笔者认为，比较符合孟子本意的应是人民是最重要的，社稷次重要，君主第三重要。孟子的人民最为重要思想，可从两方面予以理解：

其一，民之向背关系国家兴亡。孟子指出："桀、纣之失天下也，失其民也；失其民者，失其心也。得天下有道：得其民，斯得天下矣。"② "暴其民，甚则身弑国亡，不甚则身危国削"③，"得乎丘民而为天子"④。显然，孟子认为统治者如失去民心，失去民众，就会失去对这个国家的统治，甚至连自身性命都不保；如得到民心，得到民众，就会拥有对这个国家的统治。

其二，民是统治者的财用之渊。如统治者失去民众，就断了君主的财渊。无民则君主不能行事。

据荀子称，君舟民水是孔子提出来的。"君者，舟也；庶人者，水也。水则载舟，水则覆舟。此之谓也。"⑤ 君舟民水论形象地阐述了一条真理：一方面民是君主赖以存在的基础；另一方面，看到了民的力量能够推翻君主的统治。《左传》哀公十一年记载了孔子这样一句话："鸟则择木，木岂能择鸟！"荀子借此进行发挥，把木比作君，把民比作鸟。君善，民则择之；不善，则弃之。从整个思想体系来看，荀子不赞成臣民造反及抗上。但在《荀子·富国》中竟有一段大胆惊人之语："臣或弑其君，下或杀其上，粥（鬻）其城，倍（背）其节，而不死其事者，无它故焉，人主自取之。"由此可见，荀子认为现实中如果发生臣子杀死其国君，下级杀死其上级，把整座城市出卖给敌人，背着国君或主人而失节，

---

① 《孟子·尽心下》。
② 《孟子·离娄上》。
③ 《孟子·离娄上》。
④ 《孟子·尽心下》。
⑤ 《荀子·王制》。

不会为国君或主人献出自己的生命这类事情，没有其他的原因，都是因为国君或主人咎由自取。

《吕氏春秋》作者认识到在管理国家中，民众是不可缺少的，如失去民众，就丧失了治国的根本。《吕氏春秋·用众》云："凡君之所以立，出乎众也。立已定而舍其众，是得其末而失其本。得其末而失其本，不闻安居。"因此，在作者看来，"夫以众者，此君人之大宝也"①，"宗庙之本在于民"②。要统一天下，就必须重视"民"的问题："人主有能以民为务者，则天下归之矣。"③ 具体而言，"圣人南面而立，以爱利民为心"④，即君主要推行爱民、利民的大政方针。历史证明，君主只有"忧民之利，除民之害"⑤，才能统一天下。

《吕氏春秋》中关于重民的思想，是吸取儒家的"仁者爱人"的思想。《吕氏春秋·爱类》中说："仁于他物，不仁于人，不得为仁。不仁于他物，独仁于人，犹若为仁。仁也者，仁乎其类者也。故仁人之于民也，可以便之，无不行也。"其意是说，人们如对其他生物仁爱，而对人类不仁爱，这不能算是仁爱。如对其他生物不仁爱，而唯独对人类仁爱，这仍然算是仁爱。因为富有仁爱的人，应该首先对同类有仁爱。所以对于民众仁爱的人，做事就会很顺利，无所而不往。

（二）保民、惠民思想

先秦时期，与重民思想紧密联系的是保民、惠民思想。统治者在管理国家中，重民思想是其实施政策性工具的指导，是其对被管理者——民众的定位；而保民、惠民思想是实施政策性工具的依据，是管理者对待被管理者的政策。

周公管理国家的一个重要思想是"保民"，如他在《尚书·康诰》中

---

① 《吕氏春秋·用众》。
② 《吕氏春秋·务本》。
③ 《吕氏春秋·爱类》。
④ 《吕氏春秋·精通》。
⑤ 《吕氏春秋·爱类》。

反复强调的"用保乂民""用康保民""应保殷民""惟民其康乂",以及"裕民""民宁"等,总之,是通过保民使民众安宁、富裕。

周公保民的具体政策思路是"明德慎罚",其这一政策思路的落脚点是关心民众之疾苦。周公提出:"恫瘝乃身,敬哉。"① 意为要把民众的苦痛看作是自己的苦痛一样,加以重视。如果统治者怀着这样一种关心民众疾苦之心来管理国家,那就会得到人民的拥护,使统治地位得到巩固。

周公在保民思想的指导下,告诫群臣子弟:"治民祗惧,不敢荒宁"②,"无康好逸豫"③。意即要谨慎从治,不要贪图安乐,切忌恣意妄为。此外,周公还强调治国要体察民情,"知稼穑之艰难","知小人之依","怀保小民,惠鲜鳏寡"④。这就是要知道耕作的艰辛,关心人民的疾苦,特别是对孤寡老人,应另加照顾。周公还提出要把民众作为自己的镜子,从而对自己的治政得失有清醒的认识,即所谓"人无于水监,当于民监"⑤。

先秦时期,从总的情况来看,各诸侯国普遍存在地广人稀的情况。因此,农业生产缺乏劳动力,解决这一问题的重要途径之一是各国重视采取惠民政策,以安定本国民众,不使他们迁徙到国外,甚而竞相招徕他国之民来本国从事生产。《诗经·硕鼠》就云:当时为政者肆意掠夺本国民众,致使许多百姓"逝将去汝,适彼乐国"。这引起政府的恐惧,噢咻其民,勿使生心,努力进行安抚。《商君书·徕民》载:战国秦昭王时期,秦国地多人少,田宅有余;三晋地少人多,田宅缺乏。三晋之民虽然想得到田宅,但仍然不愿到秦国来,这是因为秦国太苦。所以,有大臣向秦昭王建议,对外来之民实行"利其田宅""复之三世"等优惠政策,以招引三晋之民。秦国如能用新招来的民众从事农耕,用原来的秦

---

① 《尚书·康诰》。
② 《尚书·无逸》。
③ 《尚书·康诰》。
④ 《尚书·无逸》。
⑤ 《尚书·酒诰》。

民对外作战，那就能获得"富强两成之效"。《孟子·梁惠王上》也载，梁惠王曾向孟子求教："寡人之于国也，尽心焉耳矣。河内凶，则移其民于河东，移其粟于河内。河东凶亦然。察邻国之政，无如寡人之用心者。邻国之民不加少，寡人之民不加多，何也?"孟子对此解释说："今王发政施仁，使天下仕者皆欲立于王之朝，耕者皆欲耕于王之野，商贾皆欲藏于王之市，行旅皆欲出于王之途，天下之欲疾其君者，皆欲赴诉于王。其若是，孰能御之?"

为了管理好国家，《吕氏春秋》作者也提出君主要有爱民之心，实行德政。《吕氏春秋·爱士》说："行德爱人则民亲其上，民亲其上，则皆乐为其君死矣。"《吕氏春秋·上德》说："为天下及国，莫如以德，莫如行义。以德以义，不赏而民劝，不罚而邪止，此神农、黄帝之政也。"总之，君主如爱民利民，行仁义德政，人民就会服服帖帖听从指挥，甚至乐意为君主而牺牲；不用奖赏也会做好事，不用惩罚也不敢做奸邪之事。

《吕氏春秋》所倡导的爱民、利民、行仁义德政的实质是要求统治者对人民的剥削和压迫应该有一个限度，如超过了这个限度，必然会引起人民的反抗，其结果是"以罪召罪，上下之相仇也，由是起矣"①。正如《吕氏春秋·义赏》所说的："竭泽而渔，岂不获得，而明年无鱼。"如对民众的索取为竭泽而渔式的一网打尽，那明年就捕不到鱼了。

《吕氏春秋》认为必须以德治国才能得民心。作者把行德政看作是管理国家的主要方法，即"为天下及国，莫如以德，莫如行义。以德以义，不赏而民劝，不罚而邪止"②，"行德爱人，则民亲其上"③。至于"德政"的内容，也就是《吕氏春秋》所强调的"爱民""利民""便民""信于民""怜人之困，哀人之穷"等等。作者认为治国如能行德政，就能"以德得民心以立大功名者，上世多有之矣"④。

---

① 《吕氏春秋·适威》。
② 《吕氏春秋·上德》。
③ 《吕氏春秋·爱士》。
④ 《吕氏春秋·顺民》。

《吕氏春秋》作者把德政放在治国的首位，强调教化的作用。他们提出："凡用民，太上以义，其次以赏罚"①，"善教者，不以赏罚而教成"②。在他们看来，对老百姓，"威不可无有，而不足专恃"③。这就是威慑不可以没有，但不能只依靠威慑。管理国家如一味地采取严罚厚赏，这是"衰世之政也"④。作者的基本主张是"礼、业、令、禁"都不要过"烦"，过"苛"，要适当。《吕氏春秋·适威》说："礼烦则不庄，业烦则无功，令苛则不听，禁多则不行。"同时，他们认为即使"赏罚"也要以"义"为标准："赏罚之柄，此上之所以使也。其所以加者义，则忠信亲爱之道彰。"⑤ 就是"行威"也要"得其道"，即要"托于爱利。爱利之心谕，威乃可行"⑥。可见，在《吕氏春秋》中，赏罚、行威的目的也仍然是以"爱民""利民"思想为基础的。

《吕氏春秋》作者之所以反复强调"爱民""利民"，其用意一是要君主考虑民心向背，不要一意孤行；二是把其作为一种治国手段。他们把"行德爱人"的目的说成是为了使老百姓"乐为其君死"⑦；把统治人民比作驾御"良马"，要使其"得为上用"。正如《吕氏春秋·适威》所云："古之君民者，仁义以治之，爱利以安之，忠信以导之，务除其灾，思致其福。故民之于上也，若玺之于涂也，抑之以方则方，抑之以圜则圜。"这就是统治者如能"爱民""利民"，以仁义忠信教导之，那老百姓就会服从统治者，而任其摆布。

《吕氏春秋》作者认为，在管理国家中，刑罚是不可或缺的，但在使用刑罚时，必须注入仁义。如果单方面地使用刑罚，往往会适得其反。《吕氏春秋·用民》总结了历史正反两方面的经验教训后说："亡国之主，

---

① 《吕氏春秋·用民》。
② 《吕氏春秋·义赏》。
③ 《吕氏春秋·用民》。
④ 《吕氏春秋·上德》。
⑤ 《吕氏春秋·义赏》。
⑥ 《吕氏春秋·用民》。
⑦ 《吕氏春秋·爱士》。

多以多威使其民矣。故威不可无有，而不足专恃。譬之若盐之于味，凡盐之用，有所托也，不适则败托而不可食。威亦然，必有所托，然后可行。恶乎托？托于爱利。爱利之心谕，威乃可行。"作者认为，亡国的君主，往往是过多地使用了刑罚，"威愈多，民愈不用"，就像烹调时过多地使用了盐，反而使食物变得不可食用。使用刑罚必须依托于爱民利民之心，刑罚才能顺利地得到实施。

在使用刑罚时注入仁义，其目的在于引导人民向善。《吕氏春秋·义赏》说："赏罚之柄，此上之所以使也。其所以加者义，则忠信亲爱之道彰。久彰而愈长，民之安之若性，此之谓教成。"《吕氏春秋》作者还进一步指出，在使用刑罚时注入仁义，必须做到公平无私，才能达到引导人民向善的目的："凡赏非以爱之也，罚非以恶之也，用观归也。所归善，虽恶之，赏；所归不善，虽爱之，罚。此先王之所以治乱安危也。"[①]

《管子·牧民》亦有"顺民"之说："政之所兴，在顺民心；政之所废，在逆民心。民恶忧劳，我佚乐之。民恶贫贱，我富贵之。民恶危坠，我存安之。民恶灭绝，我生育之。能佚乐之则民为之忧劳，能富贵之则民为之贫贱，能存安之则民为之危坠，能生育之则民为之灭绝。"管子认为，政令之所以能贯彻执行，在于顺应于民心；政令之所以会废弛而不起作用，则是由于违背了民心。人民厌恶忧患劳苦，我（统治者）则使其佚愉欢乐；人民厌恶贫穷卑贱，我则使其富裕尊贵；人民厌恶危殆倾坠，我则使其安全稳定；人民厌恶后嗣断绝，我则使其能养育儿女，后继有人。只有能使人民佚愉欢乐的人，人民才会愿意为他而忧患劳苦；只有能使人民富裕尊贵的人，人民才会愿意为他而安于贫穷卑贱；只有能使人民安全稳定的人，人民才会不惜为他而危殆倾坠；只有能使人民有条件养育儿女后嗣的人，人民才会不惜为他而灭绝后嗣。

在这种认识的基础上，《管子·牧民》进一步指出："故刑罚不足以畏其意，杀戮不足以服其心。故刑罚繁而意不恐，则令不行矣。杀戮众

---

① 《吕氏春秋·当赏》。

而心不服，则上位危矣。故从其四欲，则远者自亲；行其四恶，则近者叛之。故知予之为取者，政之宝也。"所以，作者认为刑罚并不能促使民众常存畏惧心理，杀戮不可能使民众心悦诚服。刑罚虽繁多而民众并不恐惧，统治者的政令还能畅通无阻吗？滥杀了许多人而导致民心不服，统治者的宝座也就危险了。能顺从人民的"四欲"（佚乐、富贵、存安、生育），即使是疏远的人也会自然亲近；施行"四恶"（忧劳、贫贱、危坠、灭绝），即使是亲近者也将叛逆。由此可以悟出一个道理：统治者对待人民，只有先"给予"然后方能"求取"，能够"给予"也就能"求取"。统治者必须懂得这个道理，这是施政治民的法宝。

《管子·形势解》也表达了统治者必须顺应民心，才能把国家管理好的观点："人主之所以令则行、禁则止者，必令于民之所好，而禁于民之所恶也。民之情，莫不欲生而恶死，莫不欲利而恶害。故上令于生利人则令行，禁于杀害人则禁止。令之所以行者，必民乐其政也，而令乃行。故曰：'贵有以行令也。'人主之所以使下尽力而亲上者，必为天下致利除害也。故德泽加于天下，惠施厚于万物，父子得以安，群生得以育。故万民欢尽其力而乐为上用，入则务本疾作以实仓廪，出则尽节死敌以安社稷，虽劳苦卑辱而不敢告也。"《管子》作者指出，君主之所以能够做到他下达命令，人民便贯彻执行，他禁止某项活动，某项活动便将止息；必然是因为他的命令是人民所赞同的，他所禁止的是人民所厌恶的。人之常情，没有不希望活下去且厌恶死亡的，没有不希望获利且厌恶受害的。因此，君主的命令如果能有利于人民求生和获利，便一定会得到贯彻和执行；君主所禁止的能使人免遭损伤和祸害，则所禁必止。所以说："贵有以行令也。"君主之所以能够促使人民竭尽心力亲附于上，必定是因为他能为天下人兴利除害。因此，君主如能加惠德行福泽于人民，施予万物丰厚的恩惠，能使民众生活安定，万物得以化育，人民便会乐于尽其心力为君主服务。平时在家能努力劳动从事农业生产，使仓库里粮食和物资充盈；如果出征参加战争，则会尽忠守节，为着使国土稳固，不惜牺牲生命，即使疲劳困苦忍辱受屈，也绝不会有怨言。

　　《吕氏春秋》在许多篇反复阐述了得民心而得天下，失民心而失天下的基本思想。作者把当时流行的重民思想与法家的性好利说相结合，提出了自己的对民理论。

　　《吕氏春秋·顺民》提出："先王先顺民心，故功名成。夫以德得民心以立大功名者，上世多有之矣。失民心而立功名者，未之曾有也。"可见，作者把是否得民心看作是事业成功与否的一个重要因素。他们还列举了历史上的正反事例予以说明。商汤、武王之所以成功，正是由于得到人民的支持："汤武非徒能用其民也，又能用非己之民。能用非己之民，国虽小，卒虽少，功名犹可立。古昔多由布衣定一世者矣，皆能用非其有也。"① 相反，当时陈国之所以灭亡，是由于横征暴敛失去民心："夫陈，小国也，而蓄积多，赋敛重也，则民怨上矣。城郭高，沟洫深，则民力罢矣。兴兵伐之，陈可取也。"②

　　《吕氏春秋》作者进一步指出，治民之道要做到顺民心、得民心，就是要顺民性、从民欲。作者发挥了儒家"得民心"的观点，提出"凡举事必先审民心，然后可举"，"取民之所说（悦），而民取（聚）矣"③。《吕氏春秋·用民》说："用民有纪有纲，壹引其纪，万目皆起；壹引其纲，万目皆张。为民纪纲者何也？欲也恶也。何欲何恶？欲荣利，恶辱害。辱害所以为罚，充也；荣利所以为赏，实也。赏罚皆有充实，则民无不用矣。"这就是管理国家如能顺应民众的天性和需求，给予民众荣誉和利益，民众就会聚集在统治者周围，心甘情愿为统治者所用，那统治者就能达到纲举目张的效果，做任何事都能成功。

　　（三）尊重民意、民情思想

　　先秦的尊重民意民情思想与重民思想也是密不可分的。重民思想中民重于神、民先于神、民决定神的认识使统治者重视民心向背，看到民

---

① 《吕氏春秋·用民》。
② 《吕氏春秋·似顺论》。
③ 《吕氏春秋·顺民》。

心向背决定国家的兴盛存亡，因此，在管理国家中尊重民意民情。

先秦已有比较系统深刻的尊重民意民情思想，这是相当难能可贵的。《尚书·洪范》曰："天子作民父母以为天下王。"这里，"天子"即天之子，也就是《诗经·我将》中所谓"昊天其子之"也。其意为君主一方面是上天的儿子，另一方面又为人民的父母。

天子作为上天的代理人，在上天的监督下以行使管理国家的权力，则本来之最高主权属于天。但是，天又是相当抽象的，看不见，摸不着，因此，天的意志喜恶必须借助人民以体现之。试引先秦文献 4 句以证明：

> 天聪明，自我民聪明；天明畏，自我民明威。①
>
> 天视自我民视，天听自我民听。②
>
> 天畏棐忱，民情大可见。③
>
> 民之所欲，天必从之。④

显然，抽象的天是以人民的视听为视听，以人民之欲恶为欲恶。因此，不言而喻，先秦有识之士是把人民作为事实上的最高主权者，民意即是天意，国君作为天子，作为上天的代理人，必须尊重民意民情，其对天负责，其实就是对民负责。甚至有人将管理国家是否尊重民意民情视作一个国家兴亡的关键："国将兴，听于民；将亡，听于神。"⑤

君主对天负责即对民负责，这种思想在先秦文献中亦屡见不鲜。如尧禅让于舜，舜禅让于禹，皆告以"天之历数在尔躬"，而又云"四海困穷，天禄永终"⑥。还有《尚书·盘庚下》曰"恭承民命"，同书《召诰》言"顾畏于民碞"。这些言论都说明国君是作为上天的代理人在管理国家，必须对人民担负起责任。

---

① 《尚书·皋陶谟》。
② 《尚书·泰誓中》。
③ 《尚书·康诰》。
④ 《尚书·泰誓上》。
⑤ 《左传》庄公三十二年。
⑥ 《论语·尧曰》。

基于天以民视听为视听，以民欲恶为欲恶的思想，先秦一些具有民本思想的人都主张言论自由，尊重民意民情。如周厉王监谤，召穆公反对说："防民之口，甚于防川……夫民虑之于心而宣之于口，成而行之，胡可壅也。"① 尔后事实证明这不是危言耸听，百姓舆论比洪水还凶猛，厉王止谤最终导致国人暴动，自食恶果而被流放。又如春秋时期郑国执政子产是具有民主意识的统治者，郑人游于乡校以议执政，有人劝子产毁校，子产却说："夫人朝夕退而游焉，以议执政之善否，其所善者吾则行之，其所恶者吾则改之，是吾师也。若之何毁之？"②

春秋时期在尊重民情民意中已出现少数服从多数的思想萌芽。因为在管理国家中，政府的每一项政策、法规很难得到社会各阶层的一致拥护，因此，民主政治尊重民情民意的原则是多数赞同者一般代表最广泛民众的利益。《左传》成公六年所载栾书的一段谈话反映了当时"多数取决之制度"的思想："或谓栾武子曰：'圣人与众同欲，是以济事，子盍从众？子为大政，将酌于民者也……《商书》曰：三人占，从二人。众故也。'武子曰：'善钧从众，夫善，众之主也。'"

儒家也重视民意，如《大学》就提出，统治者必须以"民之所好好之，民之所恶恶之，此之谓民之父母"。换言之，统治者在管理国家中必须以广大人民的好恶为好恶，即尊重民意民心。孔子也重视民意，但没有盲从。他主张："众恶之必察焉，众好之必察焉。"③ 孟子则主张："国人皆曰贤，然后察之……国人皆曰不可，然后察之。"④ 可见，孔子对民众的好恶、舆论也很重视，而孟子显得更为理性，即对民意必须进行考察、思考，然后再做出自己的正确判断。

儒家深信如无健全之人民，则不可能有健全之政治。所以其言政治者，无不致力于养成多数人政治道德、政治能力及政治习惯。先秦儒家

① 《国语》卷 1《周语上》。
② 《左传》襄公三十一年。
③ 《论语·卫灵公》。
④ 《孟子·梁惠王下》。

希望通过礼治来达到这一目标:"礼义以为纪……示民有常,如有不由此者,在势者去,众以为殃。"① 儒家所主张的礼治,不是靠政府的行政权力强制民众执行遵守,而主要是靠道德层面的力量,由民众非强制性地自觉执行遵守。即使是有权势的人,如不加以执行遵守,即被视为违背了社会公认的准则,将遭到公众的摈弃。因此,孔子精辟地指出:"道之以政,齐之以刑,民免而无耻;道之以德,齐之以礼,有耻且格。"② 这就是管理国家如靠行政强制手段和制定法规予以限制惩罚,其结果虽然使民众被迫服从遵守,但人格会日渐堕落而不自觉,失去羞耻之心。相反,如通过道德礼义的感化教育,使民众形成习惯和良好的社会风尚,人人品格高尚而有羞耻之心。

墨子认为统治者在管理国家中必须了解民情:"上之为政,得下之情则治,不得下之情则乱。"③ 可见,是否了解民情民意关系到国家的治乱。他主张在全国遍布"耳目",探听细微向上报告:"数千万里之外,有为善者,其室人未遍知,乡里未遍闻,天子得而赏之。数千万里之外,有为不善者,其室人未遍知,乡里未遍闻,天子得而罚之。"这样,就能"先人得之""先人成之""先人发之"。④ 他认为管理国家如能做到随时了解民情,就能使"天下之人皆恐惧振动惕栗,不敢为淫暴,曰:天子之视听也神"⑤。

尹文子亦尊重民意与社会舆论:"己是而举世非之,则不知己之是;己非而举世是之,亦不知己所非。然则是非随众贾(同价)而为正,非己所独了;则犯众者为非,顺众者为是";"圣人之治,不贵其独治,贵其能与众共治。贵工倕之巧,不贵其独巧,贵其能与众共巧也……独行之贤,不足以成化;独能之事,不足以周务;出群之辩,不可为户说;

---

① 《礼记·礼运》。
② 《论语·为政》。
③ 《墨子·尚同下》。
④ 《墨子·尚同下》。
⑤ 《墨子·尚同中》。

绝众之勇，不可与征阵……是以圣人……立法以理其差，使贤愚不相弃，能鄙不相遗。能鄙不相遗，则能鄙齐功；贤愚不相弃，则贤愚等虑"①。尹文子此论说明对国家的管理必须建立在民众的基础上，政治不能脱离群众而行"独能之事，不足以周务"，既已与众共治，则只能以"能鄙齐功，贤愚等虑"自甘。

《管子》重视民意，认为能否认清民情，是把握民心之向背、管理好国家的关键。《管子·权修》说："人情不二，故民情可得而御也。审其所好恶，则其长短可知也。观其交游，则其贤不肖可察也。二者不失，则民能可得而官也。"他们还提出，政府管理的失败，最根本的原因是没有抓住民之好恶。正如《管子·形势解》所说："故欲来民者，先起其利，虽不召而民自至。设其所恶，虽召之而民不来也。"

《管子》不仅十分重视民意民言，而且进一步提出设立专门的机构和场所来倾听民众的心声。《管子·桓公问》载："（齐）桓公问管子曰：'吾念有而勿失……为之有道乎？'对曰：'……毋以私好恶害公正，察民所恶，以自为戒。黄帝立明台之议者，上观于贤也；尧有衢室之问者，下听于人也……'桓公曰：'吾欲效而为之，其名云何？'对曰：'名曰啧室之议。'"《管子》作者尊重民意民言的目的是使君主在管理国家中达到君民一体，休戚相关，从而长治久安。其在《君臣上》篇云："夫民，别而听之则愚，合而听之则圣。虽有汤武之德，复合于市人之言，是以明君顺人心、安情性，而发于众心之所聚，是以令出而不稽，刑设而不用，先王善与民为一体。与民为一体，则是以国守国，以民守民也。"其中"民，别而听之则愚，合而听之则圣"，把民众意识视为比个人意识高明，反映出作者十分重视民意民言的思想。并且提出君王"与民为一体，则是以国守国，以民守民也"，即英明的君王如能与人民打成一片、融合为一体的话，那就在管理国家中充分让全体民众参与，万众一心，就能达到以国家保持国家，以人民保持人民。

---

① 《尹文子·大道上》，台湾商务印书馆影印文渊阁四库全书本。

二、劝学思想

（一）重视教育思想

周初统治者吸取商朝灭亡的教训，认识到仅靠神权和暴力不足以维系统治，必须注重对民众的道德教化，因此提出了"皇天无亲，唯德是辅"的治国方略。据《周礼·司徒》记载，周朝德教的内容广泛，共有12个方面："施十有二教焉：一曰以祀礼教敬，则民不苟；二曰以阳礼教让，则民不争；三曰以阴礼教亲，则民不怨；四曰以乐礼教和，则民不乖；五曰以仪辨等，则民不越；六曰以俗教安，则民不偷；七曰以刑教中，则民不虣；八曰以誓教恤，则民不怠；九曰以度教节，则民知足；十曰以世事教能，则民不失职；十有一曰以贤制爵，则民慎德；十有二曰以庸制禄，则民兴功。"如以当今的思维对这十二教进行概括，周朝德教内容大致可分为三大方面：一是教导民众要恭敬谦让，相爱和睦；二是教导民众要安分守己，勤劳知足；三是教导民众靠技艺、职事谋生，相劝为善。总之，周朝统治者企图通过德教，建立一个和谐有序、勤勉行善、自食其力的社会。

孔子论治国之道，认为"道之以政，齐之以刑，民免而无耻；道之以德，齐之以礼，有耻且格"[①]。孔子反对统治者试图以刑杀威吓人民来减少犯罪，维护统治秩序，这种"道之以政，齐之以刑"的做法最多只能暂时地禁人为非，但不能使人民懂得犯罪是可耻的，因而不可能使人不再犯罪。只有"道之以德，齐之以礼"，才能使人民"有耻且格"，自觉地不再犯罪。孔子讲的不是不要政刑，而是反对独任政刑，迷信政刑，其宗旨即为重德教轻刑罚。

儒家十分重视教育，并主张民众不分贵贱都要接受教育。孔子就主张"有教无类"，首创私人讲学之风，弟子三千，其中杰出者有72人，

---

① 《论语·为政》。

自搢绅子弟以至驵侩大盗，皆"归斯受之"。法家教育，教人做理想中之国民；儒家教育，则是人格的教育，教人做人。因此，儒家教育以智仁勇为教本，以礼乐射御书数为教学内容。其教育目标是"唯天下至诚，为能尽其性；能尽其性，则能尽人之性"①，从而使"君子学道则爱人，小人学道则易使也"②。

在《论语·子路》中记载有这样一段话："子适卫，冉有仆。子曰：'庶矣哉。'冉有曰：'既庶矣，又何加焉？'曰：'富之。'曰：'既富矣，又何加焉？'曰：'教之。'"在孔子治国的"庶""富""教"3个层次目标中，"富"是最主要的，这是儒家"富民"思想在治国理念中的具体体现。这3个层次是有机联系的统一体：人口多了意味着整个国家劳动力的增加，使土地得到更多的开垦；生产发展了，社会财富增多，人民就富裕起来；人民富裕了，还必须进行教育，使之富而好礼，那就标志着国家得到很好的管理。总之，"庶""富""教"3个层次完整而系统地反映了儒家以"仁政德治"为核心的管理国家思想体系。

由此我们还可以看出，在管理国家的"庶""富""教"3个层次目标中，"教"是最高层次的。人口众多了，人民富裕了，最终还必须教育好他们，这才真正达到治国的目标。因此，孔子重视教育，并不只体现在口头上，他还身体力行，创办私学。他学而不厌，诲人不倦，在游说各国，意识到自己的政治理想不能实现后，专心致志于教育文化事业，成为中国历史上最伟大的文化名人。

孔子打破官学垄断的局面，兴办私学，使平民子弟也有了受教育的机会。到墨子时，平民中涌现出不少"贤良之士"，并在国家政治中发挥作用。孔、墨的教育目标主要着眼于政治方面，培养治国的人才，即"学而优则仕"。这是先秦教育的一大特点，对后世影响深远。

孟子也十分重视教育，他提出："不教民而用之，谓之殃民。殃民

---

① 《礼记·中庸》。
② 《论语·阳货》。

者，不容于尧舜之世。"① 这里，孟子把不先教导老百姓就让他们去作战，称之为加害于百姓，并认为这种行为如发生在尧舜时代，是不被允许的。可见，孟子认为"教民"是管理好一个国家重要的前提和标志之一。

《管子》明确了教育的目的："政教相似而殊方。"② 其意云教化臣民与行政命令是为了同一个目标，只是方法不同罢了。统治者意识到，为了把国家管理好、巩固自己的统治，除了用法令进行赏罚外，还必须通过教化让民众拥护、服从君主的统治，并从中选拔出优秀的人才进入统治阶层，为其效劳。这就是《管子·五辅》所说的："得人之道，莫如利之；利之之道，莫如教之以政。"

（二）教育内容与选任教师思想

孔子重视的教育内容，主要包括两大部分，即道德教育和知识教育，且以前者为重点。他主张"文、行、忠、信"四教，其中后三者都是属于道德教育范围。他的具体教育科目为"礼、乐、射、御、书、数"六艺，所用教材为《诗》《书》《礼》《乐》《易》《春秋》六经。从孔子的教育内容可以看出，他把礼教和乐教视作政治的重要手段，把它们看作政治和刑罚的基础。他说："礼乐不兴，则刑罚不中；刑罚不中，则民无所措手足。"③ 孔子把亲自修订的《春秋》作为教材，也是出于政治上的考虑。《春秋》是一部政治色彩极为浓厚的历史教科书，自始至终充满大一统与正名分的精神。《春秋》充分体现了孔子的政治观与历史观，表明了孔子对历史人物与事件的褒贬，其目的是使当时的"乱臣贼子"惧。孔子的"射御"教学内容，不言而喻是培养民众射箭、骑马的军事技能，使民众体魄健壮。总之，从孔子的教育内容可以看出，孔子的教育目标具有浓厚的政治色彩，旨在把学生培养成治国安邦的人才。

法家承认教育之必要及其功用，但其教育的内容与途径有自己的特

---

① 《孟子·告子下》。
② 《管子·侈靡》。
③ 《论语·子路》。

征。韩非主张："无书简之文，以法为教；无先王之语，以吏为师。"可见，其欲将教育的内容规定为学习法律条文，教师不用学者，而用政府官吏。韩非的理由是："今有不才之子，父母怒之弗为改，乡人谯之弗为动，师长教之弗为变。夫以父母之爱，乡人之行，师长之智，三美加焉而终不动，其胫毛……州部之吏，操官兵，推公法而求索奸人，然后恐惧，变其节，易其行矣。故父母之爱不足以教子，必待州部之严刑者，民固骄于爱听于威矣。"① 韩非认为父母、乡人、师长三者作为教育者，其教育效果都不好，只有官吏以强制手段进行法律教育，才能让被教育者"变其节易其行"，成为政府需要的人才。

荀子重视教育，认为"君子博学而日参省乎己，则知明而行无过矣"②；"我欲贱而贵，愚而智，贫而富，可乎？曰：其唯学乎！"③ 可见，学习可以使人明于道理而行为不会产生过错，能使贱者变贵，愚蠢的人变聪明，贫困的人变富裕。荀子重视教师人选，他指出："农精于田，而不可以为田师；贾精于市，而不可以为贾师；工精于器，而不可以为器师。有人也，不能此三技，而可使治三官。曰：精于道者也，精于物者也。精于物者以物物，精于道者兼物物。故君子壹于道而以赞稽物。"④ 其大意是农民精通种田，但不可以成为田师；商人精通市场买卖，但不可以成为市师；工匠精通于制造器物，但不可以成为器师。有些人，他们并不精通这三种技术，但可以成为治理这三种行业的官。这就是说，有精通于道的人，有精通于事物的人。精通于事物的人，只能单纯认识事物；精通于道的人，才能全面认识事物的规律。

————————

① 《韩非子·五蠹》。

② 《荀子·劝学》。

③ 《荀子·儒效》。

④ 《荀子·解蔽》。

三、劝农思想

（一）周王籍田思想

周初规定了国王亲耕籍田的制度，并把它作为国家的一项十分隆重的典礼。每年在立春之前的九日，就开始做各种准备。到了立春开耕之日，天子带领百官和庶民亲临籍田，天子翻土一下，公三下，卿九下，大夫二十七下，最后由"庶人终于千亩"①，将籍田全部耕完。天子率领百官亲耕，表示对农事的重视，在管理国家时不忘关心农业生产这一国之大事，并通过做出象征性的榜样，带动农业生产者努力劳动，不敢懈怠。这就是"民用莫不震动，恪恭于农，修其疆畔，日服其镈，不解于时"②。周王亲耕籍田的制度，在后代一直为历代帝王所仿效。周宣王即位后，"不籍千亩"，废弃籍田礼，卿士虢文公对此发表了"民之大事在农"的议论。他说："夫民之大事在农，上帝之粢盛于是乎出，民之蕃庶于是乎生，事之供给于是乎在，和协辑睦于是乎兴，财用蕃殖于是乎始，敦庞纯固于是乎成。"③ 其大意是说，民之大事在农，祭祀上帝的供品出于农，人民的繁衍依赖农，各种事情的供给由农业提供。农业生产发展了，人们就能协和辑睦，农业是国家财政的基础，农业能使民众敦厚淳朴。

虢文公提出的"民之大事在农"思想是后世农本思想的先河。农业是一切社会活动的基础，民众的祭祀、生育繁衍、各项事务、国家财政收入，甚至连淳朴的民风，都离不开农业生产的发展。因此，王的政事最重要的是保障农业生产，不能随便使役、用兵，干扰农业生产。

（二）不违农时思想

先秦各学派思想家都重视农业生产，并意识到遵守农时是搞好农业

---

① 《国语》卷 1《周语上》。
② 《国语》卷 1《周语上》。
③ 《国语》卷 1《周语上》。

生产的基本前提。

管仲最早把保证农时作为一项制度提出来，即"无夺民时，则百姓富"①。所谓"无夺民时"，即指国家不要在农忙季节征调百姓从事各种徭役。同时还规定"山泽各致其时，则民不苟"②，也就是国家应规定农民入山泽采伐捕捞的时间，在农忙时禁止入山泽，这样农民就不会随意出入采伐捕捞，以保证农业生产劳动。

孟子指出："不违农时，谷不可胜食也。"③荀子也说："春耕，夏耘，秋收，冬藏，四者不失时，故五谷不绝而百姓有余食也。"④《吕氏春秋》更具体地提出了不违农时的制度和措施：正月"天气下降，地气上腾，天地和同，草木繁动"，这时，天子就要布告农事，命令田官"皆修封疆，审端径术，善相丘陵、阪险、原隰，土地所宜，五谷所殖，以教道（导）民，必躬亲之"⑤。这就是说正月是万物复苏之时，一年农事刚刚开始，国君命令田官整修开辟田地，因地制宜，种植五谷。必须特别提出的是国君还要亲自做出榜样，以教育引导农民不违农时，努力春耕。这就是后世所谓的帝王籍田之礼。二月，天子"无作大事（指征战徭役），以妨农功"⑥。四月则是农忙季节，天子"命野虞出行田原，劳农劝民，无或失时。命司徒循行县鄙，命农勉作，无伏于都"⑦。八月，有关官员"趣民收敛，务蓄菜，多积聚"⑧，督促农民及时种麦。由此可见，自先秦时期开始，国家就十分重视劝勉、督促农民勤于耕作，甚至连天子也要躬亲农事，为民做出榜样。

---

① 《国语》卷6《齐语》。
② 《国语》卷6《齐语》。
③ 《孟子·梁惠王上》。
④ 《荀子·王制》。
⑤ 《吕氏春秋·孟春纪》。
⑥ 《吕氏春秋·仲春纪》。
⑦ 《吕氏春秋·孟夏纪》。
⑧ 《吕氏春秋·仲秋纪》。

（三）《吕氏春秋·上农》引导鼓励民众务农思想

《吕氏春秋》，又称《吕览》，是在秦国相邦吕不韦的主持下，集合门客们编撰的一部杂家名著，成书于秦始皇统一中国前夕。《吕氏春秋》分为十二纪、八览、六论，以道家学说为主干，以名家、法家、儒家、墨家、农家、兵家、阴阳家思想学说为素材，熔诸子百家学说于一炉，博大精深。吕不韦想以此作为秦统一后的意识形态，但后来执政的秦始皇却选择了法家思想。

《吕氏春秋》卷26《上农》所论述的国家通过引导鼓励的政策使民众重视农业生产的思想，对后世历代王朝劝农思想和政策有深远的影响。

《上农》篇开宗明义指出："古先圣王之所以导其民者，先务于农。"即国家施政，必须把发展农业放在首位。《上农》篇把国家优先发展农业放在政治的视角予以考虑，与法家商鞅所说的农民朴实听话、安土重迁以及易于驱使征调等，而工商者见多识广、复杂灵活以及不易驱使征调等基本一样：

> 民农则朴，朴则易用，易用则边境安，主位尊。民农则重，重则少私义，少私义则公法立，力专一。民农则其产复，其产复则重徙，重徙则死（其）处，而无二虑。（民）舍本而事末则不令，不令则不可以守，不可以战。民舍本而事末则其产约，其产约则轻迁徙，轻迁徙则国家有患，皆有远志，无有居心。民舍本而事末则好智，好智则多诈，多诈则巧法令，以是为非，以非为是。

《上农》篇主张国家必须主要通过引导、鼓励的办法，而不是强迫的办法，使民众自觉从事农业生产，这就是先古后稷之官的"务耕织者，以为本教也"。具体地说，统治者必须从以下4个方面来引导鼓励民众从事农业生产：一是最高统治者及贵族、官僚必须做出表率："天子亲率诸侯耕帝籍田，大夫士皆有功业。是故当时之务，农不见于国，以教民尊地产也。后妃率九嫔蚕于郊，桑于公田，是以春秋冬夏皆有麻枲丝茧之功，以力妇教也。是故丈夫不织而衣，妇人不耕而食，男女贸功以长生，此圣人之制也。"二是国家督促民众努力耕作，充分发掘土地的潜力，从

而增加产量："敬时爱日，非老不休，非疾不息，非死不舍。上田，夫食九人。下田，夫食五人。可以益，不可以损。一人治之，十人食之，六畜皆在其中矣。此大任地之道也。"三是国家限制和制止妨害农时的政令和习俗："当时之务，不兴土功，不作师徒，庶人不冠弁、娶妻、嫁女、享祀，不酒醴聚众，农不上闻，不敢私籍于庸，为害于时也。然后制野禁，苟非同姓，农不出御，女不外嫁，以安农也。"四是限制在农时从事各种非农业的生产活动，以保证尽可能多的劳动力用于农业生产："制四时之禁：山不敢伐材下木，泽人不敢灰僇，缳网罝罜不敢出于门，罛罟不敢入于渊，泽非舟虞，不敢缘名，为害其时也。"

最后必须指出的是《上农》篇虽然主张国家施政，必须把发展农业放在首位，但并没有抑末。《上农》篇一方面强调农业的重要性，认为关系到国家的存亡："若民不力田，墨乃家畜，国家难治，三疑乃极，是谓背本反则，失毁其国。"另一方面又指出，国家施政，必须农工商全面发展，否则某个部门不能正常发挥其功能，那将有大灾难："民自七尺以上，属诸三官。农攻粟、工攻器、贾攻货。时事不共，是谓大凶。"

四、礼治思想

（一）孔子以礼治国思想

先秦时期，各式各样的人物都讲礼，利用礼，那么礼的主旨是什么？人们的看法不尽相同。其中最为流行的观点为：礼的主旨在于别君臣、上下、父子、兄弟、内外、大小。先秦时期，对礼的实质表述主要包括两个方面：主导方面可称之为"分"，辅助方面可用"仁""和"二字来概括。礼的本质在于维护等级，调节社会各阶层之间的关系。春秋时期晋随武子说："其君之举也，内姓选于亲，外姓选于旧，举不失德，赏不失劳，老有加惠，旅有施舍，君子小人，物有服章，贵有常尊，贱有等

威，礼不逆矣。"① 北宫文子也说：礼仪之本在于区分"君臣、上下、父子、兄弟、内外、大小"②。战国时期，荀子用"分"来揭示礼别贵贱等级的本质。他指出，人与动物差别之一在于人能"群"，人之所以能群，又在于有"分"，"分"能解决社会因"群"而产生的混乱。《荀子·王制》故云："先王恶其乱也，故制礼义以分之。"

先秦时期，礼主要表现为习惯与传统，而法则是有针对性的政治规定。礼以传统风俗对人们进行引导或禁止，法以条文规定对人们进行引导和禁止。

孔子反对国家对民众过于严厉地管制，不主张使用严刑酷法。他主张德治，以仁为核心，以礼为准则，以和为目标。孔子认为，仁作为内在于个人的道德修养和道德感情，即是爱心；作为外在于人与人之间的道德行为，即是爱人。内在的爱心是通过外在的爱人行为表现出来的。爱心首先产生于血缘家庭的父母兄弟之间，这是最本源的爱。把它推而广之，使整个社会在爱的基础上达到和谐有序，是实现国家管理的最高目标。但是在现实社会中，要把仁的爱心正确贯彻到人们的实际行动中去，还要有一种能为人们共同遵循的行为规范，这就是礼。礼是规范各阶层人在各种社会活动中的行为而制度化了的行为准则。它在行动上体现了仁的要求，是实现仁的目标管理的制度保证③。

孔子坚持以礼治国，把"礼"说成是治国的根本，"为政先礼，礼，其政之本欤？"④ 因此，他不赞成"道之以政，齐之以刑"的治国方略，而主张"道之以德，齐之以礼"⑤。孔子在教学中把"礼"放在首位，所谓孔门六艺"礼、乐、射、御、书、数"，"礼"起挂帅作用，实际上是

---

① 《左传》宣公十二年。

② 《左传》襄公三十一年。

③ 潘承烈、虞祖尧：《中国古代管理思想之今用》，中国人民大学出版社，2001年，第39页。

④ 《礼记·哀公问》。

⑤ 《论语·为政》。

一种政治教育，其次才是各种专门技能。孔子要求"君使臣以礼"，认为只要统治者能依"礼"行事，便能把国家管理好，人民就能服从统治，即"上好礼，则民莫敢不敬"①，"上好礼，则民易使也"②。为了解决当时"贵贱无序"的问题，恢复以礼治国，孔子认为关键在于"正名"。当子路问他"卫君待子而为政，子将奚先"时，他回答"必也正名乎"③。所谓"正名"，在孔子看来就是人人都服从固有的等级地位，也就是"君君、臣臣、父父、子子"④，即君要像君，臣要像臣，父要像父，子要像子，人人都能按名分摆正自己的位置，各守其"礼"。

春秋时期，由于社会动荡，原有的等级秩序不断受到破坏。孔子礼治的目的，就是要恢复原有的等级秩序。在孔子看来，在拥有良好秩序的社会里，从天子到庶人，都应该恪尽职守，每一个等级都应该做与自己的身份、社会地位相符的事情。"天下有道，则政不在大夫，天下有道，则庶人不议。"⑤"不在其位，不谋其政。"⑥

孔子礼治主张所设计的是一个高度集权的政治体制，每一个等级的职分都是由礼确定下来的，其最终都集中于君主一身，"天下有道，则礼乐征伐自天子出"⑦。相反，如天下无道，"礼乐征伐自诸侯出""自大夫出"，甚至由"陪臣"执国命，那就礼崩乐坏，天下大乱。因此，礼治是调节人与人的关系、维护社会和谐稳定十分重要的因素。

孔子认为确保等级秩序不被破坏的根本措施就是正名。《论语·子路》记载了孔子与学生前往卫国途中的一段对话："子路曰：'卫君待子而为政，子将奚先？'子曰：'必也正名乎！'子路曰：'有是哉，子之迂也！奚其正？'子曰：'野哉由也！君子于其所不知，盖阙如也。名不正，

---

① 《论语·子路》。
② 《论语·宪问》。
③ 《论语·子路》。
④ 《论语·颜渊》。
⑤ 《论语·季氏》。
⑥ 《论语·泰伯》。
⑦ 《论语·季氏》。

则言不顺；言不顺，则事不成；事不成，则礼乐不兴；礼乐不兴，则刑罚不中；刑罚不中，则民无所措手足。'"孔子所说的"名"，意指名分，名分的具体含义是什么，孔子并没有明确说明，但是从孔子言论中所透露的思想来看，正名也就是要使每一个等级的行为与其在社会的身份、地位相符，具体地说，也就是"君君、臣臣、父父、子子"。

孔子提出的仁者爱人，在当时贵贱等级分明的时代，起着掩饰等级与缓和等级冲突的作用。他提出的"和为贵"，能在"分"之间求得协调和互相补充。"和"对于"分"是一种制约和补充，预防"分"走向极端和破裂①。先秦儒家力图把"分"与"仁"、"和"统一起来，"君君、臣臣、父父、子子、兄兄、弟弟、农农、工工、商商"，安然有序；"或禄天下而不自以为多，或监门御旅，抱关击柝而不自以为寡"②，每人的地位高下虽然悬殊，却都以悬殊为安，不怨天尤人，心满意足。"富贵而知好礼则不骄不淫，贫贱而知好礼则志不慑（畏怯）。"③ 各处其位，各安其位。

孔子还对礼与法的功用进行比较分析，认为："凡人之知，能见已然，不能见将然。礼者，禁于将然之前，而法者，禁于已然之后……礼云，礼云，贵绝恶于未萌，而起敬于微眇，使民日徙善远罪而不自知也。"④ 礼可防未然，使罪恶消灭于未萌芽之时，敬畏之心从微小见不到之处逐渐产生，广大民众就会趋于为善而远离犯罪；相反，法治只能禁止于已发生之后，通过惩治犯罪来消灭犯罪。

孔子坚持以礼治国，即主张采取协调性的政策工具，以礼、义、信引导，劝勉百姓，达到"政是以和"⑤，即社会各种关系和谐，百姓自然就会努力劳动，生产物质财富。

---

① 《中国政治思想史集》第 2 卷，第 248 页。
② 《荀子·荣辱》。
③ 《礼记·曲礼上》。
④ 《大戴礼记·礼察》。
⑤ 《左传》昭公二十年。

（二）荀子制礼明分思想

荀子看到无论社会财富如何充裕，也难以满足人们无止境的物欲，因此必然引起争夺财富的斗争，使社会秩序无法维持，社会生产更无从正常进行，国家将陷于贫困。他说："物不能澹（赡）则必争，争则必乱，乱则穷矣。"①为了防止、消除争乱，他主张封建国家必须在大力发展生产、增加社会财富的同时，还要运用行政权力，为社会成员规定一定的等级界限，制定不同的分配标准，平衡社会各阶层的财富分配。这就是"兼足天下之道在明分"②。相反，如国家放纵人的贪欲，不加任何限制，不用行政权力进行协调的话，就会引起社会的纷争。正如他所说的："从人之欲，则势不能容，物不能赡也"③，"物不能赡则必争"，"争则乱，乱则离，离则弱，弱则不能胜物"④。

荀子"制礼明分"的理论基础是"性恶"论。他认为"人生而有欲"⑤，"欲不待可得，所受乎天也"⑥。可见，他认为欲望是人类从自然界禀受来的本性。

荀子所说的欲望，主要有 3 种：一是"今人之性，饥而欲饱，寒而欲暖，劳而欲休，此人之情性也"⑦。这类欲望实际上是人类生存所必需的物质需要，主要是以人类的生理本能作为基础。二是"目好之五色，耳好之五声，口好之五味"⑧。这类欲望主要是人类物质享受的欲望，虽然也有生理需要作为基础，但从本质上看并不属于人的生理本能。三是

---

① 《荀子·王制》。
② 《荀子·富国》。
③ 《荀子·荣辱》。
④ 《荀子·王制》。
⑤ 《荀子·礼论》。
⑥ 《荀子·正名》。
⑦ 《荀子·性恶》。
⑧ 《荀子·劝学》。

"贫愿富，贱愿贵"①，"心利之有天下"②。这类欲望是指物质财富的占有欲和权势欲，属于社会关系的产物。

荀子还认为，人的欲望是很难得到满足的："人之情，食欲有刍豢，衣欲有文绣，行欲有舆马，又欲夫余财蓄积之富也，然而穷年累世不知不足，是人之情也。"③

正由于人的欲望多并不知满足，因此社会上就出现"欲多而物寡"的矛盾，如果任其自由发展，就会出现纷争，社会发生混乱。荀子指出："从人之性，顺人之情，必出于争夺，合于犯分乱理而归于暴。"④ 他认为，解决这一问题的办法是制礼明分："欲恶同物，欲多而物寡，寡则必争矣……救患除祸，则莫若明分使群矣"⑤；"势位齐而欲恶同，物不能澹则必争，争则必乱，乱则穷矣。先王恶其乱也，故制礼义以分之，使有贫富贵贱之等，足以相兼临者，是养天下之本也"⑥。

荀子认为"明分"的具体措施在于"制礼"，即把社会成员分成不同的等级，然后再依据不同等级进行社会财富的不同分配："故先王案为之制礼义以分之，使有贵贱之等，长幼之差，知愚、能不能之分，皆使人载其事而各得其宜，然后使谷禄多少、厚薄之称，是夫群居和一之道也。"⑦ 只有这样，才能制止社会的纷争，使人们和谐相处。

"分"是礼义之制的产物，其内容是通过每个人贵贱、贫富、长幼、智愚、能与不能等的差别，来决定其在物质享受上的不同待遇，是谓"各得其宜"。换言之，每个人身份、境遇、年龄、智力、能力等决定其在社会物质分配上的份额是多少，这就是分。因此，"分"可以制止人与人之间的纷争。正如《慎子》所云："一兔走，百人追之；积兔于市，过

---

① 《荀子·性恶》。

② 《荀子·劝学》。

③ 《荀子·荣辱》。

④ 《荀子·性恶》。

⑤ 《荀子·富国》。

⑥ 《荀子·王制》。

⑦ 《荀子·荣辱》。

而不顾。非不欲兔，分定不可争也。"荀子以分言礼，其立脚点与此相同，即只需将礼制定，教人"各安本分"，则在社会上相处，不至起争夺，为个人计，亦可以知足少恼。

制礼明分之所以能解决"欲多而物寡"的矛盾，荀子给出如下的解释：首先，礼通过"分"（包括封建社会的分工分配制度和等级制度），把社会的欲求活动限制在一定的范围内，从而使得有限的社会产品能够满足人们的物质欲望，所谓"物必不屈于欲"①。其次，礼又通过"分"，给每个等级的人们提供了不同的欲求活动范围，从而使得人们的欲望不致因为物资不足而得不到满足，所谓"欲必不穷乎物"。最后，礼的这种对欲求活动又限制又保证的双重作用，会促进生产发展，这又可以使得人们的物质欲望得到更大范围的满足。所以，总的来看，制礼明分的作用就是使人的物质欲望和社会产品两个方面相互制约、相互协调而又不断增长，所谓"相持而长"②。

从广义上说，荀子所说的"分"，主要有 3 种含义：一是指社会分工；二是指产权的界定；三是指确定贵贱、上下等级身份。关于社会分工问题，荀子曾说："农分田而耕，贾分货而贩，百工分事而劝，士大夫分职而听，建国诸侯之君分土而守，三公总方而议，则天子共己而已。出若入若，天下莫不平均，莫不治辨，是百王之所同也，而礼法之大分也。"③ 这里，荀子把社会分工看成是"礼治之大分"：农民各自耕种自己的田地，商人各自贩卖自己的货物，百工各自勤恳地做自己的事情，士大夫各自坚守自己的职责，诸侯各自捍卫自己的土地，三公总合四方之国的政务而加以议处，那天子只要恭谨自处就够了。对内对外都是如此，于是天下就没有不平均没有治理不好的地方，这便是历代君主共同的法则，而且是礼法的关键。

---

① 《荀子·礼论》。
② 《中国经济思想史论》，第 373—374 页。
③ 《荀子·王霸》。

关于产权界定问题，荀子指出："人生而有欲，欲而不得，则不能无求；求而无度量分界，则不能不争；争则乱，乱则穷。先王恶其乱也，故制礼义以分之，以养人之欲，给人之求，使欲必不穷乎物，物必不屈于欲。"①荀子认为，人生下来就有欲望，欲望如果达不到，就不能没有求取；求取如果没有分寸和界限，就不能不争夺；争夺就会发生混乱，混乱就会导致穷窘。先王厌恶这种混乱，所以就制定了礼义来区分人的等级，用来节制人们的欲望，供应人们的求取，使人们的欲望不会因为物资不足而得不到满足，而物资也不会因为满足人们的欲望而消耗殆尽。可见，君主通过用礼来界定产权，使人民免于争夺与混乱，从而避免由此带来的贫困。

关于界定贵贱、上下等级身份问题，《荀子》一书更是多处强调。如《荀子·荣辱》云："夫贵为天子，富有天下，是人情之所同欲也。然则从人之欲，则势不能容，物不能赡也。故先王案为之制礼义以分之，使有贵贱之等、长幼之差，知愚、能不能之分，皆使人载其事而各得其宜，然后使悫禄多少、厚薄之称。是夫群居和一之道也。"荀子认为，那种贵为天子、富有天下的生活，是人们都想得到的。但是，如都顺从人们的这种欲望，在客观上是不可能达到的，物质上也不可能那么富足。所以，先王就为人们制定出礼义来划定界限，使社会上有了贵与贱的等级之分、长与幼的差别，智慧与愚、能与不能的区分，使人们都各行其是，各得其宜，然后使人们的官禄多少与他们的地位和工作相称。这便是人们群居而能和谐的方法。

至于如何才能做到"明分使群"，荀子认为必须依靠君主制定礼义来规范。他把君主比喻为"管分之枢要"②，即实施"明分使群"的关键，把君主对国家的管理放在最高的地位。因此，他提出"君者，善群也。

---

① 《荀子·礼论》。
② 《荀子·富国》。

群道当，则万物皆得其宜，六畜皆得其长，群生皆得其命"①。在荀子看来，君，就是善于处理群众的意思。处理群众的方法妥当，万物就都能得适宜，牲畜都能得到生长，众生就都能安于他们的性命。荀子所理解的"群"，是君主最高统治下以礼义制定的"君君、臣臣、父父、子子、兄兄、弟弟……农农、士士、工工、商商"，贵贱有序、长幼有别，各载其事、各得其宜的一套完整的社会等级秩序。

总之，荀子强调以礼义"明分"的根本目的是建立一种"职分而民不慢，次定而序不乱"② 的社会秩序，从而使国家长治久安。

（三）《管子》的礼义思想

管子学派主张法治，但又反对一味地滥用刑罚，否则就会适得其反，不利于治国。"刑罚繁而意不恐，则令不行矣。杀戮众而心不服，则上位危矣。"③

管子学派在主张法治的同时，也十分重视礼义的作用，把礼、义、廉、耻称之为"国有四维"④。认为"守国之度，在饬四维"，只有"四维张"，才能"君令行"⑤。如果"四维不张，国乃灭亡"⑥。

管子学派认为人们的物质生活决定人们的道德生活，提出"利""义"并重的价值观。他们认为人的本性是求利，人具有趋利避害的本性。《形势解》篇中指出："民，利之则来，害之则去。民之从利也，如水之走下，于四方无择也。"礼义廉耻的产生依赖于物质生活的水平。管子曾提出"仓廪实则知礼节，衣食足则知荣辱"⑦ 这一著名的命题，认为"衣食足，则侵争不生，怨怒无有，上下相亲，兵刃不用矣"⑧。"衣食之

---

① 《荀子·王制》。
② 《荀子·君道》。
③ 《管子·牧民》。
④ 《管子·牧民》。
⑤ 《管子·牧民》。
⑥ 《管子·牧民》。
⑦ 《管子·牧民》。
⑧ 《管子·禁藏》。

于人也，不可以一日违也。"① 因此，如粮食不生，则人民贫困；人民贫困，缺衣少食，就会怨声载道，生造反之心，不再顾忌什么法令、制度、礼义廉耻，就会铤而走险。正如《八观》篇所说："民贫则奸智生，奸智生则邪巧作。故奸邪之所生，生于匮不足。"

第七节　公共事业与社会救助思想

一、水利工程思想

中国古代的农业社会和特殊的地理环境所造成的水旱之灾频繁使先民很早就重视水利工程的兴修。相传在夏朝，大禹就组织民众兴修水利，淘挖沟渠，采用疏导的办法把洪水引到海里。西周井田制施行之下，田间道路沟洫纵横，沟洫既是田地的分界，又起灌溉的作用。

春秋战国时期，随着铁制工具的广泛应用和治水经验的积累，水利工程的兴修于史籍屡见不鲜。如楚国"孙叔敖决期思之水，而灌雩娄之野"②；司马芮掩"规偃猪（潴）"③，进行蓄水灌溉防旱。郑子产改革的一项重要措施是"作封洫"，"使都鄙有章，上下有服，田有封洫，庐井有伍"④，即整顿城乡秩序，严肃等级职事，整修田地疆界和灌溉水道，按什伍编制建立农村基层组织。魏国西门豹"发民凿十二渠"⑤，引漳水改良碱田。这一时期最有名的是李冰父子在四川修筑都江堰防洪灌溉水

---

① 《管子·侈靡》。
② 《淮南子·人间训》。
③ 《左传》襄公二十五年。
④ 《左传》襄公三十年。
⑤ 《史记》卷126《滑稽列传》。

利工程。

（一）水利工程兴建与养护思想

《管子·度地》比较详细具体地论述了当时水利工程兴修与养护的一些措施，兹简略介绍如下：

其一，修建水利工程必须察看地形。《度地》篇云："圣人之处国者，必于不倾之地而择地形之肥饶者。乡山，左右经水若泽。内为落渠之写，因大川而注焉。乃以其天材、地之所生利，养其人，以育六畜。"这就是说古代英明的帝土建都立国，必须选择地势平坦稳定区域，土质必须肥沃，还要靠近山脉，附近有河流或湖泊。因为有河流、湖泊，便可在国内修筑纵横交错的渠道网络，把水引进来再排出去。这样土地既肥沃又有水灌溉，便可养育人民，繁殖牲畜。

其二，修建堤坝，挖沟渠，用于灌溉排水，以防水旱之灾。《度地》篇载："地高则沟之，下则堤之，命之曰金城"，"夫水之性，以高走下则疾，至于漂石，而下向高，即留而不行。故高其上，领瓴之，尺有十分之三，里满四十九者，水可走也"。"地有不生草者，必为之囊。大者为之堤，小者为之防。夹水四道，禾稼不伤。"《管子》主张，当时兴修水利，如果地势高便挖沟排水，地势低洼则筑堤防洪，如能做到这两点，便可称为金城，其坚如金，固不可拔。《管子》还根据水的特征——从高处往低处流时速度迅疾，力量大得足以漂动石头，而从低处向高处流时，便会停留下来流不动，建议当需要水往高处流时，提高上游的水位，修筑堤坝，按尺计算有十分之三的落差，即三寸落差，水便会流动了。河道旁不长庄稼的土地，可以圈起来使之成为蓄水池。大的周围要筑堤，小的周围用泥土堵起来就行。在蓄水池周围修筑堤防，目的是防止水往四面泛滥，伤害农作物。

其三，加固堤坝，长期维护，使之造福子孙。《管子》主张对于堤坝，必须"岁埤增之，树以荆棘，以固其地，杂之以柏杨，以备决水。民得其饶，是谓流膏"。由此可见，当时人们已认识到河堤每年都要增高加固，种植荆棘和柏树、杨树，用以稳定表土，防止水土流失和河堤决

口。有了这样的水利工程，人民可因之而富饶，如同河里流着油膏。《管子》还建议政府"置水官，令习水者为吏，大夫、大夫佐各一人，率部校长、官佐各财足。乃取水左右各一人，使为都匠水工。令之行水道。城郭、堤川、沟池、官府、寺舍及州中，当缮治者给卒财足……水官亦以甲士当被兵之数，与三老、里有司、伍长行里，因父母按行。阅具备水之器，以冬无事之时。笼、畚、板、筑，各什六，土车什一，雨䡓什二。食器两具，人有之。锢藏里中，以给丧器。后常令水官吏与都匠，因三老、里有司、伍长按行之。常以朔日始，出阅具之，取完坚，补弊久，去苦恶。常以冬少事之时，令甲士以更次益薪，积之水旁。州大夫将之，唯毋后时。其积薪也，以事之已；其作土也，以事未起"①。"常令水官之吏，冬时行堤防，可治者章而上之都。都以春少事作之。已作之后，常按行。堤有毁，作大雨，各葆其所。可治者趣治，以徒隶给。大雨，堤防可衣者衣之；冲水，可据者据之。终岁以毋败为故，此谓备之常时，祸何从来？所以然者，独水蒙壤，自塞而行者，江河之谓也。岁高其堤，所以不没也。春冬取土于中，秋夏取土于外。浊水入之，不能为败。"②

从管仲的建议中，我们比较细致清晰地了解到其维护水利工程的思想主要有以下 3 点：其一，必须设置专职的治水官员。这些官吏中水官为其最高长官，由熟谙水性的人担任，即必须有治水的专业知识。大夫和大夫佐各一人，率部校长和其他附属人员（官佐）要配备齐全。其二，当要对某一水利工程进行修缮或治理时，政府必须拨给足够的人力和财物。水官要把具备应征服兵役条件的甲士们，即必须参加服治水劳役的人，和三老、里有司、伍长行里等地方基层管理人员，连同各户家长（父母）最后共同核定，这样，治水时需要的劳动力就有了保障。检查防备水灾的器材情况，应在冬天已无农事活动时进行。筐、锹、框、板、

① 《管子·度地》。
② 《管子·度地》。

夯等，每10户准备6件，运土车每10户1辆，篷布每10户2件，炊具2套。这些器材，平时应集中妥善保管在里中，不要损坏丢失了，并应该常查看，完好的继续保留，破坏的要修补，不能使用的便丢掉。冬天农闲少事时，要经常命壮丁们轮流砍柴，堆积在水道旁边，以备堵塞水道缺口或治水时使用。州里的有关官员要注意抓紧这项工作，不要耽搁了。堆积薪柴是准备在水患发生后使用，土方工程则是用于修筑堤坝等，防止水患发生时使用。其三，平时治水官吏要巡视堤防，划分各自的责任区，经常对水利工程进行养护，防患于未然。《管子》建议：治水官吏冬季必须巡视堤防，发现应当采取治理措施的，要书面报告都一级的官府；由都官府在春季农闲时组织民众实施完成。工程完竣后，还要经常检查察看。倘若堤防遭毁坏而又恰逢大雨，要按段划分责任区，需抢修的要立即抓紧抢修，劳动力不够用的可以调拨罪犯和奴隶。为减轻雨水冲刷，下大雨时，如堤防有条件覆盖，可加覆盖。河水冲击的要害处，可以屯堵的要屯堵，以缓解水的冲击力。总而言之，一年到头，目标就是对水害的防治只许成功不许失败；时时刻刻都在防治着，便不会有什么意料之外的祸害。混浊的河水中含有泥沙，不必有任何外来因素，河水在流动中会因自然沉积而造成淤塞，致使水道不畅通，这是江河的本性。所以，只有每年都增高堤防，才能保证堤防不被河水淹没。春季和冬季河水枯浅，可从河道中取土用来加高堤防，同时也疏浚了河道；秋季、夏季河中水满，那就从河道外取土。如果能坚持这样做，即使是混浊的洪水进入河流也不至于把堤防冲毁。

（二）水利工程作用思想

这一时期，在兴修水利工程的实践中，人们对水利工程作用的认识逐步深化。《周礼·司徒下》载："稻人，掌稼下地。以猪（潴）畜水，以防止水，以沟荡水，以遂均水，以列舍水，以浍写水。"由此可知，至迟在战国时期，人们对水利工程的作用有了更细致具体的认识，即知道以蓄水池来蓄水，以堤防来挡住外来的水，以沟排水，以遂分导水，以田中小沟放水，以浍泄水。如果把《周礼》中所记载的当时水利工程的

作用加以归纳，其实主要者也就两个方面：其一通过修筑堤堰，把水挡住或储蓄；二是通过挖沟、遂、列、浍等，进行排水或引水，从事农业灌溉。

《管子·立政》云："决水潦，通沟渎，修障防，安水藏，使时水虽过度，无害于五谷，岁虽凶旱，有所粉获，司空之事也。"由此可知，当时人们意识到兴修水利工程主要有两种形式：一是通过挖沟渎，把洪水排泄；二是通过修筑堤堰，把水拦住或蓄藏，待干旱时用于灌溉。其目的是即使遇到水旱之灾，但也能尽量避免其对五谷生长的伤害，保证每年有较好的收成，让广大民众免遭饥寒之苦。正由于认识到兴修水利的重要性，因此《管子》把其列为"六兴"之一及治国中的富国项目。《管子·五辅》提出"德有六兴"，其中之一为："导水潦，利陂沟，决潘渚，溃泥滞，通郁闭，慎津梁，此谓遗之以利。"正由于兴修水利对国计民生大有好处，因此《管子·立政》认为："沟渎遂于隘，障水安其藏，国之富也。"

战国时期，人们已很清楚地认识到水利工程的综合性功能。据《汉书·沟洫志》记载："自是之后（指夏商周之后），荥阳下引河东南为鸿沟，以通宋、郑、陈、蔡、曹、卫，与济、汝、淮、泗会。于楚……蜀守李冰凿离堆，避沫水之害，穿二江成都中。此渠皆可行舟，有余则用溉，百姓飨其利……至（魏）文侯曾孙襄王时……以史起为邺令，遂引漳水溉邺，以富魏之河内。"从此记载可以看出，当时的水利工程有3种功能：一是从"有余则用溉""引漳水溉邺"可以看出，水利工程可用于农业灌溉。二是从"避沫水之害"可知，水利工程还可用于防洪。三是从"此渠皆可行舟"可知，较大型的水利工程还可用于水运。正由于水利工程有这三大功能，因此是为民造福的公共工程，故史称"百姓飨其利"。

从现存的史籍来看，在这三大功能中最普通的功能还是灌溉。如战国秦王政元年（前246），韩国"使水工郑国间说秦，令凿泾水，自中山西邸瓠口为渠，并北山，东注洛三百余里……渠就，用注填阏之水，溉

泽卤之地四万余顷，收皆亩一钟，于是关中为沃野，无凶年，秦以富强，卒并诸侯，因命曰郑国渠"①。魏文侯至魏襄王时代（前446—前296），西门豹与史起主持引漳水灌溉邺田，这在当时是较大型的专门水利灌溉工程。据《水经注》蜀漳水条记载："漳水之别自城西南与邯山之水会，今城南犹有沟渠存焉……昔魏文侯以西门豹为邺令也，引漳以溉，邺民赖其利。其后至襄王，以史起为邺令，又堰障水以溉邺田，咸成沃壤，百姓歌之。"当时人们认识到这种较大型的水利灌溉工程对社会经济带来的积极作用是巨大的，郑国渠不仅灌溉了大片田地，还改造了4万余顷的"泽卤之地"，使之成为旱涝保收的"沃野"，并"无凶年"；西门豹、史起主持的引漳水以溉邺田工程，也使邺田"咸成沃壤"。有的水利灌溉工程甚至关系到国家的贫富弱强，如上引班固就认为秦国因修郑国渠而使"关中为沃野"，"秦以富强，卒并诸侯"。这虽有夸大其词之嫌，但水利工程与国家的富强的确关系重大。

先秦的水利工程实践与思想在现实生活中确实发挥了巨大的积极影响。如郑子产主张为政、治国要"爱人"，要"视民如子"②。他重视帮助百姓发展农业生产，强调治国要对农业生产"日夜思之，思其始而成其终，朝夕而行之"③。他的"作封洫"，首先就是从整修田地疆界和灌溉水道来促进农业生产的。郑子产重视水利以发展农业生产的思想和政策，使社会经济得到发展，百姓生活有所提高，因此，当时郑国百姓歌颂道："我有田畴，子产殖之。"④ 孔子也一再称赞他"惠人"⑤，"养民也惠"⑥。秦昭公时，蜀守李冰"壅江水作圢，穿二江成都中，双过郡下，以通舟船，因以灌溉诸郡。于是蜀沃野千里，号为陆海"⑦。总之，都江堰的水

---

① 《史记》卷29《河渠书》。
② 《左传》襄公二十五年。
③ 《左传》襄公二十五年。
④ 《左传》襄公三十年。
⑤ 《论语·宪问》。
⑥ 《论语·公冶长》。
⑦ 《文献通考》卷6《田赋六·水利田》，中华书局，2018年。

利工程大大改善了蜀地经营农业的条件，促进了农业的发展，把偏僻的西南边陲变成秦国富庶的后方。50 年以后，秦王政又接受韩国水工的建议，在关中开筑郑国渠，使 4 万余顷潟卤之地变成良田，收"皆亩一钟"①，粮食产量大增。

二、保护生物资源思想

我国很早就产生了保护生物资源的思想。现存的最早记载是尧时设虞官管理草木鸟兽，大禹发布禁令保护生物资源。周初，周公介绍"禹之禁"时说："春三月，山林不登斧，以成草木之长。夏三月，川泽不入网罟，以成鱼鳖之长。"② 周文王也提出："山林非时不升斤斧，以成草木之长；川泽非时不入网罟，以成鱼鳖之长。不麛不卵，以成鸟兽之长。"③ 这说明我国至少在四千年以前就产生了保护生物资源的思想，大禹时主要从适时角度进行保护，即砍伐草木、捕猎鱼鳖必须在特定的时间段，从而保护草木、鱼鳖的正常生长。周文王在此基础上增加了适度角度进行保护，即不捕小兽不取鸟卵，从而保护鸟兽的生育繁衍，生生不息。可见在四千年前，中国先民已认识到生物有自己的成长规律，只有保证它们有一定的生长时期，让它们顺利正常地成长，才能得到最有效的利用。

春秋时，管仲指出："山泽各致其时，则民不苟。"④ "各致其时"就是规定开发山泽资源的时间，不到生物成熟之时不加以采捕。《国语·鲁语上》载：鲁宣公在夏天时于泗水上张网捕鱼，遭到了臣子里革的制止，将其网丢在一边。里革向鲁宣公指出：夏天是鱼鳖孕育的时节，应禁止捕捞；同样，在鸟兽孕育的时节，则禁止捕杀鸟兽。同时，"夫山不槎

---

① 《史记》卷 29《河渠书》。
② 《逸周书·大聚》，台湾商务印书馆影印文渊阁四库全书本。
③ 《逸周书·文传》。
④ 《国语》卷 6《齐语》。

蘖，泽不伐夭，鱼禁鲲鲕，兽长麑麌，鸟翼鷇卵，虫舍蚔蝝，蕃庶物也，古之训也。今鱼方别孕，不教鱼长，又行网罟，贪无艺也"。里革在此表达的仍然是适时适度保护的思想，即不能在鱼鳖鸟兽孕育时节对它们进行捕杀，以保护它们的繁殖生长，并禁止捕杀猎取一切小兽小鸟、鱼卵鸟卵，禁止砍伐树芽、初生草木，甚至连蚁卵、蝗卵也禁止猎取。总之，其目的是让万物得到繁衍，以避免生物资源枯竭。而且里革称这些禁令是"古之训"，可见这种保护生态环境的思想由来已久，可反证上述西周文王时完全有可能已产生系统的适时适度保护生态环境的思想。

据《管子》一书记载，战国时期，政府规定"修火宪，敬山泽林薮积草，夫财之所出，以时禁发焉。使民于宫室之用，薪蒸之所积，虞师之事也"①。意思是山川河泽的自然资源要遵循生态规律，合理利用，按其生长时间封闭和开放，就能够保证盖房子所需要的木材和做饭所需要的柴草，这是虞师的职责。

战国时期，孟子指出："数罟不入洿池，鱼鳖不可胜食也。斧斤以时入山林，材木不可胜用也。"②捕鱼不能用密网，使未长大的小鱼不致落网，这是适度；砍伐树木应在适当的时令，使未成材的正在生长的树木得到保护，这是适时。孟子还把保护生态环境上升到"王道之始"的高度，与"不违农时，谷不可胜食也"相提并论，认为采取这些措施能"使民养生丧死无憾"③。

孟子是我国古代最早提出保护资源环境，实现资源永续利用的思想家之一，主要体现于以下 3 个方面：

其一，孟子在保护自然资源方面提出"苟得其养，无物不长；苟失其养，无物不消"的深刻思想。自然万物如得到很好的保护，就会生长繁衍；如得不到保护，就会消亡。他的这番话，是针对当时森林中的树

---

① 《管子·立政》。
② 《孟子·梁惠王上》。
③ 《孟子·梁惠王上》。

木遭到严重破坏而提出的:"牛山之木尝美矣,以其郊于大国也,斧斤伐之,可以为美乎?是其日夜之所息,雨露之所润,非无萌蘖之生焉,牛羊又从而牧之,是以若彼濯濯也。人见其濯濯也,以为未尝有材焉,此岂山之性也哉?"①

其二,他提出人类的生产活动要遵循自然界万物的生长规律,有节制且适时适度地进行,使自然界能不断恢复自身的平衡,实现资源的永续利用。这就是"数罟不入洿池,鱼鳖不可胜食也。斧斤以时入山林,材木不可胜用也"②。

其三,孟子提出了亲、仁、爱的思想,已包含有尊重和珍爱万物生命,承认自然界万物的生命权、生存权的生态伦理观念。他从儒家"仁"的观念出发,提出了"亲亲而仁民,仁民而爱物"③的命题,认为人们爱得最深的是自己的亲人,其次是自己的同类——民,再次是作为异类而有生命的万物。他还说:"君子之于禽兽也,见其生,不忍见其死;闻其声,不忍食其肉。"④可见,这里已表明了他珍惜生命、尊重生命的宝贵思想。

荀子的保护生态环境思想与孟子相似,也是强调要适时适度保护,并把不误农时和保护生物资源上升到"圣王之制"的高度。荀子对孟子保护生态环境思想的发展主要体现在其论述更为具体,并在孟子反对密网捕鱼的基础上又增加了反对用毒药捕杀鱼类。他说:"草木荣华滋硕之时,则斧斤不入山林,不夭其生,不绝其长也;鼋鼍、鱼鳖、鳅鳝孕别之时,罔罟毒药不入泽,不夭其生,不绝其长也;春耕、夏耘、秋收、冬藏,四者不失时,故五谷不绝而百姓有余食也;污池、渊沼、川泽谨其时禁,故鱼鳖优多而百姓有余用也;斩伐养长不失其时,故山林不童

---

① 《孟子·告子上》。
② 《孟子·梁惠王上》。
③ 《孟子·尽心上》。
④ 《孟子·梁惠王上》。

而百姓有余材也。"①

《礼记·王制》有较强的环境保护意识，主张渔猎、砍伐、烧田等必须注意时节，禁止在动植物繁殖、生长季节进行捕猎、采伐等："獭祭鱼，然后虞人入泽梁；豺祭兽，然后田猎；鸠化为鹰，然后设罻罗；草木零落，然后入山林；昆虫未蛰，不以火田。不麛，不卵，不杀胎，不夭夭，不覆巢。"渔猎、采伐注意时节限制，有利于动植物的繁殖生长，使它们生生不息，不因为人类的捕猎、采伐而使动植物资源枯竭。

《礼记·王制》还用另一种方式对生态环境进行保护。由于人们捕杀禽兽鱼鳖、砍伐树木、采集果实的目的除了自己食用外，大部分是拿到市场上出卖交易，如对市场上的这些商品进行严格管制，将会大大减少人们对动植物的捕杀、砍伐或采集。因此，《礼记·王制》规定："五谷不时、果实未熟不粥于市，木不中伐不粥于市，禽兽鱼鳖不中杀不粥于市。"可见，未到食、用时期的五谷、果实、禽兽鱼鳖、树木等市场禁止买卖。这种从源头保护生物资源的措施，从某种意义上说比直接禁止捕杀、砍伐或采集更为有效。

《吕氏春秋》十二纪把保护生物资源的时令重点放在春季，因为春季是万物复苏、生长的季节。如《孟春纪》规定正月"禁止伐木，无覆巢，无杀孩虫胎犬飞鸟，无麛无卵"；《仲春纪》规定二月"无竭川泽，无漉陂池，无焚山林"。由此可见，《吕氏春秋》在前人保护生态环境的思想基础上又有一定的发展，即反对竭泽而渔，禁止焚烧山林，因为这两者都会对生态环境造成严重的破坏。

1975 年，在湖北云梦睡虎地秦墓中发现了法律条文竹简。秦国的《田律》规定："春二月，毋敢伐材木山林及雍堤水。不夏月，毋敢夜草为灰，取生荔、麛鷇（卵）鷇，毋……毒鱼鳖，置阱网，到七月而纵

---

① 《荀子·王制》。

之。"① 这说明战国时期秦国已将保护生物资源思想上升为法律条文，其原则仍然是坚持适时适度的保护。

三、社会救助思想

（一）社会救灾思想

从政策工具的视角看，《周礼》的作者认为：政府在管理国家中一个重要的工作是"荒政"，即政府为备荒、抗灾、救灾而施行的政策和措施。中华文明的主要发源地黄河流域是一个天灾多发的地区，尤其是水旱之灾特别严重，因此，我们的祖先早在先秦时期就有很系统的防灾、抗灾、救灾思想，这种思想在《周礼》中有较充分的体现。

《周礼》提出了 12 项措施，用于救助已发生的灾害："以荒政十有二聚万民，一曰散利，二曰薄征，三曰缓刑，四曰弛力，五曰舍禁，六曰去几，七曰眚礼，八曰杀哀，九曰蕃乐，十曰多昏，十有一曰索鬼神，十有二曰除盗贼。"② 其中"散利"指政府向灾民发放救济物资或贷给粮食等；"薄征"就是减征赋税；"缓刑"是减省刑罚；"弛力"则是减轻徭役负担；"舍禁"是放宽或取消山泽之禁，使人民进入山泽采伐渔猎而度荒；"去几"是指在各关口对客商免去检查，以鼓励商贸往来和促使物资流向灾区；"眚礼"是简化礼仪以节省开支；"杀哀"是指缩短丧礼的期限；"蕃乐"是暂时停用一部分乐舞，"杀哀"与"蕃乐"都是"眚礼"的具体措施；"多昏"是鼓励人们结婚生育，以弥补因灾荒而减少的人口；"索鬼神"是求索并祭祀更多的鬼神，以禳灾求福；"除盗贼"是加强剿灭盗贼活动，以维护受灾期间社会的稳定有序。

从这 12 项措施可以看出，《周礼》的赈灾思想主要体现了以下 4 个方

---

① 刘海年主编：《中国珍稀法律典籍集成》甲编第一册，科学出版社，1994 年，第 406 页。

② 《周礼·大司徒》。

面的理念：一是通过"散利""舍禁""去几"等为灾民开辟度荒谋生的途径；二是通过"薄征""弛力"等减轻民众的赋税、徭役负担，同时通过"眚礼""杀哀""蕃乐"等节省国家和贵族、官僚的礼仪开支，其实也间接减少了对百姓的征敛；三是通过"缓刑"缓和社会矛盾，同时又通过"除盗贼"严厉镇压一些犯上作乱者，通过软硬两手达到稳定社会秩序，巩固王朝统治的目的。

综观全书，《周礼·大司徒》中有关救助灾害的措施不仅包括这 12 项，如同卷还提出："大荒、大札，则令邦国移民，通财，舍禁，弛力，薄征，缓刑。"这里的"移民、通财"就是 12 项措施中所没有的。"移民"顾名思义就是迁移灾区居民到其他地区避灾，"通财"大致指受灾民众向政府或富人借贷钱粮或无偿募捐救灾。可见，"移民"与"通财"应当是比"多昏""索鬼神"更有效的赈灾手段。

墨子主张在遇到灾荒时首先要降低统治阶级的生活标准："一谷不收谓之馑，二谷不收谓之旱，三谷不收谓之凶，四谷不收谓之馈（匮），五谷不收谓之饥。岁馑，则仕者大夫以下，皆损禄五分之一；旱，则损五分之二；凶，则损五分之三；馈（匮），则损五分之四；饥，则尽无禄，禀食而已矣。故凶饥存乎国，人君彻鼎食五分之五，大夫彻县，士不入学，君朝之衣不革制，诸侯之客，四邻之使，雍食而不盛，彻骖騑，途不芸，马不食粟，婢妾不衣帛，此告不足之至也。"[1] 由此可见，墨子的所谓降低统治阶级生活标准包括俸禄、饮食、乐悬、入学、朝服、对客人使者的招待、马的饲料、婢妾服装的精简限制等。

《管子》一书中还多次记载了齐国不同时期的税率和荒年减免税的办法，总的说来其税率绝大多数低于儒家所提倡的什一之税。齐桓公三会诸侯时提出"田租百取五，市赋百取二，关赋百取一"[2]，这里单就田租来看，就比什一之税低了一半。齐桓公十九年（前 667），"弛关市之征，

---

① 《墨子·七患》。
② 《管子·幼官》。

五十而取一。赋禄以粟，案田而税。二岁而税一，上年什取三，中年什取二，下年什取一；岁饥不税，岁饥弛而税"①。这里的田税税率基本上就是什一之税，由于是两年收一次税，因此"中年什取二"其实就是什一之税，"上年什取三"与"下年什取一"的平均数也是什一之税。"市赋百取二，关赋百取一"，"关市之征，五十而取一"基本上就是象征性地收取，因此，有时干脆就"关，几而不征。市，廛而不税"②。此外，《管子·乘马》还对荒年的减免税作了比较细致具体的规定：旱年，水位降低，地下一仞见水的土地减税 1/10，二仞见水的减税 2/10……五仞见水的减税 5/10；涝年，水位上升，地下五尺见水的减税 1/10，四尺见水的减税 2/10……一尺见水的减税 5/10。

（二）社会福利思想

《管子》认为，搞好社会福利是缓和各阶层矛盾、稳定社会秩序的一项重要措施。《管子·五辅》制定了社会福利措施："养长老，慈幼孤，恤鳏寡，问疾病，吊祸丧，此谓匡其急；衣冻寒，食饥渴，匡贫窭，赈罢露，资乏绝，此谓赈其穷。"可见，《管子》认为赡养老人，慈恤幼小孤独之人，抚恤鳏夫寡妇，关心疾病，吊慰祸丧，这叫作救人之危急；给寒冷的人以衣服，给饥渴的人以饮食，救助贫陋，赈济破败人家，资助赤贫，这叫作救人之贫困。

《管子》的社会救助思想除在《管子·五辅》"六兴"之"匡其急""赈其穷"中有所论述外，还散见其书中其他一些地方。如《管子·轻重己》云："民生而无父母，谓之孤子。无妻无子，谓之老鳏。无夫无子，谓之老寡。此三人（人字疑衍）者，皆就官而众（食），可事者、不可事者，食如言而勿遗。多者为功，寡者为罪，是以路无行乞者也。路有行乞者，则相之罪也。"可见，《管子》主张孤儿、老鳏、老寡这三种人应由政府供养，无论是能劳动或不能劳动，都要养起来；能不能劳动都应

---

① 《管子·大匡》。

② 《管子·五辅》。

按其自报条件进行供养而不可遗弃。而且供养的人数多算是有成绩，有功劳；供养的人数少，该供养的不供养，便是罪过。一定要使道路上没有讨饭的乞丐；如果有乞丐，便应由辅相承担责任，因为这是政府应做的工作，而他没有做好。

《管子·轻重甲》则提出：当时如政府做好社会救助工作，就会使各国民众纷纷前来投奔，国家就会变得强大。"桓公曰：何谓致天下之民？管子对曰：请使州有一掌，里有积五窌。民无以与正籍者予之长假，死而不葬者予之长度。饥者得食，寒者得衣，死者得葬，不资者得振，则天下之归我者若流水。此之谓致天下之民。故圣人善用非其有，使非其人。动言摇辞，万民可得而亲。桓公曰：善。"《管子》作者认为，国君如要招致天下民众，可以在每个州设置一名主管官员，每个里都积贮五窖粮食。对民众中无力正常交纳赋税的贫困户给予长期借贷，死后无力办理丧葬的由公费开支；能够做到使饥饿者有饭吃，寒冻者有衣穿，死者得安葬，生活有困难的能得到赈济，那么天下人前来投奔我们，自然就会如同水往低处流那样。因此，绝顶聪明的人最善于利用原来并非属于他的财富物资，善于任用原来并非属于他的人才。他发号施令便会得到响应，人们全都乐于亲近他。《管子》作者看到实行社会救助会为诸侯王赢得民心，使诸侯王得到广大民众的拥护，民众自觉纷纷前来为该诸侯王效劳出力，因此诸侯国就会走向富强。

《管子》作者还通过杀鸡儆猴的巧妙方法，迫使国内富裕的士大夫们把自家囤积的物资和钱财拿出来救济贫病孤独、缺衣少食的贫民。《管子·轻重丁》载：桓公曰："大夫多并其财而不出，腐朽五谷而不散。"管子对曰："请以令召城阳大夫而请（谪）之。"桓公曰："何哉？"管子对曰："城阳大夫嬖宠被绨纮，鹅鹜含余秫，齐钟鼓之声，吹笙篪，同姓不入，伯叔父母远近兄弟皆寒而不得衣，饥而不得食。'子欲尽忠于寡人，能乎？故子勿复见寡人。'灭其位，杜其门而不出。功臣之家皆争发其积藏，出其资财，以予其远近兄弟。以为未足，又收国中之贫病孤独老不能自食之萌，皆与得焉。故桓公推仁立义，功臣之家兄弟相戚，骨

肉相亲，国无饥民。此之谓缪数。"齐桓公时，管仲见到大夫们都把钱财隐藏着而不肯拿出来，宁可让粮食腐烂掉也舍不得用来救济贫民。管仲就建议齐桓公对其中最为典型的城阳大夫进行处罚，取消他的职位，封闭他的家门，不准他外出。齐桓公按照管仲的建议处罚了城阳大夫之后，起到了杀鸡儆猴的作用，各功臣之家都争先恐后地把囤积的物资和钱财拿出来，救济同族的远近兄弟，甚至还救济其他贫病孤独和年老而缺衣少食的贫民。所以，齐桓公倡导仁义，促使功臣之家亲属之间都很亲密，国内没有人挨饿。齐桓公的这种做法，没有直接谴责处分众大夫们，而是通过杀鸡儆猴的办法，迫使他们把钱财、粮食拿出来救济同一家族成员及社会上的贫病者，对大夫们是一个很好的教育，树立了扶贫救困的社会风尚，并且使国内饥民都得到了救助，稳定了社会秩序。

另外，我们也必须看到，社会救助的负面影响是易养成一些人的懒惰。对此，管仲也提出了一定的防范措施："君终岁行邑里，其人力同而宫室美者，良萌也，力作者也，脯二束、酒一石以赐之。力足荡游不作，老者谯之，当壮者遣之边戍。民之无本者，贷之圃疆，故百事皆举，无留力失时之民，此皆国策之数也。"① 可见，管仲主张年终时，君主到各地巡视，如果发现有的人家劳动力条件与别家相同，但住房却格外好的，那一定是肯吃苦耐劳的好百姓，便应该赏赐给他两束干肉和一石酒。体力充沛却游荡而不务正业的，如是老年人，则批评教育之，尚属壮年的可派去戍守边境。民众中因缺乏土地、资金无法谋生的，可以借贷给土地、资金。这样，才能使各项事业都不致停滞，没有懒惰和失掉农时的百姓。所有这些，都是国家政策的具体办法。管仲一方面通过赏赐劝勉、借贷资金等鼓励民众勤于劳作，另一方面则通过批评教育、适当惩罚懒惰者，从而使整个国家人尽其力，地尽其利。

韩非反对"征敛于富人以布施于贫家"。他的理由是"今夫（富人）与人相若也，无丰年旁人之利，而独以完给者，非力则俭也；（穷人）与

---

① 《管子·揆度》。

人相若也，无饥馑疾疢祸罪之殃，独以贫穷者，非侈则惰也。侈而惰者贫，而力而俭者富。今上征敛于富人以布施于贫家，是夺力俭而与侈惰也，而欲索民之疾作而节用，不可得也"①。韩非的看法是假设在正常的情况下，富人没有丰年等额外增加的收入，之所以能富足，靠的是平时既勤劳而又节俭；相反，穷人没有饥荒、疾病、人祸等侵袭，之所以贫穷，其原因是平时奢侈懒惰。因此，韩非得出的结论是奢侈、懒惰者贫穷，勤劳、节俭者富裕。如果国家通过向富人征税以救济穷人，那就等于鼓励奢侈懒惰，无法调动人民的勤劳与节俭了。在古代社会，科学技术水平普遍低下的情况下，的确，韩非的勤劳节俭者致富、懒惰奢侈者贫穷的前提假设是带有一定的普遍性的，因此，他征富人税救济穷人会鼓励奢侈懒惰的思想有其合理的一面。但是问题在于，当时社会上并不是所有的富人都是靠勤劳节俭而发财致富的，并不是所有的穷人都是因奢侈懒惰而贫困的，造成贫富差距往往是多种因素共同作用的结果，因此他反对"征敛于富人以布施于贫家"的思想又带有较大的片面性，有以偏概全之嫌。另外，如从缓和社会矛盾的视角来看，韩非的这一思想不利于解决因贫富差距悬殊而引起的诸多社会问题，不管穷人因何而贫困，必要的社会救济和福利还是不可或缺的，对保障人的基本生存条件、维护社会安定有序都是至关重要的。

（三）粮食储备思想

中国地处欧亚大陆的东部，濒临世界最大洋——太平洋，季风气候显著，水旱之灾频繁。因此中国自先秦以来，统治者都十分重视积储粮食，以备不时之需。《礼记·王制》规定："冢宰制国用，必于岁之杪，五谷皆入，然后制国用。用地小大，视年之丰耗，以三十年之通制国用，量入以为出……国无九年之蓄，曰不足；无六年之蓄，曰急；无三年之蓄，曰国非其国也。三年耕，必有一年之食，九年耕，必有三年之食。以三十年之通，虽有凶旱水溢，民无菜色。"这里反映了先秦统治者在使

---

① 《韩非子·显学》。

用服务性政策工具进行防灾时的 3 个方面的理念：一是以国家 30 年粮食生产的平均数来规定国家财政的支出数，而且收入必须大于支出。二是进一步对收入大于支出进行量化，即一个国家 3 年的粮食生产量扣除支出消费外，其盈余必须能供全国人民吃上一年。三是一个国家如没有 9 年的粮食积蓄，就算不上富足；如没有 6 年的粮食积蓄，就应该着急了；如没有 3 年的粮食积蓄，就有灭国的危险了。

《周礼》中的防灾思想主要是设计了一套颇为完备并对后世产生深远影响的粮食储备制度："乡里之委积，以恤民之艰厄；门关之委积，以养老孤；郊里之委积，以待宾客；野鄙之委积，以待羁旅；县都之委积，以待凶荒。"①《周礼》中的这一粮食储备制度有两点值得注意：其一，粮食储备制度主要有 5 种用途，除其中"以待宾客"用以接待宾客之外，其余 4 种均用于社会救助。其二，实行分散储备、专项专用的原则，如：乡里的粮食储备，用于接济贫穷的民众；"门关"的粮食储备，用于救恤孤老之人；"县都"的粮食储备，则用于灾荒救济；而"野鄙"的粮食储备，用于帮助陷入困境的旅客。

《管子》认识到，古代农业由于受到生产技术水平的限制，谷物只能一年收获一次，而消耗却是无时无刻不在进行。农业不增产，粮食不储备，一旦遇到天灾人祸，百姓就会流离失所。因此，《管子》十分重视粮食的储备。《管子》一书中所提到的储粮方法多种多样，主要者有以下 3 种：

其一，岁藏法："岁藏一，十年而十也；岁藏二，五年而十也。谷十而守五，绨素满之，五在上。故视岁而藏，县时积岁，国有十年之蓄。"②国家按年景的好坏，每年储备一定比例的粮食，如一年储备 1/10 的粮食，10 年就有 1 年的储粮；如 1 年储备 2/10 年的粮食，那 5 年就有 1 年的储粮；如碰上大丰收的年份，1 年储备 5/10 的粮食，那 2 年就有 1 年

① 《周礼·地官司徒下》。
② 《管子·事语》。

的储粮了。

其二，货币购储法："岁丰，五谷登，五谷大轻，谷贾去上岁之分，以币据之"①；"春秋，子谷大登……币之在子者，以为谷而廪之州里"②。这就是说丰收年景，粮价下跌，国家就要动用货币大量收购粮食，使粮食为君主所占用，储藏于地方州县的粮仓里，以备荒歉之需。

其三，鼓励民间储粮。管子曾对齐桓公说："今者夷吾过市，有新成囷京者二家。君请式璧而聘之。"齐桓公采纳了管仲的建议，奖赏了这两户建仓储粮者，使这两家"名显于国中，国中莫不闻。是民上则无功显名于百姓也，功立而名成，下则实其囷京，上以给上为君，一举而名实俱在也。民何为也？"③管子采用这种树榜样给重奖的办法，既有荣誉又有实惠，使全国人人效法，全民存粮，一为己用，二为国家。民间储粮可减少国家在收购粮食、建仓库方面的投资，减少管理成本和损耗，藏粮于民，是最经济、方便的储粮方法。

墨子重视储备问题，认为国家和百姓都应该经常保持一定的粮食储备，把这看作是一个关系到国家安危存亡的大问题。他认为如无储备或储备不足，"国离（罹）寇敌则伤，民见凶饥则亡"④。他还具体提出"国备"的思想，即"国无三年之食者，国非其国也；家无三年之食者，子非其子也"。国家和百姓家庭至少要有 3 年的粮食储备，这就是抗御天灾、兵祸所需的最低限度的储备⑤。为了增加粮食储备，墨子还提出"力时急，而自养俭"⑥的主张。"力时急"就是抓紧生产，"自养俭"就是自身要养成节俭。可见他的储备思想与生财、节用思想是相互联系的。

①《管子·山至数》。

②《管子·巨乘马》。

③《管子·轻重丁》。

④《墨子·七患》。

⑤《墨子·七患》。

⑥《墨子·七患》。

第八节　选任、监察、考核人才思想

一、治国必须重视人才思想

（一）孔子贤人政治思想

中国古代基本上是人治的社会，因此，治国者的素质关系到国家的兴衰成败。孔子十分重视人才在管理国家中的作用。他说："其人存，则其政举，其人亡，则其政息"，"故为政在人"①。在中国古代人治为主的社会中，选任官吏成为政治良窳的关键。贤人在位，政绩显著，国家就管理得好。一旦贤人不在了，良好政绩就消失了，国家的管理就可能出现问题。因此，孔子认为，要管理好国家，最关键的问题是"举贤才"②。

孔子意识到在管理国家中，选拔正直的、有才学的人居于高位，民众就会悦服，反之，民众将不会悦服。他说："举直错诸枉，则民服；举枉错诸直，则民不服。"③ 他既重视任人唯贤，但又指出在选拔人才时，不要求全责备。对于一个人的品德，要看主流，看大节，对小过要有宽大的胸怀，即所谓"赦小过"④。

孔子十分重视治国者的思想道德品格，认为其对于实现有效管理具有决定性作用。他提出"君君"的思想，要求君主要像个君主，合乎君道；俭约克己，勤政廉洁；礼贤下士，任贤使能；博施济众，造福于民；心怀天下，以德服人，这样就能把国家管理好。

---

① 《中庸》。
② 《论语·子路》。
③ 《论语·为政》。
④ 《论语·子路》。

　　孔子主张贤人政治，认为执政者只要是"君子""仁人""贤人"，就可以解决一切问题。孔子的贤人政治思想主要包括两个方面：一是士人要努力学习，有修养，使自己成为贤人，然后在管理国家中起表率作用。他说："上好礼，则民莫敢不敬；上好义，则民莫敢不服；上好信，则民莫敢不用情。夫如是，则四方之民襁负其子而至矣。"① 他认为管理国家是由己及人的一种关系和过程，即"修己以安人""修己以安百姓"②。这就是要严于律己，不断提高自己的道德修养，才能以德服人，使近者悦、远者来。因此，主张为政者必须从修身开始，榜样表率的作用是很重要的："其身正，不令而行；其身不正，虽令不从"，"苟正其身矣，于从政乎何有？不能正其身，如正人何？"③ 总之，执政者正，那在管理国家中便可不令而行，通行无阻。孔子从道德的角度把管理国家中的君臣关系、上下级关系作为上行下效的关系，强调榜样表率的重要作用，无疑具有积极的意义。但是从政治的角度看，管理国家中的君臣关系、上下级关系最根本的应是服从与被服从的关系。二是执政者要选举贤人入仕。孔子的学生子夏说："富哉言乎！舜有天下，选于众，举皋陶，不仁者远矣。汤有天下，选于众，举伊尹，不仁者远矣。"④ 子夏的这一见解得到了孔子的赞同，反映了孔子的思想。孔子对当政者置贤人而不顾深表不满，臧文仲当政时不用贤人柳下惠，他批评"臧文仲其窃位者与？"⑤

　　孔子认为，在管理国家中，选拔、任用那些德才兼备的人是一项十分重要的措施。《论语·子路》载孔子的学生仲弓为季氏宰，问孔子如何才能处理好政事。孔子回答说："先有司，赦小过，举贤才。""先有司"即当政者应该率先垂范，"赦小过"就是对人要宽容。孔子把"举贤才"放在与这两项措施同等的位置，作为从政最为重要的 3 项措施，可见其

　　① 《论语·子路》。
　　② 《论语·宪问》。
　　③ 《论语·子路》。
　　④ 《论语·颜渊》。
　　⑤ 《论语·卫灵公》。

对人才问题的重视。

关于贤才的标准，孔子认为，应该是"志于道，据于德，依于仁，游于艺"①。这4条标准中，"道""德""仁"均属于道德品行方面的，"艺"则是指一技之长。可见，孔子最重视的是人才的品德，其次才是才能，总之是要德才兼备。

孔子主张从文化素养较高的人中选拔国家官吏，这就是"学而优则仕"。

（二）墨子尚贤事能思想

尚贤，是墨子重要的政治主张之一。《墨子·尚贤上》指出："古者王公大人为政于国家者，皆欲国家之富，人民之众，刑政之治。然而不得富而得贫，不得众而得寡，不得治而得乱，则是本失其所欲，得其所恶，是其故何也？子墨子言曰：是在王公大人为政于国家者，不能以尚贤事（使）能为政也。"墨子认为当时各国的王公大人在主观上都想把国家管理好，但是，其客观效果却往往适得其反，其中最主要的原因就是不得其人。墨子进一步指出，各诸侯国之所以在管理国家中不得其人，是因为他们不知道尚贤的重要性："今王公大人，有一衣裳不能制也，必借良工；有一牛羊不能杀也，必借良宰。故当若之二物者，王公大人皆知以尚贤使能为政也。"② 王公大人制衣屠牛都知道要借良工良宰之力，但是在管理国家这样重大的问题上，却不知尚贤使能。"亲戚则使之，无故富贵、面目佼好则使之。"③

针对当时这种任人唯亲、以貌取人的现象，墨子提出尚贤的原则应是任人唯贤，任人唯能。《墨子·尚贤中》指出：选用人才为政治国，应该是"不党父兄，不偏贵富，不嬖颜色。贤者举而上之，富而贵之，以为官长；不肖者抑而废之，贫而贱之，以为徒役"。同时，对于国家的官

---

① 《论语·述而》。

② 《墨子·尚贤中》。

③ 《墨子·尚贤中》。

僚队伍，也应该实行优胜劣汰，"官无常贵，民无终贱"。

墨子的尚贤主张，较之儒家的尚贤主张又前进了一步。儒家虽然也主张尚贤，但是，亲亲、尊尊仍然是儒家治国思想中最重要的原则，他们并没有从根本上否定世卿世禄制度。而墨子主张不别亲疏，不论贵贱，唯才是举，显然从根本上否定了贵贱等级制和世卿世禄制。

正由于墨子看到当时"王公大人为政于国家者，不能以尚贤事能为政也"①，因此他十分重视贤士在管理国家中的作用："故国有贤良之士众，则国家之治厚；贤良之士寡，则国家之治薄。故大人之务，将在于众贤而已。"② 一个国家管理得好坏，关键在于管理国家的贤良之士之多寡。如贤良之士众多，那国家就能管理得好；如贤良之士寡少，那国家就管理得不好。因此君主的当务之急，就是要让贤良之士增多，这是"为政之本也"③。

他认为管理国家之所以需要贤良，是因为"贤良之士厚乎德行，辩乎言谈，博乎道术者乎。此固国家之珍，而社稷之佐也"④。

墨子提出贤良在管理国家中应起到"上下调和"的作用。对上："贤人唯毋得明君而事之，竭四肢之力，以任君之事，终身不倦。若有美善，则归之上，是以美善在上，而所怨谤在下，宁乐在君，忧戚在臣。"⑤ 对下："为贤之道将奈何？曰：有力者疾以助人，有财者勉以分人，有道者劝以教人。若此，则饥者得食，寒者得衣，乱者得治。若饥则得食，寒则得衣，乱则得治，此安生生。"⑥

（三）孟子尊贤使能思想

孟子认为贤者治国处于关键地位，主张"尊贤使能，俊杰在位"⑦。

① 《墨子·尚贤上》。
② 《墨子·尚贤上》。
③ 《墨子·尚贤中》。
④ 《墨子·尚贤上》。
⑤ 《墨子·尚贤中》。
⑥ 《墨子·尚贤下》。
⑦ 《孟子·公孙丑上》。

他继承了孔子"举贤才"的思想，明确提出了尊贤使能的思想，主张任用官吏要尊尚贤者，使用能者，让他们在位在职，这是治国的关键。

孟子重视"尊贤"，认为"贵德而尊士，贤者在位，能者在职"①，国家才能兴盛；反之，"不用贤则亡"②，"不信仁贤，则国空虚"③。孟子在管理国家的思想中十分注重人才的选拔和任用，把能否提拔重用贤能之士提高到决定国家存亡的高度，这在先秦时代是极具战略眼光的。孟子还认为尊重贤才不能停留在口头上，只有重用贤才，发挥他们的才能才是真正的尊贤。在任用人才时，孟子反对论资排辈，反对讲究贵贱尊卑，不应该论出身，更不应当计较个人恩怨。他主张对贤人可以不次拔擢，把"舜发于畎亩之中，傅说举于版筑之间，胶鬲举于鱼盐之中"④作为从下层平民中选拔贤人的佳话和典型。

先秦儒家提倡"内圣外王"之道，把个人修养看作是管理好国家的前提。孔子就认为统治者品行的好坏将影响到政治的良窳："其身正，不令而行；其身不正，虽令不从。"⑤孟子在此基础上又演绎出一系列关于搞好个人修身同管理国家、取得事业成功的关系的论述。他说："天下之本在国，国之本在家，家之本在身。"⑥做好天下、国家的事情，其基础在于搞好统治者的个人修养。这就是"君子之守，修其身而天下平"⑦。孟子有段名言说一个人如要成就一番事业，必须经受苦难的考验和生活的磨炼，培养出自己坚强的毅力和刚毅的性格："故天将降大任于是人也，必先苦其心志，劳其筋骨，饿其体肤，空乏其身，行拂乱其所为，所以动心忍性，曾益其所不能。"⑧

---

① 《孟子·公孙丑上》。
② 《孟子·告子下》。
③ 《孟子·尽心下》。
④ 《孟子·告子下》。
⑤ 《论语·子路》。
⑥ 《孟子·离娄上》。
⑦ 《孟子·尽心下》。
⑧ 《孟子·告子下》。

孟子认为君臣之间是一种双向互动的关系，而不是一种臣子绝对服从君主的单向关系。他对齐宣王说："君之视臣如手足，则臣视君如腹心；君之视臣如犬马，则臣视君如国人；君之视臣如土芥，则臣视君如寇仇。"① 孟子的这种君臣关系思想不仅在当时，即使在整个中国古代史，都是振聋发聩的。

（四）荀子尚贤使能思想

在用人问题上，荀子也主张尚贤使能，认为这是国家兴衰存亡的关键。"故尊圣者王，贵贤者霸，敬贤者存，慢贤者亡，古今一也。"② 能不能尚贤使能，成为区分明君与暗君的重要标准之一，也是国家治乱的关键。《荀子·君道》指出："明主急得其人，而暗主急得其势。急得其人，则身佚而国治，功大而名美，上可以王，下可以霸；不急得其人，而急得其势，则身劳而国乱，功废而名辱，社稷必危。"

由于荀子认为贤者治国是关键，因此，主张"尚贤使能"，"无能不官"③，"贤能不待次而举，罢不能不待须而废"④。可见，他也认为治国必须尊尚贤者，使用有才能的人。如果是贤能，应该破格提拔任用；发现没有才能的人，应该随时罢免。

关于贤能的衡量标准，荀子没有详细说明。在《荀子·臣道》中，荀子却确定了功臣与圣臣的标准，据逻辑推理，功臣与圣臣应属于贤能范畴，因此，功臣与圣臣的标准作为贤能的标准应当不会误差很大，基本上应该适用。荀子认为："内足使以一民，外足使以距难；民亲之，士信之；上忠乎君，下爱百姓而不倦，是功臣者也。上则能尊君，下则能爱民，政令教化，刑下如影，应卒遇变，齐给如响，推类接誉，以待无方，曲成制象，是圣臣者也。"以此类推，贤能的标准可能主要有两个方面：一是道德标准，上能忠于君主，下能仁爱百姓；二是个人的才能，

---

① 《孟子·离娄下》。
② 《荀子·君子》。
③ 《荀子·王制》。
④ 《荀子·王制》。

即熟知国家内外政务，有应变、协调能力，足堪重任。

在用人的原则上，荀子主张"无德不贵，无能不官"，根据人的品德和才能而决定取舍任免。荀子反对西周以来的世卿世禄制，认为统治者应该"无恤亲疏，无偏贵贱，唯诚能之求"①。统治者如能不任人亲疏贵贱，唯贤是举，求贤若渴，那天下尚贤便能蔚成风气。

荀子认为，贤人到处都有，就在眼前，不存在人才难得问题，关键在于君主是否真的决心使用。他指出："人主之患，不在乎不言用贤，而在乎诚必用贤。"② 君主对于贤人应该大胆提拔，不必历阶而上，"贤能不待次而举"③。选贤用能要出于公，君主可以把财货珍宝送给亲幸，但决不可委之以官。

荀子还指出：使贤任能中最紧要的是善于择相，因为相是百官之首。《荀子·王霸》说："强固荣辱在于取相矣。身能，相能，如是者王。"荀子还意识到君主要维护自己的威势光有以相为首的外朝官僚系统还不够，还必须有一套"便嬖左右"，进行贴身活动，如收集情报、暗里监督官吏、调查社情等。

荀子看到历史上败亡的君主多半是由于拒谏饰非造成的，因此，建议君主在使贤任能中要"兼听"。"兼听齐明则天下归之"，"兼听齐明而百事不留"④。君主在决断时要仔细谨慎地分析事物的利弊，然后做出科学决策："见其可欲也，则必前后虑其可恶也者；见其可利也，则必前后虑其可害也者；而兼权之，孰计之，然后定其欲恶取舍。如是，则常不失陷矣。"⑤

君主须有臣下的佐助才能成其事，关于如何对待选任臣下，荀子提出了"好同"的主张："正义之臣设，则朝廷不颇；谏争辅拂之人信，则

---

① 《荀子·王霸》。
② 《荀子·致士》。
③ 《荀子·王制》。
④ 《荀子·君道》。
⑤ 《荀子·不苟》。

君过不远；爪牙之士施，则仇雠不作；边境之臣处，则疆垂不丧。故明主好同而暗主好独，明主尚贤使能而飨其盛，暗主妒贤畏能而灭其功。"①"好同""使能"强调管理国家不能只靠君主一个人，君主应发挥臣下的不同才能，共同把国家管理好。

二、对人才选任思想

（一）对人才考察思想

先秦在选拔人才时，已注意对人才的考察。孔子说："今吾于人也，听其言而观其行。"② 墨子则云："听其言，迹其行，察其所能。"③ 这里，孔子强调考察人不仅要听其言，更重要的是要看其行动；墨子则进一步认为不仅听其言、看其行动，还要考察其能力。《吕氏春秋·观表》则把对人的考察提高到哲学层面加以认识，通过人外露的言行来审知其内在本质，而又不为表面现象所迷惑，做到透过现象看本质。《观表》篇云："凡论人心，观事传，不可不熟，不可不深……人事皆然。事随心，心随欲。欲无度者，其心无度。心无度者，则其所为不可知矣。人之心隐匿难见，渊深难测，故圣人于事志焉。圣人之所以过人以先知，先知必审征表。无征表而欲先知，尧舜与众人同等。征虽易，表虽难，圣人则不可以飘矣。"

在具体观察人的方法上，先秦思想家也提出了各种思路。如孔子在《论语·为政》提出："视其所以，观其所由，察其所安，人焉廋哉？人焉廋哉？"意思是说，考查一个人所结交的朋友，观察他为达到目的所采取的手段，了解他们的心情，看他安于什么，不安于什么，那么，这个人的本来面目怎么隐藏得住呢？《逸周书·官人解》则从人的社会地位、

---

① 《荀子·臣道》。
② 《论语·公冶长》。
③ 《墨子·尚贤中》。

年龄大小视角来观察人。就社会地位来看，"富贵者，观其有礼施；贫贱者，观其有德守；嬖宠者，观其不骄奢；隐约者，观其不慑惧"。就年龄来看，"其少者，观其恭敬好学而能悌；其壮者，观其廉洁务行而胜私；其老者，观其思慎而益强"。

《吕氏春秋·论人》则比较全面地提出从 8 个方面来观察一个人的好坏："凡论人，通则观其所礼，贵则观其所进，富则观其所养，听则观其所行，止则观其所好，习则观其所言，穷则观其所不受，贱则观其所不为。"此"八观"法如再进一步加以归纳，大致是 4 个角度，即一是从人所处的境况来观察，"通"指人的境况顺利时，"穷"则指人的境况坎坷时；二是从人的社会地位来观察，即"贵"与"贱"；三是从人的经济状况来观察，即"富"与"贫"（原文缺贫）；四是从人的日常行为来观察，即"听""止""习"。考察一个人，必须观察其在境况顺利时是否得意忘形、不遵循礼节；社会地位尊贵时是否不思进取，不求上进；有钱时是否养尊处优，生活奢侈；听其说话时应注意他是否言行一致；当其休闲时观察他的兴趣爱好；当其在学习时听他发表了什么言论；在其贫穷时观察他不接受什么；当其社会地位低贱时观察他不做什么。

先秦时期，有的思想家还提出通过观察人在各种情感下的反应来考察人才。如《逸周书·官人解》提出："喜之以观其轻，怒之以观其重，醉之酒以观其恭，从（纵）之色以观其常，道之以观其不二，昵之以观其不狎。"《吕氏春秋·论人》则把观察人的各种情感反应来考察人才归纳为"六验"："喜之以验其守，乐之以验其僻，怒之以验其节，惧之以验其特，哀之以验其人，苦之以验其志。"

这一时期，对于考察人才中是否把群众的口碑作为一项重要的参考依据，各流派思想家有不同的看法。孔子比较重视老百姓的口碑，并提出了一个比较客观的判断方法。《论语·子路》载：子贡问孔子："乡人皆好之，何如？"孔子说："未可也。"又问："乡人皆恶之，何如？"孔子又说："未可也。不如乡人之善者好之，其不善者恶之。"可见，孔子认为并不是全乡的人都说他好，他就真好；也不是全乡的人都说他坏，他

就真坏。要全乡的好人都说他好，而全乡的坏人都说他坏，他才算是一个真正的人才。

《太公六韬》认为当时国君口中喊着举贤，而实际上却总举不出好的人才，"其失在君好用世俗之所誉，而不得其贤也"。其关键问题在于："君以世俗之所誉者为贤，以世俗之所毁者为不肖，则多党者进，少党者退。若是则群邪比周而蔽贤，忠臣死于无罪，奸臣以虚誉取爵位，是以世乱愈甚，则国不免于危亡。"① 的确，《太公六韬》的作者看到了问题的另一面，即国家如以世俗的毁誉为标准来选拔贤人，结果奸邪之人就会结党营私，互相吹捧，控制舆论，以虚誉得到国君的信任和重用，而那些真正的贤人忠臣则被诋毁，甚至死于无罪。这样就会造成政治上的混乱，甚至使国家危亡。

鉴于当时曾出现过这种情况，因此，《晏子春秋·内篇问上》告诫统治者："君无以靡曼辩辞定其行，无以毁誉非议定其身。"孟子则进一步具体建议君主不能只听左右的人对人的褒贬，而应倾听群众的意见，然后还要进一步考察，发现确实贤，便可任用，发现确不贤，便可免去。《孟子·梁惠王下》载：齐宣王请教孟子："吾何以识其不才而舍之？"孟子回答说："左右皆曰贤，未可也；诸大夫皆曰贤，未可也；国人皆曰贤，然后察之，见贤焉，然后用之。左右皆曰不可，勿听；诸大夫皆曰不可，勿听；国人皆曰不可，然后察之，见不可焉，然后去之。"

（二）对人才试用思想

由于知人不易，要选拔出真正能担负管理国家重任的贤才相当困难，因此，先秦时期的思想家有的主张贤才必须经过试用后才能正式任用。相传人才试用思想在尧舜时代就已萌芽："夫尧恶得贤天下而试舜？舜恶得贤天下而试禹？"高诱注曰："恶，安。试，用也。何以得贤于天下能用舜禹？"② 其意是舜、禹都是在被试用于处理国事、民事的重职，经过

① 《六韬·文韬·举贤》，台湾商务印书馆影印文渊阁四库全书本。
② 《吕氏春秋·谨听》。

试用考察合格后，才被正式委以治国的重任。

《国语·齐语》记载齐桓公把任贤作为一项基本的政策，发布命令，要乡长"进贤"。如有贤人而不报，谓之"蔽贤"，"蔽贤"是犯罪行为，要受到处罚。据说齐桓公还实行了"三选"制度。乡长所进的贤是不是真有本领呢？要在实际行政中考察。"役官"一年后，要进行评定，叫"书伐"，这是第一选。"书伐"之后，对其中的贤者"复用之"，即提升，这是第二选。然后再加以考察，对其中有才干者委以大任，这是第三选。

孔子主张对君子、小人应分别用不同的事情进行试用、考察。他提出："君子不可小知而可大受也，小人不可大受而可小知也。"① 这就是说对于君子，不可用小事情来试用、考察，而可以让其接受大事情的试用、考察；对于小人，不可用重大事情来试用、考察，却可用小事情来试用、考察。

《逸周书·官人解》则具体地设计了 5 种不同性质的事情对人才进行考察，从而对人才的德才有比较全面客观的评价："设之以谋，以观其智；示之以难，以观其勇；烦之以事，以观其治；临之以利，以观其不贪；滥之以乐，以观其不荒。"可见，《逸周书》作者主张通过用有计谋的事情，来考察人才的智慧；用有危难的事情，来考察人才的勇敢；用十分繁杂的事情，来考察人才的条理；用能谋到私利的事情，来考察人才的贪廉；用能带来吃喝玩乐的事情，来考察人才是否荒淫。

战国末期的思想家韩非子也认为光是听言不足以察人，必须以官职来试用、考察，才能判断一个人的愚智。他说："观容服，听辞言，仲尼不能以必士；试之官职，课其功伐，则庸人不疑于愚智。"② 可见，他认为如对一个人只看他的容貌、服装，听他的言辞，即使孔子也不能判断其是否为贤才；如果以官职试用他，然后考察其政绩，则平庸的人也能判断其是愚是智。

---

① 《论语·卫灵公》。

② 《韩非子·显学》。

《韩非子·内储说上》中以"滥竽充数"这一著名寓言说明对人才逐一考察的重要性:"韩昭侯曰:'吹竽者众,吾无以知其善者。'田严对曰:'一一而听之。'"于是没有真才实学的南郭先生便混不下去了。

(三)唯才是举思想

对人才的考察,其目的是要选任贤才来管理国家。据《左传》和《史记·五帝本纪》记载,相传"昔高阳氏有才子八人,世得其利,谓之八恺","高辛氏有才子八人,世谓之八元","此十六族者,世济其美,不陨其名。至于尧,尧未能举,舜举八恺,使主后土,以揆百事,莫不时序。举八元,使布五教于四方,父义、母慈、兄友、弟恭、子孝,内平外成"。可见,早在舜时代,统治者就认识到通过荐举贤才为民众树立良好榜样,达到社会风尚正义、慈爱、恭敬、孝顺、平和、诚实等。

孔子也认识到"举贤才"对社会和国家管理的正面效应。他说:"举直错诸枉,能使枉者直。"子夏进一步阐释道:"舜有天下,选于众,举皋陶,不仁者远矣。汤有天下,选于众,举伊尹,不仁者远矣。"① 孔子及其弟子子夏的看法是把正直的人选拔出来,能对邪恶的人起矫正作用,并使那些邪恶的人远离权力中心。孔子还说:"举直错诸枉,则民服;举枉错诸直,则民不服"②,"举善而教不能则劝"③。即荐举了贤才就会使人才服从并互相勉励上进。

由于选拔贤才对于治理国家、社会风尚有正面效应,因此,先秦时期的许多思想家都一致主张选拔贤才,黜退不用"不肖"者。《太公六韬·文韬·上贤》就提出"上贤,下不肖"的总原则。《礼记·王制》记述了西周时"上贤以崇德,简不肖以绌恶"的用人治国基本政策。战国时期,商鞅则把是否选拔贤才看作国家政治良窳的一项重要举措:"明主在上,所举必贤";"不明主在上,所举必不肖"。举贤为"重治",举不

---

① 《论语·颜渊》。
② 《论语·为政》。
③ 《论语·为政》。

肖为"重乱"①。

还有更多的思想家从当时的现实情况出发，提倡举荐贤才不论亲疏贵贱贫富，不论资排辈，不以国君喜恶为依归，不避亲仇。

《管子》认为，君主驭臣之术，必须重视选臣。选臣要有一个标准，《管子·重令》把它总结为德、功、能3个方面，具体体现为7项标准：（1）"察身能而受官"；（2）"不诬于上"；（3）"谨于法令以治"；（4）"不阿党"；（5）"竭能尽力而不尚得"；（6）"犯难离患而不辞死"；（7）"受禄不过其功，服位不侈其能，不以毋实虚受者"。这7项标准中，最受重视的还是德，如第2条不欺蒙君主，第3条行事谨遵法令，第4条不结党营私，第5条竭尽能力办事而不计较报酬，第6条敢于面对艰难险阻而不惜牺牲生命等都是有关品德方面的。其次才是功、能，如第1条按照自身的才能接受相应的官职，第7条中保持职位与其才能相当，均是要求官吏才能应与职位相当；而第7条中享受的俸禄与其功绩相称则是有关功绩方面的。

晏子则主张选拔人才不以国君的喜恶为依归："晏子相景公，其论人也，见贤而进之，不同君所欲；见不善则废之，不辟君所爱。"② 君主不喜欢的，只要贤，晏子照样提拔荐举他；君子喜爱的亲信，只要不贤，晏子照样罢免他。

《墨子·尚贤中》提出："古者圣王，甚尊尚贤而任使能，不党父兄，不偏贵富，不嬖颜色。贤者举而上之，富而贵之，以为官长；不肖者抑而废之，贫而贱之，以为徒役。"《墨子·尚贤上》中也说："古者圣王之为政，列德而尚贤，虽在农与工肆之人，有能则举之。""故官无常贵而民无终贱，有能则举之，无能则下之。举公义，辟（避）私怨。"这里，墨子大胆打破当时森严的等级制度，不仅不以尊卑贵贱作为选拔人才的依据，而且还提出"官无常贵而民无终贱"的思想，即贤者上之为官长，

---

① 《商君书·画策》。
② 《晏子春秋·外篇下》。

就变为富贵，不肖者废之为徒役，就变为贫贱。孟子也主张："国君进贤，如不得已，将使卑逾尊，疏逾戚，可不慎与？"① 只要是贤才，原来地位低的可以提拔超过原来地位高的，原来疏远的可以提拔超过原来亲信的。

在选贤任能中，墨子还特别强调对士（知识分子）的重视和选用。《墨子·亲士》第一句话就说："入（治）国而不存（优待）其士，则亡国矣。见贤而不急（任用），则缓其君矣……缓贤忘士，而能以其国存者，未曾有也。"可见，墨子认为管理一个国家，如果不关心和优待知识分子，那就要亡国了。如果能真正地选拔出贤人治国，让他们主持政务，就能"下施之万民，万民被其利"；贤者之道，"其为政乎天下也，兼而爱之，从而利之……爱利万民"②。从而使天下之民互利，"若此，则饥者得食，寒者得衣，乱者得治"③。

墨子的尚贤思想中有一十分可贵的观点，就是反对贵族世袭制，反对仅仅从社会上层人士中选拔人才，而主张在社会各个阶层中荐贤举能，不问身世，只要是贤者，就应该举荐任事。他明确指出："圣王之为政，列德而尚贤，虽在农与工肆之人，有能则举之，高予之爵，重予之禄，任之以事，断予之令……故官无常贵，而民无终贱，有能则举之，无能则下之。"④

荀子则提出选拔人才不要论资排辈："贤能不待次而举，罢不能不待顷而废。"确是贤才，不用像排队一样按次序提拔；确是无德无能之人，不用等待须臾而立即罢免。

《韩非子·说疑》提出了"内举不避亲，外举不避仇。是在焉从而举之，非在焉从而罚之"。并在同书《外储说左下》以几个著名的事例来说明这一原则。如晋国名臣赵武举荐仇人刑伯子任中牟令，又举荐自己的

---

① 《孟子·梁惠王下》。
② 《墨子·尚贤中》。
③ 《墨子·尚贤下》。
④ 《墨子·尚贤上》。

儿子任中府令，晋平公感到奇怪。赵武说："外举不避仇，内举不避子。"叔向对晋平公说，赵武算最贤的人了，赵武"所举士也数十人，皆令得其意，而公家甚赖之"。

韩非子为了让国君能广纳贤才，做到野无遗贤，建议政府招贤时广开贤路、不拘一格："观其所举，或在山林薮泽岩穴之间，或在囹圄缧绁缠索之中，或在割烹刍牧饭牛之事。然明主不羞其卑贱也，以其能，为可以明法，便国利民，从而举之，身安名尊。"① 遗贤可能是深山湖泽中的隐者，如周初姜太公吕尚；可能是被囚禁在监牢里的罪犯，如春秋时期齐国的管仲；可能是在荒野牧牛羊的奴隶，如商朝的百里奚；可能是家中做饭的家奴，如商朝的伊尹；可能是一个普通的农夫或渔民，如尧时的舜。总之，不能因其卑贱而不求。《吕氏春秋》也指出，贤才难得，其对管理国家又极其重要，因此要不远万里，不辞辛劳，无因卑贱，广泛求贤。《吕氏春秋·谨听》云："故当今之世，求有道之士，则于四海之内、山谷之中、僻远幽闲之所。"《吕氏春秋·求人》则云："先王之索贤人，无不以也，极卑极贱，极远极劳。"没有这种广泛求贤的精神，是招致不了多少贤才的，"士其难知，唯博之为可，博则无所遁矣"②。

（四）贵爵重赏、恭敬有礼招致人才思想

俗话说：人才难得，良才难令。贤才并非一经荐举就愿意前来效劳，也非一经鉴别就乐意为君主所用。春秋战国时期，诸侯国并立，贤才的任用是一个双向选择的过程，即君主要选拔贤才，贤才也要选择效劳的君主。如《大戴礼记·卫将军文子》载晏子之行："君虽不量于臣，臣不可以不量于君，是故君择臣而使之，臣择君而事之，有道顺君，无道横命。"《晏子春秋·内篇问上》也载：晏子说："士逢有道之君，则顺其令；逢无道之君，则争其不义，故君者择臣而使之，臣虽贱，亦得择君而事之。"正因为如此，《吕氏春秋·功名》概括君主招致贤士的第一前

---

① 《韩非子·说疑》。
② 《吕氏春秋·报更》。

提为："人主贤则豪杰归之。故圣王不务归之者，而务其所以归。"君主要想广招贤才，就要被贤才瞧得起，也就是自己首先须是贤君。同书《应同》篇认为，如国君昏庸，即使去请贤才，贤才也不会来的。而且不但不来，甚至原在本国的贤才也会出走。正如"覆巢毁卵，则凤凰不至；刳兽食胎，则麒麟不来；干泽涸渔，则龟龙不往"①。

当时，一些有识之士已认识到政府必须通过优厚的待遇来招揽人才。春秋时，齐桓公问管仲怎样才能招致天下的精材、豪杰、良工，管仲回答说："假而礼之，厚而勿欺，则天下之士至矣"；致天下精材，"五而六之，九而十之，不可为数"；来工"三倍，不远千里"②。其意是说，招致贤才，应恭敬有礼，忠实厚待，而不可欺诈，则天下贤才都会纷纷前来；收集精良的材料，值五个钱的给六个钱，值九个钱的给十个钱，在付费时适当优惠；对工匠，能够出三倍于别人的工钱，远在千里之外的人也必然会来投靠。荀子也主张以"贵爵重赏"招致贤才。他说："人主欲得善射，射远中微者，悬贵爵重赏以招致之，内不可以阿子弟，外不可以隐远人，能中是者取之，是岂不必得之之道也哉！虽圣人不能易也。欲得善驭，（及）速致远者，一日而千里，悬贵爵重赏以招致之。"荀子批评有些君主，以贵爵重赏招致善射、善驭的一技之长者，却不肯悬贵爵重赏招致治国安民、保卫国家的贤才良将，"然而求卿相辅佐，则独不若是其公也，案唯便嬖亲比己者之用也，岂不过甚矣哉！"③ 这些君主在选择卿相时，却不像招善射者、善驭者那样公道，而专用自己周围的亲信和迎合自己的人，这难道不是大错特错吗？

古代贤才往往自视清高，不是单单优厚的待遇就能招致而来，还必须对他们恭敬有礼，这样贤才才会从四面八方前来效劳。正如前引管仲所言："假而礼之，厚而勿欺，则天下之士至矣。"这里的"礼之"就是

---

① 《吕氏春秋·应同》。

② 《管子·小问》。

③ 《荀子·君道》。

对他们要恭敬有礼；"勿欺"也包含有尊重的意思，因为如对人不老实、欺骗，其实是一种最大的不尊重。

西周初年姜尚较早提出对待贤人要"尊以爵，赡以财……接以礼"①，"信贤如腹心"②，切忌"伤贤""蔽贤""嫉贤"③。姜尚提出的对待贤人的"四要三不"，深刻、精辟、系统地总结了如何才能留住人才、用好人才。"四要"即君主必须授予贤人爵位，使之有很高的社会地位；必须给予贤人很高的物质待遇，使之生活优裕；必须十分恭敬礼貌地接待贤人，使之感觉有很大的荣誉感；必须把贤人当作最值得信赖的心腹，这样才能使之尽心尽力为国家效劳。"三不"即切忌伤害贤人、淹没贤人和嫉妒贤人。君主治国如能做到这两方面，就能使国家富强。

《吕氏春秋》也认为："有道之士固骄人主，人主之不肖者亦骄有道之士。日以相骄，奚时相得？""贤主则不然，士虽骄之，而己愈礼之，士安得不归之？"④ 该篇还记述了5个礼遇贤士的例子来说明必须对贤才恭敬礼貌，才能把他们招致来为自己效劳。如："齐桓公见小臣稷，一日三至，弗得见。从者曰：'万乘之主，见布衣之士，一日三至，而弗得见，亦可以止矣。'桓公曰：'不然。士骜禄爵者，固轻其主。其主骜霸王者，亦轻其士。纵夫子骜禄爵，吾庸敢骜霸王乎？'遂见之，不可止。"⑤ 由此可见，齐桓公为礼遇贤士，三顾稷家，先于三国刘备三顾茅庐几百年。又如："魏文侯见段干木，立倦而不敢息。"君主去请教百姓中的贤者，站累了也不敢坐下歇息，可见礼贤下士之诚。

《吕氏春秋·报更》指出，优待贤才，贤才才会尽力竭智，因此，即使是小国财力不足，也要设法满足贤才的需求。"国虽小，其食足以食天下之贤者，其车足以乘天下之贤者，其财足以礼天下之贤者。"同书《不

① 《三略·上略》，台湾商务印书馆影印文渊阁四库全书本。
② 《三略·上略》。
③ 《三略·下略》。
④ 《吕氏春秋·下贤》。
⑤ 《吕氏春秋·下贤》。

侵》还举了当时的一个事例来说明：豫让在范氏、中行氏门下时，衣食不得满足，在中行氏灭亡时他毫无报效之心；而他在智氏门下时，智氏待他很好，很有礼，豫让为智氏出了不少力。

（五）察能授官思想

先秦时期，在任用贤才方面，大多数思想家主张按其能力大小授以相应的官职。如《墨子·尚贤中》提出任贤应"察其所能而慎予官"。墨子在《尚贤中》提出官员的行政能力必须与他的职务相称，这是为政的根本。他说："何以知尚贤之为政本也？曰：用贵且智者为政乎，愚且贱者则治；用愚且贱者为政乎，贵且智者则乱……且夫王公大人……不察其知而与其爱，是故不能治百人者，使处乎千人之官；不能治千人者，使处乎万人之官……夫不能治千人者，使处乎万人之官，则此官什倍也。夫治之法将日至者也。日以治之，日不什修；知以治之，知不什益。而予官什倍，则此治一而弃其九矣。"① 墨子认为在管理国家中，如以能力差地位低的人来管理能力强地位高的人，那么后者就会不服管理而作乱，而且让能力差的人处于与能力不相称的较高管理职位上，那么就要增加许多官员来分担事务。

《管子·权修》也主张任贤的原则是"察能授官"。《荀子·君道》在这一原则的基础上予以具体化："论德而定次，量能而授官，皆使其人载其事而各得其所宜。上贤使之为三公，次贤使之为诸侯，下贤使之为士大夫，是所以显设之也。"荀子在《荀子·儒效》中讲了小才大用的害处："能小而事大，辟之是犹力之少而任重也，舍粹折无适也。"小才大用会像力气小的人负重物，使人碎骨折腰。因而，他观点鲜明地提出："无能不官。"②

在任用贤才方面，商鞅则与众不同，提出了另一种授官原则："国以

① 《墨子·尚贤中》。
② 《荀子·王制》。

功授官予爵"①，"论荣举功以任之"②。

韩非批判了商鞅的"以功授官"思想，指出商君之法曰："斩一首者爵一级，欲为官者为五十石之官。斩二首者爵二级，欲为官者为百石之官。官爵之迁，与斩首之功相称也。今有法曰：'斩首者令为医、匠。'则屋不成而病不已。夫匠者手巧也，而医者齐药也。而以斩首之功为之，则不当其能。今治官者，智能也；今斩首者，勇力之所加也。以勇力之所加而治智能之官，是以斩首之功为医、匠也。"③韩非子的批判是正确的，以依靠勇力斩首而立战功的人来当智能之官，就如同让一个战场勇士去当医生、工匠一样，这是不可能胜任的。因此，以功授官是不妥的。

对此，荀子提出了比较好的解决思路。他把功与赏相联系，把能与官相联系，主张"无能不官，无功不赏"④，换言之，即以能授官，论功行赏，立战功者如无能力就不能授予官职，通过行赏予以奖励。墨子也主张"量功而分禄"⑤，把任官与分禄区别开来，即有功的多给荣誉和享受，有能力的才授予官职。

韩非子还认识到现实生活中极其杰出的人才十分罕见，因此，在治国中大量的工作要靠众多的中等人才来做，国君必须重视、任用现实中大量的中等人才。他批判了那种羡慕古时人才多而忽视现实中的中等人才的现象。他说："且夫百日不食以待梁肉，饿者不活；今待尧、舜之贤乃治当世之民，是犹待梁肉而救饿之说也。"他把这种崇古任才心理喻为"待古之王良以驭今之马"，"待越人之善海游者以救中国之溺人"⑥。他主张"无使近世慕贤于古"⑦。

既然以往杰出人才无法依靠，韩非进而提出："夫良马固车，五十里

① 《商君书·靳令》。
② 《商君书·算地》。
③ 《韩非子·定法》。
④ 《荀子·王制》。
⑤ 《墨子·尚贤上》。
⑥ 《韩非子·难势》。
⑦ 《韩非子·用人》。

而一置，使中手御之，追速致远，可以及也，而千里可日致也，何必待古之王良乎！"① 千里马很少，现在像王良那样的好车夫也很少，但用一般的好车好马，每五十里换马，中等的驾御者也可以日行千里。正由于现实中大量使用的是一般的好车好马和中等的驾御者，因此，"伯乐教其所憎者相千里之马，教其所爱者相驽马。（以）千里之马时一（有），其利缓；驽马日售，其利急"②。千里马要很长时间才会出现一匹，实用性不大，故伯乐把相千里马之术教给其不喜欢的人；驽马天天都在买卖，必须仔细鉴别，实用性很强，故伯乐把相驽马的技术教给自己所疼爱喜欢的人。

（六）任才所长思想

先秦许多思想家在任用贤才上还提出任才所长，不任其所短的思想。《管子·形势解》指出："明主之官物也，任其所长，不任其所短，故事无不成，而功无不立。乱主不知物之各有所长所短也，而责必备。"同书《七法》则批判了"绝长以为短，续短以为长"的任官现象。同书《君臣上》还进一步提出："明君之举其下也，尽知其短长，知其所不能益，若任之以事。贤人之臣其主也，尽知短长与身力之所不至，若量能而授官。上以此蓄下，下以此事上，上下交期于正，则百姓男女皆与治焉。"可见，管子认为：不但用人者要知被用者的长短，而且被用者要自知其长短，如任己所长则接受此官，若任己所短就不要接受。同书《牧民》篇还主张把"各为其所长"用到全体民众身上："使民于不争之官者，使各为其所长也"；"使民各为其所长，则用备"。其意是说，所谓把人民使用在无所争议的岗位上，就是要尽其所长；如能够按照各自的特长使用人民，则一切事业都会有合适的人掌管而不会感到人才缺乏。

《晏子春秋·内篇问上》也主张要任人之长，不要勉强要求人家去做不擅长的官职："地不同生，而任之以一种，责其俱生不可得；人不同

---

① 《韩非子·难势》。

② 《韩非子·说林下》。

能，而任之以一事，不可责偏成，责焉无已，智者有不能给；求焉无厌，天地有不能赡也。故明王之任人，谄谀不迩乎左右，阿党不治乎本朝；任人之长，不强其短；任人之工，不强其拙。此任人之大略也。"

战国时期，孟子也批评了国君用人非所学、用人非所长的现象："夫人幼而学之，壮而欲行之，王曰：'姑舍汝所学而从我，则何如？'"① 君王以自己的权力命令幼有专学的人放弃所长的学问技能而听从君王的安排，这是浪费人才、荒废人才。这一时期，韩非子也以"使鸡司夜，使狸执鼠，皆用其能"的比喻，说明任人所长的思想："物者有所宜，材者有所施，各处其宜。"②

在先秦各思想家的任人所长思想中，《墨子·尚贤中》和《大戴礼记·文王官人》比较具体地提出该如何用人所长。前者比较笼统地提出用人所长的原则："可使治国者使治国，可使长官者使长官，可使治邑者使治邑。"后者则比较详细地提出"九用"任人法，根据9种不同类型的人才分别委以不同的官职，可谓是当时国家选才的细则：一是"平仁而有虑者使是治国家而长百姓"，公正、仁义、有智慧的人才可作为帮助国家管理民众的官员。二是"慈惠而有理者使是长乡邑而治父子"，仁慈、厚道而懂得事理者，可作基层和群众组织的领导。三是"直憨而忠正者使是莅百官而察善否"，正直、忠诚、信用者，可作为监察官员。四是"慎直而察听者使是长民之狱讼，出纳辞令"，公正、求实、善于明察者，可作为法官。五是"临事而洁正者使是守内藏而治出入"，凡事廉洁奉公者，可作为管仓库或财务的官员。六是"慎察而洁廉者使是分财、临货、主赏赐"，能谨慎、明察并廉洁公正者，可作主管分配和赏赐的官员。七是"好谋而知务者使是治壤地而长百工"，善于谋划和经营事务者，可作农业、手工业生产管理人。八是"接给而广中者使是治诸侯而待宾客"，善于交际并能广交朋友的人可作为与各地诸侯、宾客打交道的外交官。

---

① 《孟子·梁惠王下》。
② 《韩非子·扬权》。

九是"猛毅而度断者使是治军事卫边境",勇敢、刚毅,善于估计形势而果断决策者,可作为军事统帅保卫边境。

慎子认为,君主驭臣之术应是善于发挥臣子的才智,让臣子去做各种具体的事务,而君收其利。相反,如君主事必躬亲,骋能恃才,把什么事都包揽下来自己干。这样,表面上君主很有权,实际上君主干的是臣子应该干的事,是把自己降低到臣子的地位。君主自以为自己最有本领,最聪明,其实是无本事、缺乏管理才能的表现。因为"人君自任,而务为善而先下,则是代下负任蒙劳也,臣反逸矣"①。既然君主自己动手做了,那么臣子们谁还敢"与君争为善以先君",只好把智慧藏起来,旁观君主的行动。一旦君主有失,"臣反责君",使君主处于尴尬的地位。如果君主是个平庸之辈,而又摆出无所不能的架势,那更是要出乱子。即使"君之智最贤",但一个人的能力、精力毕竟有限,"以一君而尽赡下则劳,劳则有倦,倦则衰,衰则复反于不赡之道也"。总之,君主的职责是用臣,而不是代臣行事。如代臣办事,"是君臣易位也,谓之倒逆,倒逆则乱矣"②。因此,慎子主张在管理国家中,应该"臣事事而君无事,君逸乐而臣任劳",即君子应该垂拱而治,进行宏观把握,善于发挥臣子的才智,具体事务由臣子去做,而君主"仰成而已"③。

(七)权责明确思想

韩非子还提出,在任用人才时,要使各种官职的职责明确,就不会出现互相干涉、推诿或争权的现象。他打了两个比方来说明这个道理。王良、造父都是著名的驾车能手。若"令王良、造父共车,人操一边辔而入门闾,驾必败而道不至也"。田连、成窍都是著名的乐师,若"令田连、成窍共琴,人抚一弦而挥,则音必败曲不遂矣"④。

同时,韩非还主张给予官吏在职责范围内的自主权:"用一之道,以

① 《慎子·民杂》。
② 《慎子·民杂》。
③ 《慎子·民杂》。
④ 《韩非子·外储说右下》。

名为首。名正物定，名倚物徙。故圣人执一以静，使名自命，令事自定。不见其采，下故素正。因而任之，使自事之；因而予之，彼将自举之；正与处之，使皆自定之。"① 其大意是说，国君明确各种官职的职责，让官员在职责范围内"自命""自事之""自举之""自定之"，国君只需按名督实，按照职责去考核并给予赏罚，即国君执赏罚之权以静观臣下之功就可以了，而不必过多地干涉官员的职责，给予他们职责范围内的自主权。

韩非认为作为一位领导人，对于自己所负责的事务，不可能事必躬亲，而是要善于指挥，善于用人。如他说："救火者，令吏挈壶瓮而走火，则一人之用也，操鞭棰指麾而趣使人，则制万夫。是以圣人不亲细民，明主不躬小事。"② 而且韩非还进一步指出，在用人时，要用他人的智慧，而不是他的时间和气力，即"下君尽己之能，中君尽人之力，上君尽人之智"③。意谓只会用自己能力的人，算不上领导人；只能用他人气力的，不过是普通的领导人；只有能激发部属竭尽其智慧的，才是杰出的领导人。

如前所述，韩非还提出国君在任用人才时，必须注意发挥各种人才的长处。与发挥人才长处思想相联系的是他还主张事有专属，人不兼差："明君使事不相干，故莫讼；使士不兼官，故技长；使人不同功，故莫争。争讼止，技长立，则强弱不觳力，冰炭不合形，天下莫得相伤，治之至也。"④ "明主之道，一人不兼官，一官不兼事。"⑤ 其所谓"使事不相干"，即于事有专属，职责分明，以致遇事不会互相推诿，故不会争讼；也不会遇到有了政绩大家互相争功，故不会争夺。"使士不兼官"，"一人不兼官"则说的是人才不兼差，故能全心全意做好一件事，以致业

---

① 《韩非子·扬权》。
② 《韩非子·外储说右下》。
③ 《韩非子·八经》。
④ 《韩非子·用人》。
⑤ 《韩非子·难一》。

务熟谙，"故技长"。

（八）对人才应赏罚分明思想

先秦许多思想家都认识到在任用贤才中为更好地发挥人才的作用，必须给予人才较高的待遇，并进行考核赏罚，这样才能对人才形成很好的激励机制。

《太公六韬·文韬·赏罚》记载，周文王设赏罚的目的是："赏一以劝百，罚一以惩众。"他向吕尚请教如何达到这目的，吕尚回答说："凡用赏者贵信，用罚者贵必。赏信罚必于耳目之所闻见，则不闻见者莫不阴化矣。夫诚畅于天地，通于神明，而况于人乎。"可见，周文王与吕尚都认为赏罚并不只是针对被赏罚的一些人，其更深的用意是通过赏罚一些所闻见的人，达到对广大民众劝善惩恶的效果，使全社会形成一种向善弃恶的风尚。

墨子在选贤任能问题上主张，尊崇贤能不仅要"以德就列，以官服事"，还要做到"以劳殿（定）赏，量功而分禄"，即根据贤者的政绩和贡献的大小，来确定他们的报酬是多少。他说："譬若欲众其国之善射御之士者，必将富之，贵之，敬之，誉之，然后国之善射御之士将可得而众也。"而"贤良之士"，"此固国家之珍而社稷之佐也，亦必且富之，贵之，敬之，誉之，然后国之良士亦将可得而众也"①。墨子认为，给贤士很高的待遇，主要不是为了赐给他们，而是让贤才有必要的条件把管理国家的事业做好。只有适当的激励机制，才能使他们忠于职守，尽心竭力地做好工作。他指出，国君在任用贤人的同时，要颁赐爵位使他显贵，分给土地使他富裕，才能使他竭尽全力侍奉明君，为国家服务。墨子以古代贤君任人制禄为例来说明这一道理："古者圣王唯毋得贤人而使之，般（颁赐）爵以贵之，裂地以封之，终身不厌。贤人唯毋得明君而事之，竭四肢之力，以任君之事，终身不倦。"② 墨子还进一步指出，使贤者有

---

① 《墨子·尚贤上》。
② 《墨子·尚贤中》。

显贵的社会地位、丰厚的俸禄另有更深层次的用意，因为"爵位不高，则民不敬也；蓄禄不厚，则民不信也；政令不断，则民不畏也"①。所以对真正贤能的人，君主必须"高予之爵，重予之禄，任之以事，断予之令"，这样，人民就会尊敬他，信任他，惧怕他，就能"欲其事之成也"②。这就是墨子所谓用贤要置"三本"，即使贤者有地位、有钱、有权，才能使他们有效地把国家管理好。

《管子》对贤才提出"爵授有德""禄予有功"③ 的待遇原则，要求做到"有功必赏，有罪必诛"④，以达到"使贤者食于能，斗士食于功"⑤的效果。但在授予爵与禄时，必须对将被授予爵禄者进行谨慎地考察："君之所审者三：一曰德不当其位，二曰功不当其禄，三曰能不当其官。此三本者，治乱之原也。故国有德义未明于朝者，则不可加于尊位；功力未见于国者，则不可授与重禄；临事不信于民者，则不可使任大官。"⑥

荀子认为君主在实行赏罚时都不要过头，赏过了头，使小人占了便宜，罚过了头，使贤才受到伤害。如果过头有时是难免的话，那么宁可赏过头让小人占点便宜，也不要罚过了头使贤才受到冤枉。

在韩非心目中，赏与罚实乃领导人统御下属的二柄："明主之所导制其臣者，二柄而已矣。二柄者，刑德也。何谓刑德？曰：杀戮之谓刑，庆赏之谓德。为人臣者，畏诛罚而利庆赏，故人主自用其刑德，则群臣畏其威而归其利矣。"⑦ 韩非认识到用赏罚统御下属是由人的趋利避害本性所决定的："凡治天下，必因人情。人情者有好恶，故赏罚可用。赏罚可用，则禁令可立，而治道具矣。"⑧

① 《墨子·尚贤中》。
② 《墨子·尚贤中》。
③ 《管子·问》。
④ 《管子·七法》。
⑤ 《管子·法法》。
⑥ 《管子·立政》。
⑦ 《韩非子·二柄》。
⑧ 《韩非子·八经》。

在具体实施赏罚的措施中，韩非提出了5个法则：其一，奖赏的标准不宜太高，使人通过努力可以达到；惩罚的标准不宜太低，使人通过注意可以避免。这是因为如果奖赏标准定得太高，人们可望而不可即，以致形同虚设，那就失去奖赏的意义；惩罚标准要是定得太低，人们动辄得咎，会使百姓手足无措，那就失去惩罚的作用。正如韩非所说："明主立可为之赏，设可避之罚。故贤者劝赏而不见子胥不祸，不肖者少罪而不见伛剖背，盲者处平而不遇深溪，愚者守静而不陷险危。如此，则上下之恩结矣！"① 如果君主所立的赏是人们经过努力却做不到的，所设的罚是人们经过努力却难于避免的，那么这样赏罚就达不到奖善惩恶的目的了，不但达不到目的，而且"人主立难为而罪不及，则私怨生；人臣失所长而奉难给，则伏怨结"②。这种怨恨于国于君都不利，是隐藏的祸患。

其二，设定赏罚标准后，一定要付诸执行，否则，赏罚就失去作用。韩非指出："必于赏罚，赏罚不阿则民用。"③ 他认为赏罚的作用是"必罚明威"，"信赏尽能"④，"今有功者必赏，赏者不德君，力之所致也；有罪者必诛，诛者不怨上，罪之所生也。民知诛罚之皆起于身也，故疾功力于业，而不受赐于君"⑤。

其三，必须厚赏重罚，才能较好地发挥劝惩的作用。韩非说："赏厚而信，人轻敌矣；刑重而必，人不比（北）矣。"⑥ 其用意不仅是强调信赏必罚，而且还要注意"赏厚""刑重"。他认为："赏莫如厚，使民利之；誉莫如美，使民荣之；诛莫如重，使民畏之。"⑦

---

① 《韩非子·用人》。
② 《韩非子·用人》。
③ 《韩非子·六反》。
④ 《韩非子·内储说上》。
⑤ 《韩非子·难三》。
⑥ 《韩非子·难二》。
⑦ 《韩非子·八经》。

其四，赏罚必须得当。韩非提出："明主赏不加于无功，罚不加于无罪。"① 这是因为"赏无功，则民偷幸而望于上；不诛过，则民不惩而易为非，此乱之本也"②。由此可见，韩非认为如果"赏无功"，就会使民众侥幸希望得到国君的奖赏；有罪而不加惩罚，就会使民众易于违法乱纪。韩非还特别强调对官员更应该赏罚得当，如赏罚不当，其不良后果将更严重。他说："明君无偷赏，无赦罚。赏偷则功臣堕其业，赦罚则奸臣易为非。"③ 所以，他建议："诚有功，则虽疏贱必赏；诚有过，则虽近爱必诛。"④

其五，赏罚必出自君主。韩非认为赏罚是君主驭臣之二柄，因此，只能是君主独有，而不可与臣下共有。如果与臣下共有，那就可能威胁到君主的权势。正如《韩非子·二柄》所云："今人主非使赏罚之威利出于己也，听其臣而行其赏罚，则一国之人皆畏其臣而易其君，归其臣而去其君矣，此人主失刑德之患也。"同书《韩非子·内储说下》也说："权势不可以借人，上失其一，臣以为百。故臣得借则力多，力多则内外为用，内外为用则人主壅。"因此，他强调："赏罚共，则禁令不行。"⑤ 并借文子之言说："赏罚之为道，利器也，君固握之，不可以示人。"⑥

三、对官吏监察考核思想

（一）君主治国必须重视对官吏的监察、考核

先秦时期的主流意识一般认为，君主是全社会最高的统治者和唯一的主人，世上的一切财物及所有的人都归君主所有。《诗经·北山》最

---

① 《韩非子·难一》。
② 《韩非子·难二》。
③ 《韩非子·主道》。
④ 《韩非子·主道》。
⑤ 《韩非子·外储说右下》。
⑥ 《韩非子·内储说上》。

早对上述观念做了表述："溥天之下，莫非王土；率土之滨，莫非王臣。"对此，宋儒程颐做了进一步的诠释："天子居天下之尊，率土之滨，莫非王臣……凡土地之富，人民之众，皆王者之有也。"① 君主是整个国家的所有者，但君主即使有三头六臂，也不可能独自一人把国家管理好，必然要委托大量的各级官吏，为其对国家进行管理。这些接受委托的官吏，其在管理国家中政绩如何，是否有不忠于君主的行为，是否有贪污受贿、徇私枉法等行为，君主必须通过另派官员进行监督和考核才能知晓。

人才的选拔和使用离不开考核，《尚书·舜典》中记载："三载考绩，三考，黜陟幽明，庶绩咸熙。"通过三年一次对官吏的考核，使昏庸者黜降，精明干练者升迁。《周礼·冢宰·小宰》中也记载小宰以六计课群吏："一曰廉善，二曰廉能，三曰廉敬，四曰廉正，五曰廉法，六曰廉辨。"可见，当时对官吏考核的内容已相当详细具体，内容涉及被考核对象的个人品德、才能、工作态度等方面，即第一是审察他们是否把事情做好，第二审察他们是否能彻底推行政令，第三审察他们处理公务是否谨慎勤勉，第四审察他们是否公正廉直，第五审察他们是否守法，第六审察他们是否能明辨是非。

《管子》说："成器不课不用，不试不藏。"② 其意是说，即使是有能力有才干的人，不经过考核和试用，也不能轻易加以录用。

墨子也强调对官吏的考核，提出："古者圣王之为政……以德就列，以官服事，以劳殿赏，量功而分禄。故官无常贵，而民无终贱，有能则举之，无能则下之。"③ 可见，墨子更全面地主张君主管理国家，必须依据才德来安排官职，并考核其勤政程度、政绩大小来予以分等级赏罚，给予不同俸禄。有才的人就举荐升迁，没有才能的人就降黜免职，所以

---

① 《伊川易传》卷1《周易上经》，台湾商务印书馆影印文渊阁四库全书本。
② 《管子·七法》。
③ 《墨子·尚贤上》。

官员与平民之间的贵贱差别不是永远不会改变的。

商鞅为了强化君主专制统治，初步提出了建立独立的监察机构的理论，即君主对众多官吏必须进行监督，而且他们不可能自己监督自己，必须派与这些官吏无利害关系的人对他们进行监督。他说："今恃多官众吏，官立丞、监。夫置丞立监者，且以禁人之为利也。而丞、监亦欲为利，则何以相禁？……今乱国不然，恃多官众吏。吏虽众，同体一也。夫同体一者，相（监）不可。"①

尔后，法家的集大成者韩非也一再强调对官吏进行监察、考核的重要性，认为这是圣明的君主在管理国家中不可或缺的："明君之道……计功而行赏，程能而授事，察端而观失，有过者罪，有能者得，故愚者不任事。智者不敢欺，愚者不得断，则事无失矣"②；"有道之主，听言、督其用，课其功，功课而赏罚生焉，故无用之辩不留朝"③；"明主听其言必责其用，观其行必求其功"④。由此可见，君主在管理国家中，通过对官吏的监察与考核，才能清楚地了解他们的功过得失，从而进行赏罚，最终使有智慧、才能的人不敢欺诈舞弊，愚笨无能的人无权做出决断，那君主在管理国家中就不会有什么失误。这正如韩非所说的："吏者，民之本、纲者也，故圣人治吏不治民。"⑤ 治吏的主要手段就是加强对官吏的监察和考核。

《吕氏春秋》中所说的"无为"是指"因而不为"。《任数》篇说："古之王者，其所为少，其所因多。因者，君术也；为者，臣道也。"《吕氏春秋·知度》明确指出："有道之主，因而不为。"这里所谓的"因"，是指由君主掌管决定大政方针，发号施令，实际上就是最高统治权。而各级官吏则不过是"治其事以待主"，即为君主负责处理日常事务。所以

---

① 《商君书·禁使》。

② 《韩非子·八说》。

③ 《韩非子·八经》。

④ 《韩非子·六反》。

⑤ 《韩非子·外储说右下》。

《吕氏春秋·圜道》指出："令者，人主之所以为命也，贤不肖安之危之所定也。""令出于主口，官职受而行之，日夜不休，宣通下究，瀸于民心，遂于四方，还周复归，至于主所，圜道也。"在《吕氏春秋》作者看来，"万物殊类殊形，皆有分职，不能相为"①。君主既然居于最高统治地位，决定大政方针，也就不能亲身去做官吏的职事。如果"人主好治人官之事，则是与骥俱走也，必多所不及矣"②。那就是说君主如去做官吏该做的事，那就肯定有许多事做不好。君主所该做的事就是驾驭群臣，只要"审分""正名""督名审实"即可，即加强对群臣的监督与考核，而具体事务则应放手由臣下去执行。反之，如果君主事必躬亲，"好以己为，则守职者舍职而阿主之为矣。阿主之为，有过则主无以责之"。结果，"人主日侵，而人臣日得。是宜动者静，宜静者动也。尊之为卑，卑之为尊，从此生矣。此国之所以衰，而敌之所以攻之者也"③。总之，《吕氏春秋》作者认为"善为君者，劳于论人，而佚于官事"，这就是"得其经也"。相反，"不能为君者，伤形费神，愁心劳耳目，国愈危，身愈辱"，这是由于"不知要故也"④。

《吕氏春秋》作者重视君主在治国中对臣下的任用、监督与考核，其纲要是"定分"、"核名实"与"督听"等。《吕氏春秋·慎势》说："治天下及国，在乎定分而已矣。"《吕氏春秋·处方》也说，治国有本，"其本也者，定分之谓也。"所谓"定分"，就是明确规定臣下的"职分"，即职责。然后君主根据臣下的职责进行监督、考核。《吕氏春秋·审分览》提出："王良之所以使马者，约审之以控其辔，而四马莫敢不尽力。有道之主，其所以使群臣者，亦有辔。其辔何如？正名审分是治之辔已。故按其实而审其名，以求其情；听其言而察其类，无使放悖。"这里，作者把君主对群臣的监督考核比喻为驾马车的辔，君主只有控制好了辔，对

---

① 《吕氏春秋·圜道》。
② 《吕氏春秋·审分览》。
③ 《吕氏春秋·君守》。
④ 《吕氏春秋·当染》。

臣下进行约束和鞭策，才能使群臣为朝廷竭忠尽力。而且监督还能防范群臣违法乱纪、营私舞弊，"督听则奸塞不皇"①。在考核臣下的具体措施方面，《吕氏春秋·论人》提出了"八观""六验"之术："通则观其所礼，贵则观其所进，富则观其所养，听则观其所行，止则观其所好，习则观其所言，穷则观其所不受，贱则观其所不为。喜之以验其守，乐之以验其僻，怒之以验其节，惧之以验其特，哀之以验其人，苦之以验其志。"

（二）上计中所反映的对官吏考核的思想

春秋时期，国君对官吏的考核已正式称为"上计"。《说苑》卷7《政理》篇载："晏子治东阿三年，景公召而数之……晏子对曰：'臣请改道易行而治东阿，三年不治，臣请死之。'景公许之。于是明年上计，景公迎而贺之。"

战国时期，这种通过上计考核官员的办法进一步发展，记载也更为详细可靠。当时所谓上计，就是中央重要官员和地方长官每年要把所属地区的户口、垦田、租税收入等预算数字写在木券上，一式两份，木券从中一剖为二，国王执右券，臣下执左券。到了年终，官吏必须到国王那里如实报告一年来的财政收支情况，国君根据右券亲自考核，或由丞相协助考核。最后根据考核结果，决定官吏的升降任免赏罚。这就是《荀子·王霸》中所说的"岁终奉其成功，以效于君，当则可，不当则废"。关于战国时期上计的具体情况，见于古文献记载的颇多，兹举数例较有代表性的史料：

> 西门豹为邺令，清克洁悫，秋毫之端无私利也，而甚简左右；左右因相与比周而恶之。居期年，上计，君收其玺。豹自请曰："臣昔者不知所以治邺，今臣得矣，愿请玺，复以治邺。不当，请伏斧锧之罪。"文侯不忍而复与之。豹因重敛百姓，急事左右。期年，上

---

① 《吕氏春秋·先己》。

计，文侯迎而拜之。①

　　田婴相齐，人有说王者曰："终岁之计，王不一以数日之间自听之，则无以知吏之奸邪得失也。"王曰："善！"田婴闻之，即遽请于王而听其计。王将听之矣，田婴令官具押券斗石参升之计。王自听计，计不胜听。罢食，后复坐，不复暮食矣。田婴复谓曰："群臣所终岁日夜不敢偷怠之事也，王以一夕听之，则群臣有为劝勉矣。"王曰："诺。"俄而王已睡矣，吏尽揄刀削其押券升石之计。②

　　解扁为东封，上计而入三倍。有司请赏之。文侯曰："吾土地非益广也，人民非益众也，入何以三倍？"对曰："以冬伐木而积之，于春浮之河而鬻之。"文侯曰："民春以力耕，暑以强耘，秋以收敛，冬间无事，以伐林而积之，负辄而浮之河。是用民不得休息也，民以敝矣。虽有三倍之入，将焉用之！"此有功而可罪者也。③

　　东阳上计，钱布十倍，大夫毕贺。文侯曰："此非所以贺我也。譬无异夫路人反裘而负刍也，将爱其毛，不知其里尽，毛无所恃也。今吾田地不加广，士民不加众，而钱十倍，必取之士大夫也。吾闻之下不安者，上不可居也，此非所以贺我也。"④

　　昭王召王稽，拜为河东守，三岁不上计。⑤

　　综合上述记载，我们可以大致了解到上计制度中所包含的先秦对官吏考核的一些思想。战国时期人们已经把上计制度化，严格按照规定的期限进行。《周礼》已经设计对官吏的考核，分为"月终""岁终""三岁"之计，除"月终"之计不见于其他古文献记载外，"岁终""三岁"之计则屡见不鲜。相反，王稽为河东守，三岁不上计，则被认为没有尽到职责，违反上计制度。在上计中，政府侧重于对官吏进行经济政绩考

①　《韩非子·外储说左下》。
②　《韩非子·外储说右下》。
③　《淮南子·人间训》。
④　《新序·杂事第二》，台湾商务印书馆影印文渊阁四库全书本。
⑤　《史记》卷79《范雎蔡泽列传》。

核，即"钱布十倍""而入三倍"，以赋税收入的多少作为考核官吏政绩的主要依据。其考核的详细内容当是《商君书·去强》中所说的十三数："境内仓口之数，壮男壮女之数，老弱之数，官士之数，以言说取食者之数，利民之数，马、牛、刍、稿之数。"简言之，即粮食、人口、赋税、牲畜之数。上计也注意考核群吏是否廉洁奉公，田婴相齐辅王上计就是要知吏之奸邪得失。上计中政府对官吏的考核所采取方法主要是听计，即"王自听计，计不胜听"；《周礼》中亦载有"听出入以要会"，"凡在书契版图者之贰，以逆群吏之治，而听其会计"。上计中，国君已清楚地意识到为了对考核者做出符合客观实际的评估，往往还必须采取查询的方法，进一步弄清事实真相，然后再进行实际分析，透过现象看本质，最后得出正确的结论，实行赏罚。如魏文侯在对东封解扁考核时，通过当面询问，了解到解扁上计时东封收入增加三倍，原因是他不爱惜民力，让人民冬天伐木春天卖，因此虽然"有功"，但不可取，应该受到处罚。而魏文侯在对东阳上计时，发现了钱布收入增加十倍的反常现象，通过分析了解到东阳田不增广、民不增多，十倍收入是敛取于士大夫，这会引起社会动荡不安，并将危及自己的统治，并非好事，不应庆贺。随着封建社会经济的发展，经济工作越来越受到重视，各诸侯为了独揽财经大权，约束各级官吏，往往是亲自主持上计。韩昭侯时，任用申不害为相，申不害就主张任用官吏要使之称职，并要经常加以监督和考核。这为秦汉以后的帝王所仿效，形成了一种延续近千年的考核制度，对于加强中央对地方财政的控制，巩固和发展中央集权制产生了深远的影响。另外，一些有识之士也认识到，上计制度也存在着难以克服的缺陷，在执行中的实际效果有时是大打折扣的。正如《商君书·禁使》所云："夫吏专制决事于千里之外，十二月而计书以定事，以一岁别计，而主以一听，见所疑焉，不可，蔽员不足。"的确，官吏在千里之外写定的一年政绩的计书，国君要在一次听断中明察虚实，这是不可能做到的。如西门豹为邺令上计，因甚简左右，而差点蒙受不白之冤，廉政者险遭处罚。更有甚者，齐国国王亲自主持上计期间，奸吏竟敢明目张胆地弄虚作假，

乘齐王听计睡着时，"尽揄刀削其押券升石之计"。从《韩非子》记载的这两个事例可知，韩非也认识到当时上计制度存在弊端。

四、防范奸才思想

先秦时期，有些思想家认识到：国君在选拔任用贤才的同时，还要注意严密防范误用奸才。有些奸才为达到不可告人的目的，迎合君主、长官，拍马奉承，伪装钻营，骗取君主和长官的信任喜欢，从而得到重用。这些人一旦得志，利用手中的权力，为非作歹，诽谤诬陷贤才，贪赃枉法，结党营私，给国家和人民带来极大的危害。

商鞅就指出："凡人臣之事君也，多以主所好事君。君好法，则臣以法事君；君好言，则臣以言事君。君好法，则端直之士在前；君好言，则毁誉之臣在侧。"①《吕氏春秋·名类》也说："桀为非而众非来。"商鞅与《吕氏春秋·修权》的作者表达的是同一思想，即君主喜欢什么类型的人就有什么类型的人聚集到君主周围，而且君主本身的品质也决定着他周围的人，如夏朝暴君桀本身干尽坏事，于是一切为非作歹之徒便都聚集到他的身旁。

韩非发展了申不害的术，特别重视对奸才的识别与防范。正如《韩非子·说疑》所说："人主左右不可不慎也。为人主者诚明于臣之所言，则别贤不肖如黑白矣。"他在《说疑》中对奸臣做了分类，认为"人臣有五奸，而主不知也"。其一，"有侈用财货赂以取誉者"，即通过浪费国家钱财，用以贿赂君主以骗取信任和荣誉。其二，"有务庆赏赐予以移众者"，即擅行赏赐，收买人心，扩充自己的势力。其三，"有务朋党徇智尊士以擅逞者"，即假装出一副尊贤礼士的姿态，结党营私。其四，"有务解免赦罪狱以事威者"，即擅自赦放罪犯以扩大自己的军事实力。其五，"有务奉下直曲、怪言、伟服、瑰称，以眩民耳目者"，即身穿奇装

---

① 《商君书·修权》。

异服，散布诽谤朝廷的言论，以扰乱民心。韩非子指出："此五者，明君之所疑也，而圣主之所禁也。"① 即明君怀疑这5种人，而圣主则禁止这5种人。

如前所述，商鞅揭示了君主以自己的喜好厌恶来任免官员，是造成奸人入朝的重要原因。他说："今上论才能智慧而任之，则智慧之人希主好恶，使官制物，以适主心；是以官无常，国乱而不一。辩说之人而无法也。如此，则民务焉得无多，而地焉得无荒?"② 因此，他主张立人才法，以使任官有一定的标准，即以功授官："国以功授官予爵"③，"论荣举功以任之"④。

《管子》对防范奸才也提出了一些措施：其一，訾謷之人，勿与任大。"毁訾贤者之谓訾，推誉不肖之谓謷。訾謷之人得用，则人主之明蔽，而毁誉之言起。任之大事，则事不成而祸患至。故曰：訾謷之人，勿与任大。"⑤ 可见，《管子》作者认为诽谤诋毁能人的人和称誉推崇不肖之徒的人都不能任用。如这两种人得到重用，君主认识了解人的眼力会受到蒙蔽，颠倒是非、混淆黑白的流言蜚语便会广泛传播；倘若让这两种人去办大事，不但事情办不好而且还会招致祸患。

其二，国君对4种人应该谨慎任用。"君之所慎者四：一曰大德不至仁，不可以授国柄。二曰见贤不能让，不可与尊位。三曰罚避亲贵，不可使主兵。四曰不好本事，不务地利而轻赋敛，不可与都邑。此四务者，安危之本也。故曰：卿相不得众，国之危也；大臣不和同，国之危也；兵主不足畏，国之危也。民不怀其产，国之危也。"⑥ 《管子》作者认为，国君对4种人应谨慎任用：一是虽有较好的品德但仁爱人民并未达到最

① 《韩非子·说疑》。
② 《商君书·农战》。
③ 《商君书·靳令》。
④ 《商君书·算地》。
⑤ 《管子·形势解》。
⑥ 《管子·立政》。

高境界的人，不可让他掌握实施国家大政方针的权力。二是对待贤能不谦恭礼让的人，不可让他占据尊贵的职位。三是当实施刑罚时，遇到亲戚、权贵便回避姑息的人，不可委任他统率军队。四是不热心于农业生产，不重视开发地利而忽视赋税收入的人，不能让他管理一城一地。这是巩固国家的大事，是国家安危的根本。因为，如执掌朝政大权的卿相不为民众所拥护，大臣们不能同心协力，军队的统帅不能使人畏惧其威严，民众不注意农业生产，都将导致国家的危亡。

其三，国家应防止 4 种坏习气。"毋访于佞，言毋用佞人也，用佞人则私多行。毋蓄于谄，言毋听谄，听谄则欺上。毋育于凶，言毋使暴，使暴则伤民。毋监于谗，言毋听谗，听谗则失士。夫行私、欺上、伤民、失士，此四者用，所以害君义失正也。"①《管子》作者认为，不要信任善于用花言巧语、奸邪诈伪的人，信任了那样的人便将废公而行私；不要听从容忍谄媚奉承行为，听从容忍那样的行为便是欺蒙上级；不要使用凶暴的手段，使用凶暴的手段必将伤害民众；不要听信诋毁他人的言论，听信了那样的言论便将失去有用的人才。总之，如果让行私、欺上、伤民、失士这四种坏习气广泛流行，是会损害君主应有的道义，使政治偏到邪路上去。

正由于韩非把君臣关系视为虎狼与利害关系，因此，他所论述的术主要指驭臣之术，其中除了讲考课、监察方法之外，更多的是讲阴谋诡计。《难三》云："术者，藏之于胸中，以偶众端而潜御群臣者也。"术与法不同，法是臣之所师，术为主之所执，法要公开，术要暗藏，所以"法莫如显而术不欲见"，"用术，则亲爱近习莫之得闻也"。

据刘泽华在《先秦政治思想史》一书中的归纳，君主的术属于阴谋诡计的主要有 10 项：（1）深藏不露；（2）国之利器不可示人；（3）用人如鬼；（4）深一以警众心；（5）装聋作哑；（6）倒言反事；（7）事后抓辫子；（8）防臣如防虎；（9）设置暗探；（10）暗杀。君主的术属于考课

---

① 《管子·宙合》。

监察官吏的主要有4项：（1）任能而授官；（2）赏罚严明；（3）形名参验；（4）众端参观，听无门户。① 阴谋诡计10项是封建君主专制的糟粕，考课监察官吏中的任能而授官、赏罚分明两项在本章其他地方已有论述，这里就不再介绍，以下将形名参验和众端参观、听无门户略加阐述。

韩非所说的形名参验主要指：官任其职，以其职课其功；臣不兼官，事不越位；言行一致，"听其言必责其用，观其行必求其功"②。所谓众端参观、听无门户大意是君主听谏不以私故，不要有门户之见，应看其言是否有利于事。《韩非子·内储说上》指出："观听不参则诚不闻，听有门户则臣壅塞。"《韩非子·外储说左上》更进一步明确指出："忠言拂于耳，而明主听之，知其可以致功也。"当然，听谏除不要有门户之见外，还要善于抉择。正如《韩非子·八经》所云："下君尽己之能，中君尽人之力，上君尽人之智。是以事至而结智，一听而公会。听不一则后悖于前，后悖于前则愚智不分；不公会则犹豫而不断，不断则事留。"

基于君臣关系为虎狼与利害关系的基础上，韩非认为，君主要集权一人，首要的任务是抑制大臣。为了防止大臣左右势侵君主，他提出了一些防范措施，主要有：

其一，臣子不得擅专兵权。军队是君主权势的基础，韩非认为必须由君主拥有，臣子"党与虽众，不得臣士卒"③。特别是对边疆大臣和领兵之将，更要警惕。《韩非子·亡征》指出："出军命将太重，边地任守太尊，专制擅命，径为而无所请者，可亡也。"《韩非子·八经》把大臣封君的私人武装力量，列为臣下八奸之一，建议君主加以取缔。

其二，臣子不得专财权并收买人心。财政是国家经济的命脉，韩非认为也必须由君主拥有，"臣制财利则主失德"④。韩非还提出要严禁大臣

---

① 《中国政治思想史集》第 1 卷《先秦政治思想史》，第 204—205 页。

② 《韩非子·六反》。

③ 《韩非子·爱臣》。

④ 《韩非子·主道》。

私施救济，收买人心，其"府库不得私贷于家"①。《韩非子·八说》云："行惠取众谓之得民"，"得民者，君上孤也"。

其三，臣子不得专人权。拥有人事任免权是君主指挥臣子的保证，因此，韩非提出，任免臣吏之权，只能由君主独擅，臣下不得"树人"。"臣得树人则主失党"②。

其四，臣子不得有刑赏之权。《韩非子·二柄》说："明主之所导制其臣者，二柄而已矣。二柄者，刑、德也。"韩非认为刑德二柄应为君主所独有，如落入臣子之手，"则一国之人皆畏其臣而易其君，归其臣而去其君矣。此人主失刑德之患也"③。

其五，禁止臣子结交私党。《韩非子·扬权》说："大臣之门，唯恐多人"，"欲为其国，必伐其聚"。韩非主张君主要时时提防出现"腓大于股"的现象，如发现臣下结党，就要严厉制止："散其党，收其余，闭其门，夺其辅。"④

其六，严格控制分封，取缔私朝。战国时期不少封君凭借封地割据，与国君抗衡。韩非清楚地看到其对国君的威胁，"凡人主之国小而家大，权轻而臣重者，可亡也"⑤。针对这种情况，韩非提出要限制封君的势力，或尽可能不分封："大臣之禄虽大，不得借威城市"⑥，"有国之君，不大其都"⑦。这一时期，大夫之家势力膨胀，仿效国君设立家朝（即私朝），成为与君主大朝廷相抗衡的势力。对此，韩非主张予以取缔，提出"人臣处国无私朝"⑧。

---

① 《韩非子·爱臣》。
② 《韩非子·主道》。
③ 《韩非子·二柄》。
④ 《韩非子·主道》。
⑤ 《韩非子·亡征》。
⑥ 《韩非子·爱臣》。
⑦ 《韩非子·扬权》。
⑧ 《韩非子·爱臣》。

第九节 《周礼》中的官制思想

据金文学家研究，《周礼》中的 356 官有 96 官与西周金文相同或相近。《周礼》中的六官体系除司寇一官与其他五官并列同西周全文不合外，其余五官大体与西周中晚期金文中官制相当。① 《周礼》中所叙述的职官与西周末年东周早期铭文有较多相吻合的地方。如西周晚期金文中毛公、番生这样的大官，他们主司两僚、公族和宫中诸事，与冢宰总摄百官又兼管宫中诸事十分吻合。又如《周礼》中大宰一职，在西周金文中尚未发现，凡是大宰的材料，均见于东周之器。综合古史专家的研究，笔者认为《周礼》中的官制思想是战国时代的作者根据西周末年至东周早期周王官制的实际情况，再加上自己的主观想象，拟构成的一整套相当严密、完整、系统的官制体系思想。当然，目前要明确地分清哪些部分是历史的真实情况，哪些部分是主观拟构的，还是不大可能的，有待于进一步的考古发现和研究。但是起码可以说，《周礼》中有关官制的内容既反映了西周末年东周早期某些官制的实际情况，又反映了战国时期的官制思想已发展到一个相当高的水平。

一、天官冢宰

天官冢宰（即大宰）为六卿之首，总理天下政务。"帅其属而掌邦治，以佐王均邦国。"② 率领他的部属，掌理天下的政务，辅佐王者统治

---

① 张亚初、刘雨：《西周金文官制研究》，中华书局，2004 年，第 140 页。
② 林尹：《周礼今注今译》，书目文献出版社，1985 年，第 4 页。本节以下引文未注出处者，均见于此书，仅注页码。

天下。"掌建邦之六典，以佐王治邦国。一曰治典，以经邦国，以治官府，以纪万民。二曰教典，以安邦国，以教官府，以扰万民。三曰礼典，以和邦国，以统百官，以谐万民。四曰政典，以平邦国，以正百官，以均万民。五曰刑典，以诘邦国，以刑百官，以纠万民。六曰事典，以富邦国，以任百官，以生万民。"① 这就是说，冢宰（大宰）掌理修立治政六典，以辅佐王者统治天下各诸侯国。第一是治典，用来统治天下，治理官府，管理万民。第二是教典，以安定天下各诸侯国，使官府有所遵循，教化人民，使他们都变得顺服而善良。第三是礼典，用来协和天下各国，统御官府，使百姓能敦睦相处。第四是政典，平服天下各诸侯国，使百姓各安其位，都能得到公平的待遇，平均负担赋税。第五是刑典，用来制止各诸侯国的叛乱反逆，惩罚犯法的官吏，督察百姓。第六是事典，以富强天下，使官吏都能尽力来立功绩，生养百姓。

冢宰作为六官之首，"以八柄诏王驭群臣：一曰爵，以驭其贵。二曰禄，以驭其富。三曰予，以驭其幸。四曰置，以驭其行。五曰生，以驭其福。六曰夺，以驭其贫。七曰废，以驭其罪。八曰诛，以驭其过"②。这就是说，冢宰以八柄辅佐王者统御群臣：第一是爵，劝励贤臣，使他尊贵。第二是禄，劝励贤臣，使他富有。第三是予，劝励贤臣，使他得到王者的宠爱。第四是置，劝励贤臣，使他修养品德。第五是生，劝励臣子，因为亲故功贵的缘故，使他得福。第六是夺，惩罚罪臣，使他贫穷。第七是废，惩罚罪臣，儆戒他的罪行。第八是诛，惩罚罪臣，使他遭受灾祸。可见所谓八柄驭臣，主要就是通过奖惩手段来管理群臣。

周朝时期家国一体，冢宰作为六官之首，总理政务，同时又是王宫的总管家，负责王宫中国王、王后、王子等的食衣住行、祭祀、府库等事务。其属官膳夫"掌王之食饮膳馐，以养王及后、世子"③，即膳夫掌

---

① 第 9 页。
② 第 9 页。
③ 第 34 页。

理王者所吃的饭食酒浆牲肉与菜肴，供养王者与王后、世子。内饔"掌王及后、世子膳馐之割烹煎和之事"①，即内饔掌理王者与王后、世子肴馔切割烹煎调味等事务。司裘"掌为大裘，以供王祀天之服"②，即司裘职掌制作大裘，为王者提供祭天时穿着的祭服。内司服"掌王后之六服"，即内司服掌理王后的六服。缝人"掌王宫之缝线之事"。染人"掌染丝帛"③。宫正"掌王宫之戒令纠禁，以时比宫中之官府次舍之众寡，为之版以待。夕击柝而比之。国有故，则令宿，其比，亦如之。辨外内而时禁"④。即宫正掌理王宫中的戒令纠察与宫禁，按时考查王宫内的各官府各办事处办公人员的勤惰，并需事先制订名册资料。夜晚，击梆子示警巡查。国中如有重大的变故，命令王宫中所有人员坚守他们的岗位，像平时一样查考他们，在限定的时间禁止王宫内外人员的出入。掌次"掌王次之法，以待张事"⑤，即掌次掌理王者外出居息处所的规制，负责铺排陈设的一切事务。以上冢宰属下膳夫、内饔、司裘、内司服、缝人、染人、宫正、掌次等职官，其实就是王者的家臣，负责王者及王后、世子的食衣住等。

二、地官司徒

地官司徒为六卿第二，"掌建邦之土地之图，与其人民之数"，"辨其山林川泽丘陵坟衍原隰之名物"，"而施十有二教（民）焉"，"制天下之地征，以作民职，以令地贡，以敛财赋"⑥。由此可见，司徒主要负责管理全国的土地、户口、山川物产、教民以及赋税征收等。其中对于土地

---

① 第 38 页。
② 第 69 页。
③ 第 82 页。
④ 第 30 页。
⑤ 第 61 页。
⑥ 第 97—98 页。

和户口的管理是："凡建邦国，以土圭土其地而制其域。诸公之地，封疆方五百里，其食者半。诸侯之地，封疆方四百里，其食者参之一。诸伯之地，封疆方三百里，其食者参之一。诸子之地，封疆方二百里，其食者四之一。诸男之地，封疆方百里，其食者四之一。凡造都鄙，制其地域而封沟之，以其室数制之。不易之地，家百亩；一易之地，家二百亩；再易之地，家三百亩。乃分地职，奠地守，制地贡，而颁职事焉，以为地法而待政令。""令五家为比，使之相保；五比为闾，使之相受；四闾为族，使之相葬；五族为党，使之相救；五党为州，使之相赒；五州为乡，使之相宾。"① 这就是说，司徒对于土地和户口的管理是：凡建立邦国，用土圭测日影的方法测量土地，制定各国的区域。公爵的封国地，疆界之内方五百里，可以出产物资而征取赋税作为国家财用的地方大约有二分之一。侯爵的封国地，疆界之内方四百里，可以出产粮食而征取赋税作为国家财用的地方大约有三分之一。伯爵的封国地，疆界之内方三百里，可以出产粮食而征取赋税作为国家财用的地方大约有三分之一。子爵的封国地，疆界之内方二百里，可以出产粮食征取赋税作为国家财用的地方大约有四分之一。男爵的封国地，疆界之内方一百里，可以出产粮食征取赋税作为国家财用的地方大约有四分之一。凡设立都鄙，先划定区域，在边界挖沟堆土种树，按照规定的户数，加以调整。最上等的土质肥美年年可以耕种的地，每家发给一百亩；次等的耕种一年必须休耕一年的地，每家发给二百亩；再次等的耕种一年必须休耕两年的地，每家发给三百亩。划分从事土地生产工作者的职责，规定地政官员的职守，制定从事土地生产所得的税率，使人民各自努力从事分内的工作，以上述各项作为任地的官法。同时，将民众五家编为一比，使他们能够互相担保。五比编为一闾，使他们可以互相托付。五闾编为一族，使他们能在丧事上相互吊祭。五族编为一党，使他们能互相帮助。五党编为一州，使他们能周济州中贫苦不能备办婚丧礼的人。五州为乡，使他们

---

① 第98—99页。

敬礼乡中有德行才能的人。

在赋税方面，司徒"以土均之法辨五物九等，制天下之地征，以作民职，以令地贡，以敛财赋，以均齐天下之政"①。这就是说，司徒以均平土地贡赋的法则，辨别五种土地所产之物与九种不同的土质，制定天下的地税，鼓励人民努力从事各种职业，施行地贡法，征收财贿赋税，以公平划一的原则依法治理天下的税政。还有司徒属官的廛人，"掌敛市絘布、总布、质布、罚布、廛布而入于泉府。凡屠者，敛其皮角筋骨，入于玉府"②。这就是说司徒的属官廛人负责征收商税，即市肆的屋税、货物税、印花税以及规费、罚金、仓库租金等，所收取的现金缴交泉府。屠宰牲畜的肉商，可以收牲畜的皮角筋骨抵作租税，缴交玉府。

司徒还负责对民众施以"十有二教"："一曰以祀礼教敬，则民不苟；二曰以阳礼教让，则民不争；三曰以阴礼教亲，则民不怨；四曰以乐礼教和，则民不乖；五曰以仪辨等，则民不越；六曰以俗教安，则民不愉；七曰以刑教中，则民不虣；八曰以誓教恤，则民不怠；九曰以度教节，则民知足；十曰以世事教能，则民不失职；十有一曰以贤制爵，则民慎德；十有二曰以庸制禄，则民兴功。"③ 这就是说，司徒还负责对广大民众施行十二种教法：一是以祭祀的礼教民尊敬，那人民就不会随便、马虎；二是以乡射饮酒等礼教民谦让，那人民就不会相争；三是以婚姻的礼教民亲爱，那民就不会在心里产生怨恨；四是以乐礼教民和睦，那人民就不会乖戾；五是从礼仪辨别尊卑上下的等级，那人民就不会逾越；六是以善良的习俗教民安居，那人民就不会苟且；七是以刑罚教民中正，那人民就不会暴乱；八是以誓戒教民敬慎，那人民就不敢怠惰；九是以制度教民节制，那人民就知道满足；十是以累世相传的艺事教民充实技能，那人民就不会失业；十一是按照贤行颁与爵位，那人民都会崇尚德

---

① 第98页。
② 第150页。
③ 第97—98页。

行相劝为善；十二是按照功绩颁与俸禄，那人民都会努力职事建立功业。

司徒还"颁职事十有二于邦国都鄙，使以登万民：一曰稼穑，二曰树蓺，三曰作材，四曰阜藩，五曰饬材，六曰通财，七曰化材，八曰敛材，九曰生材，十曰学艺，十有一曰世事，十有二曰服事。以乡三物教万民而宾兴之：一曰六德：知、仁、圣、义、忠、和；二曰六行：孝、友、睦、姻、任、恤；三曰六艺：礼、乐、射、御、书、数"①。这就是说，司徒颁布12种职事于邦国都鄙，辅导人民：第一种是种植粮食作物的，第二种是种植果木蔬菜的，第三种是采集山泽所出木材产物的，第四种是养殖家禽家畜的，第五种是雕琢或镶制金石珠玉等器物的，第六种是贩卖货物的，第七种是化治丝麻的，第八种是采集野生果实的，第九种是受雇于农工商贾虞衡从事各种生产劳动的，第十种是学习道德文艺的，第十一种是从事累世相传的专业技艺的，第十二种是替官府服务的。以乡学的3种方法来教化万民，有贤能优秀的，要以敬待宾客的礼节敬待他，并荐举给王者：第一种教法是六德，那就是知、仁、圣、义、忠、和。第二种教法是六行，那就是孝、友、睦、姻、任、恤。第三种教法是六艺，那就是礼、乐、射、御、书、数。

三、春官宗伯

春官宗伯为六卿之三，"帅其属而掌邦礼，以佐王和邦国"，即掌理建立王邦祭祀天神、人鬼地神的礼制，辅佐王者平治安定天下。具体地说，"以吉礼事邦国之鬼神祇以禋祀"，即以吉礼祭享邦国的天神人鬼地神。"以凶礼哀邦国之忧"，即以凶礼哀吊救助邦国的忧患。"以宾礼亲邦国"，即以宾礼使邦国互相和亲。"以军礼同邦国"，即以军礼的威严统一邦国的制度，使他们不敢僭越。"以嘉礼亲万民"②，即以嘉礼使万民相

---

① 第 99 页。
② 第 192 页。

和亲。

在中国古代，礼的一个重要功能是别尊卑上下等级，用以维护国家和社会的统治秩序。宗伯"以玉作六瑞，以等邦国。王执镇圭，公执桓圭，侯执信圭，伯执躬圭，子执谷璧，男执蒲璧。以禽作六挚，以等诸臣。孤执皮帛，卿执羔，大夫执雁，士执雉，庶人执鹜，工商执鸡"①。这就是说，宗伯以玉制作六瑞，齐一邦国的大小尊卑。王执持镇圭，公执持桓圭，侯执持信圭，伯执持躬圭，子执持谷璧，男执持蒲璧。以兽禽作为六挚，齐一臣子的尊卑。孤卿执持皮帛，卿执持小羊，大夫执持雁，士执持雉，庶人执持鹜，工商执持鸡。

在古代，礼的重要表现形式就是举行各种祭祀，在倡导以礼治国的理念下，祭祀成为国家的重大政治活动。这就是《左传》所说的"国之大事，在祀与戎"。宗伯主持国家的祭祀，"以天产作阴德，以中礼防之；以地产作阳德，以和乐防之；以礼乐合天地之化、百物之产，以事鬼神，以谐万民，以致百物。凡祀大神，享大鬼，祭大示，帅执事而卜日，宿眡涤濯，莅玉鬯，省牲镬，奉玉齍，诏大号，治其大礼，诏相王之大礼。若王不与祭祀，则摄位。凡大祭祀，王后不与，则摄而荐豆笾彻。大宾客，则摄而载果。朝觐、会同，则为上相。大丧，亦如之。王哭诸侯，亦如之。王命诸侯，则傧。国有大故，则旅上帝及四望。王大封，则先告后土，乃颁祀于邦国、都家、乡邑"②。宗伯主持国家祭祀时，以六牲等的动物用于婚礼，发扬男女互相亲爱的德性，制定适中的礼来防止淫逸。以五谷等的植物用于乡饮酒礼，发扬人民相敬让的德性，并以和谐的乐音禁其争竞。制作礼乐，合聚天地间纯气凝结变化而成的各种矿物以及各种动植物，用来祭祀鬼神、百物之神，并使万民安居乐业。凡有天神、人鬼、地祇的重大祭祀，宗伯率领有职事的人员卜问祭日，再戒，洗涤祭品，检视鬯酒用的圭瓒，审阅祭祀用的牺牲与烹煮牲体用的镬器，

---

① 第 192—193 页。
② 第 193 页。

奉持玉瓒，诏告大祝祭祀的名号以为祝词，预习王者亲行的大礼，正式行礼的时候在旁边敬告王者。若王者因故不能亲行祭词，就代表王者主祭。凡有大祭祀，若王后因故不能参与，就代表王后行礼，进献与彻（撤）除豆笾。王飨上公，若王后因故不能参与，就代表王后行裸礼。朝觐会同时，担任上相，王、王后与世子的丧事以及王哭吊死去的诸侯时，也担任上相。王者赐封诸侯时，担任导引受命者的傧。国家发生严重的凶灾，要祭祀上帝与四方的名山大川。王者封建诸侯，要事先祭告土神，向各诸侯国、各采邑、各乡遂和公邑颁布所当遵循的祀典。

四、夏官司马

夏官司马为六卿中之四，掌"帅其属而掌邦政，以佐王平邦国"[1]。就是司马率领他的部属，掌理天下的政典，辅佐王者平服天下。具体地说，"以九伐之法正邦国，冯弱犯寡则眚之，贼贤害民则伐之，暴内陵外则坛之，野荒民散则削之，负固不服则侵之，贼杀其亲则正之，放弑其君则残之，犯令陵政则杜之。外内乱，鸟兽行，则灭之"[2]。夏官司马以九伐法规正诸侯各国：诸侯中有以强凌弱、以大侵小的，那就削减他的土地；有擅杀贤良、残害人民的，那就去征伐他；有专行暴政、欺凌邻国的，那就废止国君，另立贤能；有使田野荒芜、百姓逃散的，那就削去他的土地；有自恃险固、不服节制的，那就派兵进入他的国境；有无故杀害亲族的，那就拘执而正治他的罪；臣下有放逐或杀害国君的，那就杀掉他；有违犯命令、轻蔑国家正法的，那就阻止他们不得与邻国交通；有悖乱外内人伦、行为同于禽兽的，那就诛杀他。由此可见，大司马率领的军队在维护周王朝对各诸侯的管理、国家长治久安方面发挥了重要的作用。

---

① 第289页。
② 第297页。

　　大司马作为军队的统帅必须负责军队每年春夏秋冬的训练、演习、校阅等。如"中春，教振旅，司马以旗致民，平列陈（阵），如战之陈（阵），辨鼓铎镯铙之用。王执路鼓，诸侯执贲鼓，军将执晋鼓，师帅执提，旅帅执鼙，卒长执铙，两司马执铎，公司马执镯，以教坐作进退疾徐疏数之节，遂以蒐田。有司表貉誓民，鼓，遂围禁，火弊，献禽以祭社"。如司马于仲春，训练兵众，竖立旌旗召集徒众，整编队形和作战的阵形一样，辨明鼓铎镯铙的用处，王者执持路鼓，诸侯执持贲鼓，军将执持晋鼓，师帅执持提鼓，旅帅执持鼙鼓，卒长持铙，两长持铎，伍长持镯，教导众兵坐下，起立，进退、距离疏密远近的节度，继而举行春季田猎。肆师、甸祝等官立表貉祭，约束参加田猎的民众，然后击鼓围猎，焚烧野草的火熄灭了，停止田猎，进献所猎得的禽兽祭社。仲夏与仲秋时，司马也像仲春一样，率领军队进行训练，并通过田猎的方式演习。"中冬，教大阅。前期，群吏戒众庶，修战法。虞人莱所田之野，为表，百步则一，为三表，又五十步为一表。田之日，司马建旗于后表之中，群吏以旗物鼓铎镯铙，各帅其民而致。质明，弊旗，诛后至者。乃陈车徒，如战之陈（阵）。皆坐，群吏听誓于陈（阵）前，斩牲以左右徇陈（阵）曰：'不用命者，斩之。'中军以鼙令鼓，鼓人皆三鼓，司马振铎，群吏作旗，车徒皆作，鼓行，鸣镯，车徒皆行，及表乃止。三鼓，摝铎，群吏弊旗，车徒皆坐。又三鼓，振铎，作旗，车徒皆作。鼓进，鸣镯，车骤徒趋，及表乃止。坐作如初，乃鼓，车驰徒走，及表乃止。鼓戒三阕，车三发，徒三刺，乃鼓退。鸣铙，且却，及表乃止，坐作如初。遂以狩田，以旌为左右和之门，群吏各帅其车徒，以叙和出，左右陈车徒，有司平之，旗居卒间以分地，前后有屯百步，有司巡其前后。险野人为主，易野车为主，既陈，乃设驱逆之车，有司表貉于陈（阵）前。中军以鼙令鼓，鼓人皆三鼓，群司马振铎，车徒皆作，遂鼓行，徒衔枚而进。大兽公之，小禽私之，获者取左耳。及所弊，鼓皆骇，车徒

皆躁，徒乃弊，致禽馌兽于郊。入，献禽以享烝"①。到了仲冬，司马率军队举行大校阅。在大校阅的前几天，官长们要告诫他们的部属，颁布作战的法则。虞人芟除田猎与演习地方的杂草，设立表帜，每隔一百步设立一个表帜，设立三个表帜，又五十步再设立一个表帜。到了田猎的那天，司马在最后那个表帜与前一个表帜的中央竖立旌旗。乡吏们拿着旗，敲着鼓、铎、镯、铙等，率领各自的乡民前来报到。天亮时，拿掉竖立的旗帜，处罚迟到的人。于是用车辆和兵员布阵，如同实战时的阵形。全体坐下，官长们站在队伍的前面来听誓戒，斩杀牺牲给队伍中所有的人员看，告诉他们："不服从命令的，斩！"中军的将帅用鼙鼓发令，鼓人击鼓三通，官长们举起了他们的旗帜，车辆和步军的士兵们都站了起来，鼓人击鼓，伍长鸣镯，命令他们行进。所有的车辆和步兵们都向前推进，到了第二表的地方停下来。鼓人击鼓三通，两长摘铎，官长们放下他们的旗帜，车辆停止前行，兵军的士兵们都坐了下来。又击鼓三通，振铎，举起旗帜，车辆准备前行，步军的士兵们都站了起来。击鼓，鸣镯，命令行进，车辆向前急行，步兵向前快步前进，到了第三表的地方停了下来。又和以前一样地坐下，起立。于是又击鼓命令行进，车辆加速奔驰，步卒跑步前进。到了前表的地方停了下来。接着，响起了三通急疾不绝的鼓声。车上的射手发射三矢，步兵们击刺三次。然后击鼓鸣铙命令他们暂时后退，到后表的地方停止，坐下来，起立，也和以前一样。接着举行冬季大规模的田猎，树立旌旗作为左右军门，官长们各自率领属下的车辆兵员按照次序出入军门，分左右用车辆和兵员布阵，乡师负责规正他们的行列，每卒之间树立旗帜划分地区，前后屯驻车辆和步卒的队形距离一百步。乡师巡行阵地前后，凡列阵势、险阻的地方，步卒在前，兵车在后；平坦的地方，兵车在前，步卒在后。列好了阵势，然后设置驱赶禽兽用的车。肆师、甸祝等官在阵前立表处貉祭，中军将帅用鼙鼓发令，鼓人击鼓三通，两长振铎，兵车步卒起立准备，击鼓命

---

① 第 298—299 页。

第五章

令前进，各人嘴里都衔枚，齐向前行。捕得大禽兽，要缴交公家，捕得小禽兽，可以据为己有。凡捕得禽兽的，把它的耳朵割下来，以此为凭计算他的成绩。到了田猎地区的尽头，鼓声雷鸣，车辆和步军的士兵们大声欢呼，于是传令所有的兵员们停止田猎，把所猎得的禽兽献祭郊中四方之神，回到都城中又以所猎获的禽兽祭享宗庙。

大司马作为军队的统帅，还负责对军队进行管理。"及师，大合军，以行禁令，以救无辜伐有罪。若大师，则掌其戒令，莅大卜，帅执事莅衅主及军器。及致，建大常，比军众，诛后至者。及战，巡陈（阵），眡事而赏罚。若师有功，则左执律，右秉钺，以先凯乐献于社。若师不功，则厌而奉主车。王吊劳士庶子，则相，大役，与虑事，属其植，受其要，以待考而赏诛。大会同，则帅士庶子，而掌其政令。若大射，则合诸侯之六耦"①。这就是凡有事出动军队，司徒调集六军，执行禁令，救助无辜，征伐有罪者。如果王者亲自率军征伐，司徒就负责军中戒令，亲临卜问军中大事，率领执事的官员亲临以牲血涂主与军器。召集军众时，建立太常旗，核校报到的人数，诛杀迟到的人。作战的时候，巡视阵势，查明战功而加以赏罚。如果军队打了胜仗，左手执律，右手执钺，亲自先导，奉凯乐献功于社。如果打了败仗，那就穿着丧服，护奉主车。王者吊问慰劳士庶子，在一旁诏告礼仪。有建筑城邑，大兴工役，参与工程的策划，聚集徒役，计算竖立木干的人数，收受工役的名册，考量他们的勤惰，加以赏罚。大会同时，率领随行的士庶子，执掌政令。大射，负责调配诸侯的六射耦。

五、秋官司寇

秋官司寇为六卿之五，"帅其属而掌邦禁，以佐王刑邦国"。即率领他的部属，掌理天下的禁令，辅佐王者执行天下的刑罚。具体地说，司

---

① 第299页。

387

寇首先必须掌理刑法，以此作为禁戒惩罚的依据。因此，"大司寇之职，掌建邦之三典，以佐王刑邦国，诘四方。一曰刑新国用轻典，二曰刑平国用中典，三曰刑乱国用重典。以五刑纠万民：一曰野刑，上功纠力；二曰军刑，上命纠守；三曰乡刑，上德纠孝；四曰官刑，上能纠职；五曰国刑，上愿纠暴"①。可见，大司寇的职责是掌理建立王邦的三典，辅佐王者对各邦国施行刑罚，督察四方。第一是对新建立的邦国施行刑罚用轻典，第二是对承平的邦国用中典，第三是对叛逆篡弑的邦国用重典。以五刑来纠察万民：第一是施行野地的刑罚，目的在鼓励农功，纠举不勤力的。第二是施行军中的刑罚，鼓励遵守命令，纠举有亏职守的。第二是施行乡村的刑罚，提高民众的道德水平，纠举不孝顺的。第四是施行官府的刑罚，鼓励贤能，纠举失职的。第五是施行国中的刑罚，鼓励谨慎，纠举不恭的。

大司寇为禁民众违法乱纪，在正月朔日时，向邦国都鄙宣布刑法，将用文字书写的刑法悬挂在宫门两边的楼阙上，让老百姓观览，使他们遵守，十日以后，才把它收藏起来。"正月之吉，始和，布刑于邦国都鄙，乃悬刑象之法于象魏，使万民观刑象，挟日而敛之"②。其属官士师，"掌国之五禁之法，以左右刑罚：一曰宫禁，二曰官禁，三曰国禁，四曰野禁，五曰军禁。皆以木铎徇之于朝，书而悬于门闾，以五戒先后刑罚，毋使罪丽于民。一曰誓，用之于军旅；二曰诰，用之于会同；三曰禁，用诸田役；四曰纠，用诸国中；五曰宪，用诸都鄙"③。这就是说，士师掌理国家五禁之法，辅助刑罚禁止人民为非作歹。第一是王宫的禁令，第二是官府的禁令，第三是王城中的禁令，第四是野地的禁令，第五是军中的禁令。在外朝振动木铎，遍告民众，并用文字书写，悬挂在各处巷门。以五戒辅助刑罚，防止民众犯罪。第一是誓，用于军队；第二是

---

① 第363—364页。

② 第364页。

③ 第370页。

诰，用于会同；第三是禁，用于田役；第四是纠，用于国中；第五是宪，用于都鄙。

大司寇属下还有一些职官具体掌管禁戒事务。如"布宪，掌宪邦之刑禁。正月之吉，执旌节以宣布于四方，而宪邦之刑禁，以诘四方邦国，及其都鄙，达于四海。凡邦之大事合众庶，则以刑禁号令"①。布宪掌理公布王邦的刑法禁令，正月朔日，执持旌节到各邦国去宣传，把刑法禁令的条文悬挂门间，告示大众，使四方邦国与都鄙以及蛮夷戎狄都遵守法令。凡国家有大事就召集民众，宣示刑法禁令。"禁暴氏，掌禁庶民之乱暴力正者，挢诬犯禁者，作言语而不信者，以告而诛之。凡国聚众庶，则戮其犯禁者以徇。凡奚隶聚而出入者，则司牧之，戮其犯禁者。"② 禁暴氏掌理禁止人民以暴力侵凌他人，横行霸道、自行其是的，诈伪欺骗、颠倒是非、干犯禁令的，造谣生事、散布不实言论的，该职官还要负责查明事实真相，向司寇提出检举，加以诛罚。凡国家有事召集民众，诛杀违犯禁令的，遍示大众。男女奴隶群聚出入，使令差役时，必须监督他们，惩罚其中违反禁令的人。除此之外，司寇还有一些属官是专门负责某一方面的禁戒。如野庐氏专门负责道路的禁令："禁野之横行径逾者。凡国之大事，比修除道路者。掌凡道禁，邦之大师，则令埽道路，且以几禁行作不时者、不物者。"③ 这就是说，野庐氏负责禁止在野地中由田中通过或穿越沟渠堤防。凡国家有大事，监督考核修治清除道路的人。掌管有关道路的一切禁令，国家有大规模的军事行动，命令清扫道路，并查禁不按常时通行和穿着奇装异服执持怪异器物的人。"雍氏，掌沟渎浍池之禁。凡害于国稼者，春令为阱擭沟渎之利于民者，秋令塞阱杜擭，禁山之为苑泽之沈者。"④ 即雍氏掌理沟、渎、浍、池的禁令。凡对于国家农业生产方面有妨害的，春天下令修筑对于人民有利的阱擭沟

---

① 第 389 页。
② 第 390 页。
③ 第 391 页。
④ 第 392 页。

渎，秋天下令杜塞阱攫。禁止人民以山为苑囿，或用毒药毒杀泽中的鱼类。"萍氏，掌国之水禁，几酒，谨酒，禁川游者。"① 萍氏负责国家的水禁，视察人民酤酒是否适量适时，节制民间的用酒，禁止在河川里游泳。"司寤氏，掌夜时，以星分夜。以诏夜士夜禁，御晨行者，禁宵行者、夜游者。"司寤氏，负责夜间告时，以星宿的位置来区分夜时的早晚，诏告国中巡行夜守的官吏实行夜禁，禁止晨行、宵行和夜行。司烜氏的职责之一是"中春，以木铎修火禁于国中，军旅，修火禁"②。这就是说仲春时，司烜氏振摇木铎，告诫人们严格遵守有关用火的禁令。有军事行动，告诫军中严格遵守有关用火的禁令。

大司寇另一项重要职责是负责全国的狱讼，即刑事审判工作。"凡诸侯之狱讼，以邦典定之；凡卿大夫之狱讼，以邦法断之；凡庶民之狱讼，以邦成弊之。"③ 这就是说，凡诸侯之间发生狱讼，根据六典来审定；凡卿大夫有狱讼，根据八法来审断；凡庶民有狱讼，依据八成来听断。大司寇之下的属官小司寇，则负责"以五刑听万民之狱讼，附于刑，用情讯之，至于旬，乃弊之，读书，则用法"④。这就是小司寇负责用五刑审理人民狱讼，有触犯刑法的，根据情理与事实来讯问他们，十日后判决，宣读罪证与供词的记录，确实且没有疑义的，就依法定刑。其属官士师则协助大司寇"察狱讼之辞，以诏司寇断狱弊讼，致邦令"⑤。即协助大司寇审察狱讼言辞，诏告司寇断决狱讼，并提检有关的令书、刑书供大司寇参考。另一属官乡士"掌国中，各掌其乡之民数而纠戒之。听其狱讼，察其辞，辨其狱讼，异其死刑之罪而要之。旬而职听于朝，司寇听之，断其狱，弊其讼于朝，群士司刑皆在，各丽其法，以议狱讼。狱讼

---

① 第 393 页。
② 第 393 页。
③ 第 364 页。
④ 第 367 页。
⑤ 第 370 页。

成，士师受中，协日，刑杀，肆之三日。若欲免之，则王会其期"①。乡士各掌本乡兼掌国中的狱讼、人民的数目，并纠察戒令。乡士听断狱讼，审察诉辞，辨明狱讼的大小，所犯的罪行可以判决死刑或其他肉刑的，分别摘录要点，呈报司寇。10天以后，各以本职参与外朝的审讯。由大司寇主审，断决狱讼，群士司刑都在，各以本职所掌的刑法参议判刑的轻重。判刑确定以后，士师接受判决的文书，选择日期，执行刑杀，并陈尸三日（死刑以外的肉刑，执行完毕，即予以释放）。若有疑冤与合于宽免条件或可赦宥的，王者在司寇于外朝听讼那天亲往议刑。除此之外，"遂士，掌四郊，各掌其遂之民数而纠其戒令，听其狱讼，察其辞，辨其狱讼"②。"县士，掌野，各掌其县之民数，纠其戒令而听其狱讼，察其辞，辨其狱讼。"③ "方士，掌都家，听其狱讼之辞，辨其死刑之罪而要之。"④ 在此，乡士负责国中六乡的狱讼，遂士负责四郊六乡之外六遂的狱讼，县士负责郊外至500里王畿内甸、稍、县、都地区的狱讼，方士负责都家的狱讼，其审理判决的方法，乡士、遂士、县士、方士四者基本上相同。还有，"讶士，掌四方之狱讼，谕罪刑于邦国。凡四方之有治于士者造焉。四方有乱狱，则往而成之"⑤。讶士掌理四方诸侯的狱讼，向各诸侯邦国晓告制作刑法的意义，凡四方诸侯国有疑难未决的狱讼或对法律有疑问呈请王朝（士师）指示的，由讶士代为接受而转达。四方诸侯邦国有发生君臣宣淫、上下相虐等狱讼，讶士亲自前往审判。

　　大司寇属下还有两个职官对判决狱讼比较重要。一是"司刑，掌五刑之法，以丽万民之罪。墨罪五百，劓罪五百，宫罪五百，刖罪五百，杀罪五百。若司寇断狱弊讼，则以五刑之法诏刑罚，而以辨罪之轻重"⑥。

---

① 第 373 页。
② 第 374 页。
③ 第 375 页。
④ 第 376 页。
⑤ 第 377 页。
⑥ 第 380 页。

可见，司刑掌五刑的刑法，根据人民所犯的罪行量刑的轻重。适用于墨刑（在脸上刻字，并染上墨）的罪有五百条，适用于劓刑（割去鼻子）的罪有五百条，适用于宫刑（男子割去生殖器，女子幽闭宫中）的罪有五百条，适用于刖刑（断双足）的罪有五百条，适用于死刑的罪有五百条。若司寇断决狱讼，根据五刑刑法，辨明罪行的轻重，签署适当的刑罚。二是"司刺，掌三刺三宥三赦之法，以赞司寇听狱讼。壹刺曰讯群臣，再刺曰讯群吏，三刺曰讯万民。壹宥曰不识，再宥曰过失，三宥曰遗忘。壹赦曰幼弱，再赦曰老耄，三赦曰蠢愚"。[1]司刺负责三刺、三宥、三赦的政法，辅助司寇听断狱讼。第一刺是征询群臣的意见，第二刺是征询群吏的意见，第三刺是征询万民的意见。第一宥是没有认清而杀人，第二宥是无心而过失杀人，第三宥是因遗忘而杀人。第一赦是七岁以下的弱小幼童，第二赦是七八十岁的昏眊老人，第三赦是智力特低的白痴。用这三法，来求民情，作适当的断决，科以轻或重的罪罚，然后执行刑杀。

《周礼》原有《天官冢宰》《地官司徒》《春官宗伯》《夏官司马》《秋官司寇》《冬官司空》六篇。汉时，《冬官司空》篇已丢失，由于冬官司空主要负责全国的建筑工程和手工业生产，所以，后人用战国时期记述官营手工业各工种规范和制造工艺的文献《考工记》补《冬官司空》之阙。

六、财经管理权限明确、互相制约的思想

据《周礼》论述，财政管理权直接属于最高行政长官大宰，卿一人，"以九职任万民"，"以九赋敛财贿"，"以九式均节财用"，"以九贡致邦国之用"。[2] "岁终，则令百官府各正其治，受其会，听其致事，而诏王废

---

① 第380—381页。

② 第10页。

置。三岁，则大计群吏之治而诛赏之。"① 从此可以看出，大宰通过每年年终接受各级官府岁计之年报，三年进行一次大计，以考核群吏之治，对审计负总责。大宰之下又设有两个具体的主管部门，一是小宰，中大夫二人，"掌邦之六典八法八则之贰，以逆邦国都鄙官府之治。执邦之九贡九赋九式之贰，以均财节邦用"②。小宰考核王邦各国以及都鄙官府政务的具体做法是"月终，则以官府之叙受群吏之要。赞冢宰受岁会，岁终，则令群吏致事"③。这就是说月报事小，故不呈于大宰而上于小宰，小宰月终依官府地位尊卑之顺序受群吏月报。小宰于岁终则辅佐大宰接受岁报，对官吏进行考核。小宰考核官吏政绩的标准是"以听官府之六计，弊群吏之治。一曰廉善，二曰廉能，三曰廉敬，四曰廉正，五曰廉法，六曰廉辨"④。小宰辅佐大宰执九贡九赋九式，以均节王邦财用的做法是"以叙制其食"，"以叙受其会"，"听出入以要会"⑤。这就是说按照职事的大小来评定月俸，按照爵秩的尊卑来决定接受会计文书的先后，如果官府财物出入有争议的话，那就根据会计簿书来听断。小宰属下一个重要的财政机构是大府，其主要职掌是总管赋税财物收入："掌九贡九赋九功之贰，以受其货贿之入"；负责对财物的保管，"颁其货于受藏之府，颁其贿于受用之府"；总管国中费用的支出，"凡官府都鄙之吏，及执事者受财用焉。凡颁财，以式法授之"，"凡邦之赋用取具焉"⑥。大府为库藏之长，下属有玉府、内府、外府、酒正、司裘、掌皮、典丝、典枲等部门。

大宰之下另一个具体主管财计的部门是司会，"中大夫二人，下大夫四人，上士八人，中士十有六人，府四人，史八人，胥五人，徒五十

---

① 第 11 页。
② 第 19 页。
③ 第 21 页。
④ 第 20 页。
⑤ 第 19—20 页。
⑥ 第 62 页。

人"①。司会作为财计部门，具有一定的审计职能。"掌邦之六典八法八则之贰，以逆邦国都鄙官府之治。以九贡之法，致邦国之财用；以九赋之法，令田野之财用；以九功之法，令民职之财用；以九式之法，均节邦之财用。掌国之官府郊野县都之百物财用，凡在书契版图者之贰，以逆群吏之治，而听其会计。以参互考日成，以月要考月成，以岁会考岁成，以周知四国之治，以诏王及冢宰废置。"② 以上可知司会从两个方面辅佐大宰：一是辅助大宰掌理六典八法八则，以考核邦国都鄙各官府的治绩。二是辅助大宰掌管财政收支。按照九贡的法制，接受各国诸侯所进贡的财货；按照九赋的法制，征收四郊田野的税物；按照九功的法制，征收万民从业所得的赋税；按照九式的法制，分配调节国中货财的支出。司会辅助大宰的具体做法是掌理邦畿内各官府及郊野县都有关各种货物钱财出入登录记载的书契版图副本的存管，根据这些，接受各级官吏呈报的政绩，加以审计考核。以司书的要会副本，职内的收入，职岁的支出参校而成的每日会计，来稽考每十日成事的文书；以一月的会计，稽考一月成事的文书；以一年的会计，稽考一年成事的文书，彻底明了邦畿及诸侯各国的吏治，呈报王者及冢宰，作为升降任免的资料。财计部门除司会之外，其下还设有司书、职内、职岁、职币。司书掌"邦中之版，土地之图，以周知入出百物。以叙其财，受其币，使入于职币"③。职内"掌邦之赋入"。职岁"掌邦之赋出"④。

据《周礼》所载，小宰属下的宰夫兼职负责审计工作。"宰夫，下大夫四人，上士八人，中士十有六人，旅下士三十有二人，府六人，史十有二人，胥十有二人，徒百有二十人。"⑤"掌治法，以考百官府群都县鄙之治，乘其财用之出入。凡失财用物，辟名者，以官刑诏冢宰而诛之；

---

① 第 3 页。
② 第 66 页。
③ 第 67 页。
④ 第 68 页。
⑤ 第 1 页。

其足用长财善物者，赏之。""岁终，则令群吏正岁会；月终，则令正月要；旬终，则令正日成。而以考其治，治不以时举者，以告而诛之。"① 根据上述记载，我们可以看出下列几点：（1）宰夫在机构的设置上，其官阶低于司会一级，司会为中大夫，宰夫为下大夫，但宰夫有权审计司会的会计文书。宰夫为小宰属下的职官，对小宰内部财经机构的审计属于内部审计，但其对小宰之外的财经部门，如司会及属下机构的审计，则属于外部审计。宰夫在人员编制中下大夫、上士、中士的人数与司会相同，旅下士、府、史、胥、徒的人数还大大超过司会，显而易见，其审计的工作面、工作量起码不亚于司会会计的工作面、工作量。（2）宰夫掌治法，使中国古代的审计从有明确记载开始，就具有司法监督的性质，这对后世比部隶属于刑部有直接的影响。（3）宰夫在审计的内容上合经济政绩审计、财政财务审计、财经法纪审计于一体，这就是按照治法考核"百官府群都县鄙"的治绩，稽查他们财用收支的情况。对于浪费公家财物，支出不当和账册不实者，那就要根据官刑报请冢宰加以诛罚；财用充足善于增加财物者予以奖赏。（4）宰夫审计是以王朝规定的法规为准绳，即"官刑"；审计的方式是分年月旬定期进行，主要采用复核法，总核考计会计文书。（5）宰夫的职权是将审计对象的结果报请冢宰加以赏罚。审计的对象是从中央到地方各级政府机构，即"百官府群都县鄙"。

总之，《周礼》中所论述的财经体制把财政主管、财物出纳保管、簿书登记、审计监督等分开来，各自设立独立的机构，分工明确，职掌范围有限，不让一个部门包办到底，越权办事，体现了财经管理权限明确，互相制约的原则。在审计制度方面主要通过对官吏的考核来进行审计监督，也就是说在对官吏的考核中包含有审计的职能。在考核中大宰负总责，司会从内部进行考核，而宰夫则从外部进行审计考核。在距今两千多年前，《周礼》对财经管理和监督的论述达到如此精辟，实为惊人！无

---

① 第 26 页。

论这些论述包含着多少真实的历史和作者的主观拟构，其财经体制的严密性、系统性，对后世封建王朝产生了深远的影响，被奉为圭臬。

七、对《周礼》职官制度思想评价

《周礼》是中国最早、最全面、最系统的一部有关职官制度的著作，其所反映的国家机构设置和运作思想，在古代影响极其深远。其中天官冢宰、地官司徒、春官宗伯、夏官司马、秋官司寇、冬官司空的六官思想，直接影响到魏晋南北朝从秦汉三公九卿制到隋唐三省六部制的演变。《周礼》的六卿之首天官冢宰总理全国政务，辅佐王统御群臣，具有后世宰相兼吏部尚书的职能，隋朝确立的吏部作为六部之首，职掌吏治，即源于《周礼》的天官冢宰。《周礼》的六卿之二地官司徒负责全国的土地户口、赋税征收、山川物产，其职掌与后世的户部尚书职能相同，隋朝确立的民部（即后来的户部）作为六部之二，职掌全国土地户口、财政收支，即源于《周礼》的地官司徒。司徒还职掌教导万民，其职掌在隋朝确立六部时，转到六部之三礼部尚书，既承袭了《周礼》六卿之三春官宗伯的职掌礼制、祭祀、迎宾，又承袭了地官司徒的教民职能。《周礼》的六官之四夏官司马统率全国军队，辅助王者平服天下。如诸侯有以强凌弱、擅杀贤良、残害人民、专行暴政、田野荒废、百姓逃散、不服节制、放逐弑君等违法乱纪行为的，司马就按照王者的命令，带领军队予以平服。司马平时还负责军队的训练、田猎演习和大校阅，战时如王者亲征，随从王者征伐，负责军中戒令，巡视阵势，赏罚将士，跟随王者慰问将士。在建筑城邑时，参与工程的策划、聚集徒役、考查他们的勤惰予以赏罚，其职掌与后世的兵部尚书职能相同。隋唐确立的兵部作为六部之四，职掌全国军队平时的管理、训练，战时听从皇帝的指挥调遣，领兵打仗，即源于《周礼》的夏官司马。《周礼》的六卿之五秋官司寇，职掌司法，负责全国的禁戒法令和狱讼的审理判决，其职掌与后世的刑部尚书职能相同。隋唐确立的刑部作为六部之五，职掌全国的刑

法、禁令与审判狱讼，即源于《周礼》的秋官司寇。《周礼》的六卿之六冬官司空，负责全国的建筑工程，其职掌与后世的工部尚书职能相同，隋唐确立的工部作为六部之六，职掌全国建筑工程的筹划、审核、主持修建、验收等，即源于《周礼》的冬官司空。总之，《周礼》的六官显然直接影响了隋唐的六部，较合理地涵盖和划分了古代全国的公共事务，所以自隋唐六部确立后，宋元明清均沿袭这一制度，一直延续了一千三百多年，直到中国古代封建社会的终结。

从《周礼》六官的排列顺序来看，在周王管理国家的各种事务中，其最重视的是对百官的管理和国家经济、财政的管理。"吏者，民之本、纲者也，故圣人治吏不治民。"（《韩非子·外储说右下》）因此，治国者首先必须管好全国各级的官吏。而最高统治者要管好官吏，必须拥有选拔、任用、监察、考核官吏的权力。因此在《周礼》中，周王将对官吏的管理权交予最高行政长官，即六官之首——天官冢宰，相当于后世的丞相、宰相。其次要管理好一个国家，经济、财政是基础。而且在国家经济、财政中，最重要的是国家必须控制粮食和货币，因为这是经济、财政的命脉。周王将粮食和货币的管理权交予六官第二——地官司徒，相当于后世的户部尚书。这种在管理国家中重视对官吏和财政管理的思想，古今中外概莫能外，其在两三千年之前的先秦时期已经出现，实属难能可贵！

《周礼》以六官为六篇，因官系事，开创了历史学中典章制度的一种编纂体例。后世历朝修订典制，如唐代的《开元六典》、宋代的《开宝通礼》、元代的《元典章》、明代的《大明会典》《大明集礼》、清代的《大清会典》《大清会典事例》等均是以《周礼》为蓝本，以吏户礼兵刑工六部作为主要篇章结构，斟酌损益而成的。这种结构以中央各机构设置、职掌为经安排纲目，以时间先后顺序为纬编排事情，条理清晰，层次分明，易于检索查阅。因此，成为隋唐之后历代官方编纂典章制度的正统体例。

《周礼》中的职官制度思想还反映了当时家国一体的思想。《周礼》

中的天官冢宰既是总理全国政务的宰相，又是掌管周天子王宫事务的总管家，负责周王、王后、世子等的食、衣、住等各方面。冢宰之下的属官膳夫、内饔等负责周王、王后和世子等的饮食，司裘、内司服、缝人、染人等负责周王、王后、世子等的服装，宫正、宫伯、掌次等负责周王、王后、世子等的住宿、保卫等。其实从整个周王朝国家政权结构体系来看，周王通过分封制，按照与周王血缘关系的亲疏远近，将其宗室成员授予公、侯、伯、子、男、士等不同等级，然后按照不同等级的高低分封给不同数量的土地与依附于土地上的农户作为封邑。与此同时，也按官爵、功劳的大小分封一部分异姓功臣。这些受封的贵族与功臣必须绝对效忠于周王，定期向周王朝缴纳贡赋，负担徭役，如遇战争，派遣军队随周王朝打仗。他们如违抗周王的命令，不向周王朝进贡，就会被取消封邑或封国，甚至沦为阶下囚或身家性命都不保。总之，全国就是姬姓周天子家族统治的天下。周王朝就是宗法制和分封制相结合的家国一体的王朝。

《周礼》中的六官思想还体现了先秦时期的道法自然、天人合一的思想。《周礼》中的冢宰、司徒、宗伯、司马、司寇、司空与天官、地官、春官、夏官、秋官、冬官是一一对应的，虽然这是当时作者将自然界与人类国家职官、政权机构的一种比附，但其比附带有当时道法自然、天人合一的哲学思想。先秦时期就有王权神授的思想，周朝的最高统治者周王就是天帝的儿子，故称周天子。冢宰作为一人之下、万人之上的宰相，辅佐周天子总理全国政务，是六官之首，故称天官冢宰，又称大宰。司徒掌管土地户口、征收赋税和全国山川物产，是全国最高的掌管财富的官员。在中国古代的农业社会中，土地是财富的最重要来源，因此司徒被冠以地官，司徒即司土也，其重要性仅次于天官冢宰，居六官之二。周朝标榜以礼治国。礼的最重要功能是别尊卑上下，各安其位。周朝的宗法制、分封制就是按血缘关系的亲疏来划分尊卑上下等级的，从而再根据等级分封到大小不等的封邑或封国。礼在平时还通过祭祀具体表现出来，尊卑上下等级不同，所祭祀的宗庙，礼器和祭品的大小、数量、

等级也不同，因此，祭祀向人们宣示了森严的等级制度，要求人们要严格遵守，不得僭越。礼是周王朝维持统治的重要工具，因此史称"国之大事，在祀与戎"。春天是一年的开始，万物复苏，欣欣向荣，所以古人总通过新的一年的开始，举行隆重的祭祀，祈求天地鬼神保佑国泰民安、风调雨顺，丰衣足食。所以礼官宗伯当为春官，居于六官之三。后世人们又将教育、科举归属礼官掌管，也是因春天是万物生长的好季节，教育、科举是培养人才、选拔人才之举，犹如自然界培育、选择栋梁之材，故将教育、科举置于春官宗伯管属之下，是顺应天时也。周代夏官司马平时负责军队训练、演习、校阅。农民春耕秋收，是农忙季节，不宜进行太多的军事训练、演习，以影响农业生产。冬天，农民则大多服劳役，参与修水利，建城墙、道路、桥梁等工程建设。因此，一年四季，比较适合于军事训练、演习的是夏季。夏天行军打仗，由于天气炎热，也少了一些士兵所要携带的辎重。因此，司马作为夏官，主管军事，也是顺应天时的体现。秋官司寇负责国家的刑法，职掌禁戒命令与审理判决狱讼。秋天是天气肃杀、万物凋零的季节，在此时审理判决罪犯、行刑处决为顺应自然规律，故后世有秋后处斩的说法，即除了特殊的情况，一般死囚犯判决定案后，都要等到秋后再行刑。冬官司空负责国家公共工程的建设，如果是重大的公共工程，必须征发大量的劳动力，所以为了不影响农业生产，政府一般在冬天农闲时组织公共工程的兴建。而且我国北方冬天干燥少雨，有利于工程的施工。所以，司空负责公共工程建设，故司空即司工也，兴建公共工程多选在冬天农闲之时，故为冬官也。总之，《周礼》将天、地、春、夏、秋、冬与冢宰、司徒、宗伯、司马、司寇、司空相比附对应，是有哲学思想作为依据的，体现了中国古代道法自然、顺应天时，遵循自然规律的天人合一的思想，值得进一步深入研究。

《周礼》六官之下设官之细之多，在中国古代也是罕见的。有些学者还以此作为根据之一，否定《周礼》中所列举的职官在历史上的存在。本书阐述的是先秦管理思想史，《周礼》中所列举的职官是否存在对研究

管理思想影响不大，因为不管其存在还是不存在，只要历史上有这一职官的记录，就反映了当时已出现了设置这种职官的思想。从《周礼》设置的职官之细之多可以看出，作者非常重视设置各种职官且要求必须权限明确，既分工协作，又要互相监督，其典型表现在财政财务职官的设置上。如设置中大夫司会主管会计，设置下大夫宰夫主管审计，司会之下再设司书负责财政财务收支记录，职内负责财政财务收入，职岁负责财政财务支出，职币负责收纳各官府都鄙公用财物及某种特定事务结束后多余的财物。单单收贮财物的府藏，也依据收藏财物的种类、来源和用途的不同分为大府、玉府、内府与外府。总之，这体现了财经管理监督在机构设置上既要职责分明，责任明确，又要权力有限，不让一个部门包办，互相监督的原则。

第六章
先秦军事管理思想

第一节　最高统治者必须掌握军权思想

一、夏王作为国家的最高统治者，也是军队的最高统帅

先秦自夏朝出现奴隶制国家以来，君主之权就是武力征服的产物，武力凌驾于政治权力之上。先秦许多思想家对此都有清晰的认识。《商君书·弱民》说："今夫人众兵强，此帝王之大资也。"

夏朝时，夏王不仅直接控制着中央王朝的军队，而且还可以调动地方侯、伯的军队参与征战。《尚书·夏书·甘誓》保存了非常珍贵的夏初夏王启与有扈氏在甘地战争的记载："大战于甘，乃召六卿。王曰：嗟，六事之人，予誓告汝：有扈氏威侮五行，怠弃三正，天用剿绝其命。今予惟恭行天之罚。左不攻于左，汝不恭命。右不攻于右，汝不恭命。御非其马之正，汝不恭命。用命，赏于祖。弗用命，戮于社。予则孥戮汝。"

从这一记载中，我们可以了解到夏王启作为全国的最高军事统帅，

对军队拥有绝对的领导权和指挥权。"大战于甘",注引郑康成说:"天子之兵,故曰大。"疏谓:"未战称大者,谓天子亲征之师。"① 夏王启亲自率领王朝大军对胆敢反对他的有扈氏进行征讨。作为讨伐有扈氏大军的最高统帅,他在战前"乃召六卿"。"六卿者,郑云,六军之将。"②《史记·夏本纪》作"乃召六卿申之"。其意思都是说,夏王启召集六卿重臣,将自己有关对有扈氏作战的决策向他们宣布,并责令他们作为统军将领贯彻执行。接着,夏王启又转向下级军官及士兵发布誓令:"王曰:嗟,六事之人,予誓告汝。"郑玄云:"变六卿言六事之人者,言军吏下及士卒也。"③ 这就是说,夏王朝的军队,从六卿、六事等军事指挥官,到参战的士卒,都必须听从最高统帅夏王的誓令。如果"用命,赏于祖。不用命,戮于社。予则孥戮汝"。夏王通过恩威赏罚,来激励将士服从自己的指挥,取得战争的胜利。

据古籍记载,夏王朝的不少夏王,都曾作为最高军事统帅,亲自率领军队对一些方国诸侯,特别是夷人方国部落作战。如夏王启曾"征西河";夏王相"征淮、畎","二年,征风夷及黄夷";夏王"柏杼子(即帝杼)征于东海,及王寿,得一狐九尾";夏王"不降即位,六年,伐九苑","后桀伐岷山"。④ 由此可以窥见,不少夏王在位期间,都发动对外征伐,并亲自统率军队作战。不仅如此,夏王还随时可调遣并指挥地方侯伯的军队单独作战,按照夏王的命令征伐有关方国部落。如夏朝中康时,曾派胤国之君前往征伐羲、和方国。夏桀时,曾"起"九夷之师伐商汤。这说明夏王不仅是中央王朝军队的最高统帅,而且是地方侯伯军队的最高统帅,拥有对地方侯伯军队绝对的指挥、调遣权力。

夏中央王朝和地方侯伯的军队,还未形成一套较为完善、定型的军事指挥系统。如夏朝官吏还未有明确的文武职官之分,中央王朝的军官,

①　孙星衍:《尚书今古文注疏》,中华书局,1986 年,第 208 页。
②　曾运乾:《尚书正读》,中华书局,1964 年,第 86 页。
③　《尚书正读》,第 86 页。
④　李民等:《古本竹书纪年译注》,中州古籍出版社,1996 年,第 13 页。

只是战时由各级官吏临时充任，平时则各主其政务。《尚书·甘誓》中所提及的六卿、六事和御，平时应当都是政务官，战争时则被夏王任命为领军将领。这些将领可跟随夏王出征打仗，也可受夏王的指派，代替夏王独立率领中央王朝军队出征。如夏朝末年桀伐岷山，《太平御览》卷82引《纪年》又作"后桀命扁伐山民"（山民即岷字）。虽然有关扁的职司不得而知，但他接受夏王桀的指派，作为一名将领统率军队单独前往征伐岷则是可以肯定的。

夏王朝方国部落军队的将领，自然是他们各自的侯伯首领。不论他们是配合中央王朝军队与夏王一起征战，还是受夏王之命领军独立作战，都得屈从于最高统帅夏王之下，听从夏王的指挥，成为和中央王朝官吏一样的领军将领。虽然有一些方国，如昆吾为"夏伯"，"得专征伐"，可以对一些方国部落用兵，但首先他们是"为夏方伯"①　而受到夏王的特别信任，才能被授予"得专征伐"的特权，并作为夏王的代表和一方之长行使这种特权。

二、商朝国王对军队的领导和指挥

早在商朝，统治者就很重视军队的作用。在甲骨文中，"國"字写成"或"，后来在金文中又发展成为"國"，其意象征着只有用武力（戈）才能占有和保卫人口、土地、城邑和国家。这折射出商朝的统治者就已意识到军队在维护国家政权中的不可或缺性，一个国家的存在和发展必须依靠军队和武力。

商朝中央王朝军队是由商王亲自组建的，甲骨文中称为"王乍（作）"。②　因此，商王对中央王朝军队有直接的领导和指挥权。如商王常

---

① 《史记》卷3《殷本纪》集解引孔安国说。
② 《甲骨文合集》33006，中华书局，1978—1982年。

亲自挂帅出征，甲骨文中称为"王伐""王征""王自征"。① 商王不仅自己亲征，有时则命将领代其出征，称为"王令"某人征等。② 商王对中央王朝军队的将士还拥有赏罚权。《尚书·汤誓》记载，成汤对将士宣称：你若一心辅助我征讨夏桀，我将大大地赏赐你，否则就将你们降为奴隶或杀死。

商王不仅对商代中央王朝军队拥有领导权和指挥权，而且对诸侯国和贵族的武装也拥有领导权和指挥权。这种权力主要表现在两个方面：一是商王对诸侯国和贵族军队的活动可进行干预。如商王让吴师涉水渡河，"呼涉吴师"③；商王亲自或派官员到诸国王、贵族军队中视察，"王往于鹿师"④，"令囗往雀师"⑤。二是商王命令诸侯国军队随王出征。如"王惟侯告从征夷"⑥，"余步从侯喜征人方"⑦，"余其从多田于（与）多伯征盂方伯炎"⑧。商代甲骨文中，"余"是商王的自称。"侯某从征"或"从侯某征"（从某伯征）意为商王率领某侯某伯军队。侯（伯）之随王出征，当不是侯（伯）一人随王，而是以其诸侯国的军队随王出征。古籍中所说的"元侯作师……以承天子"⑨，也就是指诸侯国的军队受王命出征。甲骨文中的"从侯某征"（从某伯征），就是指地方诸侯拥有的军队，承接天子（商王）的命令而随从商王征战。这种关系，表明商王对诸侯国军队也拥有领导权和指挥权。

商王之下，有各级武职官员具体负责管理军队事务，如见于古文献和甲骨文的有师长、亚、射、使、马亚、马小臣、戍等。他们都要绝对

---

① 《甲骨文合集》6427、33023、33035。
② 《甲骨文合集》32229、6480、31973。
③ 《甲骨文合集》5811。
④ 《甲骨文合集》8219甲。
⑤ 《甲骨文合集》8006。
⑥ 《甲骨文合集》8219甲。
⑦ 《甲骨文合集》36482。
⑧ 《甲骨文合集》36511。
⑨ 《国语·鲁语》。

服从商王的领导和指挥。

三、西周国王对军队的领导和指挥

西周时期，军队是国家的重要组成部分。西周王室拥有一支强大的军队，对内镇压民众或诸侯的反叛，对外防御外敌的入侵或发动开拓疆土和掠夺财富、奴隶的战争。这就是《左传》僖公二十五年所记载的"德以柔中国，刑以威四夷"。当时，全国军队皆由周天子统帅，只有周天子对国家军队有绝对的领导权和指挥权。《国语·鲁语下》记载了叔孙穆子的一段话，深刻地反映了周天子牢牢掌握军队的必要性，而且自诸侯以下不得拥有军队，只有这样，周天子才能做到"上能征下，下无奸慝"。这就是"天子作师，公帅之，以征不德。元侯作师，卿帅之，以承天子。诸侯有卿无军，帅教卫以赞元侯。自伯、子、男有大夫无卿，帅赋以从诸侯。是以上能征下，下无奸慝"。

周王是西周王朝军队的最高统帅，有权调动中央王畿地区和各诸侯国的军队。每有发生重大的战争，往往由周王亲自率领王畿军队并征调各诸侯国军队从征。如周武王九年（前1038），"东观兵，至于盟津"之时，就曾"诸侯不期而会盟津者八百诸侯"。两年之后，周武王又"遍告诸侯曰：'殷有重罪，不可不毕伐'"，征集天下诸侯出征。"十一年（前1036）十二月戊午，师毕渡盟津，诸侯咸会。"周武王作为伐纣联军的最高统帅，"乃作《太誓》，告于众庶"。而在牧野决战前，又发布了战争动员令《牧誓》，指挥全军，并令"师尚父与百夫致师"[①]，从而取得了牧野决战的胜利，推翻了商纣的残暴统治，建立了周王朝。

有时因战争规模不大，周王仅率领中央王朝的军队出征。如穆王征犬戎、恭王灭密等，都是仅动用王畿的军队征战就取得了胜利。但如果遇到意想不到的强敌，也有打败仗的。如昭王南征，丧六师于汉，他自

---

① 《史记》卷4《周本纪》。

己也"卒于江上"。这是周王率军征战的一次奇耻大辱，故周人讳言昭王全军覆没之耻，说成是"昭王南巡狩不返"①。

周王对于一些不重大的战争，有时自己不亲自率军出征，而是派将领率军出征。如《诗经·江汉》载"江汉之浒，王命召虎，式辟四方，彻我疆土"，就是记载了周宣王命大臣召伯虎率军征伐淮夷之事。此外，西周一些重要的诸侯，还被周王授予得专征伐之权。《左传》僖公四年记："昔召康公命我先君太公曰：'五侯九伯，女实征之，以夹辅周室。'赐我先君履，东至于海，西至于河，南至于穆陵，北至于无棣。""五侯九伯"为天下诸侯的泛称，虽然齐国可代王征伐广大地区的各诸侯封国，但实际上指挥决策权仍然需要周王赋予。

四、春秋时期国君对军队的控制和指挥

春秋时期军队的最高领导者是各诸侯国的国君，各国国君是本国军队的最高统帅，他有统帅军队、命令将领权。前589年，晋国在鞌战中大败齐军，晋军归国后，晋国国君景公奖励三军将士。当时晋国将领互相谦让，反映了晋军下军受上军节制，上军受中军节制，中军元帅统率三军的指挥系统。而且军队的最高将军中军元帅，却要接受国君的命令后方有权统兵出征，这是当时国君握有最高兵权的反映。齐国的管仲整顿三军，国氏、高氏帅左右军，齐桓公率中军②。中军是三军的核心，齐国的军权当然是握在国君桓公之手。

春秋时期，各国国君牢牢掌握着军队的控制权和指挥权。如前592年，晋的郤克出使齐国，齐国国君顷公的母亲耻笑其为跛子。郤克非常生气，发誓要报复。郤克回到晋国后，立即向国君景公请求出兵攻打齐国，以泄其忿，晋景公不准。郤克又"请以其私属"，即请求用郤氏家

---

① 《史记》卷4《周本纪》。
② 《国语》卷6《齐语》。

族的私人武装去攻打齐国，景公也不同意。可见，当时无论是诸侯国的军队还是私人的家族武装，其控制权都掌握在国君手中。没有国君的批准，诸侯国的军队和私人武装都不能被调遣参加战斗。将士出征，参战的兵员人数也需要奏请国君。如前589年晋齐鞌之战，郤克执政当国，将中军为元帅。这次战争，晋景公准许他带700乘战车，郤克认为太少，请求景公增加兵员，景公最后同意增加100乘兵车。可见，每次战争派遣多少兵力参战，必须由国君做出决定。① 春秋时期，一个诸侯国对和、战的决策权也掌握在国君手中。前497年，齐、卫两国联合进攻晋国。这个仗究竟该不该打，当时在齐国国内引起一场争论。齐国"诸大夫皆曰不可"，都反对与晋战争。仅有一位叫郲意兹的大夫与齐国国君景公看法一致，主张与晋打一仗。齐景公力排众议，决定出兵攻打晋国，"乃伐河内"②。

春秋时期，国君如果亲率大军打仗，军队的调遣进退也必须由其最后批准决定。如前638年，宋楚两国在泓水（今河南柘城北15千米）交战。掌军的大司马公孙固在开战前劝阻宋襄公不要与楚国交战，襄公不听。当时楚军正在渡河，宋军已在岸边排好阵势。大司马又建议趁楚军渡河时发起攻击，宋襄公又不同意。楚军先头部队渡过河以后，正在乱哄哄地列队排阵时，大司马再次建议宋襄公发起攻击，但宋襄还是不同意。等到楚军全部渡过河，整理好队列，宋襄公才下令进攻楚军。结果宋军一战即溃，根本不是楚军的对手。宋襄公的大腿中了一箭，他的贴身卫士也被楚军全部歼灭，"公伤股，门官歼焉"③。宋军有主军的大司马在，但在此次战役中由于国君亲临战场，所以指挥权不在大司马而在宋襄公。

---

① 《左传》宣公十七年、成公二年。
② 《左传》定公十三年。
③ 《左传》僖公二十二年。

五、战国时期职业军官的出现和国王军权的变化

战国时期，战争频繁，而且规模不断扩大，各诸侯国十分重视军队的建设。当时，许多政治家都大谈"富国强兵之道"，主张"耕战""农战"，把国家经济生产纳入战争的轨道。富国的目的在于强兵，对外扩张。这些都促进了战国时期军事制度的变化。

战国时期军事制度的一个重要变化是职业军官的出现和形成。春秋以前，"军将皆命卿"[①]，即以卿为将领，文武不分。到了战国时，则有了"将门""相门"之分。[②] 像有名的赵国廉颇为将军，统率军队应敌；蔺相如则为相，随从赵惠文王赴渑池之会，挫败秦昭王的阴谋。战国时期，除楚国有称将军为柱国外，其余六国皆以将军之名称军队的统领者。如《史记·田单列传》载，齐国以田单为将军，田单总领齐国军事，故《说苑·指武》说："田单为齐上将军。"《史记·魏世家》载，魏惠王"令太子申为上将军"。《史记·燕世家》载，燕昭王即位，以乐毅为上将军。战国时期，大凡统军打仗的将军，都称为将军，故有大将军、上将军、左右将军、裨将军、护军将军、客将军等。其中总领整个诸侯国军队的将军为武官之长，有别于其他将领，而且特别尊称为大将军或上将军。在诸侯国中，大将军的地位仅次于相，是国王属下大臣中第二号实权人物。

大将军或上将军为三军统帅，是专职。以下是以军队的编制形成独立的军官系统名称，即五人为伍，为伍长，十人为什，为什长，百人为伯，为伯长，以此递增有"千人之将""万人之将"。大将军下有左、右将军，直接统辖"万人之将"。[③] 据《尉缭子》书中所载，伯长以下称

---

① 《周礼·夏官司马》。
② 《史记》卷 75《孟尝君列传》。
③ 《尉缭子·束伍令》，台湾商务印书馆影印文渊阁四库全书本。

"长"，伯长以上称"将"。称"将"可能是率领千人的军官，非训练有素、富有作战经验的职业军人担任不可，伯长以下可由地方行政的乡里长官担任，不必是专职军官。

战国时期，由于有了专职军官，国君对军队领导和指挥权力的运作发生了变化。军队内部的日常事务就全部委托给将军管理，国君一般不再过问，这就是"军中之事，不闻君命，皆由将出"①。治军和治国一样，"国不可从外治，军不可从中御"，意思是治理国家不应受外部干预，治军、作战不能由国君在朝廷中遥控指挥。

战国时期，国王一般不亲临前线指挥战争，这是与春秋时期不同的。春秋时期，只要稍大一点的战争，国君都必须亲临前线坐镇，所以有国君受伤、被俘、被追赶的事情发生。战国时期则相反，国王不亲临前线了，而是坐镇于国都听候前线的战况。像秦赵长平之战这么大的战争，双方国王都未亲临战场。虽然如此，战国时期的军权，却仍然牢牢掌握在国君手中。国王通过两种制度控制军权：

一是国王掌握所有将领的任免权，三军统帅由国王任命并可随意罢免。孙子说："将受命于君。"②《尉缭子·将令》云："将军受命，君必先谋于庙，行令于廷，君身以斧钺授将，曰：'左、右、中军，皆有分职，若逾分而上请者死。军无二令，二令者诛，留令者诛，失令者诛。'""逾分而上请者死"，即军中各级军吏有事只准逐级上报，最后总于将，不得越过将而直接上奏国君。如违反这个规定将被诛杀。由此可见，通过这一规定，将军得以专军中之事。

国君任命将军后，还要举行隆重的命将仪式，以显示国君的绝对军事权力以及树立被命将军统率军队的权威。《六韬·立将》有关命将的仪式云："凡国有难，君避正殿，召将而诏之曰：'社稷安危，一在将军，今某国不臣，愿将军师师应之也。'将既受命，乃命太史卜，斋三日之太

---

① 《六韬·立将》。
② 《孙子·军争》，新编诸子集成本，中华书局，2018 年。

庙，钻灵龟，卜吉日，以受斧钺。君入庙门，西面而立，将入庙门，北面而立。君亲操钺持首，授将其柄曰：'从此上至天者，将军制之。'复操斧持柄，授将其刃曰：'从此下至渊者，将军制之。'"国君授将斧钺后，并嘱咐注意事项，将军乃"受命"统帅三军出征。

战国时期，治军由将，但将的任免权在国王，军队的调动权也在国王手中。所以，战国时的将军虽可统帅指挥数十万、上百万大军，但其军权不在将手中而在国王手中。廉颇为赵国名将，长平之战初他实行固垒坚守战略，对秦军速决不利。秦国使用反间计，赵孝成王即免去廉颇的指挥权而任命赵括统军与秦国作战①。战国末年，秦倾全国兵力，命王翦带 60 万人攻楚。王翦多次向秦王请求田宅赏赐②，其目的是打消秦王对他的疑虑，不致半途收回他的指挥权。又如燕昭王任命乐毅为上将军，统率燕军攻齐。乐毅与昭王太子不合，昭王死后，太子继位为燕惠王，于是收回乐毅军权，以骑劫代替乐毅为燕将，乐毅只得出逃到赵国避难。③

二是国君实行调兵符玺制，以削弱将权。战国时期，军队数量大，且建立了一定数量的常备兵。每逢一次战争，常投入几万、十几万甚至数十万的将士作战。这样，将军的权力相应增大。军人作乱，危害性更大。为此，各国都实行调兵的符玺制度，以便国君直接控制军队的调动。玺即印玺，通常作为国君的权力象征，可用于调动军队。如前 238 年，秦国长信侯嫪毐作乱，"矫王御玺及太后玺"，以征发县卒和卫卒攻击秦王政。④ 但在战国时期，调动军队的正式凭信是符。秦国的虎符做成伏虎状，上铸铭文，分为两半，底有合榫，右半在国王处，左半发给将领。军队要调动时，必须有保存在国王处的右半与之会合，以作为凭信，左右符相契合，才能调动军队。目前考古已发现秦国的虎符多件，1973 年

---

① 《史记》卷 81《廉颇列传》。
② 《史记》卷 73《王翦列传》。
③ 《史记》卷 80《乐毅列传》。
④ 《史记》卷 6《秦始皇本纪》。

在西安市西郊山门口乡北沉村发现的杜虎符，其上铭文云："兵甲之符，右在君，左在杜。凡兴兵被甲，用兵五十人以上，必会君符，乃敢行之。燔燧之事，虽无会符，行也。"① 杜虎符上的"右在君"的君即秦惠文君，惠文君十三年（前 325）称王改元。此符称"君"，当是在此以前所造。杜是杜县，秦武公十一年（前 687）秦国在杜设县，秦在此驻扎军队。比杜虎符晚的"新郪虎符"，改"君"为"王"，"右在君"改为"右在王"，是惠文王十三年（前 325）以后所造。用兵 50 人以上就要合王符，可见国王对军队控制之严。历史上著名的孟尝窃符救赵，所窃的符就是这种调兵虎符。魏王亲自保管兵符，白天不离身，睡觉时放置在枕头下，由此可见国王对军权控制之重视和严密。

六、先秦时期君主掌握军事大权思想

先秦时期，人们对军队在管理国家中的重要作用有清楚的认识。当时，人们普遍认为"国之大事，在祀与戎"②，即国家最重要的两件大事就是祭祀与军事。《管子·参患》则指出："君之所以卑尊，国之所以安危者，莫要于兵。"换言之，军队决定君主的卑尊和国家的安危。因此，先秦思想家基本上都强调君主要亲自把握军事大权。如《管子·参患》主张："主不积务于兵者，以其国予人也。"同书《地图》篇明确规定："宿定所征伐之国，使群臣、大吏、父兄、便辟左右不能议成败，人主之任也。"可见，《管子》的作者极力主张军事大权应由君主独自掌握，群臣、父兄、左右侍从都不能过问。如果君主不亲自掌握军事大权，就等于把国家拱手送给别人。荀子也说："凡受命于主而行三军。"③ 即将帅必须接受君主的命令才能统帅三军。孔孟虽不言阵战之事，但从总体上看，

---

① 《文物》，1973 年第 9 期。
② 《左传》成公十三年。
③ 《荀子·议兵》。

他们并没有否定君主的最高军事统辖权。韩非认为，军队是君主权势的基础，必须由君主拥有，臣子不得擅专兵权。臣子"党与虽众，不得臣士卒"①。特别是对边疆大臣和领兵之将，更要警惕。《韩非子·亡征》指出："出军命将太重，边地任守太尊，专制擅命，径为而无所请者，可亡也。"《韩非子·八经》把大臣封君的私人武装力量，列为臣下八奸之一，建议君主加以取缔。

《管子》认为权势最核心的部分是政令与军权。《管子·霸言》中提出："夫明王之所轻者马与玉，其所重者政与军。"同书《版法解》也指出：君主管理国家要掌握三器，就是"号令也，斧钺也，禄赏也"。同书《重令》对政令的理解是"君国之重器莫重于令。令重则君尊，君尊则国安"。"军"或"斧钺"即指军队，君主的权势必须以强大的军队作为后盾，才能对臣民发号施令。

《管子·七法》作者认识到军队和战略在管理国家中的重要性："不能治其民，而能强其兵者，未之有也。能治其民矣，而不明于为兵之数，犹之不可。不能强其兵，而能必胜敌国者，未之有也。能强其兵，而不明于胜敌国之理，犹之不胜也。兵不必胜敌国，而能正天下者，未之有也。兵必胜敌国矣，而不明正天下之分，犹之不可。故曰：治民有器，为兵有数，胜敌国有理，正天下有分。"这就是在管理国家中，必须先管理好民众，建立起一支强大的军队，并精熟于战略；懂得军队之所以能够战胜敌国的道理，利用军事实力去匡正天下，这样才能使天下有一个各得其所的正常秩序。

---

① 《韩非子·爱臣》。

第二节　兵种和军队训练思想

一、夏朝的兵种和军队训练

夏王朝的军队由车兵和步卒组成。《尚书·甘誓》中"左不攻于左，汝不恭命。右不攻于右，汝不恭命。御非其马之正，汝不恭命"的记载，反映了夏朝初年就已经出现了车兵。车兵由战车队组成，在军队冲锋陷阵时有较强的战斗力和机动性。一辆战车 3 人，左为车左，配备武器为弓、箭，作战时主射；右为车右，持矛，作战时主击、刺；而御为居中的驭手。如是将佐的兵车，将佐居车中央，右边为作战士卒，左边为驭手。[①] 夏王朝军力最为强大的商方国已有兵车 70 乘参加作战，车兵作战还必须配以步卒，商汤时就配有 6000 步卒的族军。而甘地大战时夏中央王朝作为主帅，战时参战的兵车，当远较商方国为多。

虽然古文献中已有夏朝"车正"之职和不乏驾驭战车的记载，但考古发掘中，商代以前的车或兵车遗迹迄今尚未发现。夏朝已进入了青铜时代，当时最先进的科学技术成果——青铜已用于制造兵器，并装备军队了。在著名的二里头文化遗址中，考古已发现了戈、戚、镞等青铜武器。戈为直援曲内，无阑。曲内后端有突起花纹，制作精致。[②] 戈在使用时，将内安于戈柲端的裂缝上，并用兽筋皮条把戈体缠缚于戈柲上。这

---

① 顾颉刚、刘起釪：《〈尚书·甘誓〉校释译论》，《中国史研究》1979 年第 1 期。

② 《二里头》，《中国大百科全书》考古学卷，中国大百科全书出版社，1993 年，第 118 页。

一时期，"青铜戈的使用方法以啄击为主，应看作啄兵"①，而不是过去人们通常认为的"钩兵"。

夏朝的族军平时解甲务农，战时才临时征集参战。为了使这些与土地和家族血缘关系密不可分的平民众庶能够适应军旅生活和在战斗中能够互相配合，夏王朝已初步有对民众进行军事训练的制度。夏朝时的"游田"，名曰畋猎，其实即为对平民军事训练的一种方式。夏太康即位，"盘于游田"②。贵族奴隶主带领族众驱车纵马，围追攻杀野兽，实与对敌作战相似。

夏朝较为正规的训练称为"狩"。《尔雅·释天》"冬猎为狩"，本指冬天打猎。《春秋公羊传》桓公四年云："春曰苗，秋曰蒐，冬曰狩。"庄公四年曰："莫重乎其与仇狩。"注说："狩者，上所以共承宗庙，下所以教行兵行义。"可见，狩是定期的军事演习。苗、蒐、狩都有一定的时间，是比游田要正规一些的军事演习。此外，巡狩也是一种大规模的军事训练。《孟子·梁惠王下》云："天子适诸侯曰巡狩。"天子巡狩诸侯，虽然主要是为了了解掌握地方侯伯的情况，但耀武扬威显然也是为了震慑方国，也可以说是一次王朝军事大演习。夏朝"后荒即位，元年，以玄珪宾于河，命九东狩于海，获大鸟"。王国维在《古本竹书纪年辑校》中考订"东"应为"夷"字，"疑谓后芬时来御之九夷"。九夷在夏王命令之下东狩海滨，当是一次军事大演习。正因为九夷的族军平时训练有素，所以战斗力较强。夏王朝末年，夏桀起用的正是这支联合族军，迫使商汤不得不"贡职"。

---

① 沈融：《论早期青铜戈的使用法》，《考古》1992 年第 1 期。

② 《史记》卷 2《夏本纪》集解引孔安国注。

二、商朝的军队种类与兵种

（一）军队种类

商朝的军队分为 3 种类型：一是王室军队。王室的军队即指由商王直接控制的军队。王室的军队在甲骨文中称为"王师"或"朕师"，如"贞方来入邑，今夕弗震王师"①，"……依……朕师"②。在殷墟甲骨文中，仅称"王"，而不在王前冠以"某王""王某"这样的限定词，都是指卜辞时代的商王。"朕"则是商王的自称。"师"是商代军队的通称，武丁以后成为军队编制的一种单位。显然，所谓"王师""朕师"就是商王或商王室的军队。

二是诸侯、方国的军队。商朝诸侯、方国的军队，皆在"师"前冠以诸侯、方国的名字。如"于癸未又至雀师"③。这里，"雀师"就是诸侯"雀男"国的军队。诸侯国有军队，承担着随王出征、受王命征伐叛国、为王戍边、保卫商朝王畿和本国不受外族侵扰等职责。

三是贵族的军队——族武装。贵族武装，是商代军事体制上的一个特点。在商朝，以"族"形式出现的武装力量，在全国整个武装力量中，占有很重要的地位。甲骨文中常见参与战争，执行战争任务的族有王族、子族、多子族、三族、五族等。族从事战争的方式有两种：一是单独从事战争或戍守某地。如"惟多子族伐猷"④，其意为派多子族去征讨猷国；"王其令五族戍舌"⑤，其意为商王命令五族去戍守舌地。二是同某一方国军队协同作战。如"贞令三族（从）沚戛（伐土方）"⑥，其意为商王命令

① 《甲骨文合集》36443。
② 《甲骨文合集》36127。
③ 《甲骨文合集》40864。
④ 《英国所藏甲骨集》601，中华书局，1985 年。
⑤ 《甲骨文合集》28054。
⑥ 《甲骨文合集》6438。

三族跟随沚戛去讨征土方国；"令多子族从犬侯保周"①，商王命令多子族跟随犬侯去支援周人保卫自己的国家。

商朝族的武装由贵族率领，以贵族的丁壮组成，成员间有一定的血缘关系。上文所引的"三族""多子族"即由贵族宗亲中的丁壮组成的武装。他们居住在一起，便于召集，共同行动。特别是王族、子族、多子族这样的武装，在商王周围，接近王室，实际上起着商王卫队的作用。商朝的这些族军，由贵族担任将领，是国家军队以外的一种武装力量，在平时具有常备武装的性质，如遇到战争时，或由贵族率领单独出征，或随国家军队一起出征。

（二）军队兵种

商朝军队的兵种有车兵和步兵两种。商朝在成汤伐夏桀时就已在军队中使用战车，《墨子·明鬼》载，汤伐桀使用良车 70 乘，必死之士6000 人。在考古发掘中，也发现有商代车，在河南安阳西小屯村北的宫殿基址内，即在乙七基址南，发现战车 5 辆，呈"品"字形排列。当时 1辆战车由 2 马或 4 马牵引，可见其有很强的拉力，速度很快。车上有 3 个"甲士"和 3 套兵器。郑玄说："兵车之法，左人持弓，右人持矛，中人御。"② 左右 2 人持兵器接敌格斗，中人驾车，是驭手。兵车上的 2 名甲士在战斗中互相配合，1 名甲士为持弓的射手，主要进行远距离的杀伤或阻止敌人接近。在冷兵器时代，弓箭是远射武器，威力很大，故车上的射手在战斗中最为重要。另一名持矛，主要进行面对面的格斗厮杀。由于一辆兵车 3 人中射手最为重要，所以在甲骨文中，一名射手就表明有一辆兵车，③ 如见于甲骨文的有百射、三百射的："贞登射百"④，"登射三百"⑤。这里就分别表示有兵车 100 辆、300 辆。

---

① 《甲骨文合集》6812。

② 《诗·鲁颂·閟宫》郑玄笺。

③ 岛邦男：《殷墟卜辞研究》，东京：汲古书院，1971 年，第 465 页。

④ 《甲骨文合集》5760。

⑤ 《甲骨文合集》698。

在河南安阳西小屯村北宫殿基址中发现的 5 辆兵车，作"品"字形布列，是一兵车编队单位。1936 年，在河南安阳的侯家庄西北岗的 1001 号和 1003 号大墓之间，发现一车坑，内埋 25 辆兵车，每 5 辆为一小队，每 25 辆为一中型编队。[①] 甲骨文中有"戎马左右中人三百"[②] 的占卜，"戎马"即驾战车的马。[③] "戎马"，郑玄注云"戎路驾戎马"，戎路即战车。"左右中人三百"，车上的甲士为左右中 3 人的配置，300 人是 100 辆战车上的甲士之数。100 辆兵车是兵车中更大一级的编队。武丁时期，商朝军队配备有 300 辆兵车。武丁时有 3 个师，1 个师正好有 100 辆兵车。

商朝军队中，当以步兵为主。甲骨文中有"步伐""步从"的记录："今春王其步伐夷"[④]，"余步从侯喜征人方"[⑤]。"步"是徒步，指不乘车，不乘兵车者是步兵。"步伐""步从"是指不用兵车对敌作战，而全用步兵战斗。商王则用车、辇代步。

商朝步兵的编称为"行"。甲骨文中有"大行""中行""右行""上行""下行"等记录："辛酉卜，惟大行用"[⑥]，"中行征方，九日丙午遘"[⑦]，"惟□用东行。惟佳比上行左□，王受佑。惟佳右□，王受佑"[⑧]。

春秋时晋国为与戎人作战，而"作三行"[⑨]，即建立三个步兵军。晋魏舒与狄人作战，因在险阻山地，乃"毁车以为行"，"五乘为三伍"。[⑩] 五辆兵车，有甲士 15 人，编步卒 3 个 5 人的战斗小组。不乘车则变为"行"，可见"三行"中的"行"为步兵组织。

---

① 石璋如：《小屯 C 区的墓葬群》，《史语所集刊》第 23 本下，1952 年。
② 《甲骨文合集》5825。
③ 《周礼·夏官·校人》。
④ 《甲骨文合集》6461 正。
⑤ 《甲骨文合集》36482。
⑥ 《怀特氏等所藏甲骨文字》1581。
⑦ 《怀特氏等所藏甲骨文字》1504。
⑧ 《怀特氏等所藏甲骨文字》1464。
⑨ 《左传》僖公元年。
⑩ 《左传》昭公元年。

成也是步兵的军事组织，康丁时甲骨文中有右成、中成、左成的记录："右成不难众。中成不难众。左成不难众。"① 军队兵士以成的组织参加对敌战斗："其呼成御羌方"②，"其令成舌羌方"③。"御"是抵御，"舌"是征讨。"成"作为一种步兵组织，是与戍守有关的，卜辞中的"戍"作为动词时，其意思就是戍守。

三、西周军队的兵种与训练

（一）西周的兵种

西周王朝的中央军队和地方诸侯的军队，由车兵和徒兵组成。《孟子·尽心下》云："武王之伐殷也，革车三百辆，虎贲三千人。"《吕氏春秋·简选》亦云："武王虎贲三千人，简车三百乘，以要甲子之事于牧野，而纣为禽。"车兵由战车和甲士组成，从以上记载看，每车配备甲士十名。此外，还有与车兵配合作战的徒兵。《鲁颂·閟宫》载："公车千乘，朱英绿縢，二矛重弓。"笺云："二矛重弓，备折坏也。兵车之法，左人持弓，右人持矛，中人御。"诗中"车千乘"与"二矛重弓"联系在一起，是专指车与执弓、矛的甲士组成的车兵。

作战时，车兵还要配以一定的徒兵，此诗其后又专门描述徒兵："公徒三万，贝冑朱绶，烝徒增增。"疏谓："车徒既多，甲兵又备。"车与徒、甲兵是有区别的。学者认为，每"乘"含"甲士大致为十人左右，此为主力军"。而"在车上者似只有三人，多者四人，所谓'驷乘'是也"④。每乘除配备 10 个甲士外，还有 10 个徒兵协同车兵、甲士作战。宣王时《禹鼎》铭文载："武公廼遣禹，率公戎车百乘，斯驭二百，徒千。"这是说每乘（包括 10 甲士）兵车，还要配备驭手 2 人，徒兵 10 人。

---

① 《小屯南地甲骨》2320，中华书局，2019 年。
② 《甲骨文合集》27972。
③ 《甲骨文合集》27974。
④ 童书业：《春秋左传研究》，上海人民出版社，1980 年，第 201 页。

《诗经·小雅·采芑》云："方叔涖止，其车三千。"说的是宣王时，方叔伐楚，动用了3000辆兵车的军力。若以《禹鼎》1乘（甲士10人）、驭（2人）、徒兵（10人）的标准来计算，宣王伐楚之役估计动用了甲士3万、驭手6000人、徒兵3万之兵力。虽然关于一辆兵车配备兵员人数有许多不同的记载，但笔者认为不足为奇，因为根据各种不同的作战情况以及每个时期西周国力的强弱不同，一辆兵车配备兵员的人数不同，是很正常的。

近年，在一些西周遗址中，如山东胶县西庵、北京房山琉璃河、河南洛阳、陕西宝鸡等地多有车马坑发现。陕西沣西张家坡，已经清理出车马坑10多个，一般是1车2马，大多数的车马坑内有1名殉葬的舆夫。西周兵车构造基本上与殷代一样，都是双轮独辕，辕前端向上扬起。衡有直衡、曲衡两种。曲衡较长，两端向上翘起，衡端横插铜矛。车舆为长方形，或两前角内杀，呈圆角长方形。[①] 各地西周车马坑的发现，为研究西周的军事制度和思想提供了珍贵的实物资料。

（二）西周的军队训练

西周时期，军队定期要进行训练。《周礼·大司马》载："中春，教振旅。司马以旗致民，平列陈如战之陈。"这是说，春天中期演习班师收兵，主要熟悉司马指挥作战用的旗帜、辨别军中击鼓、铎、铙的用途。"以教坐作进退疾徐疏数之节"，即训练士兵们坐下、起立、前进、后退的节奏快慢和距离疏密的节度。这些基本训练项目完成后，就通过举行田猎活动，进行实战训练。"中夏，教茇舍，如振旅之陈。"夏天主要教练士兵夜战宿营的方法与能力。先由有关部门整顿车辆、人员，辨别各部人员名号。然后"以辨军之夜事"，使士兵夜战和戒备守御时易为辨别，不致敌我混淆，再举行田猎活动进行实战训练。"中秋，教治兵，如振旅之陈，辨旗物之用。"秋天训练士兵作战凯旋的队形，列阵与春天相同，要能分辨各级长官的旗帜，随之在田猎活动中加以演习训练。"中

---

① 《新中国的考古发现与研究》，第255—256页。

冬，教大阅"，即大校阅。在校阅之前，长官要告诫部属，并颁布作战法则，清理田猎场地并立下标志"表"。长官要按时率兵集合，迟到者斩首示众。随后队伍排成方阵，长官在阵前听誓令。然后用旗、鼓、镯、铎指挥兵众作接近、攻击敌人的模拟战斗训练，即"车三发，徒三刺"。最后用鼓铙指挥退兵。接着，开始一场大规模的田猎活动。

大规模的军事演习训练是与狩猎结合在一起的，一般都在农闲时举行。《左传》隐公五年称"春蒐、夏苗、秋狝、冬狩，皆于农隙以讲事也。三年而治兵，入而振旅，归而饮至，以数军实"，此乃"古之制也"。《春秋左传注》云："农隙谓农功空隙，即农闲之时。《周语》：'蒐于农隙，狝于既烝，狩于毕时。'农隙谓既耕之后；既烝之烝读如《论语·阳货》'新谷既升'之升，登场也，即已收割之后；毕时，谓当时农务完毕之时。讲事，讲习武事，所谓教民战也。"由此可见，西周时期的军事演习训练，既考虑到通过军事演习提高军队的战斗力，又将其演习训练时间安排在农闲时，做到不影响农业生产，从而收到一举两得的效果。

西周王朝的军队有时还进行实战演习。历史上著名的周武王"东观兵"，与800诸侯不期而会孟津，虽然没有与商王朝展开决战，但军队却受到了一次长途行军、与友军协调和如期会师、准备武装渡河等一系列的多方面实战训练，为两年后商周牧野之战进行了一次大规模的实战演习，从而提高了西周军队的战斗力，为牧野之战的胜利奠定了基础。

四、春秋时期的兵种

春秋时期的兵种除了夏商西周就已有的车兵和徒兵之外，又增加了水师。

（一）车兵

车兵又称"甲士"。春秋时期，一辆兵车上所配备的兵士仍然是3人，中间1人驾车，左边1人持弓箭主射，右边1人持矛（或戈）主击杀。车上左右2人兵器是互相配合、相互为用的，具体而言，弓箭是发

挥远距离的杀伤力，矛或戈是发挥近距离的杀伤力。对此，当时的军事著作有了比较明确的论述："弓矢围，殳矛守，戈戟助。凡五兵长以卫短，短以救长。"① 当时的车兵，都是军队中的佼佼者，英勇无畏，武艺超群。车上的甲士要在奔驰的战车上进行战斗，必须经过严格的训练，才能熟练使用兵器，应付瞬息万变的各种情况。特别是持弓射箭的人，在颠簸的兵车上发箭，要命中目标是很难的。所以，兵车上的主射甲士都是军队中的精英。前597年晋楚邲之战时，楚国的武士许伯等谈及兵车"致师"说："许伯曰：'吾闻致师者，御靡旌摩垒而还。'乐伯曰：'吾闻致师者，左射以菆，代御执辔，御下，两马、掉鞅而还。'摄叔曰：'吾闻致师者，右入垒，折馘，执俘而还。'"② 所谓"致师"，就是挑战。车上的3名武士，在向敌方挑战时，御者驾兵车疾驰，速度之快使车上的战旗倾斜而近乎披靡，可见其驾车技术之高超。逼近敌人营垒时，车右持矛戈冲入敌营，割取敌人首级或生俘敌军而还。与此同时，车左调好弓矢，代御控缰，御者则下车掉转车头，等待车右提着敌人首级或押着俘虏返回便驾车胜利而归。整个战斗过程3个甲士配合得天衣无缝，以迅雷不及掩耳之势冲入敌营，击败对方，其神速、勇猛、善战，堪称当时车战的典范。

可以说，当时兵车上的甲士，是当时战争胜败的重要因素。这些甲士要达到高超的武艺和很好的互相配合作战的能力，必须经过严格的专门训练。像晋国有"御戎"和"戎右"这样的职官，专门训练驭手和戎右。晋悼公即位后，命"弁纠御戎"，"使训诸御知义"。"荀宾为右"，"使训勇力之士时使"。"程郑为乘马御"，"使训群驺知礼"。③ 可见兵车上的3个甲士，是要分别加以专门训练，才能在战场上充分发挥其战斗力。子产阻止子皮任命年轻未谙世事的伊何为邑大夫时说："侨闻学而后入

① 《周礼·司马下·司右》郑玄注引《司马法》。
② 《左传》宣公十二年。
③ 《左传》成公十六年。

政，未闻以政学者也。若果行此，必有所害。譬如田猎，射御贯，则能获禽。若未尝登车射御，则败绩厌覆是惧，何暇思获？"① 贯即习惯、熟悉，即先要习惯在车上射箭和熟悉驾车技艺，才能在畋猎中擒获禽兽，反之则不可能有所擒获。子产在此以畋猎为例来说明在战争中为了充分发挥兵车的战斗力，取得战争的胜利，这些兵车上的甲士必须训练有素，熟练掌握控制马车，在快速奔跑的兵车上娴熟使用弓箭射击和使用矛戈格斗的技能。由于对兵车的甲士战斗素质要求很高，所以在各诸侯国他们的人数不是很多。如晋国作为当时的大国，也只有 5000 乘兵车、15000 个甲士。

（二）徒兵

春秋时期，徒兵有两种：一种是跟随战车作战的徒卒，另一种是单独作战的徒兵队伍，即后世的步兵。在冷兵器时代，无论兵车在作战中如何重要，在兵车上的甲士总是有限。为了保持兵车的快速和灵活，车上只能容纳 3 人，所以在兵车队伍中，士兵人数的增减主要就是车下徒兵人数的增减。西周时期，一车甲士 10 人，车上可容纳 3 人，剩下 7 人就只得徒步了。春秋时期，一辆战车配备有士兵 25—30 人，车下的徒兵就更多了。到战国时期，一辆战车配备的士兵人数大幅度增加，达到 75—100 个士兵。一辆战车徒兵人数的增加，意味着在传统的车徒相配合的战争中，徒兵的作用已经逐渐加强。前 707 年，周郑繻葛之战，郑庄公摆"鱼丽之陈（阵）"迎敌，其车徒关系是"先偏后伍，伍承弥缝"。② 杜预注曰："《司马法》，车战二十五乘为偏，以车居前，以伍次之，承偏之隙而弥缝缺漏也。五人为伍。"车在前面冲锋陷阵，而徒兵尾随其后前进，并填补车与车之间的空隙，以防敌人的战车或徒兵横插突破阵线，所谓"惧其侵轶"③ 者也。独立的徒兵即步兵部队，在春秋时期已经出

---

① 《左传》襄公三十一年。
② 《左传》桓公五年。
③ 《左传》隐公九年杜预注。

现。前 719 年，"诸侯之师败郑徒兵，取其禾而还"①。前 572 年，"晋韩厥、荀偃帅诸侯之师伐郑，入其郛，败其徒兵于洧上"②。诸侯之师两次败郑徒兵，不能说郑徒兵战斗力不强，而主要原因是双方力量过于悬殊。郑国两次都以徒兵对抗诸侯之师，正表明郑国徒兵是国家军队的主力，故对此寄了厚望。前 493 年，晋郑铁之战时，公孙尨"以其徒五百人宵攻郑师，取蜂旗于子姚之幕下"，显示了步兵的灵活、轻捷与英勇善战。

晋国出现徒兵也较早，其徒兵称"行"，献公时有左、右行。③ 前 633 年，晋文公"作三行以御狄"④，即增设中行⑤，并以荀林父将中行。但晋国的三行仅存在 3 年多，前 629 年，晋文公"蒐于清原，作五军以御狄"⑥，即罢去三行，改成上、下新军。杨伯峻认为，"此盖又改三行之步兵为车兵"⑦。其后，晋国大概没有了步兵建制。所以在前 541 年晋人在大原与狄人作战时，魏舒"毁车以为行，五乘为三伍"⑧。晋国将领魏舒之所以毁兵车改作步行战斗，是因为在险要的地形中，兵车行进不便，步行机动性强，徒兵作战胜于兵车作战。"行"作为步兵建制名称，从词义上来看，"行"原始之意即为步行，上文所引"毁车以为行"则佐证了毁掉兵车改部队为"行"的徒兵建制进行战斗。

在冷兵器时代，兵车在中原平坦开阔的地区，其冲锋陷阵的战斗力得到充分的发挥，显然比徒兵具有更大的优势，所以才如上文所述，晋国废步兵建制，只有车兵建制。但是，一些有识之士也认识到，在地形险要、复杂的地区，车兵的冲锋陷阵优势就得不到发挥，甚至转化为弱势，这时徒兵灵活机动的优势就显现出来了。因此，一个国家军队的完

---

① 《左传》隐公四年。
② 《左传》襄公元年。
③ 《左传》僖公十年。
④ 《左传》僖公二十八年。
⑤ 杨伯峻：《春秋左传注》，中华书局，2017 年，第 474 页。
⑥ 《左传》僖公三十一年。
⑦ 《春秋左传注》，第 487 页。
⑧ 《左传》昭公元年。

美建制是不仅要有车兵，还要有徒兵，甚至还要有水师。《管子·兵法》九章，"三曰举龙章则行水，四曰举虎章则行林，五曰举鸟章则行陂，六曰举蛇章则行泽，七曰举鹊章则行陆，八曰举狼章则行山，九曰举皋章则载食而驾"。此七章中只有第九是"载食而驾"，其余六章由于是山林水泽之地形，不可用车。由此可见，车兵在战争中具有很大的局限性，必须由徒兵进行弥补，徒兵是不可或缺的兵种。

《周礼·大司马》指出："险野人为主，易野车为主。"所谓"险野人为主"，就是在险要的地形战斗，应以徒兵为主力作战；所谓"易野车为主"，就是在平坦的地形战斗，应以车兵为主力作战。由于作战地形、自然环境与兵种关系密切，直接影响到兵种优势的发挥，甚至战争的胜负。因此，《管子·地图》云："凡兵，主者必先审知地图。辕辕之险，滥车之水，名山、通谷、经川、陵陆、丘阜之所在，苴草、林木、蒲苇之所茂，道里之远近……必尽知之。"这就是说，指挥军队战斗的将领，必须在战斗前仔细研究战场的地形和自然环境，这样才能充分发挥各兵种的优势，将军队的战斗力发挥到极致，从而取得战斗的胜利。

总之，春秋时期，北方诸国所在地区由于地势平坦，兵车优势突出，因此在战争中仍以车战为主，但一车所配徒兵之数也在大幅度增加，并相继出现了专门的步兵建制。这说明徒兵作用已增大，是战国时期步兵成为战争主力的嚆矢。

（三）舟师

舟师又称水师、水军，皆在南方楚、吴、越等江河湖泊众多或沿海地区。如春秋时期，楚国、吴国、越国之间江河湖泊或海域相通，所以通过派遣舟师进行交战。前549年，"楚子为舟师以伐吴"①。前518年，"楚子为舟师以略吴疆"②。前504年，"吴太子终累败楚舟师"③。吴国于

---

① 《左传》襄公二十四年。

② 《左传》昭公二十四年。

③ 《左传》定公六年。

前507年伐楚，舍舟淮汭。① 由此可见，当时楚、吴两国的长期战争，主要就是通过江河湖泊进行海上武装力量——舟师的较量。春秋时期吴越争霸，水军也发挥了重要的作用。《国语·吴语》载，越国伐吴，使范蠡、后庸率舟师沿海溯淮，以绝断吴国后路。吴国伐齐时，夫差派徐承帅舟师自海入齐，② 这可算我国古代最早的海上军队了。《国语·越语上》载，伍子胥劝吴王夫差伐越而不应到中原称霸时说："夫上党之国，我攻而胜之，吾不能居其地，不能乘其车；夫越国，吾攻而胜之，吾能居其地，吾能乘其舟。"伍子胥为吴王夫差所制定的伐越战略，其依据就是南北因地理环境不同，北方善于陆地车战，南方善于水上船战，所以吴国应避短扬长，发挥舟师优势，攻打越国。

五、战国时期军队的兵种和装备

（一）军队的兵种

战国时期，军队的兵种有步兵、骑兵、车兵和水师等。

1. 步兵。

战国时期，步兵成为各国军队的主力，史籍所载各国的军队"带甲"若干万，即指步卒。秦始皇陵兵马俑的武士俑中，步卒皆身着甲，故称为"带甲"。步兵中有弓弩手和徒卒之分。云梦秦简《秦律杂抄》"故大夫斩首"条中有"轻车、趩张、引强、中卒"之分。轻车，即战车。趩张、引强即弓弩手，中卒为徒卒。趩张又作蹶张，用脚踏弓发射箭。《说文》"汉令曰：趩张百人"即是。用手拉弓则称为擘张。引强是能开强硬之弓的人，亦为持弓的射手。弓和弩都是以箭射远杀敌，两者区别在于发射箭的器具不同。弩是用弩机发射，弓是用弓箭拉射。《秦律杂抄·除吏律》，其中有"发弩啬夫"一官置废的记载。秦律规定，发弩啬夫所教

---

① 《左传》定公四年。
② 《左传》哀公十年。

弩手射不中者，尉要罚二副甲，发弩啬夫自己射不中者，罚二副甲，免职不用。① 《荀子·议兵》说，魏国的武卒"衣三属之甲，操十二石之弩，负服矢五十个"。韩国的弩最为有名，苏秦说"天下之强弓劲弩皆自韩出"②，"韩卒超足而射，百发不暇止，远者括蔽洞胸，近者镝弇心"③。战国末，赵国李牧与匈奴战，选善射之士十万人。④ 由此可知，当时弓弩手在军队中人数之多，作用之重要。

秦律中的"中卒"是指持戈矛戟作战的步兵。这种士兵所要求掌握的作战武艺不高，只需懂得使用戈矛戟等兵器刺杀即可，在步兵中是人数最多的。

2. 骑兵。

骑兵作为军队中的一种兵种，当始于战国时期。据苏秦所说，当时各国兵力，秦、楚、齐、赵皆各有骑万匹，燕有六千，魏有五千。赵武灵王为便于将士骑射，还在全国推广"胡服"的改革。⑤ 李牧曾率领13000骑兵会同15万步兵与匈奴大战。⑥ 齐威王以邹忌代田忌为相，田忌与齐王不和。田忌胜魏国后，孙膑劝他以兵入齐，逼齐王罢邹忌的相职。孙膑说："使轻车锐骑冲雍门，若是，则齐君可正，而成侯可走。"⑦ 雍门即齐都临淄西门，成侯即齐威王相邹忌，锐骑即骑兵。

3. 车兵。

战国时期，车兵已逐渐被步兵、骑兵取代，其作用大为降低。但是，战车有很强的冲锋陷阵战力，所以不可能完全退出历史舞台。战国初年，齐攻廪丘，赵国让孔青将兵相救，大败齐军，"齐将死，得车二千，得尸

① 《睡虎地秦墓竹简》，文物出版社，1978 年，第 128 页。
② 《战国策》卷 26《韩策一》，台湾商务印书馆影印文渊阁四库全书本。
③ 《史记》卷 69《苏秦列传》。
④ 《战国策》卷 26《韩策一》，《史记》卷 81《廉颇蔺相如列传》。
⑤ 《史记》卷 43《赵世家》。
⑥ 《史记》卷 81《廉颇蔺相如列传》。
⑦ 《战国策》卷 8《齐策一》。

三万"①。一次战役，齐国出动兵车 2000 辆，其规模是相当可观的。屈原在《国殇》中描写的"车错毂兮短兵接"的战斗场面，展现的就是车战的情景。屈原是战国末年人，可见战国时期，车战还是一直存在的。又如战国末年，赵国将领李牧率军与匈奴战斗，"选车得千三百乘"②，其规模也不小。

4. 水军。

战国时期，水军比春秋时期有所发展。《墨子·鲁问》载，公输子自鲁南游楚，"为舟战之器，作为钩强之备，退者钩之，进者强之"。《华阳国志》载，秦司马错定蜀后，"自巴涪水取楚商於地为黔中郡"。又云："涪陵郡，巴之南鄙，从枳南入，溯舟涪水，本与楚商於之地接，秦将司马错由之取楚商於之地也。"③《初学记》卷 25 引《蜀王本纪》云："秦为太白船万艘，欲以攻楚。"是秦定蜀后，顺江而下，直达楚境。张仪说，楚怀王云："秦西有巴、蜀，大船积粟，起于汶山，浮江而下。至楚三千余里。舫船载卒，一舫载五十人与三月之食，下水而浮，一日行三百余里，里数虽多，然而不费牛马之力，不至十日而距扞关。"④ 从以上所引的史籍记载可知，战国时期水军的发展表现在以下 4 个方面：一是水军作战使用了一种叫钩拒的武器，可以钩住欲逃脱的敌船或用拒顶住冲撞过来的敌船。二是当时水军规模相当庞大，如秦国原作为陆战为主的国家，竟然建造了万艘太白船，组成水军，进攻楚国。三是大船载重量相当大。如秦国建造攻楚的舫船，能承载 50 个士兵以及供 50 个士兵吃 3 个月的粮食。如果 1 个士兵加上铠甲、兵器重 150 斤，那 50 个士兵约重 7500 斤；每个士兵一天吃掉粮食 1 斤半，3 个月（以 100 天计算）将吃掉 150 斤，50 个士兵将吃掉 7500 斤粮食。由此可见，舫船承载量大约为 20000 斤。四是水军在战争中有时发挥了关键的作用。秦国要攻打楚国，

---

① 《吕氏春秋》卷 15《不广》。

② 《史记》卷 81《廉颇蔺相如列传》。

③ 《华阳国志》卷 1《巴志》。

④ 《史记》卷 70《张仪列传》。

通过水军解决了军队长途跋涉行军艰难的问题，秦国先派军队占领了实力较弱的蜀国，然后在蜀国建造万艘太白船，每艘载士兵 10 人，总共有 10 万大军顺长江东下，势如破竹，日行 300 余里，不到 10 天就兵临楚国西界关口扞关。这是战国时期发挥水军进行远距离奔袭战争的典范，也说明了这一时期水军的发展和作用的日益重要。

（二）军队的装备

战国时期，军队的装备主要是车马和兵器。车马皆由国家提供，云梦秦简中有《厩苑律》，所谓"厩"，就是饲养牛马的设施，如大厩、中厩、宫厩。国家配备有专门负责饲养牛马的职官——厩啬夫，其下属有"皂啬夫"，具体负责饲养牛马。"皂"即槽，为饲养牛马的食器。

战国时期，兵器有传统的弓矢戈矛戟刀等，战国时新出现的兵器是弩机。弩机是一种发箭的机械装置，能比弓箭射得更远，更准确命中目标，因而更具有杀伤力。弩是战国时期各诸侯国军队的主要装备之一，在战争中发挥重要的作用。如齐魏马陵之战时，齐军"万弩夹道而伏"，魏军至马陵，"齐军万弩俱发，魏军大乱相失"，主将庞涓被迫自杀。[1]

由于冶铁技术的进步，这一时期铁制兵器大增。荀子说，楚国"宛钜铁𬭚，惨如蜂虿，轻利僄遫，卒如飘风"[2]。"钜铁"即钢铁，"𬭚"即矛，即宛地所生产的钢铁矛。战国后期，燕国都城燕下都的 44 号墓中，出土遗物 1840 件，其中铁制的剑、矛、戟、盔、甲片占 65%，铁制兵器中化验 9 件，有 6 件为纯铁或钢制品，3 件为经柔化处理的铁制品。[3] 这说明，战国时期钢铁兵器在战争中已占主导地位。钢铁兵器比青铜兵器锋利，杀伤力大，并且造价低。

在冷兵器时代，这些弓弩箭矢、戈矛戟刀剑等武器是决定战争胜负的重要因素，对此，国家制定有严格的管理制度。兵器通常由官府提供，

① 《史记》卷 65《孙子吴起列传》。

② 《荀子·议兵》。

③ 文物编辑委员会编：《文物考古工作三十年（1949—1979）》，文物出版社，1979 年，第 41 页。

百姓服兵役时向政府借用。官府的兵器上刻有官府的名称，并分别用黑色或红色涂抹在刻记上。若不能刻的则用丹或漆书写。云梦秦简《秦律十八种》的《工律》规定："公甲兵各以其官名刻久之，其不可刻久者，以丹若漆书之。其假百姓甲兵，必书其久，受之以久。入假而无久及非官方之久也，皆没入公，以资律责之。"文中"刻久"即刻上官府名，使之永久保存，"久"即铭刻。"假"即借，借给百姓兵器，必须登记兵器上刻或写的名号，然后方可借出。归还时必须与借出时登记簿上的名号相符，无标记或非原来的标记，此兵器没收归公，并且要按《资律》作价赔偿。

战国时期地方实行郡县制，郡县负责兵器的制造和发放。在出土的战国兵器的铭文中，不少记录了其兵器是由某地方制造的。如秦国的兵器上，刻铸造地的有上郡以及上郡的属县高奴、漆垣，河东郡的临汾，蜀郡等。魏国郡县造的兵器生产地有朝歌、宁、龚（共）、蒲子、阴晋、邺、畲兵、顿丘、雍、高都等，韩国的兵器生产地有脩鱼、新城、阳人、纶氏、安阳、宅阳、毚、阳城、长子等，齐国的兵器生产地有郓、鄄、薛、阳、阿武、平阴、武城、中都、邓阳、阳狐等。[①] 地方政府不仅负责兵器的制造，也负责兵器的颁发。《秦律杂抄》"不当禀军中而禀者"条规定："禀卒兵，不完善，丞、库啬夫、吏赀二甲，法（废）。"这就是说，如发给士兵的兵器质量不合格，主管的县丞和具体管武器库的啬夫、吏均要罚两副甲，并撤职永不叙用。这种处罚是相当严厉的，因为政府颁发的兵器若因质量差无法使用，直接关系到战争的胜负、国家的存亡，所以必须对主管此事的县丞以及具体负责颁发的库啬夫和吏进行严厉的惩罚。

战国时期，秦国实行农战政策，重农抑商，而且由于商人财力雄厚，因此，国家对商人不提供兵器，让他们"自给甲兵"[②]。

---

① 何琳仪：《战国文字通论》，中华书局，1989年，第77—168页。
② 《商君书·垦令》。

第三节　军队的编制

一、夏朝军队的编制

（一）兵农合一，未形成常备军制

夏王朝是中国历史上第一个奴隶制国家，是一个以夏后氏王族为核心的方国部落松散联盟。经过原始社会末期军事民主制阶段以及夏王朝初年的不断战争，氏族部落的血缘关系受到了很大的冲击，夏王朝开始按地域划分它的居民。《尚书·禹贡》云"禹别九州，随山浚川，任土作贡"。曾运乾注说："九州之名旧矣。此言禹别九州者，禹始分划州界，主名山川，斥大中国区域也。"① 虽然一些学者认为《禹贡》成书较晚，大约是前3世纪前期的作品，② 但禹别九州应在一定程度反映了夏代的史实。如《叔夷钟》铭文说："咸有九州，处禹之堵（土）。"《左传》襄公四年引《虞人之箴》"茫茫禹迹，画为九州，经启九道"。夏王朝时的九州应当形成于夏王朝经济比较发达，政治上比较巩固的地区，也就是夏王朝的中心区。正因为夏朝按地域划分它的居民，因此夏王朝的军队也就有了中央王朝军队和地方方国部落侯伯军队的划分。

夏王朝的军队士兵与土地密切联系，形成"兵农合一"，这也反映了夏朝按地域而不是按血缘划分民众的史实。《国语·周语下》引《夏书》曰："众非元后，何戴？后非众，无与守邦"。夏朝的"众"拥戴夏王为

---

① 《尚书正读》，第49页。

② 顾颉刚：《禹贡新解》，《中国古代地理名著选读》第1辑，科学出版社，1959年。

最高统治者"元后"，这些"众"的身份应是有一定政治权力的自由民。而"众"又必须为最高统治者守卫疆土，说明自由民又应成为武装战士。《墨子·明鬼下》引《禹誓》说："尔卿大夫庶人。"庶人就是奴隶主贵族阶层卿大夫除外的"众"，即夏王朝的广大平民。在中国古代农业社会中，平民主要就是与土地结合在一起的农业劳动者。《左传》哀公元年"有田一成，有众一旅"，杜预注曰"方十里为成，五百里为旅"。众既是与田联系的农民，又是以"旅"为编制的士兵，一身而二任。因此，夏王朝以"旅"的形式将广大农民编制成国家的军队，作为基本的军事力量。广大农民居则为民，战则为兵，这正是"兵农合一"制度的特点。①

夏朝虽然已"别九州"，开始按地域划分其国民，但由于奴隶制国家刚刚建立，父系氏族公社的血缘家族仍然大量存在，并在社会中发挥着重要的作用。《史记·夏本纪》"用国为姓"又反映了土地与血缘关系密不可分。一些家族奴隶主贵族被夏国王分封到全国各地，形成了大大小小的方国部落。广大居民以家族奴隶主贵族为核心，在一个区域内聚族而居。平时，在家族奴隶主贵族的指挥下，平民从事农业生产劳动。当遇到战争时，平民就拿起武器，随家族贵族首领出征战斗。因而君长和各家族的贵族首领，就是方国族军的各级将领，而那些出征打仗的平民，就是方国族军的士兵。在战争时，参战的士兵必须英勇作战。《尚书·甘誓》载："用命赏于祖，弗用命戮于社。"伪《孔传》谓"亲祖严社之意"。"祖"是祖先，"赏于祖"即是对英勇作战的士兵于祖先神主之前举行祭祀时进行赏赐。"亲祖"就是承认英勇作战的士兵作为家族成员的血缘关系。"社"是土地神，即《说文》所说的"地主也"。"戮于社"，即是对战斗中不执行命令的士兵于社前杀死。所以《尚书·甘誓》不仅反映了夏王朝军队的"兵农合一"，这些士兵也是农民，而且其血缘家族关系也使夏王朝军队带有强烈的族军色彩。这支族军只是战争时临时召集，平时则各自从事农业生产，还没有形成专门的常备军制度和严格的编制。

---

① 陈恩林：《先秦军事制度研究》，吉林文史出版社，1991年，第18页。

夏王朝之所以能够建立，并且让周边诸方国部落俯首称臣，其主要原因就是夏后氏王族的实力较其他方国部落强大得多。中央王朝夏后氏不仅在经济、政治上实力较其他方国部落强大，而且其所控制的王畿地区的面积也比地方侯、伯的方国部落面积要广。因而中央王朝所能动员的战时族军数量，要比其他方国部落要多得多。与此同时，夏王根据战争时军事形势的需要，有权调动、指挥其他方国部落的族军配合中央王朝军队的军事行动，因此，就形成了一支以中央王朝军队为主的强大军事力量。从古文献记载的夏王朝与方国部落的战争不难看出，除了夏王朝初年的夷羿与夏王朝末年的商汤是主动攻击夏中央王朝以外，其他各次战争都是夏王朝军队主动出击，而一些方国部落，特别是夷人部落，都无法与之抗衡，不得不在夏王朝的武力威逼之下，承认其宗主的地位。

（二）寓将于卿，文武不分

夏朝的军队已从军事民主制时期的战时自愿武装民众，发展到家族奴隶主贵族战时强迫家族平民参战的族军制。正由于夏王朝军队兵农合一，士卒平时不脱离土地和生产劳动，尚没有常备军等原始性，决定了夏朝不可能设置专门的将佐来管理军队。因此，领军将佐文武不分，指挥系统和各级将佐分工不明确。有学者称夏朝军队的这一特点为"寓将于卿"，"他们其实就是夏代民事与军事不分的官员"，[1] 这是很有见地的。

（三）军队数量不多，编制简单

夏朝初年，启与益争夺华夏部落联盟最高权力的斗争中，"启与友党攻益而夺之天下"[2]。"友党"或"支党"，就是启所依靠的聚集在他周围的亲兵武装。充其量，也不会超过启自己的家族和他的几支同姓，即有男氏、斟寻氏、彤城氏等 11 个家族而已。而就是启的同姓有扈氏，对启篡夺最高权位持反对态度，因此还不能包括在内。据此可以估计，启与益双方动用的兵力是不可能太多的。启建立夏王朝以后，有扈氏起兵反

---

① 《先秦军事制度研究》，第 18 页。
② 《韩非子·外储说右下》。

对，双方大战于甘地，也不过"争一日之命"①。启仅动员中央王朝的军队，就完全可以对付有扈氏的族军，可见，双方的军队数量都不是很多。而在少康复国的斗争中，依靠的主要是他纶地的"有众一旅"，仅500人的兵力，再加上遗臣靡所收夏同姓诸侯斟灌、斟寻的"二国之烬"，就把"因夏民以代夏政"的有穷氏消灭，恢复了夏后氏的统治地位。夏朝末年，商方国在各方国诸侯中最为强大，因此才敢于与夏中央王朝相抗衡。《孟子·公孙丑》说："汤以七十里"作为伐夏的基地。

"汤始征，自葛载，十一征而无敌于天下。"② 商汤灭葛之后，继续向夏王朝中心河洛地区推进，"韦顾既伐，昆吾夏桀"③，终于与夏桀的王朝大军交绥。这时，商汤的兵力，也不过是《吕氏春秋·简选》中所记的"良车七十乘，必死六千人"而已。但可以说，这是商汤孤注一掷，倾巢出动的所有兵力了。汤在伐夏桀之前，曾试探过夏中央王朝可能动员的兵力。《说苑·权谋》记夏桀尚能"起九夷之师以伐之"，商汤只得按兵不动。所谓"九夷之师"，即为东方9个夷人方国的联合族军团，当然不可能是诸夷的倾国之兵。据王宇信、杨升南推算，如果以每个夷人方国出兵最少一旅（即500人）计，九夷共出兵4500人，这比商汤6000人的兵力要少，对商汤没有任何的震慑力。若每个夷人方国都出与商汤同样的6000人兵力，这又不可能，因为诸夷国土和实力都不如商汤那样强大，更何况商汤伐夏桀是抱"必死"的决心，将所有兵力倾巢出动。如果取最少一旅500个兵士和最多6000个兵士的平均值，即每个夷人方国出兵3250人左右，这与夷人方国的国力也是比较符合的。如果以有虞氏赠少康"有田一成（方十里），有众一旅（500人）"的标准计算，诸夷方国的田地可达6至7成，即60里至70里之间，比商汤的"七十里"略小或相当。因此，推算出的各夷人方国当动员大约3200人的兵力，基本上

---

① 《墨子·明鬼下》。
② 《孟子·滕文公下》。
③ 《诗经·长发》。

是合理的。因此，"九夷之师"的最大兵力当共计 28800 人左右，以绝对的数量优势威慑住商汤，并使得他不得不"谢罪请罚"，从而延缓了他的伐夏计划。到了夏桀末年，夏王朝分崩离析，夏桀只能控制王畿地区，而中央王朝动员军队的最多数量也不会超过"九夷之师"，即 30000 人左右，因此商汤才敢于长驱直入，向夏王朝的腹地进攻，最终推翻夏王朝的统治。① 正因为夏王朝的军队数量不多，所以中央王朝的官吏、方国诸侯的君主以及家族的大小奴隶主贵族，在战时率领自己的族众作战，因而决定了夏王朝时期，军队编制简单而具有原始性，将佐文武不分职，"寓将于帅"的特点。

二、商朝军队的编制和士卒的来源

（一）军队的编制

商朝军队的编制名称有师、旅、行、戎等。师是当时最大的编制单位，师的长官称"师长"。盘庚在迁都时提到的职官名中就有"师长"一职，它与"邦伯"并列。邦伯即方伯，是一方诸侯之长，可见"师长"是武职官阶中很高的官位。

商朝军队中师的命名有右、中、左 3 个师，如武丁时期的甲骨文中有"王作三师右中左"② 的记载，还有"中师"和"右师"之称③，以及以右、中、左三师作战的卜辞④。可见，武丁时期，商王朝的军队已有 3 个师的编制。3 个师分右中左是由战争时中军与左右翼的布阵而得名的。成汤伐夏桀时，用兵布阵是"鸟陈（阵）雁行"⑤，所谓"鸟陈（阵）""雁行"，都是指中军和左右翼策应对敌的陈兵阵势。

---

① 白钢主编：《中国政治制度通史》第 1 卷，人民出版社，1996 年，第 151 页。
② 《甲骨文合集》33006。
③ 《甲骨文合集》5807、8985、8987。
④ 《甲骨文合集》5504、5512。
⑤ 《墨子·明鬼下》。

商朝军队有师的建制，就是一支组织系统完备的军队了。这种有系统的建制，应是到武丁时期才最后完成的。^① 师作为军队的固定建制单位，使服兵役者"平时任户计民，以预定其军籍"，做到"人有所隶之军，军有所统之将"，战争时只需命将统率某军，即有固定的兵员额数，而不必再使用出军时临时征兵、计员额、编队、命将的办法。^② 只有如此，军队才能成为真正有组织的固定武装组织。

这种固定军籍制是将军事建制与社会组织相结合，如甲骨文中"右师"又是一个地域名，"令吴葬我于右师"^③，"右师"与"右邑"往往相连，"行致右师暨右邑"^④，这就是编入"右师"的居民，其居住地可以"右师"称之，"右师"的人所居住的邑落，自然又可称为"右邑"。后世"寓兵于农"，"作内政以寄军令"的军事制度，应肇始于此。

商代军队在武丁时"预定军籍"，建立 3 个师。以后随着战争的需要，人口的增加，军队也相应地扩充。武乙时，再"作三师"，意味着商朝的军队扩大了 1 倍，已经有 6 个师了。西周时期"王六师"的建制，就是沿袭商朝武乙而来的制度。

旅作为军队建制单位和名称，比师出现晚，见于甲骨文的是康丁时的卜辞。康丁时期，旅开始作为军队建制单位而不仅只是"师旅"之类对军队的泛称。康丁时期，卜辞中有左、右旅名称的出现。如"翌日，王其令右旅暨左旅舌见方"^⑤。显然，这里的旅已经是军队建制的单位和名称了。至目前为止，甲骨文中只见有"左旅""右旅"的名称，不见"中旅"的记录，而且旅与师的关系如何，是否师建制大于旅，还是师、旅实相同而名有异，目前都还不清楚。

商朝至西周时期，军队的编制以"师"为最大的单位。"军"的编制

---

① 《中国政治制度通史》第 1 卷，第 245 页。

② 孙诒让：《周礼正义》卷 54《政官之属·疏》，中华书局，2016 年。

③ 《甲骨文合集》10048、17168。

④ 《甲骨文合集》8987。

⑤ 《小屯南地甲骨》2328。

出现较晚，大致在西周晚期至春秋初年才出现。事实上，商、西周时期的"师"就是以后"军"的编制规模。根据《周礼·夏官·司马》的记载，师为 2500 人的编制单位。若商、西周时期每师只有 2500 人，武丁时仅 3 个师，只有 7500 人的军队。武乙时扩军 1 倍，也只有 15000 人的军队。而在商周牧野之战时，周武王率领的就有战车 300 辆，虎贲 3000 人，甲士 4.5 万人，共计有近 5 万人的兵力。而当时殷纣王则有 17 万人的军队与周武王相对抗。如果当时师为 2500 人的编制，与商末用兵人数相差太大。且武丁时有一次用兵曾达到 1.3 万人之数，实际出征用兵已超过 3 个师，即 7500 人。所以在西周文献中，对"师"字的含义，自来注疏家都指明是"军"的编制。如《诗·大雅·棫朴》"周王于迈，六师及之"，毛传云"天子六军"，孔颖达疏引郑玄答临硕云"《诗》之六师，谓六军之师，总言三文六师皆云六军"。

军的编制，《周礼·夏官·司马序官》谓，军为 1.25 万人的规模，其编制组织法是五进制的，即 5 人为伍，5 伍为两，4 两为卒，5 卒为旅，5 旅为师，5 师为军。这种五进制的建制，在商朝甚至周朝前期可能未有。周武王伐纣时，军队中有千夫长、百夫长。[1] 这是十进制的编制法。商朝军队当也是十进制的。师既是后世的军级编制，又是十进制的。师的规模应为 1 万人才比较合乎当时历史实际。万人为师，武丁时 3 个师，有军队 3 万人，武乙时扩军 1 倍，有 6 个师，即 6 万人，与商朝时的国力比较相当。

根据现有甲骨文的材料，商朝在武丁时期，遇有战争时，还是临时征集兵员组成军队参加战斗。如"登人三千呼伐邛方"[2]，"王供人五千征土方"[3]，"眉三千人伐囗方"[4]。这里，登、供、眉若干人征伐某方国，就是临时征集兵员的制度。但是，这种临时征集兵员的形式，只出现在

---

① 《尚书·牧誓》。
② 《甲骨文合集》39864。
③ 《甲骨文合集》6409。
④ 《甲骨文合集》7435。

武丁时期的甲骨文卜辞中，武丁之后并没有见到。这种变化并非武丁以后没有发生战争，事实上武丁之后对外战争仍然屡见不鲜。这个变化是因为武丁以后"师"已作为商朝军队的编制单位，即商朝的军队已经有固定的编制系统，而不再实行临时征集兵员的制度，意味着有了初步的兵役制度。这是商朝军事制度上的一大变化。

（二）士卒的来源

商朝国家军队的士兵是由"邑人"充任的。甲骨文中有邑和王师关系的卜辞："方来入邑，今夕弗震王师"①，"行致右师暨右邑"②。这里"方"指敌对方国。方国侵入邑中，对王师是否有威胁，必须占卜问鬼神才能知道。邑中的居民，为兵士的来源，故有此占卜。甲骨文中，有邑人向商王献俘的典礼。献战俘，乃是将士作战班师回国的活动，所以这里向商王献俘的邑人其实就是参加作战的士兵。

1969—1977 年，在殷墟西区发掘出中小型墓葬 939 座。墓葬中大多有随葬品，有的还有青铜礼器，少数有殉人，但绝大多数只有陶器。这些墓葬的主人，生前当是有一定财产的自由民（或称为平民），也就是甲骨文中所称的"邑人"。在 939 座墓中，出青铜或铅兵器的有 166 座，平均每 5.6 人中，有 1 人拥有金属兵器。有兵器随葬的墓，经人骨鉴定，均为男性，他们生前当是战士。③ 这批墓葬说明：平均每 5.6 人中有 1 位兵士，这一比例大致与每 1 家有 1 人当兵相符。凡当兵的都是男人，均来自居住在王都及其附近的"邑人"。

商朝除了平民"邑人"当兵外，还有众多的臣、仆、众人等奴隶参加作战。如"呼多臣伐邛方"④，"呼多仆伐邛方"⑤，"王令禽以众甾

---

① 《甲骨文合集》36443。

② 《甲骨文合集》8987。

③ 中国社会科学院考古研究所安阳工作队：《1969—1977 年殷墟西区墓葬发掘报告》，《考古学报》1979 年第 1 期。

④ 《甲骨文合集》613。

⑤ 《甲骨文合集》540。

伐"①。这些臣、仆、众等奴隶虽然参加对敌作战，但不是国家军队中正式的兵士，而只是奴隶主贵族利用奴隶为自己卖命。这些参加战斗的奴隶与平民所组成的师旅关系是"王其以众合右旅（暨左）旅禽于旧"②。这条甲骨文意思是说，占卜商王是否要将众与"右旅""左旅"合在一起对敌作战。显然，奴隶众本来是与旅互不相关的。右旅、左旅是商朝国家军队的编制，若奴隶众是国家军队的士兵，那就不必占卜是否要将众与右旅、左旅合在一起对敌作战了。

在奴隶社会中，奴隶持戈披甲作战，是一种普遍现象。商朝军队的最高统帅商王，掌握着国家军队、诸侯国军队和贵族武装的领导权和指挥权，一方面强迫平民邑人以及臣、仆、众等奴隶当兵，为其卖命，另一方面对敢于反抗的平民和奴隶予以残酷的镇压，从而维护商王朝的统治。

三、西周军队的编制

《周礼·夏官·司马》有关于西周王朝军队编制的记载："凡制军，万有二千五百人为军。王六军，大国三军，次国二军，小国一军。军将皆命卿。二千五百人为师，师帅皆中大夫。五百人为旅，旅师皆下大夫。百人为卒，卒长皆上士。二十五人为两，两司马皆中士。五人为伍，伍皆有长。"据此，西周王朝军队的编制为伍、两、卒、旅、师、军。如前所述，军的名称，较师、旅晚出，可能是在以五进制代替十进制的军队编制法的春秋时期才出现的。而实际上，"在军队的编制上，商周（西周初）是基本一致的，很可能是周人仿商军"③。因此，《尚书·牧誓》记载的"师氏、千夫长、百夫长"，反映的应是西周军队的编制情况，即以百

---

① 《甲骨文合集》31973。
② 《小屯南地甲骨》2350。
③ 杨升南：《略论商代的军队》，《甲骨探史录》，三联书店，1982 年。

人团、千人团、万人团为单位的十进制编制。

西周时期，宗法血缘关系进一步制度化，贵族和平民以宗族为单位，聚族而居。大宗、小宗的贵族宗主和宗子以及他们的子弟，居住在立有宗庙的城邑之内。而那些与贵族有一定血缘关系的原贵族子弟，沦为平民后，日渐贫困，居住在城外的郊。贵族和平民就是西周时期的"国人"阶层。战时，以宗族为组织单位参战，大小贵族组成车兵，而贫困的平民无能力自备车马，只能组成随从车兵作战的徒兵队伍。车兵是西周王朝精锐的部队，在战斗中发挥着为王朝大军冲锋陷阵的前锋作用。《诗经·卫风·伯兮》曰："伯兮朅兮，邦之桀兮。伯也执殳，为王前驱。"《兔置》曰："赳赳武夫，公侯干城。"这些诗句，反映了西周的"国人"，即中、小奴隶主贵族和平民中的上层——士等，是西周王朝军队的骨干力量。

西周王朝的军队由中央王朝的正规军和地方诸侯军所组成。中央王朝的正规军又可分为西六师、成周八师（即殷八师）的正规野战部队和王室禁卫军等几部分。

西周王朝的西"六师"，即"六军也"。① 六师应是驻扎在宗周的部队，在金文中还称为"西六师"，与"殷八师"或"成周八师"相区别。《小克鼎》铭文云："王命善夫克舍令于成周，遹正八师之年。"说的是善夫克传周王的命令于成周洛邑，整饬八师的军队。此"八师"军队，应常驻成周，故又称之为"成周八师"。成周洛邑处"天下之中"，是为西周王朝畿内东方重镇，成王又迁殷顽于此，所以成周八师肩负镇压殷商遗民以及东方、南方方国诸侯叛乱的重任，所以成周八师又称为"殷八师"。西周王朝在西部宗周镐京地区和东部成周洛邑的"东西长而南北短，短长相复为千里"。《汉书·地理志》的"通封畿"地区，驻守着六师和八师的中央正规军，犹如中央王朝的两个拳头东西呼应，随时可以打击西方的戎人及东方的夷人的叛乱活动。西周王朝曾倾全国之兵，同

---

① 《诗传》。

时调动西六师和成周八师共14师的强大军队，对噩侯驭方大加讨伐，并要杀得老少不留，可见这场战争规模之大、之残酷、之激烈。正如《禹鼎》铭文所载："王迺命西六师、殷八师曰：扑伐噩侯驭方，勿遗寿幼。"

西周中央王朝还有王室禁卫军，这就是由虎贲氏管理的八百虎士。《周礼·夏官·司马》"序官"载："虎贲氏，下大夫二十人，中士十有二人，府二人，史八人，胥八十人，虎士八百人。"虎贲氏常在周王前后负责保卫事宜，是王室禁卫军虎士的首领。虎士在青铜器铭文中被称为虎臣。《无惠鼎》铭文云："王呼史廖册令无惠曰：官司囗王侦侧虎臣。"《师克盨》铭文则记载了师克的先祖用心保卫周王，甘做腹心爪牙。周王命令师克继承先人之职，兼理周王左右的虎臣，负责周王的保卫事宜。"王若曰：师克……乃先祖考有爵于周邦，干害王身，作爪牙……命汝更（继）乃祖考摄司左右虎臣。"可见，师克兼理虎贲氏职，主管王室禁卫部队虎臣。

王室禁卫中还有一支特殊的夷隶兵。《周礼·地官·司徒》记载："师氏……使其属帅四夷之隶，各以其兵服守王之门外，且跸。朝在野外，则守内列。"所谓"内列"，是四夷之隶在王野舍时，担任内警卫，而外警卫则由司马率六师守之。"四夷之隶"各着本民族特色的服装，手持本民族特色的武器，担任周王的贴身警卫。青铜器铭文中也有关于周王这种特殊警卫部队的记载。《师酉簋》铭文中就记载司隶所统领的"四翟之隶"，与《周礼》中师氏下属所率的"四夷之隶"当是同一种周王警卫部队。司隶的最高品级为"中士"，是师氏中大夫爵的属官。而《师酉簋》的师酉官邑人、虎臣及四夷之隶，身为师职，与《周礼》师氏职掌是相符合的。

西周王朝的地方侯伯也有军队的建制，因各封国的大小和爵品高低的不同，军队的数量也多少不一。《国语·鲁语下》说："元侯作师，卿帅之，以承天子。"元侯为大国之军，而师是三军之众。大国的三卿都是周天子所册命，故必须服从周王的指挥，随王出征，讨伐不服从周王朝统治的方国。"诸侯有卿无军，帅教卫以赞元侯。"诸侯对元侯而言，是

次国之君。次国二卿命于天子，一卿命于其君。元侯有军事行动，则由卿帅其所教武卫之士佐元侯出征："自伯子男有大夫无卿，帅赋以从诸侯。"小国无天子命卿，只能随时赋国中，出兵车甲士随从大国诸侯出征。但《周礼·夏官·司马》"序官"所记载的制度与《国语》不尽相同："凡制军，万有二千五百人为军。王六军，大国三军，次国二军，小国一军。"可见《周礼》所载，小国并非无军，而尚有一军。尽管《国语》与《周礼》所载，孰是孰非目前还难以断定，但无论如何，诸侯国建有军队却是一致的。

西周时期，诸侯国的军队也称"师"。《班簋》铭文："王命吴伯曰：以乃师左比毛父。王命吕伯曰：以乃师右比毛父。"周王命毛公统帅大军征东夷，并命吴伯和吕伯率其本国军队——"乃师"配合作战。当时，如是大的诸侯国，其军队的规模还是不小的。《礼记·明堂位》说，成王"是以封周公于曲阜，地方七百里，革车千乘"。注曰："兵车千乘，成国之赋也。"诸侯300里以下为未成国。周初鲁国为大国，自然能出兵车千乘的"成国之赋"。《诗经·鲁颂·闵宫》也记有鲁国"公车千乘""公徒三万"，说明鲁国具有一支规模较大的军队。

四、春秋时期诸侯国军队的编制

春秋时期，周王室衰微，各诸侯国割据一方，混战不已，军队编制随着各诸侯国军事力量的变化，呈现出多变的态势。晋国军队在西周时较小，晋武公伐翼后，周僖王（前681—前677在位）任命他"以一军为晋侯"①。前661年，晋献公增建一军，称为上、下军。前633年，晋文公为争夺霸业，"蒐于被庐，作三军"。前629年又蒐于清原，作五军，在原来上、中、下三军的基础上，新添上、下新军。前621年，由于赵衰、栾枝，先且居、胥臣等人相继去世，军中缺乏统帅，遂取消上、下

---

① 《左传》庄公十六年。

新军，仍为三军。前 588 年，晋国作六军，在三军外，又建新上、中、下三军，晋国军事力量达到鼎盛。前 578 年，晋厉公取消上、下新军，编为四军。前 560 年，晋悼公因新军中无合适的人担任军帅，于是把新军配属于下军，名义上是三军，实为四军的编制。①

齐国初年，管仲作内政以寄军令，将国中划为 21 乡，其中士乡 15，分为三军。这是齐国有三军建制之始。鲁国本西周时大国，有军队 3 万人之众，而春秋时期最初只有两军。前 562 年，"季武子将作三军"，新增中军，三桓"三分公室而各有其一"。尔后，又"舍中军"，仍为二军。② 鲁国的扩军和裁军，都是因政治形势的变化，贵族集团为瓜分公室而不是为军事目的。

春秋时期仍注重兵车在战争中的作用，故国家的军事力量以兵车的多少作为评价指标。如晋、齐、鲁三国军制除以"军"若干计数外，一般言兵力还常以"乘"来计算。一乘就是一辆战车。如鲁国有"公车千乘"③，齐国有"革车八百乘"④。春秋时期，晋国的战车可达 5000 乘。前 537 年，楚芏启疆说晋国有"长毂九百"，"遗守四千"。⑤ 前 529 年平丘之会，晋人出动兵车 4000 乘以威胁诸侯。⑥

春秋列国军队实有多少兵员，兹也举比较有明确记载的数国以窥一斑。管仲治齐的 15 乡三军，每军 1 万人，共有兵士 3 万人。故管仲曾对齐桓公说："君有此士也三万人，以方行于天下。"⑦ 鲁国"公徒三万"，也是 3 万人。黄池之会时，吴国"带甲三万"⑧。越国伐吴时，"发习流

———

① 《中国政治制度通史》第 1 卷，第 438 页。
② 《左传》襄公十一年、昭公五年。
③ 《诗·鲁颂·閟宫》。
④ 《国语》卷 6《齐语》。
⑤ 《左传》昭公五年。
⑥ 《左传》昭公十三年。
⑦ 《国语》卷 6《齐语》。
⑧ 《国语》卷 19《吴语》。

（罪人）二千人，教士四万人，君子六千人，诸御千人"①，动用兵力至5万人。

春秋时期，军的编制人数有万人和12500人两种说法。齐国、吴国是万人为军。《国语·齐语》载："五家为轨，故五人为伍，轨长帅之；十轨为里，故五十人为小戎，里有司帅之；四里为连，故二百人为卒，连长帅之；十连为乡，故二千人为旅，乡良人帅之；五乡一帅，故万人为一军。"当时，军队编制一军12500人的说法则见于《周礼·夏官·司马》"序官"的记载："凡制军，万有二千五百人为军。"

兵车的编制人数更是有多种说法。车上的兵士人数比较统一，即甲士3人，"左人持弓，右人持矛，中人御"。至于一车配备多少徒兵，则无定说，大致是随着时间的推移而逐渐不断增加，所以有10人、30人、75人、100人之说。如前660年，"齐侯使公子无亏帅车三百乘，甲士三千人以戍曹"②，这是春秋初期沿西周旧制"革车三百两，虎贲三千人"③，每一兵车配步兵10人。《周礼·夏官司马》载，军队有"二十五人为两"的一级编制，显然，这是指一辆兵车配备士兵25人。《司马法》中有记载一兵车配备30人的："革车一乘，士十人，徒二十人。"④《管子·乘马》也载"一乘者，四马也"，"白徒三十人，奉车两"。可见，也是一车配备徒兵30人。若以每乘兵车配备30个兵士计算，晋国5000乘兵车，就有士兵15万人；楚国如有万乘兵车，那就有士兵30万人；秦国有2000乘兵车，就有士兵6万人。晋、楚、秦均是春秋时期的大国，所以军队人数也多，以上估算与其国力是相符合的。

春秋时期，列国武装力量分为国家中央军、国家地方军和贵族武装三类。

---

① 《史记》卷41《越王勾践世家》。
② 《左传》闵公二年。
③ 《孟子·尽心下》。
④ 《周礼·小司徒》载："革车百乘，士千人，徒二千人。"文下，郑玄注引《司马法》。

1. 国家中央军。

国家中央军即前面所讲的大国三军、中国二军、小国一军或列国各拥有的兵车多少"乘"。这是每个诸侯国的主力军，即类似于当代的野战军，对外征战主要由这一类军队承担。其兵源来自自由民（国人）。如《国语·齐语》载，齐国桓公时任用管仲为相，作内政以寄军令，"制国以为二十一乡，工商之乡六，士乡十五"。15 个士乡分为三军，所谓"制国"，即国中的军事编制。当时齐国服兵役的正卒是居于国中的人，故称为"国人"。

2. 国家地方军。

国家地方军主要是边境地区的县、邑中的武装，其职责是保卫边疆和地方。如前 550 年，晋军赵胜"帅东阳之师"追击齐军。[1] 这里的"东阳之师"就是指东阳地区的地方部队，当时的东阳大致在今太行山以东，河北省的邢台、邯郸一带，是在晋国的东部边境上。春秋时期，诸侯国离本国国都较远的县、邑地方部队与国都及附近的国人所组建的军队，是有所区别的，这是一种地方性质的武装。当然，地方部队的军权还是掌握在国君手中，它们的主要职责是保卫地方或边境的安全。

3. 贵族武装。

春秋时期，沿袭商朝的旧制度，贵族拥有私人武装。一些大贵族拥有封邑，即所谓"食邑"，用于招兵买马，组建军队。这是贵族建立私人武装的经济基础。

春秋时期，贵族武装活跃，被称为"私卒""私属""族甲""某氏之甲"或"某邑之甲"等。有些族的武装力量有相当的规模，如前 592 年，晋郤克在齐国受辱，回国后欲率晋军攻打齐国报仇，晋国君不准。他又"请以其私属"，即请求用自己的族武装"私属"去攻打齐国。一个晋国贵族竟敢以其族兵与一个大国较量，可见当时大贵族的私人武装之强大。楚的莁启疆说晋国"韩赋七邑，皆成县也，羊舌四族，皆强家也"，

---

① 《左传》襄公二十三年。

韩、杨二家族共有9县，可出"长毂九百"①，即900辆兵车，可见，两族的武装力量相当于当时"千乘之国"的实力。

这些诸侯国贵族的私人武装，一般来说，还是必须听从国君的统一领导和指挥。这就是所谓"有禄于国，有赋于军"②。如晋郤克欲以私属去攻打齐国报仇，但遭到国君晋景公的阻止，他就不敢擅自带私人军队攻打齐国。在战争中，这些贵族武装就成为国君的私人卫队。前575年，晋楚鄢陵之战中，"栾、范以其族夹公行"③。在此次战役中，栾书为中军元帅，范文子为中军佐，他们的族军跟随国家正规军一同作战，其目的在于保护国君厉公。

但是，各诸侯国贵族所拥有的私人武装，毕竟其直接的主子是供养这些私人武装将士的贵族，因此必须忠诚于这些贵族主子，为其效忠卖命。因此，贵族私人武装经常成为贵族间、贵族与国君之间斗争的工具。尤其在春秋时期各国国君势力衰微、无法控制贵族私人武装之时。不仅贵族间互相诛杀、攻伐，甚至国君中有36位被杀死、13位被赶跑，3位周王出逃在外，整个社会动荡不安，国家几无宁日，这些都与贵族私人武装密切相关。如前550年，晋栾盈"帅曲沃之甲，因魏献子以昼入绛"④。曲沃是栾氏的封邑，所以栾盈虽出逃在外，当他偷偷返回私邑曲沃时，就马上得到上下的绝对支持。这"曲沃之甲"就是栾盈的私兵，栾盈公然在光天化日之下率领私兵进攻国都。又如前548年，齐国贵族崔杼的"私甲"诛杀国君齐庄公。齐庄公多次向崔杼的"私甲"求饶，但私甲们说：我们只听从主人（崔杼）讨贼的命令，不管其他。最后还是将庄公杀死。⑤可见，这些贵族私人武装分子，已成为贵族的死党，只听从主子的旨意，连国君都不在他们的眼里。

---

① 《左传》昭公五年。
② 《左传》昭公十六年。
③ 《左传》成公十六年。
④ 《左传》襄公二十三年。
⑤ 《左传》襄公二十五年。

五、战国时期诸侯国军队的编制和士卒的来源

（一）诸侯国军队的编制

战国时期，步兵的编制是十进制。其最基本的作战单位是伍，即5人为一个小组。伍的编制是从居民所居地就实行的，故普通成年男子被称为"士伍"。秦简《法律答问》有关"四邻"的解释说："何谓'四邻'？'四邻'即伍人之谓也。"又有"伍老"，是里典下五户小组长。"贼入甲室"条有贼进入甲的家中，将甲杀伤，甲呼喊有贼，"其四邻、典、老皆出不存，不闻号寇。问当论不当"。《秦律杂抄》"匿敖童"条有隐匿敖童不报，申报废疾不确实时，"典、老赎耐"，这里的"老"即伍老也。在里下设伍，伍即是军中的编制。伍以上为什，是10人编制的组织。战国时期军队称"什伍"，即由此而来。《尉缭子·伍制令》云："军中之制，五人为伍，伍相保也；十人为什，什相保也；五十人为属，属相保也；百人为闾，闾相保也。"同书《束伍令》在百人之上有"千人之将""万人之将"，左、右将，大将军的系列。按照尉缭子的说法，其军队的编制为：伍，什，百，千，万，左、右将，大将军。大将军统率三军。云梦秦简中常提到什伍，印证了尉缭子的说法基本上符合战国时期的步兵编制制度。

战国时期骑兵的编制，据《六韬·均兵》所载，也采取十进制："五骑一长，十骑一吏，百骑一卒，二百骑一将。"但是，骑兵在作战时，则以5骑为一列，30骑为一屯，60骑为一辈。由于骑马速度、起步、停止等不易控制，为防止互相冲撞、踩踏，特别要注意队列之间需保持安全的距离。当时规定，由于平地马匹奔跑速度快，作战时必须前后相距20步，左右间隔4步，队列间的距离和间隔为50步。在山险地马匹很难奔跑，速度慢，作战时前后只要相距10步，左右间隔2步，队列间相距50步就可以了。屯和辈的活动范围，前后左右各百步之间。

战国时期车兵的编制，有两种含义：一是每辆战车上的人员配备，

与春秋时期一样，有甲士3人。二是车下有步兵相配合。一车配备的步兵有72人与百人两种说法。秦始皇陵兵马俑的军阵中，以一车配备8人为主，也有一车配备28人和32人的。车队的编制，《六韬·均兵》说是：五车为一列，十车为一聚，二十车为一屯，五十车为一率，百车为一将。

（二）士卒的来源

1. 征兵自由民。

战国时期，行之于以前的国人（即国都及附近的自由民）和野人（即在农村的自由民）的制度已经不复存在。所有城乡人民，都成为封建政权下的"编户齐民"。所谓"齐民"，就是指国人、野人社会地位的等齐。春秋战国时期，各诸侯国先后施行了一系列改革，其中一项重要内容就是提高野人的社会地位。战国时期实行郡县制，国野制消失，国人野人政治权利和义务相同，当兵不再是国人专有的权利，而是所有人民的一种义务。

战国时期，无论城乡，凡成年男子若无废疾等特殊原因，皆得从军。如秦国商鞅变法，实行"农战"（或"耕战"）国策，使国人"入使民属于农，出使民一于战"①。《战国策·齐策一》中记载苏秦对齐宣王说："临淄之中七万户，臣窃度之，下户三男子，三七二十一万。不待发于远县，而临淄之卒，固以（已）二十一万矣。"

秦国商鞅为增加本国兵力，还通过优惠政策，招募晋国民众迁徙到秦国，从事农业生产，同时服兵役为秦国打仗。商鞅"诱三晋之人耕秦地，优其田宅，而使秦人应敌于外。大率百人则五十为农，五十人习战。凡民年二十三附之于畴官，给郡县一月而更，谓'更卒'。复给中都一岁，谓'正卒'。复屯边一岁，谓'戍卒'"。这里的"正卒""戍卒"都是从军服兵役。云梦秦简中将男子一律称为"士伍"，就是这种兵役制的反映。

战国时期不仅战争频繁，而且规模越来越大。当全国成年男子从军

---

① 《商君书·算地》。

还无法满足战争需要时，甚至连妇女也要从军。如在守城时，要全民动员，妇女也得参加。《商君书·兵守》云："三军，壮男为一军，壮女为一军，男女之老弱者为一军。"《墨子·备城门》《守篇》《号令篇》中都提到女子参与守城的战斗。在战争中，妇女由于身体条件的限制，主要参与守城，提供后勤服务，与男子的"正卒""戍卒""更卒"的从军有所不同。

春秋与战国时期，都实行虚岁30岁服役、60岁退役的制度。春秋时有"三十受兵，六十还之"的记载。战国时在正常的情况下，也是30岁从军。云梦秦简《编年纪》的主人喜，17岁时"付"，即登记入籍服徭役，30岁时从军。如在战争危急的特殊情况下，15岁左右的少年也有被征召入伍参加战斗的。《战国策·楚策二》载楚司马昭常说："我典主东地，且与死生，悉五尺至六十，三十余万，弊甲钝兵，愿承下尘。"这里5尺指5尺高的少年，云梦秦简中常以身高多少为标准指代少年的年龄，5尺高的少年大约在15岁。"六十"即60岁，60岁以上就不用服兵役了。前262年，秦赵长平之战正激烈时，秦昭王"自之河内，赐民爵各一级，发年十五以上悉诣长平，遮绝赵救及粮食"①。秦赵长平之战后，燕国趁赵国"壮者皆死长平，其孤未壮"的时机攻赵。燕以栗腹为将率大军攻赵，赵以廉颇为将，率未壮之孤，"破杀栗腹"，虏燕将卿秦、乐间，并乘势攻入燕国。② 由此可见，如在国家危亡之际，只要指挥得当，15岁以上的少年兵，也能在战争中发挥重要作用。

由于通常情况下从军年龄从30—60岁，特殊情况下从15岁以上就入伍，所以常有父子兄弟同在军中者。如魏信陵君窃符救赵后，当他夺得晋鄙所带十万魏军时，将父子兄弟同在军者放归父兄及独子："父子俱在军中，父归；兄弟俱在军中，兄归；独子无兄弟，归养。得选兵八万人，

---

① 《史记》卷73《白起王翦列传》。
② 《史记》卷43《赵世家》。

进兵击秦军。"①

2. 特殊军人的出现。

战国时期，除普遍征兵自由民外，为增加军队的战斗力，各诸侯国还设有特殊兵种，如齐国的"技击"、魏国的"武卒"等。据荀子说，魏国的"武卒"是经过特别选拔而组建的："魏氏之武卒，以度取之。衣三属之甲，操十二石之弩，负服矢五十个，置戈其上，冠轴带剑，赢三日之粮，日中而趋百里。中试而复其户，利其田宅。"② 可见，当时魏国选拔的"武卒"，必须有很强的臂力，能拉得动十二石的强弩，并且具有很好的体力，能负重一天急行军 100 里。如果能通过考试选拔上，就给予免除全家赋税徭役的优惠待遇。这就是在对自由民普遍征兵的基础上，特选其优秀者，组成特殊的军队。

战国时期募兵制已经开始出现，云梦秦简《秦律杂抄》中的《屯表律》"冗募"条云："冗募归，辞曰：日已备，致未来，不如辞，赀日四月居边。"这里"冗募"意即众募，就是募集兵士。招募的士兵回乡，声称受雇的时期已满，但根据契约"致"所定的时间还未到，所以还未足天数。根据秦国法律规定，提早 1 日离开，要罚 4 个月居边服役，可见其惩罚之严厉。这种招募来的军队，也是一种特殊的军队。

3. 奴隶从军。

云梦秦简《秦律十八种》中的《军爵律》有一条规定赎免其身份者："欲归爵二级以免亲父母为隶臣妾者一人，及隶臣斩首为公士，谒归公士而免故妻隶妾一人者，许之，免以为庶人。工隶臣斩首及人为斩首以免者，皆令为工。"文中"隶臣斩首""工隶臣斩首"，说的是隶臣从军方能斩敌首受赏，隶臣是奴隶，由此可见，战国时秦国奴隶是可以从军当兵的。

---

① 《史记》卷 77《魏公子列传》。
② 《荀子·议兵》。

第四节　选任将领思想

先秦时期，许多有识之士已经认识到在战争中，领军将领的重要性，其对于战争的胜负有最直接、根本的影响。"故将者，人之司命，三军与之俱治，与之俱乱。得贤将者，兵强国昌；不得贤将者，兵弱国亡。"①君主选任了贤能的良将，军队就会变得强大，国家就会昌盛；如果不能选到贤能的良将，军队就会变得弱小，国家就会衰亡。当时的各派军事思想家对如何判断将领是否德才兼备、如何选拔任用良将等提出了自己的看法，兹缕述如下。

一、选任良将的标准

《孙子兵法》认为良将必须具备 5 个方面的优秀素质，即智、信、仁、勇、严，就是说必须有智慧，守诚信，有仁爱之心，作战勇敢，做事严谨。《六韬》则对良将提出勇、智、仁、信、忠、明、精微、常戒、强力等 9 个方面的素质要求。其理由是"所谓五材者，勇、智、仁、信、忠也。勇则不可犯，智则不可乱，仁则爱人，信则不欺，忠则无二心"②。"将不仁，则三军不亲；将不勇，则三军不锐；将不智，则三军大疑；将不明，则三军大倾；将不精微，则三军失其机；将不常戒，则三军失其备；将不强力，则三军失其职。"③ 这就是说，作为一位优秀的将领，要足够勇敢，下属与敌人才不敢侵犯；并为下属将士树立榜样，这样作战

---

① 《六韬·奇兵》。
② 《六韬·论将》。
③ 《六韬·奇兵》。

时军队才具有很强的战斗力；优秀的将领要具有很高的智慧，遇到事情不迷惑，做事情才不致手忙脚乱，这样下属将士才会信赖将领，在危险的时候不会军心动摇；优秀的将领具有仁爱之心，就会关心爱护下属将士，下属将士就会亲近他，紧紧跟随他，为他效力卖命；优秀的将领讲信用，下属将士就会效仿，不会欺上瞒下；优秀的将领忠心耿耿，下属将士就不会有二心，上下一心，忠君爱国。相反，如果将领没有见识，是非不明，军队就会遭到惨败；如果将领做事不精微，粗心大意，军队在战斗中就会失去战机；如果将领不时刻保持警惕，军队就会放松戒备，易于遭到敌人偷袭；如果将领做事不坚强有力，军队就会变得懈怠涣散，将士玩忽职守。

值得注意的是先秦儒家提倡仁、义、礼、智、信，如孔子提倡的君子之德是"知者不惑，仁者不忧，勇者不惧"[①]，他特别强调"仁者爱人"，主张实行仁政。孟子则提出四德"仁、义、礼、智"。这与孙子对良将"智、信、仁、勇、严"的素质要求和《六韬》中的"五材者，勇、智、仁、信、忠"有相似之处。如智与仁是孔子、孟子、孙子、《六韬》四者都有的，勇是孔子、孙子、《六韬》三者都有的。这就说明，无论是儒家所提倡的君子之道，还是兵家所提倡的为将之道，由于都是针对管理者的要求，因此有其共同之处，就是必须有仁爱之心，才能获得被管理者（民众或下属将士）的拥护支持；必须有智慧，才能遇到事情不迷惑，做出正确的判断和决策；必须勇敢，敢于担当，才会在被管理者面前有权威，民众或下属将士愿意服从领导指挥。

但是由于管理的对象、内容不同，对管理者的要求侧重点又有所不同。如在智、仁、勇三个方面，儒家和兵家都提及，但是其侧重面则有所不同。如在智、仁、勇的排列顺序上，就体现了儒家与兵家强调的侧重面不同。在《论语·子罕》中，虽然三者的排序是智、仁、勇，但通观孔子在《论语》中的思想，从整体上来说，孔子是最重视仁的，所以

---

① 《论语·子罕》。

其在管理国家的思想中，其中心是实行仁政。孟子的四德，就是继承了孔子的仁爱和仁政思想，将仁列为管理者首要具备的素质。这就是儒家的民本思想"民惟邦本，本固邦宁"，"得民心者得天下"，治国者首先必须仁爱百姓，才能得到百姓的支持拥护，国家才能长治久安。而兵家则从军队将领的角度出发，在战争中将领必须具有超常的智慧，才能正确预见战场的瞬息万变，做出英明的战略决策，才能带领军队打败敌人，取得战争的胜利。而且在战争中光有智慧还不够，如果将士缺乏英勇作战的精神和气概，再好的战略都是空的，是无法实现的。正如克劳塞维茨所说的："勇敢能够替理智和知识添翼，此种翅膀越强，也就可以飞得越高，视界也越广，结果也越佳。"

除了智和勇之外，孙子还提出信、仁、严，《六韬》的"五材"则还有仁、信、忠。信主要指诚信、信任、信用。从军队管理来说，这是很重要的。治军打仗强调信赏必罚，即作战英勇杀敌，立有战功者必须依据战功大小予以不同奖赏，如畏敌怯战，战败而逃者必须受到严厉的惩罚，只有这样，才能激励将士在战场上奋不顾身，勇往直前地打败敌人，取得战斗的胜利。

孙子提倡"仁"，其主要内容就是将领必须善待、爱护下属将士，这样就使军队内部官兵关系融洽，提高军队的凝聚力和战斗力。孙子说："视卒如婴儿，故可与之赴深溪；视卒如爱子，故可与之俱死。"[①] 意思是说，将领把士兵当成婴儿一样来好好照顾，当成自己的孩子一样好好爱护，那么士兵就会为将领赴汤蹈火，同生共死。但是，军队中将领对下属将士的仁爱，必须是有智慧的仁爱，不是讲人情、拉关系、拉帮结派，或小恩小惠，而是赏罚分明，以国家的利益为至上，不计较个人得失的仁爱和胸怀。《史记·淮阴侯列传》中记载了韩信对项羽的中肯评价："项王喑恶叱咤，千人皆废，然不能任属贤将，此特匹夫之勇耳。项王见人恭敬慈爱，言语呕呕，人有疾病，涕泣分食饮，至使人有功当封爵者，

---

① 《孙子兵法·地形》。

印刓敝，忍不能予，此所谓妇人之仁也。"韩信一针见血地指出，项羽虽然对下属将士关爱有加，但是不懂得如何奖赏激励有功将士，因此，这只是妇人之仁，无法任用属下的良将，充分发挥他们的战斗力，只能是项羽一个人的匹夫之勇。不言而喻，项羽的妇人之仁是他无法成就大业的一个重要原因。

战争是严酷的生死搏斗，瞬息万变，变幻莫测，一个小小的疏忽，就可能带来惨痛的失败，甚至全军覆灭。因此，一个良将，必须具备"严"的素质，也就是说，在战争中，制定战略战术、指挥调度，必须严谨、滴水不漏，并且要求属下严格执行，遵守纪律，才能使军队立于不败之地。

《六韬》的"五材"还提到良将必须具备"忠"的素质。大致说来，忠与信的区别是，忠为下级对上级的忠诚，信为上级对下级或平级之间的诚信。后来，忠还被特指为臣民对君主、国家和人民的忠诚。如孔子在《论语》中，多次提到"主忠信"，似乎不大注意忠与信的区别，泛指君子在交往过程中必须具备忠诚、诚信的品德。《六韬·立将》作者提到的"忠"，则已较明确是指将领必须忠于君主，"二心不可以事君，疑志不可以应敌"。《孙子兵法·地形》虽然未提及"忠"字，但是孙子却提出"进不求名，退不避罪，惟民是保，而利于主"，这里要求将领"惟民是保，而利于主"，就是要求将领必须忠于国家和人民，忠于君主。一支军队，只有将领首先忠于国家、人民和君主，才能使广大下属将士也忠于国家、人民和君主，从而在战争中，才能够为了国家、人民和君主而英勇作战。所以"忠"是一支军队存在的灵魂，是一支军队最高的价值取向。从信念的角度来说，军队打仗，将士必须有一种统一坚定的信念，才能使成千上万的将士在战场上团结一心，众志成城，兄弟齐心，其利断金，发挥军队的最大战斗力，以排山倒海、摧枯拉朽之势打败敌人。

《六韬·垒虚》还认为良将必须具有渊博的知识："将必上知天道，下知地理，中知人事。"《三略》卷上则认为良将必须懂得政治、经济，熟知历史："仁贤之智，圣明之虑，负薪之言，廊庙之语，兴衰之事。"

的确，一个优秀的将领对一场战争做出战略、战术上的决策，首先必须深入了解该战场所处的自然环境，如气候、预测近期天气变化情况、地形、关隘险要、地质结构、江河湖泊、植被情况等，这就是俗话所说的"上知天文，下知地理"。其次所谓"中知人事"，就是要正确判断战争的主体——人，换言之就是交战双方的人数、士气、武艺、装备以及军需供给等。只有这样，优秀的将领才能打有把握之战，取得战争的胜利。正如《孙子兵法》所说的："知己知彼，百战不殆。"如果从更高的层面来说，战争是最高形式的政治斗争，当双方的矛盾无法通过协调谈判、互相妥协让步等解决的话，就只能通过暴力的手段——战争来解决。因此，国家的最高统治者及高级将领在对一场重大的战争进行战略决策时，不仅单从军事上，还要从政治上、经济上，甚至还要从历史上，全面地对一场重大战争的胜负得失进行评判和权衡，从而做出最佳的战略决策。总之，战争是一场十分复杂的生死搏斗，其中又包含着许多难以预测、不可控的因素，而且瞬息万变，因此就要求作为一位优秀的将领，必须具有渊博的知识，英明的判断力，果断的决策力，才能担当起历史赋予的重任。

《孙子兵法》和《六韬》不仅从正面提出了良将应具备的素质，而且从反面告诫良将所必须克服的一些缺陷。只有两个方面都能做到的将领，才算得上真正的优秀将领。《孙子兵法》告诫将领应当注意避免5种危险的过失："将有五危，必死可杀，必生可虏，忿速可侮，廉洁可辱，爱民可烦。凡此五者，将之过也，用兵之灾也。覆军杀将，必以五危，不可不察也。"《六韬·论将》则进一步提出将领应当去除10种缺陷："所谓十过者，有勇而轻死者，有急而心速者，有贪而好利者，有仁而不忍人者，有智而心怯者，有信而喜信人者，有廉洁而不爱人者，有智而心缓者，有刚毅而自用者，有懦而喜任人者。勇而轻死者可暴也，急而心速者可久也，贪而好利者可遗（赂）也，仁而不忍人者可劳也，智而心怯者可窘也，信而喜信人者可诳也，廉洁而不爱人者可侮也，智而心缓者可袭也，刚毅而自用者可事也，懦而喜任人者可欺也。"

《孙子兵法》的"五危"和《六韬》的"十过"都充满着辩证法的思维，即良将所具有的一些好的素质，但如果过分了，就会走向反面，成为危险的过失或缺陷，并可能在战争中造成严重的后果，甚至招致全军覆没。这就是孔子所说的"过犹不及"，一种好的素质，必须不偏不倚，不能太过也不能不及，互相协调平衡，才能真正发挥积极的正面作用。如"勇"是良将可贵的品质，"必死"是勇敢的充分表现，在战争中，如果全军将士能抱着必死的决心，破釜沉舟，就能勇往直前，取得胜利。但是如勇敢过了头，每次作战都鲁莽地冒不必要的风险，轻敌冒进，那么就很可能落入敌人的圈套，而导致全军覆没、将领被杀的后果。又如"爱民"是仁爱的表现，也是良将的好品德，如果搞好军民关系，在战争中就会得到民众的支持和帮助。但是战争毕竟是残酷的生死博斗，良将如过分仁爱，打仗时就会因为爱民而使军队行动受到很多牵制，就容易裹足不前、束手束脚而贻误战机。再如廉洁也是良将的好品德，但是如果是过分的洁身自好，就容易被敌人的造谣污蔑、侮辱抹黑激怒，中了敌人的奸计，使军队打了败仗。"五危""十过"中良将其余明显的缺陷更容易被敌人所利用，最终造成战争中严重的挫折和失败。如性情急躁的将领，容易被敌军的持久战所拖垮；贪财好利的将领，容易被敌军的贿赂所收买；有智谋但胆小的将领，容易被强大的敌人所吓倒；太讲究诚信的将领，容易被敌人所欺骗；有智谋但优柔寡断的将领，容易被敌人偷袭；刚愎自用的将领，容易被敌人所利用；懦弱而没有主见的将领，容易被人牵着鼻子走。总之，君主在选任将领时，这"五危""十过"都必须加以全面细致地考察。

二、选拔良将的方法

《六韬·选将》中记载了周武王与姜太公有关辨别、选拔良将的对话，具有深刻的思想。"武王问太公曰：'王者举兵欲简练英雄，知士之高下，为之奈何？'太公曰：'夫士外貌不与中情相应者十五：有贤而不

肖者，有温良而为盗者，有貌恭敬而心慢者，有外廉谨而内无至诚者，有精精而无情者，有湛湛而无诚者，有好谋而不决者，有如果敢而不能者，有恾恾而不信者，有恍恍惚惚而反忠实者，有诡激而有功效者，有外勇而内怯者，有肃肃而反易人者，有嗃嗃而反静悫意者，有势虚形劣而外出无所不至、无所不遂者。天下所贱，圣人所贵，凡人莫知，非有大明，不见其际，此士之外貌不与中情相应者也。'"这段周武王与姜太公的问答表明，正确辨别良将是不容易的，因为天下英才的外表与内在德才不符是很常见的，大致有 15 种情况：有的外似贤良而内在不肖，有的外似善良而实为盗贼，有的外似恭敬而内心却傲慢不逊，有的外似廉洁谨慎而内心缺乏至诚，有的外似精干而内无才情，有的外似浑厚而内心却不诚实，有的外似足智多谋而内心不果断，有的外似果断勇敢而内无作为，有的外似老实而其实不讲信用，有的外似摇摆不定而内心忠诚，有的言行过激而做事却有成效，有的外似勇敢而内心却胆怯惧怕，有的外表严肃而其实平易近人，有的外貌严厉而内心温和厚道，有的外表虚弱、其貌不扬而受命出使却无往而不胜。总之，那些外表平常而内在德才不凡的人，往往被一般人所看不起，唯独为圣人所器重；一般人不了解其内在的卓越德才，只有独具眼力的有识之士，才能真正懂得这些人的才华。

姜太公认为要任用贤人，首先必须知人，建议周武王通过 8 种方法来考察将领。对此，他提出"八征"之法："一曰问之以言，以观其详；二曰穷之以辞，以观其变；三曰与之间谍，以观其诚；四曰明白显问，以观其德；五曰使之以财，以观其廉；六曰试之以色，以观其贞；七曰告之以难，以观其勇；八曰醉之以酒，以观其态。八征皆备，则贤、不肖别矣。"① 这就是说，一是向其提出问题以考察其语言表达能力和分析能力；二是通过不停地追问以考察其应变的能力；三是派出间谍暗中观察其是否诚实，表里如一；四是明知故问，考察其是否有所隐瞒，借以

---

① 《六韬·选将》。

了解其人品；五是让其管理财物，考察其是否廉洁；六是以女色试他，考察其是否为好色之徒；七是把面临的危难告诉他，考察其是否勇敢无畏；八是用酒把他灌醉，考察其是否酒后失态，露出真面目。姜太公认为，如果这8种考察方法都用上了，就能把一个人的贤或不肖辨别清楚，从而选拔出真正的良将。这里，考察贤人的8种方法不尽科学有效准确，但其考察贤人的8个方面至今仍值得借鉴，至少说这是作为一位政府官员所必须具备的基本素质：善于言辞、随机应变、诚实不欺、忠厚有德、廉洁不贪、坚贞戒色、勇敢果断、不失风度。

三、君主应发挥良将的作用

任用良将应扬长避短。《尉缭子·十二陵》论述了良将所应具备的12个方面的良好品质，君主在任用良将时，应充分发挥他们的这些长处，这样平时就能把军队管理好，战时便能率领军队打胜仗。"威在于不变，惠在于因时，机在于应事，战在于治气，攻在于意表，守在于外饰，无过在于度数，无困在于豫备，谨在于畏小，智在于治大，除害在于敢断，得众在于下人。"这就是说，要使一位良将真正发挥其应有的作用，必须使其具备12种优良的品质：一是要具有威严，就必须做到意志坚定，始终如一；二是要给人恩惠，关键在于选择恰当的时机，如雪中送炭；三是要能随机应变，就必须学习适应各种不同情况；四是作战时，应善于激励全军士气；五是率领军队进攻时，要善于出其不意；六是在防守时，要善于迷惑敌人；七是要使自己不犯错误，关键在于学会周密思考；八是为了避免陷入困境，关键在于事先做好准备；九是要做到严谨，关键在于谨小慎微，防微杜渐；十是要做到明智，关键在于大处着眼，统筹全局；十一是清除祸害要果敢决断；十二是要想得到众人拥护，关键在于礼贤下士。

《尉缭子·十二陵》还指出，君主在任用将领时，应防止他们出现12个方面的短处，这样才能避免给国家和军队带来危害。"悔在于任疑，孽

在于屠戮，偏在于多私，不祥在于恶闻己过，不度在于竭民财，不明在于受间，不实在于轻发，固陋在于离贤，祸在于好利，害在于亲小人，亡在于无所守，危在于无号令。"这就是说，作为军队的一位将领，必须避免出现以下 12 个方面的缺陷，才能成为一位良将，避免带来各种危害：一是避免产生后悔，产生后悔的原因在于优柔寡断、犹豫不决，这样容易错失良机；二是避免造成罪孽，造成罪孽的原因在于杀戮太多，如果杀戮太多，就会激起众人的怨恨愤怒，以至于对立面越来越多，众叛亲离；三是避免出现偏袒，出现偏袒的原因在于私心太重，就容易对人对事不公正，以至于失去人心；四是避免出现不祥和，出现不祥和的原因在于不喜欢听逆耳忠言，不能兼听则明，所以容易偏信则暗，只有多听取不同的意见，才能减少错误；五是避免用度不足，用度不足的原因在于耗尽民财，如果对民众竭泽而渔，民众失去了再生产能力，军需供给就失去了来源；六是避免是非不分，是非不分的原因在于中了敌人的离间计，良将应时时警惕，不要偏信流言蜚语；七是避免做事不踏实，做事不踏实的原因在于轻举妄动，不慎重周密思考就轻易发布命令；八是避免产生固执偏见，产生固执偏见的原因在于疏远了有才德的人；九是避免招致灾祸，招致灾祸的原因在于贪图眼前的利益；十是避免受人谋害，受人谋害的原因在于亲近小人，就容易遭人暗算；十一是避免招致灭亡，招致灭亡的原因在于平时不居安思危，不时刻警惕戒备；十二是避免危险，出现危险的原因在于军队平时没有严明的纪律和管理制度，容易给敌人造成可乘之机。

四、处理好君主与将帅的关系

自古以来，处理好君主与将帅的关系，是关系到国家长治久安且非常重要的问题。如所有军队的领导权、指挥权、决策权都掌握在君主手中，那么将帅的才能难以得到施展，在瞬息万变的战场上，这样的军队不能灵活自主应对，肯定处处时时处于被动状态，是很难打胜仗的。相反，如果将帅的军事权力太大，往往又会威胁君主的统治，容易形成尾大不掉，拥兵自重，甚至发动军事政变，或上演禅让的历史剧，取而代之。而且后者更是封建专制君主所担心的。因此，正确处理好君主与将帅的关系，既是一个重大的管理国家的问题，又是一个为历朝历代帝王以及有识之士所深思熟虑的难题。先秦时期，这个问题就引起一些有识之士的关注和思考。

1. 君主与将帅应建立互信关系。

《三略》卷中认为君主与将帅之间军事权力的协调，其最基本的基础是双方要建立互信的关系。而要使君主能让大臣信任，大臣也能让君主相信，君臣双方必须正确把握"德"与"威"的度。对于君主来说，"无德则臣叛"，"无威则失权"。如果君主不对臣子施以恩惠，那臣子就会背叛君主；但是如果君主在臣子心目中没有权威，那就会失去统治权、驾驭权。而且在德与威之间，君主对臣子的威要比德稍多些，这样才可以更好地驾驭臣子，巩固自己的统治。对于臣子来说，"无德则无以事君"，"无威则国弱"。如果臣子没有对君主忠心耿耿、殚精竭虑，就不可能为国家为君主效劳；但如果臣子没有一定的权威，也很难指挥下属和民众为国家为君主效劳。在德与威之间，臣子应当多一点对君主的德而少一点对下属和民众的威，因为如果臣子的威太多了，不适可而止，就会因功高盖主而致祸，"威多则身蹶"。《三略》卷下认为，如果君主与臣子没有建立互信的关系，"大臣疑主，众奸集聚"，即大臣对君主不信任，那么他们就会为了消除祸患，使用各种奸计阴谋来对付君主，这样国家就会陷入危险的境地。

《六韬·立将》记载了通过隆重的立将仪式来完成君臣之间军权的授受和君臣互信关系的建立："将既受命，乃命太史卜，斋三日，至太庙，钻灵龟、卜吉日，以授斧钺。君入庙门，西面而立，将入庙门，北面而立。君亲操钺持首，授将其柄，曰：'从此上至天者，将军制之。'复操斧授柄，授将其刃，曰：'从此下至渊者，将军制之。见其虚则进，见其实则止，勿以三军为众而轻敌，勿以受命为重而必死，勿以身贵而贱人，

勿以独见而违众，勿以辩说为必然。士未坐勿坐，士未食勿食，寒暑必同。如此，则士众必尽死力。'将已受命，拜而报君曰：'臣闻国不可从外治，军不可从中御。二心不可以事君，疑志不可以应敌。臣既受命专斧钺之威，臣不敢生还。愿君亦垂一言之命于臣，君不许臣，臣不敢将。'君许之，乃辞而行。军中之事，不闻君命，皆由将出，临敌决战，无有二心。"

我们从此记载可以看出：一是先秦立将形式隆重庄严，并蒙上一层神圣的色彩，以此来强化君主与将帅之间的互信关系是得到上天和祖先的保障的。当主将接受任命之后，国君就命太史来主持这项事宜，先斋戒3天，然后往太庙占卜，选择吉日来举行授权仪式。二是充分显示主将军权是由国君亲自授予的。国君将象征军事权力的钺、斧亲手交给主将，并向主将面谕。举行立将仪式那天，君主进入太庙，站在西面，主将进入太庙，站在东面。国君亲自手持象征军权的兵器"钺"，把其柄交给主将，并面谕："从这里直到天上，一切军务都由主将你定夺。"然后，又将另一件象征军权的兵器"斧"亲手将其刃交给主将，并面谕："从这里直到地下深渊，一切军务都由主将你定夺。"并且进一步嘱托："见到敌人虚弱有机可乘，就前进攻击；遇到敌人强大难以取胜，就停止并防守。不要因为自己率领的军队人多势众就轻敌，也不要因为责任重大就轻易拼死，不要因为自己身份尊贵而看不起他人，不要因固执己见而不接受众人的正确意见，不要因为别人的花言巧语而自以为是。主将要礼贤下士，善待将卒。士兵没有坐下，主将也不要先坐下；士兵没有吃饭，主将也不要先吃饭。主将要和士兵同甘共苦，这样士兵们才会拼死效命。"三是主将接受了军权后，必须向国君表示忠心，并开始行使自己的军事权力，率领军队出征打仗。主将接受了钺、斧，听了国君的嘱托后，就向国君下拜并说："臣下听说国家大事不可以通过外部干预而处理，军中大事不可能依靠中央朝廷指示来解决。将领怀有二心不可以侍奉君主，心怀疑虑就不可以专心对付敌人。臣下既然接受了君王的权力，就会拼死效力以完成陛下的重托。"君主首肯后，主将就辞别，率军出征。战争期间，国君不再向军队发布命令，军中一切事务由主将决定。因此，将士们临敌作战时，就不会有任何疑虑。

2. 将在外，君命有所不受。

战争是人类社会各利益集团、各民族、各个国家之间最残酷最激烈的生死搏斗，因此敌我双方都无所不用其极，尽全力打败对方以取得胜利。古代由于交通工具和通信技术的限制，对战争态势的变幻莫测、瞬息万变不能依赖远距离的判断和决策，关键要依靠身临战场的主将及其他将领、谋士随时随地的判断和决策。因此，一些有识之士就提出了"将在外，君命有所不受"的理念，以保证领军将领独立自主的指挥、决策权。

《孙子兵法·谋政》说："君之所以患于军者三：不知军之不可以进而谓之进，不知军之不可以退而谓之退，是谓縻军；不知三军之事而同三军之政，则军士惑矣；不知三军之权而同三军之任，则军士疑矣。三军既惑且疑，则诸侯之难至矣。是谓乱军引胜。"这就是说，国君影响军队取得胜利的情况有 3 种：一是不懂得军队不可以前进而命令其前进，不懂得军队不可以后退而命令其后退，这就是牵制军队。二是不懂得军队内部事务而干预军政，就会使军士迷惑，无所适从。三是不懂得军事上的权衡机变而干预军队指挥，就会使军士怀疑。如果军队将士迷惑怀疑，诸侯列国就会乘机派兵攻打，国家就会遭受灾难。其后果就是所谓扰乱军心，自取失败。因此，《孙子兵法》进一步指出："将能而君不御者胜。"英明的君主应该放心大胆地让将领在战争时期自主指挥调动军队，随机应变，充分发挥自己的军事才能，才能取得胜利。这就是所谓"出军行师，将在自专，进退内御，则功难成"①。也就是说，出兵打仗，主将应该具有独立自主决策指挥的权力，如果前进、后退等各种行动都要受到身在朝廷的君主的控制，那么主将是很难建功立业的。

作为国君要完全相信臣下，特别是相信手拥重兵的将领，这也是不

---

① 《三略》卷中，台湾商务印书馆影印文渊阁四库全书本。

容易的。因为历史上拥兵自重的将领为实现自己的个人野心，起兵篡夺政权，杀死当朝国君，自己登上皇帝宝座的事例屡见不鲜。因此，一些有智慧的优秀将领，要取得国君的信任，还必须采取一些巧妙的办法，使君真正放手让自己发挥军事才能，率军打败强敌，建功立业。如战国时期秦将王翦率60万大军伐楚，为了让秦王不起疑心，王翦在出兵途中故意两次向秦王索取美田宅、园池，以供他和子孙世代享受，来使秦王认为他只知享乐，没有个人野心。因为他深知"秦王怛而不信人。今空秦国甲士而专委于我，我不多请田宅为子孙业以自坚，顾令秦王坐而疑我邪"①。

3. 国君要牢牢掌握对臣下的生杀大权，战争一结束就要收回领军将帅的兵权。

对于国君来说，要牢牢掌握对臣下的生杀大权，特别是要警惕位高权重的将领夺权篡位。《三略》指出："豪杰秉职，国威乃弱。杀生在豪杰，国势乃竭。豪杰低首，国乃可久。杀生在君，国乃可安。"如果有胆略、武艺高强的英雄豪杰位高权重，那么国君的权威就会减弱。如果有胆略、武艺高强的英雄豪杰掌握了对官员的生杀大权，那么国君的权力就荡然无存了。如果有胆略、武艺高强的英雄豪杰对国君俯首听命，那么国君的统治就能巩固。如果国君掌握了对官员的生杀大权，国家就会长治久安。历史证明，武将权力太大，功高盖主，其权势和威望如超过君主，那对君主的威胁是很大的，即使他本来没有野心，但也有可能因下属助其"黄袍加身"，而将在位君主取而代之。

《三略》在此认识的基础上，为了使国君能够牢牢掌握军权，提出了"夫高鸟死，良弓藏；敌国灭，谋臣亡"的思想。这里的"良弓藏""谋臣亡"并不意味着国君要将有功之将帅谋害，而是可以通过将有功之将帅"封之于朝，极人臣之位，以显其功"，"中州善国，以富其家"，"美色珍玩，以悦其心"等手段"夺其威，废其权"。这样既可保证君主牢牢

---

① 《史记》卷73《白起王翦列传》。

掌握军事大权，不受那些权力太大、功高盖主的武臣威胁，又可妥善安置那些有功的武臣，保全他们的功名和身家性命，君臣相安无事，国家昌盛繁荣。

第五节　治军思想

一、以法治军，重赏重罚思想

先秦时期，有识之士就认识到要使一支军队具有强大的战斗力，首先必须制定严格的法令与制度，必须赏罚分明，才能够令行禁止，才能够打胜仗。《孙子兵法·始计》指出，看一支军队能否打胜仗，要看治军者"法令孰行"，"赏罚孰明"，就是看法令执行没有，谁的赏罚分明。如果军队"罚不行，则不可用"①，必须要"施无法之赏，悬无政之令，犯三军之众，若使一人"②，即要施行破格的奖赏，颁布非常的法令，三军之众才能像一个人那样行动自如。

在此认识的基础上，《孙子兵法·行军》进一步提出："令素行以教其民，则民服；令素不行以教其民，则民不服。令素行者，与众相得也。"所谓"令素行"，就是指平时管理军队时，法令的推行绝不打折扣，必须严格执行命令，久而久之，士兵就会养成服从命令的习惯。如果平时法令的推行经常打折扣，那么就是"令素不行"，这样就不能使老百姓信服，就会使领导者威信下降，就得不到民众的拥护和支持。只有让任何人都遵守法令，大家才会对法令信服，才会对领导者拥护，产生"与

---

① 《孙子兵法·行军》。
② 《孙子兵法·九地》。

众相得"的效果。

《六韬·将威》则进一步对"令素行"提出了具体的做法:"将以诛大为威,以赏小为明,以罚审为禁止而令行。故杀一人而三军震者,杀之;赏一人而万人说者,赏之。杀贵大,赏贵小。杀及当路贵重之臣,是刑上极也;赏及牛竖、马洗、厩养之徒,是赏下通也。刑上极,赏下通,是将威之所行也。"这就是说,作为一位将领,如果敢于惩罚位高权重而违反法令的人,就会树立威严的形象;如果能够奖赏身份低微而有功劳的人,就会树立明察的形象。这样,就能够通过赏罚分明而达到令行禁止。如果惩罚一个人能够让三军将士感到震撼,从而使大家不犯类似的过错,那么就要坚决惩罚这个人;如果奖励一个有功劳的人能够让众人感到高兴,从而使大家都以此为学习的榜样,那么就一定要奖励这个人。所以说,惩罚违反法令的人,如惩罚位高权重的人,影响就更大。这就叫作处罚无所不及,什么人都不能搞特殊化,这样违反法令的人就很少。奖励有功劳的人,如奖励身份低微的人,效果就更好。这叫作奖赏无所不到,任何人只要有功劳就会得到奖赏,这样大家就会勇敢战斗,争取建功立业,得到奖励。

军队作为一支战斗的队伍,必须有严明的纪律,一切行动听指挥,才能打胜仗。因此,在军队管理中,对违反纪律者必须根据情节轻重予以不同惩罚。特别是在战争期间,对违反军纪者动辄处以极刑。如《尉缭子·武议》载:"吴起与秦战未合,一夫不胜其勇,前获双首而还。吴起立斩之。军吏谏曰:'此材士也,不可斩!'起曰:'材士则是也,非吾令也。'斩之。"因此将领带领军队打仗,首先必须训练军队,使将士"居则有礼,动则有威……其众可合而不可离,可用而不可疲,投之所往,天下莫当"[①]。而要做到这些,就必须对将士"进有重赏,退有重罚",并强调"行之以信"。

《尉缭子·重刑令》对治军为什么要重赏重罚做了解释:"使民内畏

---

① 《吴子兵法·治兵》,台湾商务印书馆影印文渊阁四库全书本。

重刑，则外轻敌。故先王明制度于前，重威刑于后。刑重则内畏，内畏则外坚矣。"要使全军将士对内畏惧重刑，这样他们就会对外坚而不摧。所以从前英明的君主，都是首先申明法令，然后使用重刑。刑罚重则人心畏刑，人心畏刑就会英勇对敌了。《尉缭子·兵教上》还将重刑立威与赏罚分明、关爱士兵辩证地结合起来："战胜在乎立威，立威在乎戮力，戮力在乎正罚，正罚者所以明赏也。""夫不爱说其心者，不我用也；不严畏其心者，不我举也。爱在下顺，威在上立，爱故不二，威故不犯。故善将者，爱与威而已。"① 这就是说军队能够打胜仗，原因在于将领能树立威严；而将领能够树立威严，原因在于下属将士肯听指挥、愿意卖命效力；下属肯听指挥、愿意卖命效力，原因在于将领能刑罚得当，而刑罚得当也就能赏罚分明了。将领如果不能对士兵仁爱，使士兵悦服，士兵就不会为将领所用；如果不能以威严使士兵畏惧，士兵就不会听从将领指挥。将领对士兵仁爱就是使其驯服为自己效力，树立威严就是使士兵听从指挥。仁爱能使士兵不怀二心，威严能使士兵不敢违令。所以善于带兵的将领，就要熟知爱与威的运用。

《六韬》也主张将领治军要善于运用赏罚，而且要信赏必罚。"用赏者贵信，用罚者贵必。赏信罚必于耳目之所闻见，则所不闻见者莫不阴化矣。"② "所憎者，有功必赏；所爱者，有罪必罚。"③ 唯有功过才是其唯一的标准。为了达到"赏一以劝百，罚一以惩众"④ 的效果，《六韬》还提出"将以诛大为威，以赏小为明，以罚审为禁止而令行"⑤。

先秦时期，治军中重视赏罚、赏罚分明、信赏必罚、重赏重罚的思想在战国时期得到了实践。各诸侯国都制定了赏罚条例，如齐国实行

---

① 《尉缭子·攻权》。

② 《六韬·赏罚》。

③ 《六韬·盈虚》。

④ 《六韬·赏罚》。

⑤ 《六韬·将威》。

"隆技击"制，即贵勇士，"得一首者则赐赎锱金"①。一锱是 8 两，金即黄金。赵国有"百金之士"，能破敌擒将者赏百金。② 商鞅在秦国制定的军队赏罚制度，最为完备、系统："能得爵首一者，赏爵一级，益田一顷，益宅九亩，一除庶子一人，乃得入兵官之吏。"③ 商鞅在秦国实行农战政策，其奖励不仅是经济上的农田、宅地，而且还提高社会地位及赐予官职。秦国除了规定士卒个人斩首赏外，还规定有集体赏。如在攻城时，城的四面每一面均有一支先锋队，每队 18 人。若在攻城时能斩首 5 个，全队每人赐爵一级。值得注意的是，秦国对有爵位的官吏的奖赏规定与一般士兵不同。为了鼓励军队中各级长官在战斗中更好地发挥指挥士兵作战的作用，秦国规定：百将、屯长在作战时不准自己去砍杀敌人，他们的任务是负责指挥。百将、屯长指挥的部队斩首 33 个以上，就算达到规定的标准，百将、屯长便可赐爵一级。百将、屯长以上的军官则以整个战役的斩敌总数受赏。如在攻城战中，全军能斩首 8000 个，算达到规定标准；野战中斩首 2000 个，就算达到规定标准。达到标准后，"吏自操及校以上大将尽赏"。秦国之所以作如此规定，原因是提高爵位意味着其政治、经济地位增加的幅度大，为了限制高爵位人数，控制滥赏爵位，秦爵赏赐低级易得，而高爵不易得。

将士立功赏赐一般是在战役结束后，将所斩首级都摆出来，陈列 3 天以进行公示，将军认为没有差错，就把爵级赏赐给有功的将士。行赏是由县级官府负责进行，如果 3 天之内县里还不把大夫、兵士的赏爵落实，就要罢免县尉的官职，由县丞负责处罚事宜。

如有战功者死后，从小夫到大夫，他的官爵每高一级，坟上就多种一棵树，以示其战功多。如有功者战死，其爵由其子继承。云梦秦简

① 《荀子·议兵》。

② 《史记》卷 43《赵世家·集解》引《管子》语"百金之士"或说"良士直百金"，见《汉书·冯唐传》颜注引服虔语。

③ 《商君书·境内》，本目以下有关秦国军队奖惩规定，未注出处者，均见于此。

《秦律杂抄》规定："战死事不出，论其后。又后察不死，夺后爵，除五人。"这就是说将士战死沙场，其子得授爵。

云梦秦简《法律答问》"广心条"还规定，在战场上能鼓励士气，使指挥的将军都知道他的名声的人，应给予特别的奖励。此奖由将军赏给钱或黄金，多少不定。

战国时期，战争规模越来越大，而且也越来越激烈，由于战争关系到各诸侯国的存亡，因此各诸侯国国君都制定严厉的惩罚条例，强迫将士在战场上为其卖命打仗。尤其是秦国惩罚条例不仅多，而且极其严酷，故世称"酷烈"。以下缕述其主要者。

1. 连坐法。

商鞅规定，作战时 5 个人编为一伍，登记在册，如有一人逃跑，其余 4 人得受到连坐惩罚。若谁能斩敌首一级，可免受处罚，但也不予奖赏了。如 5 人当中有 1 人虚报战死而其子受赏，后此人又未战死，则褫夺其子的爵，同伍的人也要受到惩罚，假报战死的人则要罚作隶臣。① 战国末年，《尉缭子·伍制令》则发展了商鞅的什伍连坐法："军中之制，五人为伍，伍相保也。十人为什，什相保也。五十为属，属相保也。百人为闾，闾相保也。伍有干令犯禁者，揭之免于罪，知而弗揭，全伍有诛。什有干令犯禁者，揭之免于罪，知而弗揭，全什有诛。属有干令犯禁者，揭之免于罪，知而弗揭，全属有诛。闾有干令犯禁者，揭之免于罪，知而弗揭，全闾有诛。吏自什长以上，至左右将，上下皆相保也。有干令犯禁者，揭之免于罪，知而弗揭之，皆与同罪。夫什伍相结，上下相联，无有不得之奸，无有不揭之罪，父不得以私其子，兄不得以私其弟，而况国人聚舍同食，乌能以干令相私者哉！"由此可见，秦国的什伍连坐法，从商鞅到尉缭，有了较明显的发展：一是连坐的范围从什伍扩大到属、闾，人数从 5 人连坐扩展到 100 人连坐的范围。二是商鞅时只要 1 人逃跑或虚报战死，其余 4 人就要受到连坐惩罚。尉缭时则更突出了互相

---

① 《睡虎地秦墓竹简·秦律杂抄》"战死事不出"条。

监督的作用，即有1人"干令犯禁"，如果其余人检举揭发，就可免于惩罚；只有在其余人"知而弗揭"的情况下，才与"干令犯禁"者同罪。这样军队中在同一个伍、什、属、闾的人就能更好地互相监督，使企图"干令犯禁"者无法犯罪，如已犯罪者无处隐瞒藏身，即使父子兄弟也无法包庇，从而形成强大的震慑力量，有效地制止"干令犯禁"之人之事的出现。

秦国军队的什伍连坐法在出土的考古实物——秦简中也得到证实。如秦简《屯表律》中有律文规定，在军中议论最近攻城的功绩时，城已攻破，而有人迟到没有进入战场，却报告说在作战时阵亡，屯长、同什的人罚一副甲，同伍的人罚两副甲。

2. 作战不力罪。

商鞅规定，在攻城时分别从四面进攻，并约定期限，先攻入者为"最"，后者为"殿"，若两次均为"殿"，评不上功，指挥官就罢免永不叙用。在攻城时，先锋队都战死，而其中一人畏缩不前未死，则在城下让千人围观，并在脸上刺刻实墨，割去鼻子。攻城时，将军搭一木台，让国正监及御史登台瞭望战斗情况，看谁作战勇敢，谁怯懦，以便定赏罚。

3. 冒领军粮罪。

云梦秦简《秦律杂抄》"不当稟军中而稟者"条规定，如军中有人冒领军粮或变卖军粮，士兵、屯长、仆射知而不检举告发的，要被罚戍边一年。

4. 誉敌罪。

秦简《法律答问》"誉敌以恐众心"条规定，在战场上赞扬敌人而动摇军心的人，先示众，然后斩首。在战斗期间，军队的士气十分重要，有时甚至关系到胜负。赞扬敌人是扬敌军之威、挫我军之锐，属于严重的犯罪，故要处以极刑。由此可见，秦律规定之严酷。

5. 军官失职罪。

有大夫以上爵在战场上不专事指挥却去斩敌首者，处以流放刑。[①] 这条规定反映了秦国十分重视将士在战斗中应各司其职，服从命令指挥。如果负责指挥的长官为了多斩获敌人的首级以请功领赏，而没有很好地指挥士兵进行战斗，可能会招致失败。所以，对这样的战场指挥官必须处以流放的刑罚。

秦军的惩罚条例严厉，士兵在战场上拼死杀敌立功，但如一有受罚就前功尽弃。云梦秦简《军爵律》规定，授爵及赏赐的条件是本人或继承者没有耐以上的罪方可："从军当以劳论及赐，未拜而死，有罪法耐，迁其后；及法耐、迁者，皆不得受爵及赐。"这就是从军有功应授爵和赏赐，如有功未拜爵而本人已死，则其子受其爵和赐。但若本人以及其子有罪依法应判耐、迁刑的，就不能得到爵和赏赐。秦律中有许多受罚条款，士卒动辄触禁，所以能真正受赏得爵的人，恐怕不是很多。《商君书·境内》称"爵自二级以上，有刑罪则贬；爵自一级以下，有刑罪则已"，是以爵抵罪。秦因其刑严，夺爵、贬爵者亦不在少数。

二、军队上下统一思想意志，并保持旺盛的斗志

《六韬·兵道》指出："凡兵之道，莫过乎一。一者，能独往独来。"军队能"齐勇如一"，"上下同欲者胜"。[②] 军队如能万众一心，行动一致，就能使"三军之众，闻鼓声则喜，闻金声则怒。高城深池，矢石繁下，士争先登。白刃始合，士争先赴"[③]。军队士兵们，听到进攻的战鼓声就非常高兴，听到后退的鸣金声就生气。遇到高大的城墙和深宽的护城河的阻挡，同时守城的敌军不停地抛石头、射箭，但士兵仍然会争先恐后地去攻城，短兵相接时，勇往直前。

---

① 《睡虎地秦墓竹简·秦律杂抄》"故大夫斩首"条。
② 《孙子兵法·谋攻》。
③ 《六韬·厉军》。

先秦时期，一些军事思想家认为治军的理想境界是全军万众一心，犹如一人之兵。如《尉缭子兵法·制谈》提出"使三军之众为一死贼"；《吴子兵法·励士》也提出"今臣以五万之众，而为一死贼"的治军思想。《尉缭子》还进一步具体提出如何才能使军队达到万众一心，犹如一人之兵。要做到军队万众一心，就应该"使什伍如亲戚，卒伯如朋友。止如堵墙，动如风雨，车不结辙，士不旋踵，此本战之道也"①。换言之，也就是使同什同伍的人像亲戚那样互相关照，上下级关系像朋友那样亲密无间，军队驻守就像铜墙铁壁一样坚固，行动起来就像疾风骤雨一样迅猛。战车勇往直前，士兵绝不后退。这就是战胜敌人的根本所在。如果治军能达到这样的理想境界，就能使军队"无天于上，无地于下，无主于后，无敌于前。一人之兵，如狼如虎，如风如雨，如雷如电，震震冥冥，天下皆惊"②。三军之众如能像"一人之兵"，这样的军队就会上不受天时的影响，下不受地形的限制，后面不受君主的制约，前面不受敌人的阻击。万众一心的军队，行动起来就如虎狼般的凶猛，狂风暴雨般的疾骤，雷电般的不及掩耳，声势浩大，变幻莫测，使天下惊惧。

三、精选士卒，严格训练

先秦有些军事思想家认识到，要培养一支精锐的部队，对于士兵的选拔和训练是一项重要的工作。《吴子兵法·料敌》就主张，应认真挑选士卒，对于武艺高强、勇敢无畏的人才，给予他们很高的待遇和社会地位以激励士气，同时进行艰苦的训练，提高战斗力。"选而别之，爱而贵之，是谓军命。其有工用五兵，材力健疾，志在吞敌者，必加其爵列，可以决胜。厚其父母妻子，劝赏畏罚，此坚阵之士，可以持久，能审料此，可以击倍。"

---

① 《尉缭子·战威》。
② 《尉缭子·武议》。

《六韬·练士》将精选精兵强将、进行严格训练称之为"练士之道"。"军中有大勇、敢死、乐伤者，聚为一卒，名曰冒刃之士。"国家根据每个兵士的特点将他们分类培养，使之成为具有特殊才能的人。《六韬·教战》还提出了一套与当今六西格玛培训体系中绿带、黑带、大黑带层层指导相类似的运作流程，颇具特色。"使一人学战，教成，合之十人；十人学战，教成，合之百人；百人学战，教成，合之千人；千人学战，教成，合之万人；万人学战，教成，合之三军之众。大战之法，教成，合之百万之众。"这种培养训练之法，就像滚雪球一样，即 1 人学会再教 10 人，10 人学会再教 100 人，100 人学会再教 1000 人，1000 人学会再教 1 万人，以至于最后 100 万人都学会。这是一种几何级式的增长，其效率是惊人的。

四、将领身先士卒，激励士气

先秦的军事思想家已注意到在治军中将领起表率作用的重要性，强调将领对下属的模范带头作用，提倡各级长官应该与下属同甘共苦。《六韬·龙韬·励军》主张："将冬不服裘，夏不操扇，雨不张盖，名曰礼将。将不身服礼，无以知士卒之寒暑。出隘塞，犯泥涂，将必先下步，名曰力将。将不身服力，无以知士卒之劳苦。军皆定次，将乃就舍；炊者皆熟，将乃就食；军不举火，将亦不举，名曰止欲将。将不身服止欲，无以知士卒之饥饱。将与士卒共寒暑、劳苦、饥饱。"作为将领，必须与士卒同甘共苦，冬天不穿贵重的皮衣，夏天不让人为他打扇，下雨不让人为他撑伞，如果能做到这些，就可称为礼将。如果不能做到这些，就不能成为礼将，也无法知道士卒的寒暑之苦。在行军打仗中，出隘塞，走在泥泞的道路上，如果将领能先下车马步行，就可称为力将。如果将领做不到这点，就不能成为力将，也无法知道士卒行军打仗的劳苦。士兵都安顿好了，将领才开始休息；士兵的饭菜都煮熟了，将领才开始吃饭；军队还没举火，将领也不举火，这就可称为止欲将。如果将领做不

到这些，就不能成为止欲将，也无法知道士卒的饥饱。总之，将领必须与士卒共寒暑、劳苦、饥饱，才能率领士卒打胜仗。

将领在治军中能够同下属同甘共苦，就能在战斗中起表率作用，士兵就会愿意跟随将领冲锋陷阵，共生死。除此之外，国家必须用富裕的生活、赐给官职、死丧抚恤等激励士兵英勇作战。"故战者，必本乎率身以励众士，如心之使四肢也。志不励，则士不死节。士不死节，则众不战。励士之道，民之生不可不厚也。爵列之等，死丧之亲，民之所营，不可不显也。必也，因民所生而制之，因民所营而显之，田禄之实，饮食之亲，乡里相劝，死丧相救，兵役相从，此民之所励也。"① 这就是说，将帅指挥作战，必须用自己的表率行为来激励部队，这样才能像头脑指使四肢那样灵活自如。战斗意志如不加以激励，士兵就不会为国家效死，士兵不为国家效死，部队就没有战斗力。激励士卒的方法就是使民众过上富裕的生活，官职的等级、死丧的抚恤是民众所追求的，应当有明确的规定。必须根据民众生活的需求制定保障措施，根据民众的功绩给予表彰奖励，使他们在田地俸禄方面得到实惠，起居饮食方面得到照顾，邻里互助鼓励，死生互相帮助，战时携手应征入伍，这就是激励民众的办法。

先秦时期有些军事思想家则主张通过平时的教育来激励军队的士气。如提出"用兵之法，教戒为先"②，"必教之以礼，励之以义，使有耻也"③，吴起认为"夫人有耻，在大足以战，在小足以守矣"④，《论语》也认为"见义不为，无勇也"。可见，平时对将士进行"义""有耻"的教育可以激发将士作战的勇气。而且，对于那些有一技之长、英勇善战和为国捐躯的将士，要实行"加其爵列"及重赏优待其父母妻儿等方法

① 《尉缭子·战威》。
② 《吴子兵法·治兵》。
③ 《吴子兵法·图国》。
④ 《吴子兵法·图国》。

来激励他们发挥最大的主观能动性，以达到"一人投命，足惧千夫"① 的效果。

五、建立完善的制度

《尉缭子·制谈》论述军队制度建设和执行的重要性，认为"凡兵，制必先定。制先定，则士不乱，士不乱，则刑乃明。金鼓所指，则百人尽斗。陷行乱陈，则千人尽斗。复军杀将，则万人齐刃，天下莫能当其战矣"。即凡是统率军队，必须预先建立各种制度。各种制度建立之后，士兵就不会因无制度约束而混乱。士卒不混乱，纪律就严明了。这样，当命令一下，成百的人就一起尽力战斗。冲锋陷阵时，就有成千的人一起尽力战斗。当歼灭敌军时，成万的人齐心协力砍杀。如果能这样的话，天下就没有任何力量能够与之抗衡。"吾用天下之用为用，吾制天下之制为制。修吾号令，明吾刑赏，使天下非农无所得食，非战无所得爵，使民扬臂争出农战，而天下无敌矣。故曰，发号出令，信行国内。"如果朝廷能够利用天下的财富来充实我们的国力，参考天下的制度来修订我们的制度。整肃号令，严明赏罚，使天下民众都知道我国的国策是不耕种的人不能得到食物，无战功的人不能得到爵位，那么广大民众就会奋勇争先地投入农业生产和战斗，这样，我国就可以天下无敌了。所以说，号令一经发布，就必须取信于民而风行全国。

《尉缭子·制谈》还认为军队中严明的制度可以在战斗中防止贪生怕死、畏缩不前、目无军纪、逃亡溃散等情况的发生，从而加强军队的组织纪律性和战斗力。"古者，士有什伍，车有偏列。鼓鸣旗麾，先登者，未尝非多力国士也，先死者，亦未尝非多力国士也。损敌一人而损我百人，此资敌而伤我甚焉，世将不能禁。征役分军而逃归，或临战自北，则逃伤甚焉，世将不能禁。杀人于百步之外者，弓矢也；杀人于五十步

① 《吴子兵法·励士》。

之内者，矛戟也。将已鼓而士卒相嚣，拗矢折矛抱戟，利后发，战有此数者，内自败也，世将不能禁。士失什伍，车失偏列，奇兵捐将而走，大众亦走，世将不能禁。夫将能禁此四者，则高山陵之，深水绝之，坚陈犯之。不能禁此四者，犹亡舟楫，绝江河，不可得也。"先秦时期，士兵有"什伍"编制，战车有"偏列"编制。当军队击鼓挥旗发起进攻时，首先登上敌人城墙的，往往是那些乐于为国家效力的勇士；首先在战场上战死的，往往也是那些乐于为国家效力的勇士。如果只杀了一个敌人而我军却损伤了 100 人，这就等于大大加强了敌人而严重损伤了自己，平庸的将军不能制止此类情况的发生。士兵应征入伍后，刚编入部队就逃亡回家或者刚上战场就自行溃败，这就会出现大量的逃散伤亡，平庸的将领也无法制止这种情况的发生。两军对峙，敌人在百步之外，就应当用弓箭杀伤他们；敌人在 50 步之内，就应当用矛戟杀伤他们。但是如果将帅击鼓传命时，士兵们却互相吵闹，把箭、矛折断，把戈、戟抛弃，面对敌人而畏缩不前，战斗中出现这些情况，意味着自己先溃败了，平庸的将领不能对此有所制止。将帅如能制止这 4 种情况的发生，那么所率领的军队就可以攀登高山，跨越深水，也可以摧毁坚固的阵地。如果不能制止这 4 种情况的发生，要想战胜敌人，就好比没有船只而想渡过江河一样，是不可能做到的。

六、必须合理配备各种人才

一支军队出征打仗，必须合理配备各种人才，充分发挥他们的所长，才能应对各种各样复杂多变的情况，取得战争的胜利。《六韬》提出："命在通达，不守一术。因能授职，各取所长，随时变化，以为纪纲。故将有股肱羽翼七十二人，以应天道。备数如法，审知命理，殊能异技，万事毕矣。"也就是说，军队要打胜仗光靠将领一个人是不行的，将领必须根据职能和人才特长进行分工，建立起人才团队，以应对各种情况的变化。如军队打仗时，会碰到作战决策、预测敌情、实行赏罚、天气条

件、各种地形、山河险阻、兵器粮草、安营扎寨、对敌宣传、侦探敌情、医治伤病、财务管理等诸多问题，都需要人才团队予以解决。在先秦冷兵器时代，当时军队所配备的人才大致有："腹心一人，主赞谋应卒，揆天消变，总揽计谋，保全民命；谋士五人，主图安危，虑未萌，论行能，明赏罚，授官位，决嫌疑，定可否；天文三人，主司星历，候风气，推时日，考符验，校灾异，知天心去就之机；地利三人，主军行止形势，利害消息，远近险易，水涸山阻，不失地利；兵法九人，主讲论异同，行事成败，简练兵器，刺举非法；通粮四人，主度饮食，备蓄积，通粮道，致五谷，令三军不困乏；奋威四人，主择才力，论兵革，风驰电掣，不知所由；伏旗鼓三人，主伏旗鼓，明耳目，诡符印，谬号令，暗忽往来，出入若神；股肱四人，主任重持难，修沟堑，治壁垒，以备守御；通才三人，主拾遗补过，应对宾客，论议谈语，消患解结；权士三人，主行奇谲，设殊异，非人所识，行无穷之变；耳目七人，主往来听言观变，览四方之事、军中之情；爪牙五人，主扬威武，激励三军，使冒难攻锐，无所疑虑；羽翼四人，主扬名誉，震远方，动四境，以弱敌心；游士八人，主伺奸候变，开阖人情，观敌之意，以为间谍；术士二人，主为谲诈，依托鬼神，以惑众心；方士三人，主百药，以治金疮，以痊万病；法算二人，主会计三军营壁、粮食、财用出入。"①

由此可见，要维持一支出征军队每日的正常运作，必须有以下十几种专业人才的分工协作：一是腹心之人，相当于长官的助手；二是谋士，相当于军队中负责日常安全、人事、行政事务的官员；三是懂得天文地理的人；四是懂得兵法的人；五是负责后勤粮草供给的人；六是先锋突击部队；七是迷惑敌人的机动部队；八是负责工程、营房建设的工兵部队；九是出谋献策的参谋人员；十是负责收集军事情报的侦察人员；十一是政治思想宣传人员；十二是间谍人员；十三是装神弄鬼的人员；十四是治疗伤病的医务人员；十五是负责会计工作的财务人员。

---

① 《六韬·王翼》。

第六节 以军事实力为后盾但应慎重使用军事力量

一、国家以军事实力作为后盾

《管子》认为，国与国之间的较量取决于实力，而不是什么仁义道德。《管子·重令》说："凡国之重也，必待兵之胜也，而国乃重。"《管子·兵法》也说："兵虽非备道至德也，然而所以辅王成霸。"通向帝王霸业的途径，除了战争之外，别无他途。正如《管子·禁藏》所说："凡有天下者，以情伐者帝，以事伐者王，以政伐者霸。"这种认识是符合春秋战国诸侯国之间兼并、争霸战争的实际情况。

《管子》重视民意民心，也体现在其对民众在战争中作用的论述。《管子·重令》说："凡兵之胜也，必待民之用也，而兵乃胜。凡民之用也，必待令之行也，而民乃用。"《管子·参患》也指出，用兵在用众，用众在得心，"得众而不得其心，则与独行者同实"。民为兵本，不仅表现在要获得本国民众的支持，同时要得到敌国之民的支持。《管子·兵法》指出："得地而国不败者，因其民也。"

韩非也十分注重国家的实力，认为"力"是定乾坤的不二法宝。《韩非子·外储说左上》说："先王所期者利也，所用者力也。"因为"力多则人朝，力寡则朝于人，故明君务力"[1]。至于实力究竟为何？韩非有精辟的见解，认为真正的力量在臣民之中。《韩非子·制分》提出："死力者，民之所有者。"还有，韩非所说的"力"，不是简单指国家的军事力量，其包括劳力，又包括智力，还包括经济实力及军事实力，可谓是综

----

① 《韩非子·显学》。

合实力。

战国末期，全国出现了统一的趋势，至于如何才能实现统一呢？《吕氏春秋》批判了墨家的非攻和公孙龙的偃兵，而主张采取武力统一的途径。作者从人的"争斗"本性和国家起源于"争斗"的暴力论观点出发，把战争作为解决当时诸侯国纷争的唯一办法，"兵不可偃"，如"天下无诛伐，则诸侯之相暴也立见"①。

在管理国家中，《吕氏春秋》作者十分重视以军事作为后盾。《吕氏春秋·荡兵》云："兵之所自来者上矣，与始有民俱。凡兵也者，威也；威也者，力也。民之有威力，性也。""未有蚩尤之时，民固剥林木以战矣，胜者为长。长则犹不足治之，故立君。君又不足以治之，故立天子。天子之立也出于君，君之立也出于长，长之立也出于争。争斗之所自来者久矣，不可禁，不可止。"从这一观点出发，作者主张君主在管理国家中，必须依靠"义兵"来"诛暴君而振苦民"，"攻无道而伐不义，则福莫大焉，黔首利莫厚焉"②。而且，君主只有通过"义兵"，才能获得荣耀与有利的结果。"凡兵之用也，用于利，用于义。攻乱则服，服则攻者利。攻乱则义，义则攻者荣。荣且利，中主犹且为之，况于贤主乎！"③

二、国家应慎重使用军事力量

周穆王时，"王道衰微"④。可是周穆王不自量力，仍要征伐北方强大部族犬戎。祭公谋父不赞成征伐，讲了一番德、兵两者关系的道理。他说："先王耀德不观兵。"意思是说先王崇尚德化，不轻易显示兵力动干戈。所谓"耀德"，即"懋正其德而厚其性，阜其财求而利其器用，明利

---

① 《吕氏春秋·荡兵》。
② 《吕氏春秋·振乱》。
③ 《吕氏春秋·召类》。
④ 《史记》卷4《周本纪》。

害之乡，以文修之，使务利而避害，怀德而畏威"①。祭公谋父认为，用德勉励民众，使其性情淳厚。尽量满足他们的物质要求并改进他们的工具。讲清利害，用礼教化他们，使他们务利而避害，感怀德化而畏惧威慑。祭公谋父并不是不要兵。他主张如有违反王令者要先教育，教而不服者再以兵戎相见。如果用兵，一定要做充分准备，合"时"而"动"，不要耽误农时。兵不动则已，动则要"威"。用武非同游戏，轻举妄动非但无成，反而有损。这就是"观则玩，玩则无震"②。

祭公谋父先德而后兵的思想对后世影响深远，贤明的帝王一般都不轻易发动战争，即使在实施严厉管制政策时也尽量避免采取军事行动。因为战争往往会带来惨重的伤亡和巨大的经济损失，"不战而屈人之兵"一般是最佳的选项。

春秋时期，老子和孙子均对祭公谋父的这一用兵思想进一步予以发展。《老子》第 31 章云："兵者不祥之器，非君子之器，不得已而用之，恬淡为上。胜而不美，而美之者，是乐杀人。夫乐杀人者，则不可以得志于天下矣。"可见，老子认为武力战争是带来灾难的不祥东西，不是君子所使用的。如万不得已而使用它，最好要淡然处之。胜利了也不要得意扬扬，如果得意扬扬，就是喜欢杀人。喜欢杀人的，就不能在天下得到成功。

当时，不仅主张清静无为的老子如此认为，即使作为杰出军事家的孙子也主张不要轻易发动战争。他在《孙子兵法》的开篇就指出："兵者，国之大事，死生之地，存亡之道，不可不察也。"不言而喻，孙子认为战争关系到人民的生死、国家的存亡，因此必须十分谨慎地对待，切不可轻举妄动。基于这种思想，他在《谋攻》篇深刻指出："百战百胜，非善之善者也；不战而屈人之兵，善之善者也。"这就是说即使发动战争百战百胜，但胜利一方也要付出沉重的代价，因此不是最佳的选择。只

① 《国语》卷 1《周语上》。
② 《国语》卷 1《周语上》。

有不发动战争而使对方屈服，这才是最佳的选项。

《管子·参患》指出："君之所以卑尊，国之所以安危者，莫要于兵……兵者，外以诛暴，内以禁邪。故兵者，尊主安国之经也，不可废也。"君主治国，兵不可少，但兵也有致命的负面作用。《管子·法法》说："贫民伤财，莫大于兵；危国忧主，莫速于兵。"能导致人民贫困、资财损耗的，没有比军队和战争更厉害的了；能促使国家危亡、君主忧患的，没有比军队和战争更迅速的了。可见兵是一把双刃剑，用兵关键在于"当"。"兵当废而不废，则古今惑也；此二者不（当）废而欲废之，则亦惑也。"①

同时，《吕氏春秋》作者也看到军事对君主来说是把双刃剑，"善用之则为福，不能用之则为祸"②。因此，用兵的关键是必须把握善与不善，即"乱则用，治则止。治而攻之，不祥莫大焉。乱而弗讨，害民莫长焉"③。可见，发动战争必须考虑是否符合正义原则，是否有利于长治久安，是否对人民生活有利。

---

① 《管子·法法》。
② 《吕氏春秋·荡兵》。
③ 《吕氏春秋·召类》。

主要参考文献

一、古文献

1. 朱谦之撰，李耳：《老子校释》（简称《老子》），新编诸子集成本，中华书局，2018 年。

2. 《论语注疏》，中华书局影印《十三经注疏》本，1980 年。

3. 吴毓江撰，孙启治点校，墨翟：《墨子校注》（简称《墨子》），新编诸子集成本，中华书局，2018 年。

4. 《孟子注疏》，中华书局影印《十三经注疏》本，1980 年。

5. 《尚书正义》，中华书局影印《十三经注疏》本，1980 年。

6. 林尹注译：《周礼今注今译》，书目文献出版社，1985 年。

7. 蒋礼鸿点校，商鞅：《商君书锥指》（简称《商君书》），新编诸子集成本，中华书局，2017 年。

8. 黎翔凤撰，梁运华整理：《管子校注》，新编诸子集成本，中华书局，2018 年。

9. 王先谦撰，沈啸寰、王星贤点校，荀况：《荀子集解》（简称《荀子》），新编诸子集成本，中华书局，2018 年。

10. 王先慎撰，钟哲点校，韩非：《韩非子集解》（简称《韩非子》），新编诸子集成本，中华书局，2018 年。

11. 许维遹撰，梁运华整理，吕不韦门人：《吕氏春秋集释》（简称《吕氏春秋》），新编诸子集成本，中华书局，2018 年。

12.《春秋左传正义》（简称《左传》），中华书局影印《十三经注疏》本，1980年。

13. 上海师范大学古籍整理组校点：《国语》，上海古籍出版社，1978年。

14.《战国策》，台湾商务印书馆影印文渊阁四库全书本。

15. 吴则虞编著：《晏子春秋集释》，中华书局，1962年。

16.《史记》，中华书局，1959年。

17.《汉书》，中华书局，1962年。

18. 朱熹撰：《四书章句集注》（分称《大学》、《中庸》、孔丘：《论语》、孟轲：《孟子》），新编诸子集成本，中华书局，2018年。

19. 郭庆藩撰，王孝鱼点校，庄周：《庄子集释》（简称《庄子》），新编诸子集成本，中华书局，2018年。

20. 苏舆撰，钟哲点校，董仲舒：《春秋繁露义证》（简称《春秋繁露》），新编诸子集成本，中华书局，2018年。

21. 陈立撰，吴则虞点校，班固：《白虎通疏证》（简称《白虎通义》），新编诸子集成本，中华书局，2018年。

22. 杨丙安校理，孙武：《十一家注孙子校理》，新编诸子集成本，中华书局，2018年。

23.《太公六韬》（简称《六韬》），台湾商务印书馆影印文渊阁四库全书本。

24.《吴子兵法》，台湾商务印书馆影印文渊阁四库全书本。

25.《司马法》，台湾商务印书馆影印文渊阁四库全书本。

26.《黄石公三略》（简称《三略》），台湾商务印书馆影印文渊阁四库全书本。

27.《尉缭子》，台湾商务印书馆影印文渊阁四库全书本。

28. 何宁撰，刘安门人：《淮南子集释》（简称《淮南子》），新编诸子集成本，中华书局，2018年。

29. 刘向撰，向宗鲁校证：《说苑校证》，中华书局，1987年。

30. 《睡虎地秦墓竹简》，文物出版社，1978 年。

31. 《甲骨文合集》，中华书局，1978—1982 年。

二、今人著作

1. 梁启超：《先秦政治思想史》，天津古籍出版社，2003 年。

2. 唐庆增：《中国经济思想史》，商务印书馆，2010 年。

3. 胡寄窗：《中国经济思想史》（上册），上海人民出版社，1962 年。

4. 赵靖主编：《中国经济思想通史》（第一卷），北京大学出版社，1991 年。

5. 何炼成主编：《中国经济管理思想史》，西北大学出版社，1988 年。

6. 叶世昌主编：《中国古代经济管理思想》，复旦大学出版社，1990 年。

7. 苏东水等：《东方管理》，山西经济出版社，2002 年。

8. 滕显间：《中国历代经济管理反思》，海洋出版社，1988 年。

9. 巫宝三主编：《先秦经济思想史》，中国社会科学出版社，1996 年。

10. 张晋藩总主编：《中国法制通史》，法律出版社，1999 年。

11. 李光灿、张国华总主编：《中国法律思想通史》，山西人民出版社，2001 年。

12. 萧公权：《中国政治思想史》，商务印书馆，2011 年。

13. 刘泽华：《中国政治思想史集》（第一卷），人民出版社，2008 年。

14. 曹德本主编：《中国政治思想史》，高等教育出版社，2004 年。

15. 方宝璋：《中国审计史稿》，福建人民出版社，2006 年。

16. 雷祯孝编著：《中国人才思想史》，中国展望出版社，1986 年。

17. 巫宝三：《管子经济思想研究》，中国社会科学出版社，1989 年。

18. 侯家驹：《先秦儒家自由经济思想》，台北：联经出版事业公司，1983 年。

19. 侯家驹：《先秦法家统制经济思想》，台北：联经出版事业公司，1985 年。

20. 陈永汉：《管子——杰出的经济管理学家》，经济管理出版社，1999年。

21. 张守军：《中国历史上的重本抑末思想》，中国商业出版社，1988年。

22. 潘承烈等：《中国古代管理思想之今用》，中国人民大学出版社，2001年。

23. 中国经济思想史学会编：《中国经济思想史研究》，上海财经大学出版社，2008年。

24. 中国社会科学院经济研究所中国经济思想史组编：《中国经济思想史论》，人民出版社，1985年。

25. 方宝璋：《宋代管理思想：基于政策工具视角的研究》，经济管理出版社，2011年。

26. 〔日〕出井盛之：《经济思想史》，刘家鋈译，上海联合书店，1929年。

27. 〔日〕田崎仁义：《中国古代经济思想及制度》，王学文译，商务印书馆，1936年。

28. 〔日〕上野直明：《中国经济思想史》，恒星社厚生阁，1971年。

29. 〔美〕Lewis H. Haney：《经济思想史》（上册），周宪文译，台北：台湾银行经济研究室，1982年。

30. 〔英〕Eric Roll：《经济思想史》，陆元诚译，商务印书馆，1981年。

31. 白钢主编：《中国政治制度通史》，人民出版社，1996年。

32. 冯友兰：《中国哲学史新编》，人民出版社，1986年。

33. 王利华：《中国家庭史》第一卷《先秦至南北朝时期》，人民出版社，广东人民出版社，2013年。

34. 常建华撰：《中华文化通志·宗族志》，上海人民出版社，1998年。

35. 张亚初、刘雨撰：《西周金文官制研究》，中华书局，1986年。

36. 钟尉：《兵家战略管理》，经济管理出版社，2011年。

37. 方宝璋：《先秦管理思想——基于政策工具视角的研究》，经济管

理出版社，2013 年。

38. 谢庆奎：《政府改革与政府创新》，中信出版社，2003 年。

39. 杨冠琼：《政府治理体系创新》，经济管理出版社，2000 年。

40. 俞可平主编：《治理与善治》，社会科学文献出版社，2000 年。

41. 王强编著：《政府治理的现代视野》，中国时代经济出版社，2010 年。

42. 王诗宗：《治理理论及其中国适用性》，浙江大学出版社，2009 年。

43. ［美］李侃如：《治理中国：从革命到改革》，胡国成、赵梅译，中国社会科学出版社，2010 年。

三、论文

1. 何炼成、邹富汉：《中国古代的和谐思想与构建和谐社会》，《当代经济科学》2005 年第 5 期。

2. 张守军：《中国传统的节用思想》，《贵州财经学院学报》2007 年第 1 期。

3. 刘家贵：《孟子管理思想的特点及其现代精神》，《云南民族学院学报》（哲学社会科学版）2001 年第 5 期。

4. 张跃：《从西周时代的社会变革看制度创新思想的历史意义》，《云南民族大学学报》（哲学社会科学版）2005 年第 3 期。

5. 冯华：《可持续发展理论在中国的思想渊源考察》，《复旦学报》（社会科学版）2002 年第 4 期。

6. 刘泽华：《先秦法家关于君主专制主义的理论》，《南开学报》（哲学社会科学版）1984 年第 5 期。

7. 刘泽华：《论先秦民的反抗斗争和统治者对民的理论》，《中国农民战争史研究集刊》第 4 辑，1985 年。

后　记

　　终于可以松口气了，三百多万字的先秦、秦汉魏晋南北朝、隋唐五代、宋、元、明、清时期管理思想史校样稿终于寄往鹭江出版社。拙著历经二十年的时间，如果说长，也真够长了，人生能有几个二十年的时间？但如果说短，也真够短的，单单春秋战国、秦汉、隋唐、宋、元、明、清等十余个主要朝代，一个朝代仅花费约两年的时间草就书稿，从收集资料、整理资料到拟订提纲、撰写书稿，实在是太仓促了！但是，拙稿作为国家社会科学基金重大项目"中国古代管理思想通史"的成果之一，只能在极其有限的规定时间里尽可能把它做好。这套系列专著是我走上治学道路后近四十年来所出版字数最多、卷帙最浩繁的书稿。按照常理来说，我接受这一任务时，已过耳顺之年，应该退休养老、颐养天年了，却不知老之已至，不自量力地自讨苦吃，从此继续焚膏继晷，恪勤朝夕。听说著名学者冯友兰先生八十多岁才开始动笔撰写《中国哲学史新编》，那我在甲子之年动笔写先秦至清管理思想史，也只能说是小巫见大巫了！幸运的是，上天关照了我，二十年来没病没灾，让我得以顺利地进行这项浩大的工程。天道酬勤，现在终于完成了。

　　是书在撰写期间，我也经历了人生的退休过程。退休对我来说，是一件好事，意味着可以无拘无束地进入"自由王国"，自由自在地支配自己的生活，不必勉强自己去参加那些毫无意义的会议，不必去跟那些自己不喜欢的人打交道，可以去践行陶渊明"不为五斗米折腰"的生活。

　　退休将届之际，我做出了一个选择，回家乡莆田生活，开始了人生的一个新阶段。我在临退休的时候，接受莆田学院的邀请，作为特聘教授在莆田学院商学院任教。从此，我就长住在莆田学院校园内的东道德楼。我祖籍莆田，但从来没有在家乡长期生活过，没想到晚年却回到家

乡，真应了"叶落归根"这句老话。

我小时候，暑假时经常跟着舅母到莆田外婆家里，那里有我熟悉的乡土气息：空气中弥漫着烧稻草夹杂着牛粪的气味，成群的八哥在田间地头飞翔鸣叫；晚上，打谷场的戏台上锣鼓喧天，台下人头攒动。现在虽然住在校园内，但周边仍然有小块的菜地，还能闻到农民施肥的气味，偶尔仍然能见到几只八哥停在校园的房顶鸣叫。逢年过节，学校周边的宫庙里，仍然会搭起戏台演戏，莆仙戏唱腔不绝于耳，格外亲切。我恍惚间返璞归真，又回到童年的故乡。莆田的气候比福州更为温暖宜人，海产品和水果新鲜丰富。学院从领导到普通教师、学生，对我都十分友好尊重。我在这样的环境中工作、生活，觉得十分惬意。这五年多来，我在学术上完成了国家社科基金重大项目"先秦秦汉魏晋南北朝隋唐五代元明清管理思想"部分的撰写，并成功申请到国家社科基金一般项目"政策工具视角下的古代政府治理思想及其当代价值研究"。随着自己年纪渐大，我努力放慢生活节奏，一天伏案工作五六个小时，晚上散步后回到家练练书法。

拙稿的完成，得益于许多相识或不相识的人的帮助，在此必须表达我的感恩之情。一是拙著之所以在短短近二十年的时间里得以顺利完成，一个很重要的因素是参考了许多学者的研究成果，主要者已在每册参考文献中列出，在此还要特别提出的是：冯友兰著的《中国哲学史新编》、赵靖主编的《中国经济思想通史》、白钢主编的《中国政治制度通史》、侯外庐主编的《宋明理学史》、曹德本主编的《中国政治思想史》、高锐主编的《中国军事史略》、王曾瑜著的《宋朝军制初探》、汪圣铎著的《两宋货币史》、冯尔康著的《中国宗族史》、赵华富著的《徽州宗族研究》、王利华著的《中国家庭史》第一卷《先秦至南北朝时期》等。我就是在前人研究的基础上，再阅读了各朝代大量的第一手史料，从而形成对古代管理思想的全面系统的看法，最终完成拙著的撰写。如果没有前人成果的参考借鉴，一切都从第一手史料做起，那么可能就要花费三四十年的时间才能完成。尤其明清时期史料浩如烟海，粗略浏览一遍就要

一二十年的时间。二是在拙著的撰写过程中，得到了几位教授的支持与帮助。首先，我在江西财经大学工作期间得到副校长吴照云教授的提携，加入他主持的中国管理思想史研究团队，从而使一些早期成果得以顺利地在经济管理出版社出版。退休后我来到莆田学院，承蒙校长宋建晓教授和商学院院长林鸿熙教授的支持，为我排除了许多杂事的干扰，能够有充足的时间撰写书稿。宋校长对中国古代管理思想颇感兴趣，晚上经常与我一起散步，切磋古代管理思想的学术问题，留下了许多难忘的美好回忆。三是众所周知，当前国内发表学术论文、出版学术专著难，鹭江出版社副总编辑余丽珍编审得知我正在撰写这一系列专著，帮助申请福建省优秀出版项目资助，使拙著在即将完稿之际就解决了出版问题。余编审与责任编辑梁靓、金月华、杨玉琼、黄孟林等还为拙著的出版做了大量的编辑和审校工作，付出了艰辛的劳动。在此，本人向以上提及的认识或不认识的人，还有大量未提及的人，致以深深的谢意！

现代学术讲究道德规范，反对剽窃，这是很好的。因此，我对拙著中的注引问题做一简单说明。世界上的任何学术专著，或多或少都是在前人研究成果的基础上进行创新深化并提高发展的。拙著中的文字主要由三种类型的表述构成：第一种也是最多的一种，基本上是属于原创性的，即笔者通过收集整理研读原始资料，然后得出自己的见解而写成的。这种文字采取仅注原始资料出处的做法。笔者粗略估计，这种文字至少占全套书一半以上。第二种是有些文字在参考前人专著论文成果的基础上，根据自己的理解，做了改写。中国古代管理思想史内容丰富，涉及面十分广泛，仅凭一己之力，很难面面俱到，因此必然要参考前辈的学术成果。如拙著中的自我管理部分，其实是属于中国哲学史的范围，而仅中国哲学史的研究，就让人一生难以穷尽了。因此，这一部分几乎是参考了前人的著述。但是笔者在参考前人著述的基础上，根据自己的理解并从管理思想的角度尽可能做了新的表述。由于与参考的前辈著述观点或多或少有所不同，所以不便一一注出，只在参考文献中开列有关作者和著作，一些参考较多的著作在后记中特别予以致谢。第三种是有些

文字或观点完完全全就是前人的成果，这类文字不多，但往往都是很经典的，笔者很难对此再进行提高和改写，因此就予以引注，采取与引用原始资料相同的引注方式。

中国正快速进入多元化、老年化社会，人们的物质生活水平提高，思想观念也发生了深刻的变化。有的人退休后，生活安排得丰富多彩。与我同龄的许多老年人，每天养养鸟，栽栽花，钓钓鱼，去各地旅游观光……生活过得开心惬意。这无可非议。我们这一代人有太多的磨难、坎坷，现在已到了夕阳西下的年龄，再不开心玩一玩、乐一乐，那更待何时！现在大多数老人的观念是活在当下、快乐开心，但我却不改初衷。我平时生活太有规律，出门旅游会打乱了规律，极不习惯，感觉难受，所以对旅游只能望洋兴叹，心有余而力不足。现在，我每天刷一个小时的手机，看一些感兴趣的信息，与亲友们通通声气，还是挺愉快的。每年两三次的同学聚会，吃吃饭，叙叙旧情，开心温馨。除此之外，每天阅读一些图书、报刊，散步时思考思考，然后提笔写一些感想，生活宁静充实，自得其乐。我觉得自己快到古稀之年了，趁着身体还没什么大毛病，继续努力笔耕吧。自1977年恢复高考之后，命运之神眷顾了我，使我跨入大学的门槛，有了一个治学的好环境。每当我想起这些，就倍加珍惜，不但要让自己活得开心健康，还应当让自己活得更充实更有意义些。

方宝璋匆草于莆田学院万贤斋

2020年秋分

图书在版编目(CIP)数据

先秦管理思想史 / 方宝璋著. —厦门：鹭江出版社，2021.12

（中国管理思想史）

ISBN 978-7-5459-1926-4

Ⅰ.①先… Ⅱ.①方… Ⅲ.①管理学—思想史—中国—先秦时代 Ⅳ.①C93-092

中国版本图书馆 CIP 数据核字(2021)第 229414 号

XIANQIN GUANLI SIXIANGSHI

先秦管理思想史

方宝璋　著

出版发行：鹭江出版社

地　　址：厦门市湖明路 22 号　　　　　　**邮政编码**：361004

印　　刷：福建新华联合印务集团有限公司

地　　址：福州市晋安区福兴大道 42 号　　**联系电话**：0591－88208488

开　　本：700mm×1000mm　1/16

插　　页：4

印　　张：33

字　　数：458 千字

版　　次：2021 年 12 月第 1 版　　　2021 年 12 月第 1 次印刷

书　　号：ISBN 978-7-5459-1926-4

定　　价：120.00 元